룽산으로의 귀환

RETURN TO
DRAGON MOUNTAIN

Memories of a Late Ming Man

JONATHAN D. SPENCE

YEESAN Publishing co.

룽산으로의 귀환

장다이가 들려주는 명말청초 이야기

조너선 D. 스펜스 지음
이준갑 옮김

이산

룽산으로의 귀환

장다이가 들려주는 명말·청초 이야기

2010년 7월 8일 초판 1쇄 발행
2010년 11월 11일 초판 2쇄 발행
지은이 조너선 D. 스펜스
옮긴이 이준갑
펴낸이 강인황·문현숙
도서출판 이산
서울시 마포구 서교동 399-11
Tel : 334-2847/Fax : 334-2849
E-mail : yeesan@yeesan.co.kr
등록 1996년 8월 8일 제2-2233호

편집 문현숙
인쇄 한영문화사/제본 한영제책
ISBN 978-89-87608-69-3 03910
KDC 912(중국사)

가격은 뒤표지에 있습니다.

www.yeesan.co.kr

앤핑에게

일러두기

1. 이 책은 *Return to Dragon Mountain* (Viking Penguin, 2007)을 완역한 것이다.

2. 1) 2)…의 일련번호가 붙은 주는 지은이 주이며, 모두 후주로 처리했다.

3. * † # 등의 기호를 표시하고 각주로 처리한 것은 모두 옮긴이 주이다.

4. 중국의 지명·인명은 우리의 한자발음이 아닌 중국어 표기법에 따라 표기했고, 해당 고유명사가 처음 나올 때 ( ) 안에 한자를 병기했다.

차례

감사의 말

대략 여섯 해 전 주제 넘게 장다이(張岱) 탐구에 착수했을 때만 해도, 나는 장다이가 이토록 파악하기 어렵고 미묘한 인물일 줄은 꿈에도 생각지 못했다. 심지어 그로부터 여러 해가 지난 지금도, 내가 그의 자기 옹호적인 논리를 꿰뚫어보게 되었다거나 그 박식함의 전모를 파악했다는 느낌이 좀처럼 들지 않는다. 그럼에도 불구하고 장다이에 대한 탐색은 사람의 마음을 끄는 묘한 마력이 있었으며, 장다이라는 인물의 다양한 층위를 더 잘 이해할 수 있도록 도와주신 분들께 감사의 말을 쓰는 것도 즐거운 일이 아닐 수 없다.

나보다 먼저 장다이의 책을 읽은 독자들처럼 내가 처음 장다이에게 끌린 것은 장다이가 1646년에 쓴『도암몽억』(陶庵夢憶)──풀어쓰면 '도암의 꿈같은 회상' 정도의 뜻──의 명성에 호기심이 발동했기 때문이다. 이때 내가 한문 원전을 읽을 수 있게 도움을 준 정말 중요한 두 안내자가 있었다. 한 사람은 브리지트 테불 왕이었다. 그녀가 불어로 완역하고 주석을 단『도암몽억』은 *Souvenirs rêvés de Tao'an*이라는 제목으로 1995년 파리에서 출판되었다. 또 한 사람은 필립 카팔라스인데, 그는 바로 그해에 "Nostalgia and the Reading of the Late Ming Essay: Zhang Dai's *Tao'an mengyi*"라는 제목 아래 스탠퍼드 대학 아시아어학과 박사학위논문의 형식으로 『도암몽억』의 구조와 의미에 관한 복잡하고 학문적인 분석을 완성했다. 이런 심층 분석 외에도 그는 『도암몽억』의 상당히 많은 부분을 영역한 번역문을 그 논문에 포함시켰다. 이후 나는 장다이를 탐구하는 과정에서 『도암몽억』의 글들을 자기 나름대로 엄선하여 영어로 번역·출판한 다수의 학자들을 알게 되었다. 그 중 마틴 황(Martin Huang), 빅터 마이어(Victor Mair), 스티븐 오언(Stephen Owen), 데이비드 폴라드(David Pollard), 리처드 스트라스버그(Richard Strassberg), 예 양(Ye Yang) 등이 가장 훌륭했다. 이들 번역으로부터 내가 점점 분명하게 느낀 점은 비록 『도암몽억』의 글들을 번역하기가 무척 어렵지만 그것은 매우 가치 있는 일이라는 것, 그리고 장다이의 삶을 전체적으로 숙고하기 위한 출발점으로서뿐만 아니라, 『도암몽억』만큼 비평가들의 큰 주목을 받지 못했던 장다이의 다른 방대한 저작에 접근하는 첫 관문으로서 『도암몽억』을 어느 정도 활용할 수 있겠다는 것이었다. 본서의 참고문헌 목록을 일별하면 알 수 있듯이 최근에 중국에서는 장다이에 관한 몇 종의 전기적 연구가 출판되었지만, 이 글을 쓰고 있는 현재까지 영어로 된 폭넓은 연구는 필립 카팔라스가 자신의 박사학위논문을 수정 보완하여 *In Limpid Dream : Nostalgia and Zhang Dai's Reminiscences of the Ming* (EastBridge)이라는 제목으로 2007년 봄에 출판한 것을 제외하면 전무한 것 같다.

위에서 언급한 학자들 외에도 많은 분들이 장다이를 이해하려고 애쓰는 나를 도와주었다. 2005년 봄 존 델러리(John Delury)는 내가 장다이의 고향 사오싱(紹興)을 방문할 때 상세한 일정을 짜주었다. 덕

분에 나는 룽산(龍山)의 그늘진 오솔길을 거닐 수 있었고 여전히 사오
싱의 옛 도심을 구불구불 흘러가는 좁은 강을 따라 운행하는 밤배를
타 볼 수 있었으며, 1646년 장다이가 은둔했던 사오싱 서남쪽의 바위
투성이 산들을 돌아볼 수 있었다. 존은 또 사오싱 대학 인문학원에 재
직 중이며 최근에 장다이 가계에 관한 연구서를 출판한 서더위(余德
余) 교수를 소개해주었다. 그러자 이번에는 서더위 교수가 나를 사오
싱의 희귀본 도서관으로 인도하여 그곳에 보관된 장다이 관련 희귀
원고와 인쇄본 자료 몇 가지를 열람하게 해주었다. 그리고 그곳의 직
원들도 서더위 교수의 후의(厚意)에 공감하여 내가 선별한 몇몇 자료
의 복사를 허락했다.

　예일대학 스털링 기념 도서관의 새라 엘먼과 타오 양은 새롭게 이
용할 수 있게 된『석궤서』(石匱書)의 여러 판본을 찾아내고, 미의회도
서관을 비롯해서 프린스턴, 하버드, 컬럼비아 등 각 대학 도서관에서
희귀자료의 복사물이나 마이크로필름을 입수하는 데 각별한 도움을
주었다. 두 사람은 또 장다이의 조부 장루린(張汝霖)이 쓴 예수회 사
제 마테오 리치에 관한 문건의 소재를 확인하고 쉬 광타이(Hsu
Kuang-tai) 교수와 아트 뒤딩크(Ad Dudink) 교수의 관대한 정보 공
유에 신속하게 감사를 표할 수 있게 도와주었다. 예일 대학 중국 장서
부의 전(前) 큐레이터 앤터니 마르(Antony Marr)는 장다이 관련 자
료가 수록된 중국의 역사학 잡지와 신문을 무수히 볼 수 있게 도와주
었다. 앤드루 와일리(Andrew Wylie)와 나의 편집자 캐롤린 칼슨
(Carolyn Carlson)은 열광적인 후원자였다. 메이 친(Mei Chin)은 초
고의 여러 꼭지를 친절하게 읽고 조언을 해주었으며, 컴퓨터 검색도
도와주었다. 파멜라 카니는 과중한 작업량 및 촉박한 일정과 싸우면
서 원고의 최종 교정본 전부를 타이핑해주었다.

나는 또 각각 다른 시기에 연구조교로 나와 함께 일했던 예일 대학 대학원과 로스쿨 및 예일 칼리지의 학생들로부터 큰 도움을 받았다. 그 중에서 둥 신(Dong Xin), 황 홍위(Huang Hongyu), 류 스이(Liu Shi-yee), 장 타이쑤(Zhang Taisu) 등이 가장 훌륭했다. 이들은 나를 위해 많은 문장들을 번역하고, 나를 도와 나나 다른 사람들의 번역을 검토함으로써 자신의 어학실력과 학식을 나에게 아낌없이 나눠주었다. 또한 탐색의 초기단계에 이완 쿤(Yeewan Koon), 아나스타샤 류(Anastasia Liu), 신 마(Xin Ma), 대니 왕(Danni Wang)의 도움도 아주 유익했다. 장다이의 벗 천훙서우(陳洪綬)의 그림을 추적하면서 나는 탁월한 미술품 수집가인 웡완거(翁万戈)로부터 결정적인 도움을 받았다. 그는 또 이 책의 표지를 우아하게 만들어준 천훙서우의 잊을 수 없을 만큼 아름다운 그림의 사용권을 나에게 허락해주었다.

나를 도와주었던 또 다른 일군의 사람들은 익명으로 남을 수밖에 없다. 그들은 내 작업이 지지부진할 때 장다이와 그의 시대에 관한 강연을 내게 부탁했던 여러 대학에서 만난 청중들이었기 때문이다. 특히 하버드 대학의 래드클리프 고등연구소와 연이어 캘리포니아 버클리 대학에서 내가 장다이에 관한 생각을 처음 이야기했을 때 그 자리에 참석했던 사람들의 논평은 참으로 유익했다. 그러나 그 밖의 많은 청중들도 내가 새로운 방식으로 사고하도록 자극을 주었다. 그들은 샌디에이고 대학, 노트르데임 대학, 이스트캐롤라이나 대학, 매디슨 소재 위스콘신 대학, 스토스 소재 코네티컷 대학, 미시간 대학, 베이징 대학에서 행한 강연회에 참석했던 사람들이다. 나는 또 2005년 1월 시애틀에서 개최된 미국역사학회를 축하하는 회장 인사말*을 통해

---

* 조너선 스펜스 교수는 2004년에 미국역사학회(American Historical Association) 회장을 역임했다.

장다이와 그 집안에 대한 내 나름의 새로운 생각들을 발표했다.

이 연구계획이 진행되는 동안 앤핑 친(Annping Chin/金安平)은 동료이자 교사로서 내가 최악의 위험을 비켜가게 하고, 장다이가 언제 어떻게 특별하면서도 개인적인 방식으로 과거를 사용했는지를 내게 보여주려고 애를 썼다. 나는 괜한 불평으로 그녀의 연구를 망치는 일이 있어서는 안되겠다고 마음먹었지만, 내가 일정 시간 동안 그녀에게 너무나 많은 질문을 했다는 것을 잘 알고 있다. 그럼에도 불구하고 그녀는 그런 질문을 통해 무언가 중요한 것이 나올 수도 있다는 믿음을 잃지 않았던 것 같다. 혹시라도 무언가 쓸 만한 것이 있다면, 그것은 순전히 그녀 덕분이므로, 이 책은 당연히 그녀에게 헌정되어야 한다.

2007년 3월 9일
코네티컷 주 웨스트헤이븐에서

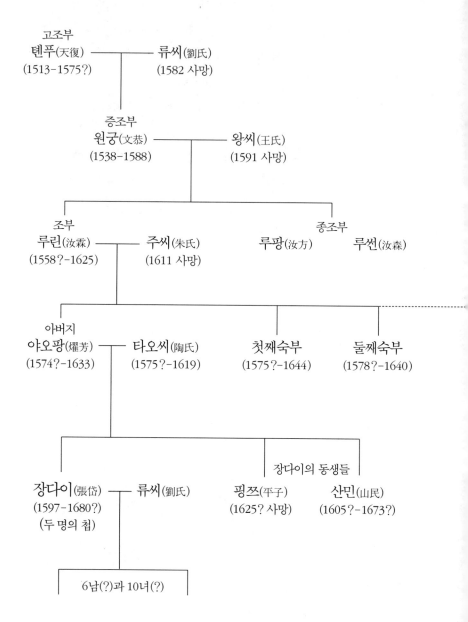

고조부
톈푸(天復) ——— 류씨(劉氏)
(1513-1575?)   (1582 사망)

증조부
원궁(文恭) ——— 왕씨(王氏)
(1538-1588)   (1591 사망)

조부   종조부
루린(汝霖) ——— 주씨(朱氏)   루팡(汝方)   루썬(汝森)
(1558?-1625)   (1611 사망)

아버지
야오팡(燿芳) ——— 타오씨(陶氏)   첫째숙부   둘째숙부
(1574?-1633)   (1575?-1619)   (1575?-1644)   (1578?-1640)

                              장다이의 동생들
장다이(張岱) ——— 류씨(劉氏)   핑쯔(平子)   산민(山民)
(1597-1680?)   (1625? 사망)   (1605?-1673?)
(두 명의 첩)

6남(?)과 10녀(?)

14

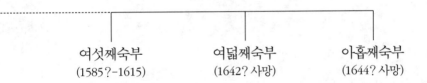

장씨 가계도

여섯째숙부
(1585?-1615)

여덟째숙부
(1642? 사망)

아홉째숙부
(1644? 사망)

장다이의 사촌과 육촌

옌커(燕客)
(1646? 사망)

페이(培)
(1607-1663)

15

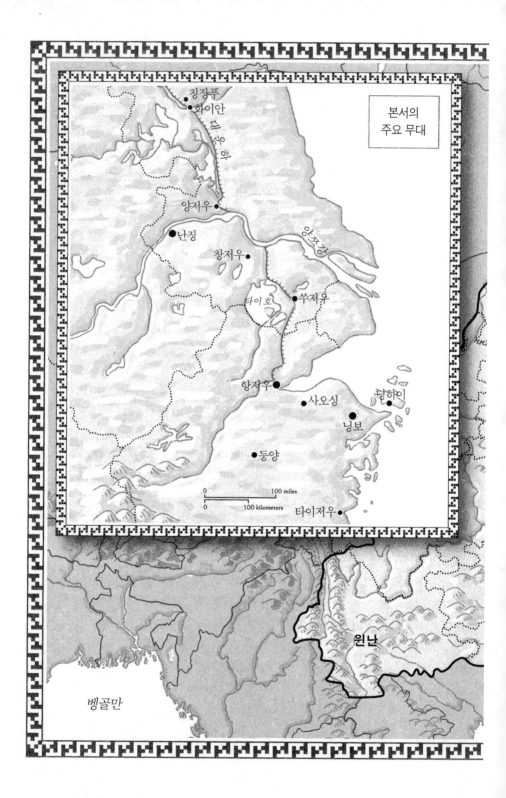

본서의
주요 무대

칭장푸
화이안

양저우

난징

창저우

타이호
쑤저우

양쯔강

항저우

사오싱

딩하이

닝보

둥양

타이저우

0   100 miles
0   100 kilometers

윈난

벵골만

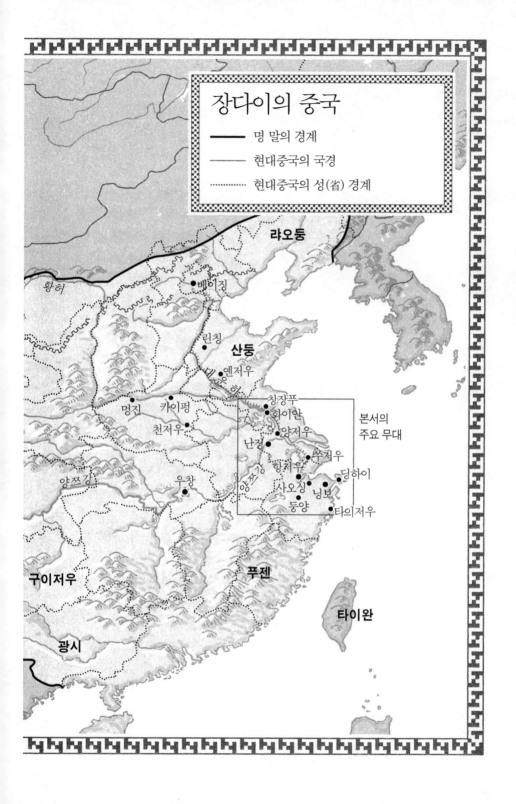

프롤로그

1597년에 장다이(張岱)가 태어났을 때, 명조(明朝)는 229년 동안 존속되고 있었다. 명조의 체제에 맞춰져 있는 시간이 장다이가 알고 있던 유일한 시간이었는데, 이 시간은 1644년에 명조의 멸망과 함께 끝나고 말았다. 그토록 긴 과거의 시간은 메우기 힘든 관념적 공백을 만들어냈을 것이므로, 우리는 장다이가 나이를 먹어가면서 왕조의 뿌리로부터 멀어졌을 것으로 생각하기 쉽다. 그러나 이런 유구한 세월은 장다이에게 심각한 괴리감을 느끼게 한 것이 아니라 시대와 지속성에 대한 만족감을 주었던 것으로 보인다. 명말의 일상생활을 떠받치고 있던 원칙들은 그에게는 지극히 당연한 것이었다.

오랫동안 그래왔듯이 가족생활은 상호교차하는 위계에 따라 주기적으로 순환했다. 젊은이들은 연장자들과 한 집에 살면서 그들에게 복종했고, 혼인은 친척어른들의 중매로 이루어졌다. 부유한 남자들은 본인이 원할 경우 첩을 얻을 수도 있었다. 다만 첩의 소생은 집안에서 지위가 낮았다. 공식적인 권위는 집안의 남자어른들이 갖고 있었고, 육아나 가사는 사실상 여성의 몫이었다. 부유한 집안에서는 어머니나

19

여자친척들이 어린 자녀들의 교육을 감독하기도 했지만, 어느 정도 자란 남자아이들에게 힘든 과거(科擧) 준비를 시키는 일은 나이든 남자친척들의 몫이었다. 과거에 급제하기 위해서는 유교경전에 대한 지식을 쌓아야 했는데, 이 지식은 엘리트 남성의 인생에 필수적인 요소였다. 여성에게는 관직을 얻거나 과거에 응시하는 일이 허용되지 않았으므로, 글을 읽고 쓸 줄 알게 된 여성은 엘리트 여성이 종종 그렇듯이 통속적인 소설이나 역사서의 애독자가 되거나 시문(詩文) 창작에 전념하는 작가가 되는 경향이 있었다.

집안의 앞날과 우환에 대한 징조와 점괘는 심각하게 받아들여졌고 대대로 전승되었다. 종교는 널리, 그러나 절충적으로 신봉되었다. 불교는 조상숭배나 부엌·가정·공동체를 관장하는 신들에 대한 제사와 나름대로 조화를 이루었다. 아이들이 어린 나이에 죽거나 여성이 해산하다가 목숨을 잃는 경우가 많았으며, 남성도 평균수명이 짧았기 때문에 쉰 살이 넘게 정정하게 사는 것은 명예이자 성취로 간주되었다.

기술적 측면에서도 명조의 건국 이래 특기할 만한 극적인 변화는 없었다. 이미 유구한 역사를 자랑하고 있던 중국의 비단과 도자기는 세계 어디에서도 도저히 찾아볼 수 없는 최고 수준으로 여전히 생산·제조되었다. 수많은 직인은 차·소금·무명·도자기·가구 같은 생활용품을 생산했을 뿐 아니라 야금과 옥공예, 등(燈)과 칠기 제작에도 조예가 깊었다. 수력공학은 중국의 큰 강과 운하에 의해 운반되는 엄청난 양의 침니(沈泥)를 관리하는 문제와 지속적인 준설·제방축조·배수의 필요성 때문에 중대한 관심사였다. 천문학과 지리학도 널리 연구되었다. 황제의 위엄을 세우고 천문계산의 효과를 높이기 위해서는 정확한 역(曆)을 만들어야 했고, 토지를 측량하고 토지대장을 작성하고 변경지대와 성(省)의 관할범위를 정확히 표시하려면 신뢰할 수 있

는 지도가 필요했기 때문이다. 그러나 이 모든 관심분야에서 끊임없
는 개선이 이루어졌음에도, 국가의 기본적인 산업과 학문을 근본적으
로 재정비하려는 시도는 없었다.[1]

이처럼 근본적으로 과거의 시스템이 굳건하게 이어져 오고 있었지
만, 문화의 영역에서 명조가 정태적이었다고 말할 근거는 전혀 없다.
장다이의 성장기에 명대 사회는 많은 정치적·경제적 문제에도 불구
하고 약동하고 있었으며, 유쾌하고 세련된 감각이 16세기 말과 17세
기 초의 문화에 스며들고 있었다. 이 종교적·철학적 절충의 시대에는
개혁적인 불교의 종파들이 생겨나고 이타적 박애주의가 꽃을 피웠을
뿐만 아니라, 여성교육이 확산되고 개인주의 관념이 예리하게 성찰되
고 도덕적 행위의 근거가 폭넓게 검토되었다. 또한 파격적인 산수화
가 실험되었고, 중국에서 가장 유명한 전통극과 영향력 있는 소설들
이 창작되었으며, 유례없이 정묘한 경세학과 정치이론이 개진되었고,
식물학·의학·서지학의 용어들이 체계화되었다. 지적·개인적 가능성
에 대한 이런 열렬한 관심에 힘입어, 유럽에서 온 가톨릭 선교사들도
발언할 기회를 얻고 개종자를 만들어내고, 교리문답서와 도덕철학자
들의 저작, 천문학 및 수학 서적을 중국어로 번역하고, 베이징과 지방
의 명문가 출신 학자들과 격의없이 어울렸다. 장다이는 이 모든 문화
적 교류에 대해 자세히 혹은 어렴풋이 알고 있었다. 그는 소설과 단편
을 제외한, 당대에 유행하던 모든 양식의 글을 통해 각종 문화적 실험
에 대해 허심탄회한 의견을 피력했다.[2]

이런 역사적 지속성에도 불구하고, 몇 가지 변화의 기류가 장다이
의 세계에 영향을 미쳤다. 그 가운데 하나는 명조 인구의 급증이었다.
정확한 수치를 보여주는 사료는 남아 있지 않지만, 지방이나 중앙의
많은 기록에 의하면 1368년에 명조가 수립되었을 때 중국에는 대략

8,500만 명이 살고 있었고, 장다이가 태어날 무렵에는 그 수가 1억 8천만이나 그 이상으로 불어나 있었다. 이런 인구증가는 필연적으로 토지와 경작관행에 새로운 압력을 가했는데, 이 압력은 벼의 품종개량, 이모작 내지 삼모작, 늪지대와 해안가 평지의 간척사업, 산림개간, 남서부와 북동부 지역으로의 이주를 통해 일부나마 경감되었다. 또한 스페인인과 포르투갈인이 남아메리카 대륙과 카리브 해 연안으로 침투한 결과, 다양한 신종작물이 태평양을 건너 중국으로 전해졌는데, 당시에는 이런 작물이 장차 얼마나 중요한 역할을 하게 될지 몰랐을 것이다. 여기에는 고구마·옥수수·땅콩 등의 식용작물, 말라리아를 억제하는 효능으로 이미 널리 알려진 키니네와 같은 약용식물, 그 밖에 담배처럼 중국의 토양에서 잘 자라는 작물 등이 있었다. 서양의 무역선들은 중국의 사치품을 구매하기 위해 신세계의 은을 실어오기도 했고, 아편을 비롯한 진기한 약용식물과 향신료를 가져오기도 했다. 당시 아편은 이질증세를 억제하는 데 주로 사용되었다.[3]

장다이의 가족은 아마도 한 세기 혹은 그 전에 티베트와 경계를 접하고 있는 쓰촨(四川) 성의 남서부를 떠나 상하이에서 남서쪽으로 150마일 정도 떨어진 동부 해안의 사오싱(紹興)에 정착했다. 당시 상하이(上海)는 번영을 구가하던 소도시이긴 했지만 아직 상업의 대중심은 아니었던 데 반해, 사오싱은 문화·경제의 허브였다. 장씨 가족이 사오싱으로 이주한 것은 16세기에 이 일대에서 일어난 경작 및 토지보유 양식의 큰 변화와 맞물려 있었다. 급속한 인구증가로 인해 농업에서 발생하는 1인당 수입은 감소하고 있었고, 제방건설이나 준설작업으로 새롭게 개간할 수 있는 토지는 거의 남아 있지 않았다. 이전에는 시골에서 경영지주의 역할을 했던 부유한 집안들이 대거 도시로 이주했다. 한동안 향촌사회에서 지도자로 활동하면서 소농과 탐욕스

22

러운 제국 사이에서 사회적·경제적 완충역할을 담당할 의욕과 역량을 갖추고 있던 계층이 농촌에 살면서 농업을 기업화하는 현실적 과제와 결별하고 말았던 것이다. 이들은 경작지의 관리는 전문경영자나 토지관리인 따위의 새로운 중간계층에게 맡기고, 무난하지만 따분한 부재지주로 슬그머니 변신했다. 장씨 집안도 당연히 이런 시류에 동참했고, 그 결과 장다이는 호주머니 사정은 넉넉해졌으나 사회적 의무는 거의 자각하지 못하게 되었다.

농촌에서 얻는 수입은 도시생활의 품위를 높이고 소도시의 문화를 다양화하며 사오싱 같은 도시의 확장과 번영을 촉진하는 극적인 결과를 낳았다. 그러나 이렇게 축적된 재물이 농업기술의 향상이나 대규모 관개, 배수시설 공사를 위해 농촌에 재투자되는 일은 거의 없었다. 물론 일부 농민기업가는 생산물을 새로운 중심도시, 특히 지방의 하천과 운하를 이용한 화물 수상운송이 오랫동안 주수입원이었던 사오싱 같은 도시에 팔아서 소득을 올리기도 했겠지만, 농촌과 대도시의 관심사와 생활양식은 점점 더 확연하게 분리되기 시작했다.[4]

선학(先學)들, 예컨대 장다이가 가장 존경했던 학자들은 하나같이 그들의 사회가 잘못되어가고 있는 것으로 생각하고 관직이나 목숨을 잃을 수도 있는 위험까지 감수하면서 그런 현실에 대해 자주 비판을 가했다. 제국 중앙의 권력과 중앙정부를 유지하고 구성하는 유식한 관료의 힘은 선학들에게 그랬듯이 장다이에게도 넘기 힘든 현실의 벽이었다. 그렇지만 장다이는 선학들의 도움을 받아 명조의 겉모습 속에 감추어져 있던 약점을 통찰할 수 있었다. 그가 어린 시절부터 무척이나 사랑했던 각양각색의 등(燈)이 그가 살고 있던 도시의 그늘진 곳을 비춰주었던 것처럼.

명조의 여러 황제가 보여준 놀랄 만한 기행은 실록이나 매주 수도에서 간행되는 경보(京報) 덕분에 중국에서는 상식이 되었다. 명조의 14대 황제 만력제(萬曆帝)는 장다이가 태어났을 때 이미 제위에 있었는데, 정부의 효율성이 갈수록 떨어져가던 와중에도 1620년까지 그의 치세를 이어갔다. 장다이가 본격적으로 역사공부를 시작하여 열전(列傳)에 중점을 둔 중국사 연구를 필생의 과업으로 삼게 된 것은 이 황제의 기행 때문이라고 해도 과언이 아니다. 장다이가 십대에 접어들었을 때, 권력은 궁정환관들의 수중으로 빠르게 흘러들었다. 황제가 구중궁궐의 은밀한 사적 공간을 떠나지 않기로 작정한 이상, 황제에게 접근이 허락된 남성은 그들뿐이었기 때문이다. 환관은 명조 초기부터 실세로 군림해왔다. 그러나 정식 관료기구의 도덕적 언쟁에 참을 수 없을 정도로 화가 난 황제는 외조(外朝)에서 행하는 경륜 있는 대신들과의 조회를 걸핏하면 몇 달씩 거부했다. 이에 항의하여 학자들과 전직 관료들은 개혁을 촉구하는 모임을 결성하기 시작했고, 논쟁이 치열해지고, 황제나 환관들에게 맞서는 자들에 대한 처벌이 가혹해질수록 조정의 정치적 분열과 혼란은 더욱 심해졌다.

장다이는 명조의 역사를 훤히 꿰고 있었다. 14세기 중반에 빈농가정에서 태어나 한때 탁발승으로 떠돌았던 명 태조는 오랜 내란을 거쳐 이민족인 몽골족 정권을 몰아내고 나라를 재통일함으로써, 확고한 의지의 소유자이자 용맹스럽고 강인한 군사 지도자임을 입증했다. 비록 자신의 많은 아들들에게 광대한 왕부장전(王府莊田)을 하사하긴 했지만, 그는 도읍 난징(南京)에 강력한 관료제를 재건했으며, 지방의 유력한 지주들의 조직적인 참여를 통해 농촌사회에 새로운 종류의 사회적 협약 즉 이갑제(里甲制)를 정착시키려 했다. 그는 빈틈이 없고 선견지명이 있는 인물이었지만, 포악한 성격으로 인해 무도하고 폭력적인 위인이라는 평도 들었다. 새로운 종류의 지도력을 제국의 심장

부에 확립할 요량으로, 태조는 중국에 이상적인 중앙정부를 만들겠다
는 자신의 포부를 공유하고 있던 학자 스타일의 손자에게 제위를 물
려주었다. 그러나 새로 즉위한 이 후계자는 태조의 한 아들(후계자의
숙부)에게 피살되었다. 스스로 제위에 오른 영락제(永樂帝)는 난징에
서 베이징(北京)으로 천도했고, 중국인의 힘과 위업을 아프리카 동해
안과 페르시아 만까지 증명해 보일 함대를 건조하라고 명령했다.[5]

수차례에 걸친 이 대규모 원정은 비용문제로 중단되었는데, 후대의
황제들은 전쟁의 화려함과 전시효과를 사랑했던 개국기 황제들의 정
신은 계승했지만, 그들의 전략적 감각이나 전술적 노련미는 갖추지
못했다. 심지어 후대의 황제들이 엄청난 돈을 들여 군데군데 허물어
진 북방의 방어벽들을 훗날 만리장성이라 불리게 되는 일련의 구조물
로 개축했지만, 여전히 강력한 몽골족 기병대의 군사력을 북방의 경
계 바깥에 묶어놓기에는 역부족이었던 것으로 판명되었다. 자신의 무
용을 과신한 나머지 분별력을 잃은 15세기 중반의 한 황제는 어설프
게 군사행동에 나섰다가 몽골군에게 붙잡혀 억류되어 있다가 겨우 풀
려났다. 결국 그는 자신을 계승한 이복동생한테서 제위를 되찾기는
했지만, 그 치욕은 기억에서 지워지지 않았다. 16세기 초의 또 다른
황제는 궁전 정원에서 환관들과 함께 거창한 군사훈련을 실시했고,
궁녀들과 함께 유목민의 천막에서 지냈으며, 터무니없는 출정에 수백
만 냥을 탕진했다.[6]

16세기 중엽의 황제들은 중국 동부 해안의 광범위한 지역이 해적
들에 의해 황폐해지는 것을 수수방관함으로써 지방의 지도자들과 해
안지대 주민들의 신망을 잃었다. 조정은 사태를 잘못 파악하여 그들
을 '왜구'(倭寇)라는 분명한 이름을 가진 자들과 한 통속으로 취급했
다. 장다이가 태어나기 직전에 북동부 변경지대에서, 만력제는 조선

25

의 왕을 도와 일본 침략군을 몰아내기 위해 명조의 육군과 수군을 조선에 파견하는 대담한 결정을 내려 결과적으로 성공을 거두었다. 이 군사개입이 성공했음에도 불구하고, 17세기 초에는 조선의 국경 서부에서 발흥한 한 부족연합이 잠재적인 명조의 적대국을 중국 북방에 새로 세웠다. 이 세력은 한족 협력자들과 함께 새로운 혼성 군사조직인 팔기(八旗)의 기치 아래 자신들의 새로운 왕조인 청조(淸朝)의 수립을 선포하고, 1644년에 수도 베이징을 점령함으로써 명실상부한 중국의 지배자가 되었다.[7]

이 모든 사실을 장다이는 책을 읽거나 집안사람들에게 들어서 알고 있었다. 물론 베이징의 명조 관료사회라는 거대하고 복잡한 세계의 집권파와 반대파에 대해서도 알고 있었다. 실제로 장다이 가문의 몇몇 사람은 1540년대부터 1640년대까지 약 한 세기 동안 서로 다른 시기에 육부(六部)의 각각 다른 관직에서 근무했고, 조정의 최고관료인 대학사(大學士) 몇 명과도 가깝게 지냈다. 장다이의 친척 몇 명은 지방 관아에서 일했는데, 명조의 관료조직은 현에서 시작하여 사오싱과 같은 주요 도시를 거쳐 각 성(省)의 수도와 베이징에 이르기까지 긴밀하게 연결되어 있었다. 장다이는 이런 명령계통의 복잡함과 공직에 몸담음으로써 생겨나는 위험과 기회에 대해 잘 알고 있었다. 그의 가족과 친척들이 베이징이나 다른 곳에서 경험한 수많은 이야기는 어린 시절부터 죽 들어 와 그의 마음속에 스며들었고, 나중에는 자신만의 방식으로 속임수나 명백한 부정이 어떻게 나라에 봉사하는 일의 핵심이 될 수 있는지 묘사해보기로 결심했다. 이런 진실을 파헤치면서 장다이는 자기 가족의 결백을 주장할 필요성을 느끼지 않았다. 장다이의 글에서 놀라운 점 하나는 친척들의 고뇌를 아주 솔직하게 기술한다는 것이다. 심지어 아버지나 직계조상들도 그의 직필(直筆)을 피할 수는 없었다.

사십대까지 장다이의 삶은 학문과 쾌락이라는 양극단을 맴돌았다. 그러나 장다이에게는 대개 학문이 즐거움이었기에 이렇게 표현하는 것이 실례일 수도 있다. 그가 과거시험—그는 다년간 공을 들였지만 결실을 보지 못했다—을 준비하기 위해 하루도 거르지 않고 해야 하는 지루한 공부를 즐거워했을 리는 없다. 그보다는 책을 읽고 명상하고 암송하는 것이 그에게는 이상이자 현실이었을 테고, 자타가 공인하는 옛 성현들처럼 고결하게 사는 것이 그에게는 숙명과도 같은 영광이었을 것이다. 장다이에게 중국역사에 이름을 남긴 위대한 역사가·시인·문장가들은 결코 멀리 떨어져 있는 존재가 아니었다. 비록 그들이 정해놓은 기준에 도달하기란 여간 어려운 일이 아니었지만, 그것에 가까이 다가가려고 노력하는 것 자체가 짜릿한 기쁨이었다.

하지만 장다이가 47세 되던 해인 1644년에 명조가 몰락하자, 그 보호막 속에서 품위 있게 살아왔던 그는, 파열음을 내다 굴욕적인 종말을 맞이한 영광스러운 왕조가, 상쟁하는 폭력·야심·절망·탐욕에 의해 가리가리 찢기는 냉혹한 현실에 직면했다. 돌이켜 생각하자 지나간 일들이 점차 또렷하게 보이기 시작했다. 풋말들은 자욱한 안개를 뚫고 모습을 드러냈고, 잊고 있었던 고뇌의 속삭임은 고함처럼 분명해졌다. 인생의 후반기에 접어든 그의 임무는 폐허로 변하기 이전의 세상을 기억하고 유지하는 것이었다. 그는 가정과 안락함, 장서, 많은 친척과 친구를 잃었다. 이제 이민족인 만주족 정복자들이 그의 땅을 다스렸다. 장다이는 오랫동안 저항자나 도망자로 지내기에는 너무 늙었기 때문에, 한때 '쾌원'(快園)*이라 불리던 광활한 토지의 일부

---

* 중국의 정원은 대체로 물이 가득한 연못과 기암괴석으로 쌓은 인공 산, 나무를 심은 뜰과 곳곳에 산재한 저택과 정자로 이루어져 있다. 유명한 쑤저우의 졸정원(拙政園)이나 상하이의

를 빌려 경작하는 소작농이 되었다. 그는 새로운 삶을 다시 시작해야
했다.

1644년에 장다이는 인생의 일대 전환기를 맞았던 셈이다. 명조의
역사를 써보겠다는 오래된 꿈은 명조가 멸망한 이유를 설명해야 하는
처참한 현실로 대체되었다. 그는 만주족의 중국 침입에 뒤따른 내란
과 혼돈을 피해 남부 산악지대의 사찰들을 몰래 전전하며 승려들의
보호를 받을 때에도, 언제나 명조의 역사를 기록한 두툼한 원고뭉치
를 싸들고 다녔다고 주장했다. 아마도 이 말은 사실인 것 같다. 그는
1670년대의 어느 시점에 이 방대한 작업을 완료했다. 남아 있는 원고
의 사본을 보면 출판을 염두에 두고 집필했음을 알 수 있지만, 중국에
서도 1990년대에 들어와서야 비로소 그의 역사서가 완간되었다. 하지
만 장다이는 역사 저작으로 명성을 쌓은 것이 아니라, 전혀 다른 종류
의 짧은 아포리즘 같은 산문을 창작한 인물로 널리 알려지게 되었다.

그런 산문을 쓰는 일은 명말 창작세계의 중요한 일부였다. 화려하
고 세련된 문체로 작가의 다재다능함을 과시하고, 막힘없는 독특한
필치로 일시적 기분이나 순간도 놓치지 않으며, 대조적이거나 급반전
하는 어조로 독자를 현혹하는 동시에 충격의 도가니에 몰아넣는 산문
은 장다이의 성장기에 엄청난 인기를 누렸는데, 이제 그 자신이 이 장
르의 대가가 된 것이다. 이 장르에서 가장 존경받던 문인들은 대부분
방랑작가들이었는데, 이들은 운율과 역설, 관점의 미묘한 변화와 분
위기의 반전에 언제나 주의를 기울이며 엘리트 학자의 가정을 끊임없
이 전전한 것으로 유명하다. 짧고 간결한 형식에도 불구하고, 그런 산

예원(豫園) 등은 모두 이런 구조이다. 우리나라에서는 창덕궁 후원이 이런 형태의 정원에
속한다. 그런데 여기에 나오는 쾌원(快園)은 경작지까지 포함하고 있는 점이 특이한데, 중
국에서도 이런 정원은 드물다.

문들은 심오한 지혜를 응축하여 비유적으로 표현해냈다.

그러나 만주족이 중원을 정복한 직후인 1645년과 1646년에 장다이가 깨달은 것은, 그런 산문이 과거를 기억하는 특별한 기회, 즉 자신이 잃어버렸다고 믿고 있던 세계에 대한 모든 감각을 되살려냄으로써 과거를 소멸의 구렁텅이에서 구해내는 기회를 제공한다는 점이었다. 이런 식으로 장다이의 인생에 닥친 가장 큰 파국, 즉 북부지방의 농민반란과 만주족의 침입이라는 내우외환으로 명조가 멸망한 사건은 닫혀 있던 마음의 문을 열고 차곡차곡 쌓여 있던 기억들을 밖으로 끄집어내는 계기가 되었다. 그리고 장다이가 도망자의 신세로 지낼 때 쓴 『도암몽억』(陶庵夢憶)이라는 짧지만 강렬한 원고를 친구들이 잘 보관해준 덕분에, 훨씬 후대에 살고 있는 우리는 지칠 줄 모르는 그의 탐구정신을 느긋하게 음미할 수 있다.[8]

그렇다고 장다이의 정수를 완전히 이해하기란 결코 쉬운 일은 아니다. 그는 분명히 여한이 없을 만큼 오래 살았고, 그만큼 고통도 많이 받았지만, 아직까지 남아 있는 다양한 저작은 그가 자신만의 정신세계에 갇혀 있을 때 가장 행복했다는 것을 암시한다. 그는 명조라는 멸망해버린 세상의 동료들뿐 아니라 자신의 자녀와 그들의 어린 친구들을 위해서도 글을 썼는데, 실질적 관심보다 향수를 앞세웠다는 점 때문에 칭찬을 받을 수도 비난을 받을 수도 있다. 그는 룽산(龍山) 근처에서 태어나고 자랐으며, 중년의 나이에 자신이 안다고 느끼는 바를 분명히 이해하고 정리하기 위해 룽산으로 다시 돌아왔다.

장다이를 평범한 사람이라고 말할 수는 없겠지만, 그래도 그는 유명인사보다는 보통사람에 더 가까웠다. 그는 역사가이자 역사애호가였고, 행동하는 사람이자 관찰하는 사람이었으며, 투사이자 도망자였고, 아버지이자 아들이었다. 그는 대부분의 범인(凡人)과 다를 바 없이 많은 사물과 사람에 애정을 품고 있었지만, 깊고 캄캄한 곳으로 파고드는 탐구자가 되기를 마다하지 않았다. 누군가 기억해주는 사람이 있는 한 그 어떤 것도 사라져야 할 이유가 없다는 점을 간파했기에, 장다이는 명조와 관련된 것들을 가급적 많이 망각의 늪에서 구해내기로 결심했다. 그가 우리에게 들려주는 모든 이야기가 진실이라고 확신할 수는 없지만, 분명한 점은 그가 여기에서 우리와 공유하는 것을 후세에 전하고 싶어 했다는 것이다.

1장
쾌락동호회

장다이는 달이 뜨고 등불이 켜지면 으레 마을돌이에
나섰다. 그는 반문한다. "골라잡을 만한 숙소가 너무
나 많고 밀회할 장소가 너무나 많고 성적 모험을 해
볼 기회가 너무나 많은데 어찌 한순간이라도 허비할 수 있을쏘냐?"
이런 세상에서 비용 따위는 전혀 문제가 되지 않았다. 장다이는 절제
되지 않은 장면과 소리를 즐겼다. 난징의 환락가를 가로지르는 수로
위를 잘 꾸민 배들이 소용돌이를 일으키며 서로 스쳐 지나가는 동안
피리소리와 북소리가 울려 퍼졌다. 그림이 그려진 격자형 난간과 흔
들거리는 죽렴(竹簾) 뒤편에서는 방금 목욕을 끝낸 난봉꾼들의 재스
민 향기가 여름공기 속으로 퍼져나갔다. 둥근 부채를 들고 하늘거리
는 비단옷을 입고 머리에 비녀를 꽂은 기생들의 모습도 눈에 뛰었다.
물 위에서는 배에 매달린 등들이 방금 점화되어 진주목걸이처럼 반짝
거렸고, "청춘남녀는 난간에 기댄 채 웃음을 터뜨렸다. 불빛과 소리는
점점 보이지도 들리지도 않을 때까지 희미해져갔다." 밤이 아주 깊어
서야 비로소 가물거리던 등이 꺼지고 "별들이 흩어졌다."[1]

장다이는 불빛이나 물이 손짓하는 곳이라면 어디든 달려갔는데, 실

제로 장다이가 기록해둔 가장 이른 시기의 기억도 불빛이나 물과 관련된 것이다. 장다이의 회상에 따르면, 그가 겨우 세 살배기였을 때 집안의 늙은 노복이 그를 데리고 산책을 나갔다가 어머니의 친구인 미술품 감정가 겸 수집가 왕(王)씨의 집 바깥에 매달린 등들을 구경시켜주었다. 키가 작은 장다이는 노복의 목말을 타고 전경을 볼 수 있었다. 그는 반투명 수정으로 만든 등, 구슬을 꿰어 만든 등, 양각(羊角)가루를 입힌 등, 금분으로 그린 그림이 장식된 등, 술이 달린 등을 비롯하여 100개가 넘는 등을 찬찬히 살펴보았다. 그렇지만 적어도 오랜 세월이 흘러 어른이 된 뒤에 장다이가 기록한 회상에 따르면, 그 장면은 화려하기는 했지만 어린 그의 눈에도 뭔가 문제점이 있었다. 등이 환하게 밝지도 않은데다 촘촘하게 매달려 있지 않아 등불 사이사이가 너무 어두웠던 것이다. 사람들은 더듬거리며 길을 찾거나 심지어 띄엄띄엄 매달린 등을 좀 더 잘 보기 위해 자기의 초롱에 불을 밝혀야 했다. 그 순간의 아름다움에도 불구하고, 장다이는 이런 불편함을 호소하는 일부 구경꾼의 불평을 들을 수 있었다.[2]

사오싱은 공예가들과 그들의 잠재적인 고객들로 가득 찬 안락하고 번화한 도시였으므로, 장다이나 그의 가족처럼 이 도시에 살고 있던 사람들은 거의 타고난 등(燈)공예 감식가였다. 장다이가 훗날 언급한 것처럼, 이 지방 주민들의 등에 대한 열정은 전혀 놀라운 일이 아니었다. "대나무도 싸고, 등도 싸고, 초도 쌌기 때문에 집집마다 등을 달 수 있었다. 그래서 등을 달지 못한 집은 수치심을 느꼈다." 봄과 가을의 축제 때는 가장 넓은 대로에서 가장 좁은 골목까지 모든 길이 등으로 아름답게 장식되었다. 사오싱의 주민들은 주로 양끝에 대나무 막대를 세우고 이것들을 대나무 가로대로 연결해서 만든 튼튼하면서도 장식 없는 등붕(燈棚)에 등을 매달았다. 가로대에는 한꺼번에 일곱 개의 등을 매달 수가 있었다. 그 중앙에는 '설등'(雪燈)이라는 큰 등 하나를 달고, 좌우에는 '공 모양의 등'(燈球)을 세 개씩 달았다.[3]

그런 기억은 장다이의 마음에 생생하게 남아 있었다. "각 골목 끝에서 몸을 돌리면 겹겹이 포개져 정연하게 매달린 등들이 바람에 흔들리는 신선하고 아름다운 광경을 볼 수 있었다. 이 한 가지만으로도 감동을 받기에 충분했다." 사오싱에서 가장 큰 교차로에는 대형 등 하나가 채색된 거대한 목붕(木棚)에 매달려 있었는데, 이 등에는 중국사의 유명한 고사나 시구를 주제로 한 그림이 그려져 있었을 뿐 아니라, 재미있는 수수께끼도 적혀 있어서, 등 주변에 모여든 구경꾼들은 그것을 푸느라 여념이 없었다.[4] 도관(道觀)과 사찰의 들보에도 등이 걸렸다. 이런 곳의 등은 통로 현판에 새겨진 종교적인 경구를 비추고, 붉은 종이로 만든 장식용 연꽃에 광채를 더해주었으며, 화환 및 작은 불상과 뒤섞여 있는 여러 줄의 작은 유리등잔을 더욱 빛나게 해주었다. 제일 좋은 옷을 꺼내 입은 마을사람들이 인근 농촌에서 성안으로 몰려들어 주택가와 저잣거리를 누비고 다녔고, 성안의 부녀자들은 서로 팔짱을 끼고 방문객들 사이를 걸어 다니거나 자기 집 문간에 걸터앉아서 한밤중이 될 때까지 수박씨나 당두(糖豆)를 까먹었다.[5]

장다이가 기록한 물에 대한 최초의 기억도 아주 어린 시절의 일이었다. 그가 다섯 살쯤 되었을 때, 어머니는 장다이를 데리고 고향 사오싱의 동쪽에 있던 절에 불공을 드리러 갔다. 절 아래에는 제법 큰 연못이 있었는데, 이곳은 장다이의 외할아버지가 30년 전에 직접 파서 물고기를 방생한 바로 그 연못이었다. 날이 더웠으므로 장다이와 어머니는 작은 배를 타고 연못 위를 떠다녔는데 참외 4개를 차갑게 만들기 위해 대나무 광주리에 넣어 물속에 담가두었다. 그런데 장다이의 기억에 따르면 '배만한 큰' 물고기 한 마리가 나타나 배가 거의

뒤집힐 정도로 세차게 배 밑바닥을 들이받은 다음 참외광주리를 입에
물고 꼬리를 흔들며 재빨리 사라졌다. 참배객과 사공은 이 광경을 보
고 넋이 나간 듯 멍하니 있었다.[6]

수십 년 후 장다이가 마흔한 살이 되었을 때 비슷한 순간을 다시 경
험했는데, 이번에는 두려움의 강도가 훨씬 셌다. 장다이는 집안끼리
교류가 있던 한 친구의 장례에 참석했다. 항저우(杭州)에서 그리 멀지
않은 장지 근처의 방파제 위에서 누군가가 큰소리로 외쳤을 때, 장다
이는 집채만한 파도가 방파제를 향해 무서운 기세로 밀려오는 광경을
볼 수 있었다. 해소(海嘯)는 이 지방의 유명한 구경거리로 시인과 문
장가들한테 극찬을 받아왔다. 장다이도 이 소문을 들었지만, 그때까
지는 제대로 된 파도를 보지 못해 늘 실망만 했다. 마침내 기회를 잡
은 장다이는 서둘러 그의 뒤를 따르는 친구 두 명과 함께 방파제로 올
라갔다. 이번에는 실제로 단단한 물의 벽이 만(灣)을 가로질러 그들
을 향해 돌진했다.

장다이는 그 순간을 다음과 같이 묘사했다. "우리는 파도의 능선이
하이닝(海寧) 쪽에서부터 방파제에 서 있는 우리를 향해 다가오는 것
을 보았다. 파도가 가까워지자 엄청나게 많은 작은 거위떼가 깜짝 놀
라서 일제히 날갯짓을 하며 날아오르려 할 때를 연상시키는 크고 허
연 덩어리가 눈에 들어왔다. 좀 더 가까워지자 잘게 부서진 얼음조각
같은 포말이 튀어오르는 모습이 마치 땅을 뒤덮은 수많은 설산사자
(雪山獅子)가 성난 천둥소리에 자극받아 앞으로 달려오는 듯했다. 지
척에 다가오자 울부짖는 거센 바람이 파도를 떠밀어 방파제를 때리면
서 솟구쳐 오르게 할 기세였다. 우리 구경꾼들은 더 이상 버틸 수 없
어 방파제 아래로 피신했다. 해소는 있는 힘껏 방파제에 부딪치더니
몇 장(丈)이나 튀어 올라 우리 모두의 얼굴을 흠뻑 적셨다. 오른쪽으

로 밀려나간 파도는 폭포처럼 사납게 거북바위를 강타했는데, 그 소리는 흡사 용의 동굴에서 포탄이 터지는 것 같고 그 모양은 하얀 눈(雪)이 공중에서 춤추는 것 같았다. 우리 구경꾼들은 놀라고 어지러워서 한참을 앉아 있은 다음에야 비로소 본래의 안색을 되찾았다."[7]

과거의 어느 순간에 일어난 일이든, 그것에 대한 기억이 문득 떠오르면 장다이는 고도의 집중력을 발휘하여 그 순간에 대한 자신의 기억을 최대한 복원해냈다. 그는 자신의 비망록에 다음과 같이 적어놓았다. "1614년 여름, 나는 반죽암(斑竹庵)을 지나다가 계천(禊泉)의 샘물을 길어 맛을 보았다. 인의 톡 쏘는 쓴맛에 깜짝 놀랐다. 나는 좀 더 유심히 물 빛깔을 살펴보았는데, 마치 찬 서리가 내린 가을날 순백의 달빛을 보는 것 같기도 하고, 산을 휘감은 부드러운 안개가 소나무와 바위를 품고 있다가 막 사라지는 것 같기도 했다." 이 샘물로 차를 끓여 마시면 어떤 맛이 날까 궁금해진 장다이는 몇 번의 실험 끝에 중요한 사실을 알아냈다. 길어온 샘물을 사흘 동안 그대로 묵히면 돌의 비린내가 없어지며, 그 물로 차를 끓이면 차 향기가 더욱 진해진다는 것이었다. 혀를 입천장으로 밀면서 물을 입안에서 좌우로 굴리면 이 독특한 샘물의 오묘한 맛을 확실히 느낄 수 있었다.[8]

세상물정에 밝은 둘째 숙부는 조카 장다이만큼이나 입맛이 까다로웠다. 두 사람은 어떤 유명 산지의 어떤 차가 어떤 종류의 물과 가장 잘 어울리는지 온갖 방식으로 연구했다. 이들이 내린 최종 결론은 사흘 동안 묵힌 반죽암의 샘물에 끓인 최상급 찻잎의 향기가 가장 진하고, 최고급 백자 찻잔에 찻물을 따라놓으면 그 색깔이 비할 바 없이 순수한, 은은한 녹색을 띤다는 것이었다. 두 사람은 찻잎에 재스민 꽃잎 한두 개를 띄워야 할지 말아야 할지 논쟁을 벌였고, 막 끓인 물을 같은 주전자 안에서 식힌 같은 종류의 물 약간과 섞는 것이 최선의 방법이라는 점에 합의했다. 찻잎이 살며시 펴지는 모습을 보노라면 마치 "백 송이의 하얀 난이 눈보라 속에서 꽃잎을 벌리는 모습을 보는 것" 같았다. 그래서 두 사람은 자신들이 개발한 차를 난설차(蘭雪茶)라고 명명했다.

　좀 더 다양한 맛을 내보고 싶어서, 장다이는 난설차를 다르게 사용하는 법을 실험했다. 언젠가 장다이는 치즈 만드는 방법을 연구해보려고 우유를 얻어다가 크림이 분리되도록 밤새 놓아두었다. 이 분리된 크림 한 근에 난설차 녁 잔을 섞고서 구리주전자에 넣어 "액체 상태의 옥이나 진주처럼" 끈적끈적하고 걸쭉해질 때까지 한참을 끓였다. 이것이 식고 난 다음의 맛과 향은 장다이에게는 "눈처럼 고아하고" 난향처럼 감미롭고 "흰서리처럼 부드러웠다." 그리고 더 많은 실험을 통해 이 매력적인 혼합물의 다양한 활용법을 보여주었다. 그것을 맛 좋은 술과 함께 항아리에서 쪄보기도 했고, 콩가루와 섞어 발효시킨 다음 네모나게 자르거나 둥글게 말아서 독한 술이나 식초에 담가두기도 했다. 심지어 설탕을 넣어 부글부글 끓인 다음 걸러서 소라껍질과 똑같은 모양으로 빚어보기도 했다. 어떤 방법으로 조리를 하든 그 맛이 일품이었기 때문에, 그 비방을 "종이에 적어 아무도 모르는 곳에 꼭꼭 숨겨두어야 하고, 부자지간에도 함부로 전수해서는 안 된다"고 장다이는 덧붙였다.[9]

　5년쯤 지난 1620년 무렵에 장다이와 그의 숙부가 난설차라고 명명한 이 차는 경쟁상대들을 감식가 집단의 찻상에서 몰아냈다. 그러나 얼마 지나지 않아 파렴치한 장사꾼들이 저질 차를 난설차로 둔갑시켜 시장에 내다 팔았는데, 가짜 난설차를 마신 사람들은 자기가 속고 있는 줄 모르는 듯했다. 그리고 그 직후에는 계천의 샘조차 없어져버렸는데, 그 전말은 다음과 같다. 제일 먼저 사오싱의 양조업자나 상인들이 이 샘물로 술을 빚거나, 샘 바로 옆에 다관(茶館)을 열었다. 다음으로 탐욕스러운 지방관이 샘물을 독차지하려고 한동안 샘을 봉쇄했다. 그러나 이런 일들로 인해 계천의 명성이 더욱 높아지자, 무뢰배들이 반죽암으로 몰려들어 스님들에게 음식이나 땔감, 그 밖의 금품을 요구했고 요구가 거절당하면 행패를 부리기 시작했다. 결국 참다못한 승려들은 이전의 고요함을 회복하기 위해 샘에 분뇨와 썩은 대나무를 던져 넣고 도랑물을 샘에 흘러들게 해서 샘물을 오염시켰다. 장다이는 세 번씩이나 집안의 일꾼들을 데리고 가서 샘을 정화하려고 해봤지만, 매번 그가 떠나고 나면 승려들이 다시 샘을 더럽혔다. 결국 장다이도 두 손을 들고 말았다. 그는 많은 주민들이 여전히 계천의 옛 명성을 떠올리면서 완전히 더러워진 반죽암의 샘물로 차를 끓이고 그 맛이 좋다고 인정하는 것을 보면서 쓴웃음을 지었다.[10)]

그러나 장다이는 그런 문제에 대해 현실적인 태도를 취했다. 그는 물이 어떻게 순환되는지 알고 있었다. 물이 깨끗하다고 높이 평가받던 또 다른 샘에 대해 다음과 같이 썼다. "그 샘물은 이렇게 흘러간다. 샘에서 솟아나와 시내로, 시내에서 샛강으로, 샛강에서 못으로 흘러든다. 그 다음에는 그 물이 부엌과 공중목욕탕에 쓰이고, 그 밖에는 마당을 청소하고, 더러운 것을 씻고, 과수원에서 작물을 키우고, 목욕을 하고, 거름통을 씻는 데 사용된다." 요컨대 같은 샘에서 나온 물이라고 해서 모두 깨끗한 것은 아니라는 것이다. "과수원에 사는 사람들은 과일은 맛있는 것과 맛없는 것이 반반이라고 생각한다."[11)]

장다이는 자신의 특별한 감각을 심화시킬 수 있는 기회를 맞아 또 다른 취미에 몰두했다. 완벽한 불빛을 찾던 그가 완벽한 등을 만드는 장인을 찾아다닌 것은 당연한 일이었다. 성인이 된 장다이는 사오싱보다 훨씬 남쪽에 있는 푸젠(福建) 성의 불상 조각가가 만든 등과 인연을 맺게 되었다. 절묘한 솜씨를 지닌 이 장인은 관직에 있는 한 후원자의 설득으로 10개의 등을 만들기로 했는데, 그가 등을 완성하는 데는 꼬박 2년이라는 세월이 걸렸다. 그런데 작업이 채 끝나기 전에 후원자가 죽었기 때문에, 그 지방에서 하급관리로 일하고 있던 사오싱 출신의 리(李) 아무개라는 남자가 그 등들을 나무궤짝에 넣어 고향으로 가지고 왔다. 그는 장다이가 등에 푹 빠진 것을 알고서 그것들을 장다이에게 선물로 주었다. 하지만 장다이는 그냥 받을 수 없다고 끝까지 고집하면서 그 자리에서 은 50냥을 주었다. 은 1냥이 10돈이 었으니 50냥이면 당시로서는 거금이었지만, 장다이는 그 액수가 등의 진짜 가치에 비하면 10분의 1에 불과하다고 말하며 아주 만족스러워 했다. 불상 조각가가 만든 이 등들은 빠르게 늘어난 장다이의 소장품 가운데 일등 애장품이 되었다.[12]

다른 장인들도 장다이의 등 수집이 절정에 달하도록 일조했다. 사오싱에 사는 장인 샤(夏)씨는 채색비단에서 꽃문양을 오려낸 다음 얇은 얼음빛 비단에 바느질하여 붙이는 솜씨가 뛰어났다. 장다이는 그 것을 보고 깜짝 놀라 "마치 안개 속에서 모란을 보는 듯하다"고 감탄했다. 샤는 또 거푸집을 이용하여 온갖 기이한 모양의 등을 만들어내고, 그 표면에 쓰촨에서 생산된 알록달록한 비단을 씌웠다. 해마다 중요한 종교적 축제가 다가오면 샤는 적어도 한 개의 완벽한 등을 제작했고, 의식이 끝나면 장다이를 찾아가 장다이가 "선뜻 동의할 수 있는 값"에 팔았다. 장다이는 자신의 룽산(龍山) 진열장을 채우기 위해 난징의 자오(趙)씨 같은 유명한 장인들한테서 물건을 구입했다. 자오가 만든 압축 비단덮개나 등걸이 일습은 난징 일대에서 타의 추종을 불허했다. 소장한 등이 많아지자 장다이는 등 보관을 전담할 최적임자를 찾아냈다. 집안의 어린 노복 하나가 "등을 보관하는 재능이 탁월했다. 덕분에 종이로 만든 등도 흠집 하나 없이 10년을 사용할 수 있었으므로, 내가 수집한 등은 날이 갈수록 많아졌다."[13]

장다이의 열정은 금방 식어버리곤 했지만, 그는 마치 그런 열정이 자기의 인생을 형성하는 이정표들이 될 만큼 강렬했다는 듯 말하고 있다. 난설차에 대한 최초의 실험을 행한 지 꼭 2년이 지났을 때, 장다이는 고금(古琴)이라는 기다란 현악기에 푹 빠졌다. 열아홉 살이 되던 해인 1616년에 그는 마음이 맞는 젊은 친척과 친구 6명을 모아 이 악기의 연주법을 함께 공부했다. 장다이가 이 모임을 만든 것은 사오싱 지방에는 훌륭한 연주자가 거의 없고, 작심하고 1년 내내 꾸준히 연습하지 않으면 결코 평범한 수준을 뛰어넘을 수 없다고 생각했기 때문이다. 그는 우아한 산문체 선언문에서 고금 동호회 회원들의 목적은 매달 반드시 세 차례 모이는 데 있으며, 그렇게 하는 것이 그들 모두에게 "쾌청한 날씨에 게으름 피우고 있는 것"보다 훨씬 좋을 것이라고 단언했다. 만일 그들이 정기적으로 연습했다면, 그들의 음악은 사오싱에서 가장 유명한 소리인 솔숲의 바람소리, 힘차게 흐르는 물소리와 함께 3화음을 이루었을 것이다. 만일 그랬다면, 심지어 "주변의 산꼭대기에서 호응해주는 메아리를 들을 수"도 있었을 것이다. 목적의식으로 충만해 있었다면, 그들은 "자신들의 존재를 확장하여" "자신들의 마음을 손을 통해 고금의 현에 실어보는 것을 가장 숭고한 포부"로 삼을 수도 있었을 것이다.[14]

모두가 그런 높은 경지에 오르지는 못했다. 장다이의 사촌 옌커(燕客)는 잠시 고금 동호회에 참가했지만 음악에는 도무지 재주가 없었다. 난을 치는 친구 판위란(范與蘭)도 재능이 없기는 매한가지였지만, 그는 적어도 자신의 연주가 형편없다는 사실에 신경을 썼다. 판위란은 한동안 특별한 스승에게 빠져서 그가 가르쳐주는 음조의 미세한 차이를 깨치려고 노력했으나, 곧 다른 스승에게 관심이 쏠리자, 얼마 전까지 배웠던 것을 몽땅 지워버리고 백지상태에서 다시 시작하려고 했다. 장다이는 이렇게 적고 있다. "판위란은 이전에 공부했던 것을 잊어버리려고 무진장 애썼기 때문에, 정말로 아무것도 기억하지 못하게 되었고, 결국에는 아무것도 연주할 수 없었다. 한밤중에 고금을 안고 음을 고르는 것이 그가 할 수 있는 일의 전부였다."[15] 장다이는 자기는 훨씬 양호했다고 주장했다. 스승들이 가르쳐주는 것을 완전히 터득할 때까지 기교를 연마한 결과 "훨씬 자연스런 음색으로 돌아가" 의도적으로 다소 거친 소리를 만들어내는 수준에까지 도달했다는 것이다. 그는 자신이 가장 좋아하는 스승과 실력이 좋은 친구 두 명을 끌어들여 사중주단을 결성하고 가끔씩 사람들 앞에서 고금을 연주했다. "우리 네 사람의 악기는 마치 한 사람의 손으로 연주되는 듯했고, 듣는 사람들은 넋을 잃었다."[16]

스물다섯이 되던 해인 1622년에 장다이는 취미에 투계(鬪鷄)를 추가하고, 투계광들과 동호회를 결성했다. 투계는 이미 중국에서 적어도 2천년 동안 유행했으며, 닭을 길들이고 용감하게 만드는 비법이 확립되어 있었다. 투계는 보통 삼세판으로 승부를 가리는데, 둘 중 하나가 죽을 때까지 계속되었다. 과거에 유명했던 닭조련사들의 이야기를 보면, 이들은 신경이 예민한 동물인 닭한테 반사행동을 억제하고 소리나 그림자에 반응을 보이지 않으며 상대에게 감정을 드러내지 않는 법을 가르쳤다. 이 말대로라면 이상적인 싸움닭은 한수 아래의 모든 닭이 몸을 돌려 꽁지가 빠지도록 도망가게 만드는, 마치 기계처럼 "무표정한 싸움닭"일 것이다. 어떤 고서의 표현대로 가장 잘 조련된 닭은 "깃털을 곧추세우고 날개를 퍼덕이며 부리를 벼리고 며느리발톱에 끼운 쇠발톱을 뾰족하게 갈며 분노를 억누르고 승리를 기다렸다."

이상적인 싸움닭은 몇 가지 중요한 특징으로 쉽게 구별될 수 있었다. 깃털은 "성기고 짧으며" 머리는 "단단하고 작으며" 다리는 "곧고 길며," 눈은 "움푹 들어가고" 가죽은 "두껍다."

장다이는 음악동호회를 조직했을 때 그랬듯이, 투계동호회 회원들을 위해서도 선언문을 썼다. 하지만 이번에는 8세기의 시인 왕보(王勃)가 쓴 옛글을 모방했다. 사오싱 일대에서 미술품 수집가이자 감식가로 명성이 높았던 장다이의 첫째 숙부도 이 모임의 정식회원이었다. 숙부와 조카는 투계에 "골동품, 서예, 그림, 문직(紋織), 부채" 같은 값비싼 물건들을 걸었다. 장다이에 따르면 숙부는 계속 내기에서 졌고, 그럴 때마다 분노는 점점 커져갔다. 마침내 숙부는 싸움닭의 며느리발톱에 쇠발톱을 끼우고 날개 밑에 겨자가루를 뿌렸다.(옛날부터 투계에서 묵인되어온 관행이다.) 심지어 옛날에 이름을 날렸던 싸움닭의 혈통을 물려받은 닭을 누군가 소유하고 있을지도 모른다는 생각에 그런 사람을 찾아다니기도 했지만 헛수고였다. 장다이는 자신과 같은 닭띠 해에 태어났던 당(唐) 현종(玄宗)이 투계에 빠져서 나라를 망친 일을 떠올리며 징조가 불길하다면서 자신의 동호회를 해체했는데, 그 뒤에야 두 사람은 다시 가까워졌다.[17]

1623년부터 얼마동안 장다이는 동생들과 친구 몇 명을 데리고 축국(蹴鞠) 공연을 보면서 투계동호회 해체로 허전해진 마음을 달랬다. 이것은 신체를 접촉하는 운동인 축국이 아니라, 배우들이 최대한 오랫동안 공을 땅에 떨어뜨리지 않고 자신의 몸에 붙여놓는 뛰어난 솜씨와 우아함을 보여주는 공연이었다. 남자와 여자, 관료와 평민 모두가 즐겼고, 때로는 다른 운동이나 도박과 결합되기도 했던 이 기예에도 오랜 전통이 있었다. 장다이가 당대의 어느 전문가에 대해 적고 있듯이 "공을 발로 차서 몸 위에 올려놓고 굴리는데도 떨어지지 않는 것이 마치 아교로 붙여놓거나 줄로 묶어놓은 듯했다." 공을 가장 능숙하게 다루는 사람들 중에는 직업배우도 있었는데, 몇몇은 장다이 소유의 극단 출신이었다. 그가 극단을 소유하게 된 것은 목소리·몸짓·의상·동작이 혼연일체가 되는 연극의 애호가가 되었기 때문이다. [18]

가장 오랫동안 지속된 모임 가운데 하나는 장다이의 친척과 친구들이 조직한 시(詩)동호회였다. 이들은 가끔씩 만나 하나의 주제로 시를 짓고, 자신들이 구입한 희귀한 물건이나 골동품에 고상하고 적절한 이름을 붙였다. [19] 시작(詩作)에 싫증이 났을 때 따로 만나 패놀이를 하던 동호회도 있었다. 이 모임에서는 이전부터 유행하던 두꺼운 골패(骨牌)가 아니라 장다이가 직접 도안한 말랑말랑한 종이패를 이용했다. 이 패들에는 명조(明朝)를 빛낸 인물들 중에서 세련된 문인과 활달한 무인들에 관련된 글씨나 그림이 새겨져 있었다. 음악에 도통 소질이 없었던 장다이의 사촌 옌커는 상상력을 발휘하여 익숙한 사물의 목록에서 끌어낸 수많은 요소를 참신한 경쟁방식에 도입함으로써 현란할 정도로 복잡한 새로운 패놀이를 멋지게 만들어냈다. [20]

장다이는 친척들이 조직한 동호회나 모임에 대해서도 언급하고 있다. 할아버지는 역사동호회를, 숙부 한 명은 해학동호회를 조직했고, 아버지는 엄선된 회원들이 고지명(古地名)의 갖가지 유래를 토론하고 지리와 관련된 재미난 수수께끼를 내는 모임에 나가는 것을 좋아했다. [21] 언제 조직했는지는 밝히지 않고 있지만, 장다이가 가장 애착을 가진 동호회 중 하나는 민물게 시식 동호회였다. 이 호사스런 모임은 민물게 잡이의 제철인 음력 10월의 며칠 동안, 그것도 오후에만 만남을 가졌다. 음력 10월에 잡히는 게는 집게발이 자주색이고 오동통하게 살이 올라 있었다. 가을철의 게를 장다이가 아주 특별하게 생각한 것은 소금이나 식초를 전혀 치지 않아도 오미(五味)를 모두 갖고 있었기 때문이다. 이 모임의 규칙은 회원 1인당 게 여섯 마리를 받아 각 부위, 즉 수분이 풍부한 "옥 기름(玉脂)" 즙, 보라색의 긴 집게발, 반짝이는 작은 다리, "달콤하고 부드러운" 살의 맛을 제대로 살려 요리하는 것이었다. 그러나 삶은 게를 다시 데우면 미묘한 맛과 향이 손상될 것을 우려하여, 각 회원이 돌아가면서 게를 한 마리씩만 조리했다.[22]

장다이는 눈(雪) 자체에 절묘한 변형의 미덕이라 부를 만한 그 무엇이 있음을 인정했다. 사오싱에는 눈이 거의 내리지 않았지만, 어쩌다가 눈이 오면 장다이는 황홀해졌다. 그는 눈이 풍경을 새롭게 하고 사람들에게 상쾌함을 주어서 눈 오는 것을 좋아했다. 장다이는 소모임의 일원에서 고독한 관찰자로 변신했을 때, 그리고 역으로 고독한 관찰자가 소모임에서 위안을 찾게 되었을 때의 상황을 묘사함으로써, 눈이 자신의 기분에 미친 영향을 설명하고 있다.

장다이가 날짜를 언급하며 눈에 관해 처음 서술한 때는 1627년 1월 말경이었다. 석자 남짓한 눈이 사오싱 성(城) 일대를 뒤덮었다. 저녁 무렵에 하늘이 맑아지자, 장다이는 자신의 작은 극단 소속 여배우 다섯 명을 불러내 성황묘의 높은 산문(山門) 위쪽에 있는 평평한 곳에 앉아서 눈 덮인 경치를 함께 감상했다. 그는 다음과 같이 적고 있다. "모든 산이 눈으로 뒤덮였다. 달빛이 만물을 감쌌으나, 눈빛이 너무 밝아 달빛이 보이지 않았다. 얼마동안 앉아 있었더니 몸이 얼어붙었는데, 그때 늙은 노복 하나가 데운 술을 가지고 왔다. 추위를 몰아내려고 술을 양껏 마셨지만, 사방에 쌓인 눈이 술의 뜨거운 기운을 모두 삼켜버렸는지 도무지 취하지를 않았다. 마샤오칭(馬小卿)은 노래를 불렀고, 리제성(李芥生)은 피리를 불어 반주했다. 매서운 추위에 압도되어 소리가 끊어지고 거칠어져 더 이상 들을 수가 없었다. 삼경 즈음 잠을 자기 위해 집으로 향했다. 마샤오칭과 판샤오페이(潘小妃)는 서로 꽉 껴안고 걷다가 미끄러져서 백보가(百步街)에서 언덕 아래까지 굴러 떨어졌다. 두 사람이 몸을 일으켰을 때는 눈으로 목욕을 하다시피 한 상태였다. 나는 작은 바퀴가 달린 수레를 빌렸는데, 결국에는 그 커다란 얼음덩어리를 질질 끌면서 집으로 돌아와야 했다.[23)]

6년 후 음력 12월에 사흘 동안 폭설이 내렸다. 이때 장다이는 사오싱에서 만을 건너 항저우 시에 도착해 있었다. 장다이의 가족과 친구 몇 명은 항저우의 시후(西湖) 근처에 별장을 갖고 있었다. 그는 이미 초경이 다 된 시간에, 모피 외투를 걸치고 숯이 든 화로를 들고 작은 배에 올라 사공에게 호심정(湖心亭)으로 노를 저으라고 말했다. 인기척은커녕 새소리조차 들리지 않았다. 차디찬 안개가 호수·하늘·산·물을 감싸 천지사방이 온통 하얀색이었다. 세상이 장다이가 가장 좋아하는 모습으로 바뀐 것이다. "호수의 수면 위에서 어렴풋하게나마 눈에 들어오는 물체라곤 긴 제방에 부딪히는 물결, 호심정이라는 외로운 점, 겨자씨만한 우리 배, 쌀 두 톨 같은 나와 사공뿐이었다." 정자에 도착했을 때 놀랍게도 이미 두 사람이 담요를 깔고 앉아 있었고, 그들의 하인이 술을 데우고 있었다. 그들은 사오싱에서 400여 리 떨어진 난징에서 온 유람객이었는데, 장다이가 자리를 뜨기 전에 술 석 잔을 권하여 마시게 했다. 마침내 사공이 노를 저어 섬을 떠날 때, 장다이는 그가 중얼거리는 소리를 들었다. "누구도 상공(相公)*을 미치광이라고 하지 못하겠네, 여기에 공보다 더한 미치광이가 두 사람이나 있으니."[24)]

하인과 사공은 장다이의 취미생활에서 주로 말없는 동반자로 등장하며, 중요한 말들은 장다이 자신과 친척이나 친구의 몫이었다. 그러

---

* 젊고 지체 있는 사람에 대한 경칭.

나 때로는 말 한마디 하지 않아도, 일만 묵묵히 하는 이 인물들은 분위기를 조성하는 데 없어서는 안될 조연이 되어 한 순간을 활기차고 화려하게 만드는 데 톡톡히 한몫했다. 장다이는 서생 시절에 사오싱의 팡궁치(龐公池) 근처에 있는 공부방에서 공부했는데, 작은 배를 호숫가에 묶어놓고 기분 내킬 때마다 타고 나갔다. 이 작은 호수는 주택가와 골목 뒤편으로 도심을 가로지르는 복잡한 수로망에 물을 공급했다. 달이 빛나건 하늘이 캄캄하건 시간이 얼마나 되었건, 장다이는 사공에게 자신을 태우고 5리 남짓한 우회수로를 돌게 했다. 그는 큰 대자로 누워서 컴컴해진 집들과 풍경이 미끄러지듯 뒤로 지나가는 것을 한가롭게 바라보았다.

장다이는 그런 외출을 이렇게 묘사했다. "야트막한 산비탈 위, 집집마다 대문이 닫혀 있고, 사람들은 깊이 잠들어 등불 하나도 볼 수가 없었다. 침묵의 어둠에 휩싸여 분위기는 음울했다. 나는 깨끗한 자리를 깔고 누워서 달을 바라보았다. 뱃머리에서 시중드는 어린 하인이 노래를 부르기 시작했다. 취기가 올라와 정신이 몽롱해지고 노랫소리가 가물가물해지면서 달빛이 점점 희미해지는 듯했다. 돌연 나는 잠에 빠져들었다. 노래가 끝났을 때 급히 깨어나 몇 마디 치사(致謝)를 늘어놓았지만, 금세 다시 코를 골았다. 어린 가수도 피곤에 지쳐 하품을 하다가 드러누웠고 우리는 서로를 베개 삼았다. 사공이 우리를 호숫가로 실어 나른 다음, 삿대로 배를 두드리며 우리에게 잠자리에 들라고 말했다. 그 순간 나의 마음은 바다만큼 넓어졌고, 원한의 흔적은 티끌만큼도 느낄 수 없었다." 심지어 "잠을 자고 난 다음날에도 사람들이 말하는 슬픔이라는 것이 무엇인지 여전히 이해할 수 없었다."[25]

장다이는 외견상 이런 고요한 침잠의 순간에 친숙한 것처럼 보였다. 그렇지만 사람들은 자기 생각에 도취해 있는 것처럼 보이는 순간에도 여전히 남을 의식하고 있다는 것이 그의 지론이었다. 그는 우리 마음속에는 우리가 다른 사람들에게 어떤 이미지로 비치는지를 확인해 보고픈 욕구가 있다는 사실, 그리고 달구경은 이런 인생의 진리에서 결코 벗어나지 않는다는 사실을 알고 있었다. 음력 칠월의 중원절(中元節) 저녁 항저우의 시후 주변을 한가로이 거닐고 있을 때, 그는 축제의 다양한 즐거움보다는 호숫가에 와서 달구경하는 사람들을 지켜보는 데 완전히 마음을 빼앗겼다.

장다이는 달구경하는 사람들을 다섯 부류로 나누고, 각각에 대해 몇 마디로 간략히 묘사했다. 옷을 화려하게 차려입은 아주 부유한 사람들은 진수성찬을 먹으면서 배우들의 연회를 즐겼다. 이들은 달빛 아래서 여기저기 놀러 다니면서도 이런 갖가지 쾌락에 정신이 팔려 "사실상 달을 구경하진 않았지만, 그래도 눈여겨볼 만한 대상이었다." 오로지 누군가를 유혹할 생각에 사로잡힌 자들도 있었다. 이들은 자신이 탄 큰 배의 갑판에 모여 있는 기생과 미소년의 주의를 끌어보려고 애썼다. "비록 육신은 달 아래 있어도 정작 달을 쳐다보지 않는 이들을 관찰하는 재미도 쏠쏠했다." 음악이 은은하게 연주될 때 작은 배에 몸을 기댄 채 일군의 여인과 승려들 사이에서 술을 홀짝거리며 소곤거리는 자들도 있었다. "이들은 달을 바라보지만, 정말로 그들이 원하는 것은 자신들이 달구경하는 모습을 남들이 봐주는 것이다." 배도 없으면서 호숫가에서 야단법석을 떠는 난봉꾼들은 음식으로 배를 채우고 실제 취한 것보다 더 취한 척하면서 음정도 맞지 않게 큰소리로 노래를 불러댔다. 이들은 이도저도 아닌 존재로, 잠시 달을 쳐다보기도 하고 달을 구경하는 사람들을 바라보기도 했지만 "달을 구경하지 않는 자들도 쳐다보기 때문에 사실상 아무것도 보지 못하는 자들이었다." 그리고 마지막으로 억지로 우아한 체하는 탐미주의자들이 있었다. 이들은 작은 배를 타고 주유하면서 화려한 휘장 뒤에 몸을 숨기고 동반한 여인들과 우아한 백자 찻잔에 담긴 차를 음미하며 조용히 달을 구경했는데, 다른 사람들은 당연히 이들이 달을 바라보는 모습을 볼 수가 없었다. "이들은 자의식 없이 달을 구경한다는 점에서 역시 흥미로운 관찰의 대상이었다."[26]

장다이는 은밀한 자기만의 방식으로 쾌락을 얻는 사람들에 대해서도 기록해놓았다. 예컨대 할아버지의 친구 바오(包)가 이런 부류에 속했는데, 그는 오로지 자신과 손님들의 쾌락을 위해 누각이 설치된 세 척의 배를 만들었다. 한 척에는 극단의 가수들을 태웠고, 다른 한 척에는 서화 수집품을 실었으며, 나머지 한 척에서는 함께 탄 사람들과 유희를 즐겼다. 바오는 이따금 손님들과 함께 열흘 혹은 그 이상의 일정으로 배를 타고 나갔는데, 언제 어디로 귀항할지는 아무도 몰랐다. 그는 팔모정을 세우고 거기에 팔괘방(八卦房)이라는 이름을 붙였다고 한다. 바오의 방은 여덟 칸의 방에 둘러싸인 정중앙에 위치했다. 여덟 칸의 방에는 휘장이 쳐져 있어서, 바오는 그것을 마음대로 올리거나 내리면서 바깥 경치를 감상했다. 노년의 바오는 팔괘방에서 베개를 베고 눕거나, 향을 피우거나, 휘장을 올리고 내리면서 지냈다. 이렇게 바오의 마지막 20년은 유수처럼 빠르게 지나갔다.[27]

사냥은 장다이가 쾌락을 느끼는 또 하나의 방법이었다. 장다이는 1638년에 있었던 사냥을 아주 생동감 넘치게 묘사했다. 그는 친구들과 함께 사냥꾼처럼 차려입고 말에 올라 성 밖으로 달려 나갔는데, 이들이 데리고 간 다섯 명의 미희도 모두 "여우털이 달린 붉은 비단으로 만든 궁수 복장을 하고 모피 머리띠로 머리를 동여매고 말을 탔다." 사냥용 무기를 나르는 기마시종들, 끈을 잡아당기며 뛰쳐나가려 애쓰는 사냥개들, 팔에 낀 가죽보호구를 발톱으로 부여잡고 있는 매들을 거느리고, 사향노루·산토끼·꿩·여우를 사냥하는 시늉을 하다가, 연극을 보면서 지친 팔다리를 쉬고 교외의 절에서 밤을 보낸 다음, 이튿날 장씨 문중의 선산에서 다시 새로운 잔치를 즐겼다.[28]

장다이는 한밤중의 골목길에 드리워지는 검은 그림자에 대해서도 알고 있었다. 족제(族弟) 줘루(卓如)와 함께 양저우(揚州) 홍등가의 좁은 거리를 들락거린 경험이 있었기 때문이다. 양저우는 대운하를 따라 베이징을 왕래하는 여행객들이 모여드는 곳이자 중국의 활기찬 소금(전매권은 정부에 있었다) 교역의 중심지였다. 장다이는 그곳에 서로 교차하거나 갈라지는 100여 개의 작고 꼬불꼬불한 길이 있었다고 적고 있다. 골목은 좁아터졌지만 일부 기루, 특히 명기들이 있는 기루는 제법 웅장했고, 중개인이나 안내자의 손을 거쳐야 출입할 수 있었다. 찾는 사람이 많은 그런 여인들은 양저우에서 흔히 볼 수 있는 매춘부들과는 달리 공개적으로 모습을 드러내지 않았다. 장다이는 양저우에 오륙백 명 정도의 매춘부가 있었다고 추산한다. 이 거리의 여인들은 군사용어를 모방하여 자신들이 일할 때는 "경계근무를 서고 있다"고 말했다. 이를 닦고 목욕을 하고 향수를 뿌린 이들은 초저녁 무렵 숙소에서 나와 자기가 좋아하는 다관(茶館)과 주루(酒樓)에 들어가 자리를 잡았다. 만일 너무 밝은 등불이 켜져 있거나 달빛이 너무 교교하면, 외모에 약점이 있는 여자들은 어둠 속을 맴돌았다. 어두운 곳에서는 화장으로 그 약점을 가릴 수 있기 때문이었다. 어떤 여자는 아예 주름진 얼굴을 휘장으로 가리거나, 전족을 하지 않은 촌스러운 발을 문간의 높다란 상인방 뒤에 숨겼다. 사내들은 거리 이곳저곳을 기웃거리면서 저녁을 함께 보낼 상대를 찾았다. 짝을 찾은 남자는 여자의 숙소로 향했다. 두 사람이 시야에 들어오면, 대문에 있던 그녀의 감시인이 "모(某) 언니가 손님을 받았다"고 외쳤다. 집안에서는 대답하는 소리가 크게 나고, 등을 든 사람들이 달려 나와 짧은 밀회를 가질 한 쌍의 남녀를 환영해주었다.

밤중까지 이런 일이 계속된 뒤에도 이삼십 명가량의 매춘부가 여전히 제자리에 남아 있었다. 장다이는 자신의 글에서 이 여인들에게 가장 큰 관심을 보였다. 밤이 깊어지자 장다이는 그들을 관찰했다. 등의 심지가 거의 다 타서 깜박이기 시작하면 다관과 주루에서는 등을 껐고 더 이상 아무런 인기척도 나지 않았다. 하지만 다관과 주루의 종업원들은 여인들을 쫓아내지는 않았다. 장다이는 이 여인들이 늦었지만 손님을 받기를 바라는 마음에서 있는 돈 없는 돈 긁어모아 종업원들에게 찔러주면서 몇 분만이라도 등을 더 밝혀달라고 사정하는 모습을 목격하곤 했다. 심부름꾼들은 시간이 갈수록 입이 찢어지게 하품을 해댔고, 애써 즐거운 척 간간이 웃음을 터뜨리며 노래를 부르거나 이야기를 나누던 여자들도 점차 침묵 속으로 빠져들었다. "자정이 가까워지면 이 여자들은 자리를 뜰 수밖에 없었으므로, 길을 찾아 조용히 귀신처럼 사라졌다. 늙은 뚜쟁이가 있는 집으로 돌아갔을 때, 이들이 밥을 굶었는지 매를 맞았는지 우리로서는 알 수 없는 노릇이다."[29]

호화유람선과 뒷골목 사이에는 단기간의 쾌락이 아니라 장기간의 쾌락을 제공하는 또 다른 구역이 있었다. 나이 어린 여성을 지방 유지들에게 첩으로 파는 인신매매에 대해, 장다이는 근심과 동정이 섞인 어조로 평소와 다름없이 자세히 기록했다. 이번에도 그가 선택한 배경은 양저우 시였다. 그는 당시에 인신매매를 뜻하던 이 지방의 속어를 차용하여, 자신의 글에 「양저우의 야윈 어린 말」(揚州瘦馬)이라는 제목을 붙였다. 이렇게 야위고 나이어린 여자들을 통통하게 살을 찌워 생계를 유지하는 자들이 100명 이상이라고 장다이는 추산했다. 이 약탈자들은 도처에 나타났다. 그들은 "썩은 고기에 몰려드는 파리떼

같아서 소탕할 방법이 없었다." 어떤 남자가 여자를 갖고 싶은 의향이
있다는 것을 누군가에게 알렸다 치자. 중매인은 당장 다음날 새벽에
그의 대문을 두드려, 첫 번째 '어린 말'의 집으로 서둘러 데리고 갔다.
그가 자리를 잡고 앉아 차 한 잔을 마시고 있으면, 첫 번째 여자 즉 소
녀가 심사를 받으러 나타났다. 소녀를 소유하고 관리하는 매파의 지
시에 따라, 소녀는 잠재적 후원자에게 절을 올리고 몸을 돌려서 얼굴
을 불빛 쪽으로 향한 다음 소매를 걷어 손과 팔의 피부를 보여주었다.
소녀가 나이를 말하면 손님은 그 목소리가 고운지를 판단했고, 몇 걸
음 걸으면 발의 치수를 가늠했다. 소녀가 방에서 나가고 나면 새로운
후보가 들어오고(대개 하루에 대여섯 명을 보여주었다), 똑같은 심사과
정이 반복되었다.[30]

며칠을 연달아 이 여자 저 여자를 심사하고 이 매파 저 매파에게 수
고비를 주고 나면, 결국에는 얼굴에 분을 바르고 붉은색 옷을 입은 소
녀들이 모두 비슷비슷해 보여서 선택이 불가능해졌다. 이는 연습장에
똑같은 단어를 백 번, 천 번 쓰고 나면 나중에는 자신이 무슨 글자를
쓰고 있는지 인식할 수도 없게 되는 것과 같은 이치라고 장다이는 적
고 있다. 닥치는 대로, 혹은 합당한 이유에서 한 소녀를 고르고 나면,
서약식이 행해졌다. 먼저 그녀의 머리에 꽂을 금비녀를 주었다. 다음
으로는 붉은 종이 위에 채색비단 몇 필, 보석 얼마, 돈 얼마, 베 몇 필
등의 예물목록을 작성해야 했다. 만일 손님이 그 종이에 예물을 넉넉
히 기입했다면, 흥을 돋우는 하객의 행렬이 그녀의 거처에서 출발하
여 의기양양해하는 구매자의 집으로 향했다. 이 행렬은 악사와 고수,
술병과 편육과 떡을 든 하인, 가마에 탄 신부, 등을 든 종자, 신부의
들러리, 가수, 더 많은 고기와 야채, 설탕절임, 잔치에 필요한 온갖 도
구—차일, 식탁보, 방석, 식기와 수저, 침대용 휘장—를 잔뜩 짊어

진 요리사 등으로 이루어졌다. 잔치는 시끌벅적하고 즐거웠지만 짧고 간소했다. 정식 혼인도 아닐뿐더러 식순에 따라 여유 있게 진행되는 것도 아니기 때문이다. 장다이가 우리에게 상기시켜준 것처럼, 해가 중천에 걸리기도 전에 고용된 일꾼들은 사례금을 챙긴 다음 다시 같은 일을 하기 위해 다른 고객의 집으로 향했다.[31]

장다이는 나이 어린 첩이 자신의 집안에 들어오게 된 다양한 경로에 대해서는 침묵하고 있고, 그들의 이름조차 좀처럼 언급하지 않았다. 그러나 그가 신원미상의 여자들, 어디서 와서 어디로 갔는지 알수 없지만, 자신의 역할을 잘 알고 있을 뿐 아니라 성적 즐거움에 대한 기대감까지 안겨주던 그런 여자들에게 흥미를 느꼈던 것은 의심할 여지없는 사실이다. 예컨대 할아버지가 개최한 룽산의 등롱축제 때 간밤의 쾌락에 미련이 남아 있다는 징표로 작은 신발을 나뭇가지에 매달아놓고 간 여자들이 그런 부류에 속했다.[32] 또한 바로 그 축제에 갑자기 나타난 예닐곱 명의 여자들도 마찬가지였다. 이들은 준비했던 술이 다 떨어졌다고 하자 개봉하지 않은 술독이라도 가져오라고 생떼를 부린 뒤에 소매 속에 감춰놓았던 참외 따위의 과일을 씹어 먹으면서 술독을 완전히 비우고 어둠 속으로 사라졌다.[33]

때때로 장다이는 이런 짤막한 이야기를 다큐멘터리처럼 상세하게 묘사했는데, 1639년의 어느 순간에 그의 삶 속으로 잠시 들어온 여자의 경우가 그랬다. 장다이가 종조부 한 분을 모시고 항저우의 시후에 놀러 갔다가 유람선에서 술을 마시고 있을 때, 종조부가 빨리 집에 돌아가자고 재촉했다. 그 자리에는 장다이의 절친한 친구인 화가 천훙서우(陳洪綬)*도 함께 있었는데, 진작부터 계속 술을 퍼마신 그는 술

* 1598~1652. 인물화·산수화·화조도로 유명한 명말의 화가.

자리를 일찍 파하는 것에 이의를 제기했다. 그래서 장다이는 종조부를 배웅한 뒤, 좀 더 작은 배를 빌려 호수로 돌아와 달을 구경하면서 천홍서우가 술을 더 마시게 했다. 호숫가에서 한 친구가 그들을 큰소리로 불러 설탕에 절인 귤을 주기에 맛있게 먹었다. 그 후 한 젊은 귀부인의 하인이 그들을 불러 자신의 여주인을 첫 번째 다리까지 태워 줄 수 있는지 물었을 때, 천홍서우는 드르렁드르렁 코를 골면서 깊이 잠들어 있었다. 장다이가 흔쾌히 승낙하자 여인이 배에 올라탔다. 그녀는 쾌활하고 상냥했으며 가벼운 비단옷을 입은 몸매는 호리호리했다. 잠에서 깨어난 천홍서우는 황홀경에 빠졌다. 그는 술 시합을 청했고 그녀는 받아들였다. 밤 이경 무렵에 첫 번째 다리에 도착하자 그녀는 술잔을 비우고 배에서 내렸다. 장다이와 천홍서우는 그녀에게 어디에 사는지를 물었다. "그녀는 말없이 웃기만 했다." "천홍서우는 호숫가를 기어올라 뒤를 쫓았고, 그녀가 악왕묘(岳王廟)*를 지나가는 것을 보았지만, 그녀를 따라잡지는 못했다."[34]

　장다이에게 가장 친숙했던 기다란 띠 모양의 지역—대운하 변의 양저우에서 장다이의 고향인 사오싱까지 북서쪽에서 남동쪽으로 뻗어 있는 지역으로, 난징과 항저우는 두 도시 사이에 있다—은 당시 중국의 경제·문화 중심부였다. 글을 읽고 쓸 줄 아는 기생을 예찬하는 풍조가 만연한 곳도 이 지역으로, 특히 재능 있고 아름다운 여인으로 인정받으려면 육체적 매력뿐 아니라 높은 학식도 갖춰야 했다. 당대의 많은 남성이 그랬듯이, 장다이도 박식한 기생을 비련의 여인으로 간주했다. 좀처럼 조화를 이루기 힘들고 실제로 충돌할 수밖에 없는 두 세계에 걸쳐 있었기 때문이다. 박식한 기생은 재색을 겸비했다

* 중국 남송의 명장 악비(岳飛)의 묘.

는 바로 그 특성 때문에 욕망의 대상인 동시에 응시의 대상인 대중적
인 인물이 되었다. 이미 대중의 응시를 받고 있었기에, 그녀는 너무나
고혹적이면서도 가까이 하기엔 너무 먼 존재였던 것이다. 그렇지만
이런 여인은 한 남자의 아내나 첩, 또는 집안의 다른 구성원이 아니었
기 때문에 결과적으로 자유로운 묘사의 대상이 될 수 있었다.[35]

장다이가 가장 잘 알고 있던 이런 부류의 여자는 왕웨성(王月生)으
로, 그녀는 장다이가 옌쯔지(燕子磯, 제비바위)와 같은 난징 교외의
명승지를 유람할 때 종종 동행했다. 왕웨성은 지체 있는 사람이라면
남의 눈에 띌까 부끄러워 함부로 출입하지도 않는, 난징의 가장 싸구
려 홍등가에서 처음 일을 시작했다. 그러나 그녀의 미모만큼은 출중
했다. 장다이는 그녀의 얼굴색은 갓 피어난 난초처럼 신선하고, 작고
뾰족한 발은 "마름의 새순" 같다고 예찬했다.[36]

장다이의 눈에 왕웨성은 홍등가의 모든 여자 중에서 단연 발군이었
다. 그녀는 점점 귀한 몸이 되어, 미리 서면으로 예약하거나 선불로
금화 다섯 냥이나 심지어 열 냥을 내지 않으면 연회석에 노래하러 나
타나지도 않는 명기의 반열에 올랐다. 좀 더 사적인 밀회를 원하는 자
는 정월이나 이월까지 예약을 해야 그해가 가기 전에 그녀의 은고(恩
顧)를 기대할 수 있었다. 왕웨성은 글을 읽고 쓸 수 있었으며, 난·대
나무·수선화를 특히 잘 그렸다. 또한 그 지역에서 으뜸가는 차(茶) 전
문가 민라오쯔(閔老子)의 발치에서 명차를 음미하는 법을 배웠고, 해
안지대인 우(吳) 지방*의 곡조를 노래하는 데도 일가를 이루었다.[37]
왕웨성은 다른 사람들이 떠들 때 침묵하고 다른 사람들이 웃을 때 우
울한 표정을 지음으로써 품위 있고 도도한 이미지를 만들어냈다. 장

---

* 장쑤 성 남부와 저장 성 북부 일대.

다이는 그녀의 이런 면을 "차가운 달빛 아래 홀로 핀 고고하고 초연한 매화"에 비유했다. 자신이 경멸하는 누군가와 억지로 동석하게 되면 왕웨성은 침묵으로 일관했다.

장다이는 짤막한 일화를 통해 그녀의 성격을 진단했다. "한 번은 지체 높은 공자(公子)가 그녀에게 돈을 지불하고 2주 정도 침식을 같이 했지만, 그녀로부터 한마디도 듣지 못했다. 어느 날 그녀의 입이 마치 말하려는 것처럼 움직이자, 그녀 곁에 있던 한 하인이 주인에게 달려가 '웨성이 말을 하려고 합니다!' 하고 외쳤다. 흥분한 공자는 급히 그녀에게 달려갔다. 그녀의 얼굴은 잠시 홍조를 띠었으나 곧 이전의 냉정함을 회복했다. 그 남자가 제발 한마디만 해달라고 간청하자, 마침내 그녀는 단 두 마디 말로 그의 체면을 세워주었다. '저, 떠나요.'"[38]

1630년대 중반의 어느 시점에 장다이는 왕웨성을 위해 시를 지었던 것 같다. 그녀가 30년 가까이 인기를 유지한 비결이 무엇인지 포착해내려는 노력의 일환인 이 시에, 그는 「가기(歌妓) 왕웨성에게」라는 솔직하고 담백한 제목을 붙였다. 장다이는 이런 시도가 위험을 무릅쓴 일이었다고 독자들에게 밝혔다. 난징 홍등가의 거주자들을 묘사하기 위해 적절한 비유를 조합하려고 애쓰는 것은 당연히 부적절한 일로 간주되었을 테고, 이 이야기를 들은 일반인들은 이를 드러내고 웃었을지도 모른다. 그렇지만 진정한 감식가들은 아마도 장다이의 진의를 이해했을 것이다. 특히 왕웨성에게 오랫동안 차맛 음미하는 법을 엄격히 가르쳤던 타오예두(桃葉渡)* 출신의 70세 노인 민라오쯔 같은 인물이라면 말이다. 평생의 경험을 통해 민라오쯔가 "특별한 차의 맛을 만들어낼 수" 있었듯이, 장다이는 자신의 기억을 더듬어 왕웨성의

---

* 장쑤 성 난징 시내 친후이허(秦淮河)와 칭시(青溪)의 합류지점에 있는 나루터.

진면목을 파악하고자 했다.

> 백자 찻잔에서 피어오르는 재스민 향기 같고
> 그 빛깔은 종이창 너머로 어렴풋이 보이는 배꽃 같네.
> 혀끝의 그윽한 맛 어떻게 전할까
> 단맛 신맛이 감람의 깊은 맛보다 더 좋네.
> 내가 왕웨성을 처음 만났을 때
> 마치 차가 내게 말을 거는 것 같았지.
> 내가 한 걸음을 뗄 때 얌전하게 세 걸음을 걷던 그녀
> 하나 너무 조신하여 얼음 같아 보였지.

　그런 느낌은 장다이가 그녀의 아름다운 얼굴, 청초함과 연약함, 옷을 통해 드러나는 매혹적인 몸매에 굴복하게 됨에 따라 사라졌다. 이런 것들은 아름다움의 정의에 대한 당대의 일반적인 표현이었지만, 장다이는 스스로에 대한 조롱을 멈추지 않았다. 그의 목적은 자신이 느끼는 감정의 깊이에 대한 당혹감을 재현하는 것이었다. 당시의 용어로 정(情)이라 불린 이 열정은 수많은 인간의 행동과 신념을 정당화하는 순수한 힘이었고, 장다이도 느낀 바를 묘사할 적절한 용어를 찾지 못했을 경우에는 정에 이끌렸다고 주장했다. 그가 말없이 생각에 잠겨 있을 때, 친구 쿼머가 그녀의 내면을 차에 빗대어 표현해보라고 제안했다. 마무리 4행에서 장다이는 비유를 완성하고 마침내 지상의 세계로 되돌아왔다.

> 차의 절묘함으로 절세가인을 그려내니
> 자고로 누가 이런 일을 생각해낸 적이 있을까

누군가의 서법(書法)이 "강물소리로 가득 찼다"고 말했을 뿐인데
듣고 있던 자 웃음을 터뜨리며 입안의 밥알을 흘리네.[39)]

왕웨성의 태도와 몸짓에는 분명히 연극적인 요소가 있었다. 그녀는
도도하게 굴면서도 남자들의 접근을 허용했기에, 장다이를 비롯한 뭇
사내들의 애간장을 녹였던 것이다. 사실 장다이는 연극을 결코 잊어
본 적이 없었고, 많은 돈과 노력을 들여 훌륭한 무대를 만들어보고자
애썼다. 장다이는 이 예술형식이 발전과정에 있다는 것을 간파하고
있었다. 그 변화의 법칙이 무엇인지도 알고 있다고 장다이는 주장했
겠지만, 모두가 동의하지는 않았다. 쑤저우(蘇州) 지역의 우아하고 매
혹적인 연극에서 시작된 곤곡(崑曲)은 사오싱의 지방색이 두드러진
전통극의 형태에서 이미 벗어나고 있었다. 후대의 '경극'이 곤곡에서
발생했고, 더 많은 관객을 유치하기 위해 곤곡을 통속화했던(많은 전
문가의 눈에는 이렇게 비쳤다) 것과 비슷한 현상이 당시에도 벌어지고
있었던 것이다. 장다이는 비록 음악에 관심이 많았지만, 자신이 사랑
하는 곤곡과 자신이 흠모하는 여배우들이 이야기의 완벽한 전달이라
는 기본적인 요구에 충실해야 한다는 사실을 알고 있었다.[40)] 예컨대
재기발랄하고 즉흥적인 말솜씨와 우렁찬 목소리를 갖고 있던 명창 류
징팅(柳敬亭)은 고대부터 이어져 온 이야기 형식의 화술(話術)과 새
롭고 다양한 연극적 기교 사이를 잇는 과도기적 인물이었다. 류징팅
의 활동무대는 난징이었지만, 그의 명성은 훨씬 멀리까지 퍼져나갔
다. 그의 공연을 보려면 왕웨성의 경우처럼 몇 일 또는 몇 주 전에 예
약하고 선금을 내야 했다. 그는 하루에 딱 한 번만 공연했고, 청중들
이 잡담을 하거나 심지어 하품만 해도 공연을 아예 중단해버렸다. 그
는 "가무잡잡하고" 얼굴이 "곰보"였지만(그래서 별명이 곰보딱지〔麻子〕

였다), 이런 기이한 외모가 그의 매력을 반감시키지는 않았다. "그는 정말로 못생겼다"고 장다이는 적고 있다. "그러나 입에서는 재담이 끊이지 않았고 눈은 부리부리하며 옷은 수수하고 깔끔하다. 이 모든 것은 그를 사실상 왕웨성 못지않은 아름다운 인물로 만들어준다. 이들의 흡인력이 예능인으로서 동격이라는 말이다."[41]

장다이 집안의 가극에 대한 열정은 가문의 전통에서 유래한 것이 아니라 자신이 태어날 무렵 할아버지에 의해 시작된 것이라고 장다이는 조심스럽게 지적하고 있다. 할아버지와 네 명의 친구— 모두 항저우 출신이거나 저장(浙江) 성 북부에 인접한 부유한 장쑤(江蘇) 성 남부 출신이었다—가 자신들의 극단을 조직한 것이 그 시초였다. 이들은 모두 진사시(進士試)에 급제한 빼어난 인재들로, 이런 존경받는 인물들이 극단을 후원하고 "이들에게 깊은 관심을 기울인 일은" 장다이의 말에 따르면 '파천황'(破天荒)이었다.[42] 장다이는 한 산문에서 여섯 개의 극단에 대해 언급했는데, 그 가운데 두 극단에는 소년과 성인 남자밖에 없었지만, 세 극단에는 분명히 여배우들이 있었고 어쩌면 소녀와 성인여자들밖에 없었을 것이다. 시간이 흐르면서 극단의 구성원도 변했지만, 때로는 극단의 이름이 바뀌어도 창단멤버 몇 명은 그대로 남아 있는 경우도 있었다. 장다이가 성년이 될 무렵에는, 할아버지 세대의 극단에 버티고 있던 관록 있는 배우들은 "3대—하(夏)·은(殷)·주(周)—의 보석이나 제기(祭器)처럼 다시는 찾아볼 수 없게 되었다."[43]

장다이의 아버지는 장다이의 숙부나 사촌들이 그랬듯이, 과거(科擧)에 대한 끝없는 집착을 버리고 화려한 한량의 생활에 발을 내딛으면서 극단 몇 개를 소유하게 되었다. 장다이의 동생 핑쯔(平子)도 자신의 극단을 갖고 있었는데, 그가 요절하자 단원들은 장다이의 극단으로 옮겨온 듯하다. 장다이는 이 열정에 대해 이렇게 말했다. "극단 주인의 안목은 하루하루 높아졌고, 젊은 단원들도 공연하는 횟수가 늘어날수록 기예가 점점 세련되어갔다." 장다이는 자신의 극단 내에서 세대교체가 이루어지는 과정, 즉 남녀배우들이 왕성하게 활동하다가 나이가 들어 은퇴할 때가 되면 한 무리의 젊은이들로 교체되는 과정을 흐뭇하게 지켜보았다. 장다이의 극단들 중에서 어떤 극단은 이 과정을 무려 다섯 번이나 거쳤다. "나는 이제 몸이 떨리는 노인이 되어 눈도 페르시아인처럼 녹안으로 변했으나, 여전히 훌륭한 배우와 그렇지 못한 배우를 분별할 수 있다. 산중에 살던 사람이 바닷가를 여행하고 집에 돌아오면, 그는 자기 눈으로 본 것들의 온갖 묘미를 잊지 않는다. 청컨대 모두 와서 그걸 맛보시오!" 장다이에게는 분명히 성공의 기쁨이 있었다. "이 배우들이 출세하고 명성이 높아진 것은 내게도 고마운 일이었다. 나중에는 내가 유명하게 만들어준 이 배우들 덕분에 나까지 덩달아 유명해졌다."[44]

물론 풋내기 배우를 훈련시키는 방법은 셀 수 없이 많았다. 장다이는 소녀들을 가극에 입문시킬 때 절대로 연기부터 가르치지 않는 주(朱)씨 성을 가진 교사에 대해 적고 있다. 그는 먼저 다양한 현악기·관악기·타악기를 연주하는 법을 익히게 하고, 그 다음에 노래를, 마지막에 춤을 가르쳤다. 그 결과 주씨가 훈련시킨 여배우 몇 명은 "털구멍을 통해서도 느낄 수 있는 완벽한 수준"에 도달했다.[45] 하지만 주씨는 교사로서 두 가지 큰 문제가 있었다. 그는 가극을 공연할 때 절제미를 무시하고 과다한 춤과 특수효과를 사용하여 관객의 마음을 사로잡으려 했다. 또한 음탕하고 소유욕이 강해서 여자들을 대하는 그의 태도는 도를 넘어서 있었다. 주씨는 여자들을 농락하려고 밀실을 만들어 놓았는데, 거기에 갇힌 여자들의 비명소리를 사람들이 들을

수 있었다고 한다.[46)]

비록 교사 주씨가 예술적인 훈련과 성추행 사이의 경계를 모호하게 만들어놓긴 했지만, 기생으로 출발해서 가장 어려운 역할을 소화하면서도 하룻밤에 일곱 편의 가극에 잇달아 출연할 수 있는 배우로 거듭난 유명 여가수들도 있었다. 아는 것도 많고 요구하는 것도 많은 선생들 앞에서 무대에 오른 가수들은 너무나 긴장하여 목소리도 나오지 않고 동작도 취할 수 없었다. 가수들은 그런 경험을 "칼의 문을 통과하는" 것에 비유했다.[47)] 어떤 배우들은 연기를 하기가 거의 불가능한 무대에 서야 했다. 예컨대 수많은 관객을 앞에 놓고 장다이의 아버지가 새로 세운 "떠다니는 무대"—호수에 정박되어 있어 바람에 흔들거리는 배(樓船)—에서 공연해야 했던 여배우들이 그러했다. 그러나 무대를 빛내보겠다는 의지와 객석의 갈채 덕분에, 대부분의 여배우는 무대장치의 난점과 본인들의 당황스러움을 극복할 수 있었다. 장다이의 집처럼 부잣집에서 가극이 장시간 공연되는 동안 감식가들은 교사들의 실력을 평가했고, 예술애호가들이 재능 있는 신인을 발굴하여 자신의 모임에 데려오면서 극단들 사이의 단원이동을 어느 정도 촉진했다.[48)]

하지만 때로는 어린 여배우가 많은 관객들 앞에서 공연하기도 했다. 장다이는 1634년 중추절에 자신의 초대를 받고 지산(蕺山)에 모인 손님이 적어도 700명은 되었다고 어림잡았다. 그들은 모두 자신이 먹고 마실 음식과 술을 가지고 왔고, 배우들의 무대 아래쪽에 그들이 앉을 양탄자가 펼쳐져 있었다. 그 밖에 70개의 돗자리에 자리를 잡은 다른 손님들과 그들의 친구까지 합하면 관객의 수는 천 명에 가까웠다. 이들은 몇 시간 동안 계속 술을 마시면서 함께 노래를 불렀다. 장다이는 분위기가 무르익었을 때 어린 여배우 구제주(顧芥竹)와 잉추

옌(應楚烟)에게 극의 한 장면을 공연하게 했고, 이들은 노래를 10여
곡 불렀다. 두 소녀는 원래 장다이의 동생 핑쯔의 극단 소속이었지만,
동생이 죽으면서 형의 보살핌을 받게 되었다. 그들은 달빛 아래서 마
지막 노래를 불렀는데, 관객들의 얼굴은 달빛을 받아 "막 목욕을 하고
나온 듯이 빛이 났다." 그리고 먼 산들이 구름 속으로 사라졌을 때 소
녀들의 목소리가 낭랑하게 울려 퍼지자 "모기들의 앵앵거리는 소리조
차 그쳤다."[49]

장다이가 자신의 극단에서 가장 아끼던 여배우들 중 하나는 류후이
지(劉暉吉)였는데, 그녀는 연기에 대한 자신만의 접근법을 발전시켰
다. 장다이는 그녀에 대해 이렇게 적고 있다. "사람들의 인기를 얻으
려면 여배우는 미모·자신감·개성이 있어야 한다. 그러나 이것이 류후
이지에게는 해당되지 않는다. 류후이지는 상상력이 풍부하고, 이전
배우들의 문제점을 개선하려는 의욕을 갖고 있다." 장다이는 이 대목
이 의미하는 바를 정확하게 설명하지 않았지만, 류후이지가 극중의
남자 역을 연기하는 데 특별히 뛰어났던 것은 분명하다.[50] 장다이는
친구 펑톈시(彭天錫)가 한 말을 기록해두었다. "류후이지 같은 여배
우가 있는데, 이 이상 남자배우가 무슨 필요가 있겠는가? 또 나 같은
노부(老父)가 무슨 필요가 있겠는가?" 펑톈시는 좀처럼 남을 칭찬하
지 않는 엄격한 비평가로 유명했으므로, 그의 찬사는 특별히 소중하
다고 장다이는 말하고 있다.[51]

사오싱 북쪽에 위치한 장쑤 성 출신인 펑톈시는 장다이의 죽마고우
로, 가극을 사랑하는 세련된 다른 신사(紳士)들과 마찬가지로 비평가
이자 후원자이고 배우이자 교사이며 열광적인 관객이었다. 펑톈시를
예찬하는 글에서 장다이는 이 배우 겸 연출가의 값비싼 완벽주의를
"세상에서 으뜸가는 것"으로 생각한다고 간결하게 표현했다. 펑톈시

의 원칙은 간단했다. 그는 원래의 대본에 충실했고, 자기 마음대로 대본을 윤색하는 일 따위는 절대로 하지 않았다. 공연을 준비할 때는 모든 출연진을 집으로 초대하여 예행연습을 했는데, 그럴 때마다 지출되는 수십 냥의 비용 따위는 아랑곳하지도 않았다. 또한 자신의 레퍼토리를 끊임없이 늘렸기 때문에, 몇 년에 걸쳐 장다이의 집에서 오륙십 회의 공연을 하는 동안 똑같은 장면을 보여준 적이 단 한 번도 없었다. 배우로서 그는 대부분의 연극에 공통적으로 등장하는 두 가지 배역인 악당과 익살꾼 역에만 집중함으로써 자신을 특화했다. 사악하고 잔인한 인물을 펑텐시처럼 잘 표현할 수 있는 배우는 없었다. "그가 눈살을 찌푸리고 당신을 힐끗 쳐다보면, 당신은 그의 뱃속에 칼이 있고 그의 웃음 속에 비수가 있다고 확신하게 될 것이다. 그가 내뿜는 귀기와 살기에 사람들은 전율한다." 아마도 펑텐시는 타고난 탐구욕과 높은 안목, 섬세한 감각과 정력을 오직 연극을 통해서만 온전히 발산할 수 있었던 것 같다고 장다이는 회고했다. 장다이는 대단히 수준 높고 독창적인 그의 공연들을 "하나하나 최고급 비단에 싸서 영원히 물려주고 보존할 수 없는 것이 안타까울 따름"이라고 결론지었다.[52]

　장다이가 보기에 펑텐시의 재능에 버금갈 만한 여배우는 주추성(朱楚生)뿐이었다. 그녀는 닝보(寧波) 출신의 가극교사 야오(姚)에게 훈련을 받아, 사오싱의 지방극 즉 조강(調腔)의 전문가가 되었다. 야오는 음악적 완성도를 끊임없이 추구하는 엄격한 교사로, 주추성을 나머지 단원들을 평가하는 잣대로 활용했다. 그녀 역시 일생을 가극에 헌신했고, 자신의 정열을 남김없이 무대에 쏟아 부었다. 스승이 그녀의 노래나 대사전달에 개선의 여지가 있다고 지적하면, 그녀는 결점이 보완될 때까지 끊임없이 연습했다. 장다이는 이렇게 적고 있다. "그녀는 특출난 미인은 아니었으나, 어떤 절세가인도 그녀만큼 특별한 재능을 타고난 경우는 없었다. 그녀는 신랄했고 충동적이었다. 그녀의 미간에서는 독립심을, 눈에서는 감정의 깊이를 읽을 수 있었고, 꿈꾸는 듯한 표정과 균형 잡힌 동작에서는 매력을 느낄 수 있었다."[53] 그러나 장다이가 보기에 그녀는 "본인이 주체할 수 없는 감정의 깊이에 의해," 다시 말해서 감정과잉으로 인해 죽을 운명이었다. 어느 날 황혼 무렵에 장다이는 사오싱의 강가에서 그녀 곁에 앉아 있었다. 해가 지고 물안개가 피어오르면서 나무들이 검게 변하자, 그녀는 조용히 흐느끼기 시작했다. 펑톈시와는 달리 그녀는 자신을 소진시키는 갖가지 풍파에서 벗어날 수 없었다. 장다이는 그녀가 "가슴속에 너무 많은 슬픔을 간직하고 있었기 때문에" 죽었다고 생각했다.[54]

장다이에게 생애의 대부분은 화려한 구경거리였고, 가장 위대한 진리는 심미적인 것이었다. 인생의 무대와 마찬가지로 영혼의 세계에서도 신들의 무자비한 장난과 인간의 무력한 방어 사이에는 명확한 경계가 없었다. 우리가 현실세계라고 부르는 것은 이 두 가지가 만나 힘을 겨루는 투쟁의 장이자, 우리 모두가 자신의 역할을 얼마나 잘 수행하는지 보여주기 위한 경합의 장에 지나지 않았다. 장다이는 생전에 이런 순간들을 탐구했다. 그가 진산(金山) 아래의 강가에 닻을 내린 때는 1629년의 중추절 다음날 늦은 밤이었다. 대운하를 따라 북상하여 아버지를 뵈러 가던 그는 전장(鎭江)*에서 양쯔 강을 막 건넌 참이었다. 둥그런 달이 안개 속에서 굽이치는 강물 위를 노닐었고, 주변의 숲에 둘러싸인 금산사(金山寺)는 어둡고 고요했다. 절의 대웅전에 들어섰을 때, 장다이는 옛 생각에 사로잡혔다. 이곳은 남송의 장수 한스중(韓世忠)이 겨우 8천의 군사로 북방의 침략자인 금(金)의 대군과

---

* 양쯔 강 남안에 위치한 장쑤 성 남서부의 도시.

18일간 싸워 마침내 그들을 양쯔 강 너머로 격퇴한 장소였다. 장다이
는 하인들에게 배에서 등과 악기들을 가져오게 하여 대웅전에 불을
밝힌 다음, 그들의 반주에 맞춰 오래 전에 있었던 한스중 장군의 이야
기와 양쯔 강변의 전투를 노래했다.

음악소리에 "모든 스님이 잠자리에서 일어나 우리를 바라보았다.
노승들은 손등으로 눈을 비비며 잠을 쫓았고, 그들은 우리 연주에 집
중하면서 입을 벌려 하품도 하고 웃기도 하고 재채기도 했다. ……
그러나 어느 누구도 우리가 누구인지, 그곳에서 무얼 하고 있는지, 언
제 왔는지 굳이 묻지 않았다." 공연이 끝나고 날이 밝아오자, 장다이
는 악기와 등을 치우게 하고 배에 올라 다시 여행을 시작했다. 모든
승려가 강기슭으로 내려와 우리가 더 이상 눈에 보이지 않을 때까지
배웅했다. 장다이는 만족스러웠다. "우리가 사람인지 요괴인지 귀신
인지 그들은 알지 못했다."[55]

2장
길을 준비하다

장다이는 특별한 일이 없는 날에는 공부를 했다. 그는 결코 공부를 끝내지 못했고, 또한 결코 끝내지 못할 것임을 잘 알고 있었다. 그도 그럴 것이 그는 절대적인 성공 외에는 달리 출구가 없는 어떤 제도에 갇혀 있었기 때문이다. 심지어 절대적인 성공이라는 것도 따지고 보면 덧없는 관념에 지나지 않았다. 겉으로 드러난 성공의 이면에는 늘 실패의 역풍이 잠재해 있었던 것이다.

장다이가 관직에 발탁되기 위해 배우고 있었던 학문적 유산은 달달 외우다시피 해야 하는 몇 가지 경전 외에도 많이 있었다. 관직에 발탁될 가능성이 있는 사람은 평생토록 개인 장서를 붙들고 그 속에 담긴 복잡한 중국의 학문에 몰두했고, 그 가족들도 각자의 생활과 소질에서 상당부분을 과거 응시자의 독서행위를 뒷바라지하는 데 희생했다. 국가에서 시행하는 과거(科擧)는 유교경전에서 가려 뽑은 고전작품들에 대한 이해도를 검증하는 시험으로, 응시자들은 며칠 동안 고도의 정신력을 발휘해야 했다. 과거급제는 관료로서의 출세는 물론이고 명성과 부를 보장해주었다. 장다이가 속한 세계에서는 여러 세대(世

代)의 가족이 한 자리에 나란히 앉아 함께 공부하는 것이 전혀 이상한 광경이 아니었다. 아버지는 장남이 태어나기 전에 상급 과거에 합격하는 경우가 거의 없었고, 때로는 막내아들이 아버지나 삼촌들보다 먼저 합격하기도 했다. 부유한 중국인들에게 과거란 수십 년에 걸쳐 계속해서(주로 3년에 한 번씩) 맞닥뜨릴 수밖에 없는 인생의 중요한 일부였다. 첫 단계에서는 지방의 행정단위인 부(府)·주(州)·현(縣)에 설치된 관립학교의 학생인 생원(生員)을 선발하는 시험을 치렀고, 다음 단계에서는 각 성(省)의 수도에서 생원들을 대상으로 거인(擧人)을 선발하는 향시(鄕試)를 보았으며, 마지막으로는 전국의 거인을 대상으로 극소수의 진사(進士)를 선발하기 위해 베이징에서 3년에 한 번씩 시행되는 회시(會試)라는 관문을 통과해야 했다.[1]

장다이의 집안에서는 이런 전통이 고조부인 톈푸(天復)에게서 시작되었다. 톈푸는 1513년경에 사오싱의 장씨 문중에서 잘 나가던 한 지파의 셋째 아들로 태어났다. 집안에서 전해지는 이야기에 따르면, 이미 두 형이 과거공부를 하고 있었기 때문에 아버지는 어린 톈푸에게 장사를 하라고 권했다. 그러나 톈푸는 공부를 못하게 되는 것은 인생의 낙오자가 되는 것이나 마찬가지라며 울며불며 아버지에게 매달렸다. "저는 사람도 아니어서 아버님은 저를 장사치로 만들려 하십니까?" 그는 결국 아버지의 마음을 돌려놓았고, 기나긴 공부 끝에 1547년 회시에 급제하여 진사가 되었다.[2]

그러나 개척자 격인 고조부 톈푸의 과거급제는 당사자에게는 너무나 소중한 것이었지만, 그의 성공에는 의혹의 그림자가 드리워져 있었다. 장다이의 설명에 따르면, 눈물어린 간청 덕분에 공부를 할 수 있게 된 톈푸는 관학 입학시험에 합격하여 생원의 지위와 함께 항저우에서 실시되는 향시 응시자격시험인 과고(科考)를 치를 자격을 얻었다. 그러나 과고의 책임자인 제학관(提學官) 쉬(徐)는 예전에 사오싱 부학(府學)에서 톈푸를 가르쳤을 뿐 아니라 전년도의 학력평가시험인 세시(歲試)에서 톈푸에게 최고점수를 주었던 인물이었다. 바로이 쉬가 톈푸를 불러 그의 과고성적을 1등으로 평가하기로 이미 결정했다고 말하면서, 다른 현(縣)에서 온 경쟁자들의 답안지 채점을 도와달라고 요청했다. 사람들의 입방아와 추문이 두려웠던 톈푸는 그의요청을 정중히 거절하고 자리를 떠나려 했지만, 쉬는 그를 제지하면서 깜짝 놀랄 만한 말을 했다. "어차피 자네의 답안이 일등이니, 이등이하의 등수를 자네가 결정하라는 것이다." 비록 톈푸는 정상적인 방법으로 상급시험을 통과했으나, 이 일화(장씨 일가에게만 알려졌다)는분명 고조부의 고결함을 미심쩍게 만들었다.[3)]

장씨 가문의 사람들은 톈푸가 공부했던 서재의 아름다움이 성공의결정적 요인이라고 믿었고, 어린 장다이의 눈에는 고조부가 그런 환경에서 공부한 것이 당연해 보였다. 장다이는 1613년에 그곳을 둘러보고 다음과 같이 적고 있다. "우리 집안에서 나중에 세운 정자들은그만큼 아름답지 못했다. 그곳은 균지정(筠芝亭)이라 불렸는데, 그 후에 우리 집안에서 세운 누(樓)·각(閣)·재(齋)는 결코 균지정에 미치지 못했다. 그 정자를 좀 더 높게 지었다면 그 가치가 떨어졌을 테고, 담장을 한 군데 더 쌓았다면 그 아름다움이 훼손되었을 것이다. 고조부는 이 정자를 하나의 완전한 통일체로 만드셨으므로, 다른 사람이정자 외부에 채색된 서까래나 기왓장 하나를 덧대는 것도, 그 내부에난간이나 문짝 하나를 추가하는 것도 원하지 않으셨다. 이것이 균지정에 대한 고조부의 뜻이었다. 정자의 앞뒤에는 손수 여러 그루의 나무를 심으셨는데, 그 나무들이 이제는 아름드리나무가 되어 짙은 그늘과 살랑거리는 바람을 선사하고 깃털로 만든 부채처럼 부드럽게 흔들리니, 마치 가을날에 물위를 떠다니는 것 같다."[4]

장다이는 이 정자의 완벽함을 시험과정 자체의 현실적인 측면과 강렬하게 대비시키고 있다. 그가 전거로 삼은 인물은 동시대인인 아이(艾)였다. 그는 1600년대 초부터 1620년대까지 단 한 번도 거르지 않고 향시에 일곱 차례 응시했다. 장다이가 옮겨 적은 짤막한 회상록에서, 아이는 3년에 한 번씩 개최되는 향시에 합격하기 위하여 자신이 얼마나 열심히 공부했는지 술회하고 있다. 그는 매번 교체되는 학정(學政)들의 학문적 경향을 나름대로 연구하여 문학과 철학, 천문과 지리, 심지어 병법과 도교에 이르는 광범위한 분야에서 시대별로 유행한 다양한 학파의 이론 가운데 어디에 역점을 두고 공부해야 할지를 정했다고 한다.

아이는 향시를 치르는 장소인 공원(貢院)에서 겪었던 끝없는 불쾌감과 모욕감에 대해서도 써놓았다. 새벽에 긴장해서 몸을 떠는 젊은 이들의 무리에 끼어 입구에서 출석을 확인한 다음 한 손에는 붓과 벼루를, 다른 손에는 얇은 이불을 든 채 지척거리며 앞으로 나아가면, 답안을 작성할 때 훔쳐볼 요량으로 작성한 쪽지를 감추고 있지 않은지 응시자들의 몸을 샅샅이 훑는 감시인들의 차가운 손길을 견뎌내야 했다. 다음에는 자신이 시험을 치를 칸과 허접한 널빤지 의자를 잘 찾아가야 했는데, 이 일이 제법 성가셨다. 한여름에는 먼지와 심한 열기로 인해 응시자들의 온몸은 땀으로 흥건해졌고, 허름한 지붕 사이로 소나기가 들이치기라도 하면 옷가지로 답안지가 젖지 않게 필사적으로 가려야 했다. 정해진 시간과 장소에서 소변을 보는 것도 고역이었고, 시험장에 다닥다닥 앉아서 땀을 뻘뻘 흘리는 수백 명의 몸에서 나는 악취도 참기 힘들었다. 감독관들이 앉아 있는 응시자들 사이를 지나다니면서 아이(艾)처럼 시력이 너무 안 좋거나 눈이 피로하여 문제지를 읽을 수 없는 사람들을 위해 과제(科題)를 큰소리로 읽어주고, 귀가 잘 들리지 않는 사람들을 위해 큰 글씨로 과제를 써서 널빤지에 붙여 내거는 것이 응시자들에 대한 유일한 배려였다. 일단 향시가 끝나면 생원들은 자신의 등수와 점수가 알려지기 전까지 채점이 제대로 매겨질지 걱정하며 기다려야 했다. 그들은 낙방하면 똑같은 지루한 과정을 처음부터 다시 시작해야 한다는 사실을 잘 알고 있었다. "사람들은 품위라고는 눈곱만큼도 없는 아녀자나 노비처럼 보였다"고 아이는 적고 있다.[5]

장다이는 아이의 설명에 자신의 주석을 추가했다. 그의 말에 따르면, '팔고문'(八股文)으로 알려진 정형화된 답안양식은 명조의 통치자들이 "학자들을 괴롭히고 유능한 인재들을 좌절시키려고" 만든 것이었다. 형식이나 내용이 그 틀에서 조금만 벗어나도 감점당하거나 낙방했다. 제아무리 훌륭한 학자라 해도 "내면의 감정은 말라비틀어진 채 태도는 고분고분하고 시야는 좁고 표현은 진부하고 문장은 함량미달인" 패거리들에 합류하지 않는 한 "재능과 지식의 창고를 활용할 방도가 없었다." 그 결과는 나라 전체에 해를 입혔다. 합격자들은 "죽음을 눈앞에 둔 노인이거나 아무것도 모르는 철부지 어린아이였다." 그렇지만 흥미롭게도 아이와 장다이는 과거제도의 온갖 억압적 요소와 단점에도 불구하고 그 제도에는 유용한 면이 있다고 느꼈다. 예컨대 시험공부와 긴장감은 스승과 제자 사이의 강한 유대를 만들어냈고, 여가생활이 시간을 의미 있게 보내는 유일한 방법은 아니라는 것과 고진감래를 깨닫게 해주었기 때문이다.[6]

물론 고조부 톈푸의 성공이 장씨 집안의 누군가에 의해 재현되리라는 보장은 없었다. 게다가 톈푸의 장남 원궁(文恭)은 어렸을 적에 몸이 워낙 약해서, 어머니는 성공적인 과거 지망생에게 꼭 필요한 집중적인 공부를 하지 못하게 했다. 어머니가 걱정할까 우려한 원궁은 야간독서를 위해 자기 방에 등을 숨겨놓고, 어머니가 취침하는 것을 확인한 뒤에 등을 켜고 밤새 책을 읽었다.[7] 장다이는 증조부가 과거준비에서 받은 스트레스로 인해 서른 살에 허연 백발이 되었다고 덧붙이고 있다. 증조부 원궁이 1571년 베이징의 전시(殿試)에서 장원급제하여 가족과 고향사람들을 깜짝 놀라게 만들었을 때, 친구들은 그에게 '노장원'(老壯元)이라는 별명을 붙여주었다.[8]

원궁의 놀랄 만한 위업으로 장씨 집안은 명성을 얻었지만, 장다이는 원궁의 이후 인생이 특별히 풍성한 결실을 본 것도 아니었고, 그의 과거급제가 집안에는 부담으로 작용했다는 사실을 알고 있었다. 장다이는 다음과 같이 적고 있다. "증조부 원궁은 평생 충효의 관념을 강조하셨다. 그는 자신이 전시에서 장원급제한 것은 우리 집안이 충과 효를 다한 결과라고 생각하셨다. 따라서 그의 장원급제는 단순한 '행운'이 아니라 우리 모두를 위한 밑거름이었다. 그의 성공을 단지 행운이라 생각하는 사람은 행운을 누릴 생각밖에 없는 자이다. 그러나 그것을 단순한 행운이 아니라 밑거름으로 여기는 사람은 행운을 일궈낼 수 있는 자이다. 만일 그렇지 않다면, 원궁이 왜 사치스럽게 먹고 마시며 호화롭게 살려고 하지 않았겠는가? 그의 후손 가운데 그와 같지 않은 사람이 있다는 것은 우리에게 무엇을 의미하는가?"[9]

더욱 수수께끼 같은 것은 장다이가 묘사한 할아버지 루린(汝霖)의 모습이다. 그는 할아버지의 필체에 대해 "흉하고 서투르다"고 평했고, 할아버지가 "제멋대로 구는 성격" 때문에 친구들에게 따돌림을 당했다고 느꼈다. 할아버지는 절대로 감각이 둔한 사람은 아니었다. 대부분의 집안사람처럼 그는 말이 빨랐고, 어떤 어려운 상황에서도 놀라울 정도로 막힘없이 경구들을 구사할 수 있었다. 걸맞은 사례로는 그가 '다박머리' 소년이었을 때 살인죄로 사형을 선고받고 옥에 갇혀 있던 아버지의 친구 쉬웨이(徐渭)*를 만나러 간 경우를 들 수 있다. 잠시 대화를 나누는 동안 할아버지가 두 구절의 현학적인 인유(引喩)를 조합해내자, 그 죄수는 "어린애에게 농락당한 듯한 기분이군"이라고 중얼거렸다. 중대한 문제는 할아버지가 언제나 자기 마음대로 행동하고 표현한다는 점이었다. 장다이의 말에 따르면, 할아버지는 "경학(經學)에 정통하기 위해 전력을 기울였지만, 성공을 쉽게 움켜쥐려고 경전을 수박 겉핥기식으로 읽는 자세를 답습하지는 않았다." 심지어 연납(捐納)으로 감생(監生, 국자감의 학생)이 되더니 집안의 토지를 건사하거나 여타 집안 대소사를 챙기는 것은 완전히 포기한 채 공부에만 전념했는데, 모난 성격은 고쳐지지 않았고 과거에 일찍 급제하지도 못했다.[10]

할아버지 루린은 이윽고 1580년대 말에 향시를 치를 준비가 다 되었다고 생각했지만, 바로 그 무렵 아버지와 어머니가 잇달아 돌아가시는 바람에(원궁은 1588년에, 어머니 왕[王]씨는 1591년에) 향시를 치를 수가 없었다. 부모상을 당한 아들은 27개월 동안 상복을 입는 것이 관행이었고, 복상기간에는 관직을 수행할 수도, 과거에 응시할 수도 없었다. 그러나 공부를 계속할 수는 있었으므로, 할아버지는 처음에는 사오싱에 있는 집안의 누각에서, 마무리 단계인 1594년에는 난징의 허밍산(鶴鳴山)에서 열심히 공부했다. 그런데 허밍산의 공부방에서 할아버지는 "눈에 백태가 끼는 병에 걸려, 창문에 휘장을 내리고 석 달 동안 묵상에 잠길 수밖에 없었다." 이런 예기치 않은 상황변화에도 할아버지의 원대한 목표는 바뀌지 않았다고 장다이는 적고 있

---

* 1521~1593. 자유분방하고 개성 넘치는 화풍으로 유명한 명대의 화가. 아내를 살해한 혐의로 7년 동안 옥살이를 하다 풀려났다.

다. 친구들이 그와 경서의 주제를 토론하기 위해 어두컴컴한 방으로 찾아와 "귀에 몇 마디를 해주자, 완전한 문장이 할아버지의 입에서 샘솟듯이 흘러나왔다."[11] 이 예상치 못한 암흑기간에 이루어진 정신수련 덕분에, 할아버지는 1594년 여름에 향시를 통과했을 뿐만 아니라 장다이가 태어나기 직전인 1595년에 서른아홉의 나이로 베이징에서 실시된 회시에도 합격할 수 있었다고 장다이는 암시하고 있다.

그렇지만 장다이는 할아버지가 1594년에 거인 학위를 취득한 방식에 이상하고 모호한 구석이 있었음을 알아채고, 이를 자세히 기록하고 있다. 장다이의 간략한 가족전기에 기록되어 있는 이 설명에 따르면, 그의 할아버지는 제시간에 과장에 들어가서 빠른 속도로 답안을 적어내려가 정오가 되기 전에 답안을 마무리했다. 답안지는 탈락자들을 가려내는 임무를 맡은 부고관(副考官)에게 넘어갔는데, 그는 즉각 할아버지의 모든 답안지를 탈락을 의미하는 불가(不佳)로 판정했다. 1차 채점이 끝나자 부고관은 리(李)라는 주고관(主考官)에게 자신이 가장 우수하다고 판정한 답안지를 제출했다. "그러나 리는 그 답안지가 형편없다고 부고관을 나무라면서 다른 답안지를 올리라고 말했다. 리는 이 답안지 역시 수준이 낮다며 부고관에게 다른 답안지를 더 올려보라고 요구했다. 이런 일이 네다섯 차례 반복되자, 부고관의 수중에는 제출할 답안지가 더 이상 남아 있지 않았다. 부고관은 분노의 눈물을 흘렸다."

부고관이 제출한 답안지의 수를 확인한 리는 자신이 보지 못한 일곱 개의 답안지가 남아 있음을 알아내고 부고관에게 그것들을 어떻게 처리했는지 물었다. "그 일곱 개의 답안지는 전혀 뜻이 통하지 않습니다. 그래서 웃음거리로 삼고자 따로 남겨두었습니다"라는 대답이 돌아왔다. 리는 그 일곱 개의 답안지도 남김없이 제출하라고 요구했고,

장다이의 표현에 따르면 "리는 그것들을 읽자마자 손뼉을 치면서 매우 심오하다고 선언했다. 그리고 주묵(朱墨)으로 부고관이 일곱 개의 답안지에 써놓았던 부정적인 평가를 지워버렸다. 『주역』에 관해 논한 모든 답안지 가운데 리는 할아버지의 것을 일등으로, 궁싼이(龔三益)라는 응시생의 것을 이등으로 다시 판정했다. 이들의 나머지 답안지도 모두 높은 점수를 받았다."

할아버지의 이름을 합격자 명단 맨 위에 두려던 것이 리의 의향이었으나, "고위관료의 장자는 향시 합격자 명단의 첫머리에 오를 수 없다는 강남지방의 선례에 따라" 그의 뜻은 관철되지 못했다고 장다이는 적고 있다. 그래서 주고관 리는 궁싼이를 맨 위에 올리고 할아버지의 이름은 몇 단계 아래에 두었지만, 훗날 사람들에게 그렇게 한 것은 "나의 뜻과는 다른 조치였다"고 말했다. 향시의 모든 과정은 의례적 요소로 가득 차 있었는데, 그 가운데 하나는 합격자들이 자신을 뽑아준 고관들에게 사례를 표하는 것이었다. 이 관례에 충실히 따르기 위해 "향시 합격자 명단이 적힌 방문이 일반에게 게시된 뒤에 할아버지는 부고관을 찾아갔다. 그러나 그는 문을 닫고 할아버지를 안으로 들이지도 않은 채 말했다. '자네는 나의 문생(門生)이 아니니 착각하지 말게나.'"[12]

전국 규모의 회시처럼 3년마다 각 성(省)에서 시행되는 향시도 며칠 동안 수백, 아니 수천 명의 생원이 참가하는 복잡하고 공식적인 행사였다. 따라서 장다이는 이야기의 극적인 효과를 높이기 위해 내용을 다소 압축했을 것이다. 그러나 그가 말하고 싶은 핵심은 주고관 리가 탁월함의 기준은 갖고 있되 융통성을 발휘하는 사람인 반면, 부고관은 규정대로 일을 처리하면서 비상식적이거나 독자적인 견해를 가진 응시생들을 폄하하는 사람이라는 점이다. 할아버지는 운 좋게도 재기발랄함을 인정받아 관문을 통과했다. 만일 애초에 탈락한 일곱 개의 답안지가 정말로 뛰어난 것이었다면, 이는 부고관이 저장 성에서 다수의 향시 합격자를 배출하는 사오싱 출신의 응시자들에 대해 편견을 갖고 있었거나, 자신이 개인적으로 선호하는 응시자 명단을 주고관에게 밀어붙이려 했음을 암시한다. 할아버지는 관직생활 말년에 자신이 고관(考官)이 되자, 낙방자로 분류된 응시자들의 명단에서 재능이 엿보이는 사람을 찾아내는 일에 역점을 두었는데, 너무 자주, 너무 편파적으로 그런 일을 하다가 결국 면직되고 말았다.[13]

장다이가 묘사한 학문의 세계는 모순으로 가득 차 있었다. 한편으로는 눈이 핑핑 돌 정도로 높은 명성과 많은 기회를 얻을 수도 있었지만, 다른 한편으로는 번민과 좌절, 심지어 육체적인 쇠약을 겪을 가능성도 있었다. 집안의 수험생들에 대한 묘사를 계속하면서, 장다이는 자기 아버지도 유사한 문제와 질병을 경험했음을 보여주고 있다. 장다이는 다소 거친 어조로 아버지가 유년시절을 행복하게 보냈으나 금세 조락했다고 요약한다. 장다이는 아버지가 1574년 사오싱에서 태어났으며 어릴 때는 "영민했다"고 적고 있다. 그는 일찍이 글을 배웠고 "아홉 살이 되자 경전의 도덕적·논리적 요점을 파악할 수 있었다." 열네 살 때 아버지는 '생원'이 되어 향시에 응시할 수 있는 자격을 얻었다. 그러나 그 후 그는 여러 가지 공부를 하느라 거의 40년을 보냈다. 어린 시절의 독서취미는 지겹고 고된 과거준비로 바뀌었고, 이로 인해 심한 우울증에 시달리고 부스럼까지 나고 시력마저 극도로 나빠졌는데, 아마도 안질은 할아버지로부터 유전된 것 같다. 아버지가 끊임없는 독서로 거의 시력을 잃다시피 했을 때 장다이는 학동이었다. 장다이는 훗날 "아버지는 두 눈의 눈동자가 흐려져, 작은 글씨로 필사되거나 인쇄된 책들을 읽을 수 있는 시력을 완전히 상실했다"고 기록하고 있다. 이런 나날들에서 아버지를 구해준 것은 새로 수입된 기술이었다. 누군가가 갖다 준 "서양의 안경을 코끝에 걸치자" 아버지는 계속 책을 읽고 공부할 수 있는 시력을 회복했다. 쉰세 살이 되어서야 비로소 아버지는 향시의 추가합격자를 의미하는 부방(副榜)*이 되었다.[14)

장다이의 기록에 따르면 숙부들은 과거에 대해 각양각색의 반응을 보였다. 예컨대 여섯째 숙부는 거칠고 소모적이며 독립적인 삶을 영위한 인물로, 종종 친척들이 과거준비를 위해 읽는 각종 입문서들을 훑어보면서 "그리 대단해 보이지도 않은 일에 아직까지 매달려 있습니까?"라고 비꼬듯 말하곤 했다. 그는 자신이 마음만 먹으면 과거에 급제할 수 있다는 사실을 입증하기 위해 1605년경부터 "휘장을 치고 그 책들을 읽기 시작하더니 3년 만에 책의 내용을 완전히 통달했다." 그러나 여전히 과거에 응시할 생각은 없었고, 그 후로도 응시하지 않았다.[15) 장다이의 여덟째 숙부와 아홉째 숙부의 관계는 더욱 복잡했다. 아홉째 숙부는 분명히 훨씬 유리한 여건에서 공부를 시작했다. "그분의 아버지는 그가 어릴 때 돌아가셨고 어머니 천(陳)씨는 그를 무척 사랑하셨다. 그는 천성적으로 강퍅하여 말을 건네는 것조차 어려웠고, 자라면서 고집이 더 세졌다. 그렇지만 공부를 좋아하여 문장에 능했고, 약관(弱冠)에 생원이 되었다." 학교 책임자가 그의 재능을 알아보고 그를 장학생으로 선발하여 생활비를 지급한 덕분에 그는 30년 동안 향시 준비를 계속할 수 있었다. 그러나 학자금을 지원받으며 공부하는 편안한 생활도 아홉째 숙부의 고약한 성격을 누그러뜨리지

---

* 과거에서 정규합격자 외에 별도로 선발하는 추가 합격자. 명대 영락연간에는 진사를 선발하는 회시에 부방을 두었다. 가정연간에는 거인을 선발하는 향시에도 부방을 두었다. 청대에는 향시에만 부방을 두었다.

는 못했다. 1628년 그의 형인 여덟째 숙부가 진사가 되어 대문에 높이 거는 깃발과 편액을 받자, 아홉째 숙부는 무례하게 악담을 퍼부었다. "왜 진사라는 하찮은 간판을 내 눈앞에 들이대는가?" 장다이의 기록에 따르면, 그는 "깃발은 찢어서 하인들의 속옷을 깁게 했고, 깃대는 톱질하여 아궁이의 불쏘시개로 쓰게 했으며, 편액은 조각내서 문 기둥에 덧대게 했다."[16]

아홉째 숙부는 도저히 억누를 수 없는 분노와 질투를 그런 식으로 발산했지만, 과거제도 자체에 대해 절대적인 적개심을 품고 있었던 것은 아니다. 단지 그 제도 안에서 자신의 형이 성공한 것에 분개했을 따름이다. 그로부터 12년이 지난 1640년에 황제가 나라의 산적한 문제들을 해결하고자 유능하고 야심만만한 인재들을 발탁하는 별도의 과거를 시행했을 때, 아홉째 숙부도 응시하여 을과(乙科)의 19등을 차지함으로써 형부(刑部) 주사(主事)를 제수받았다.

그렇다면 아홉째 숙부는 학문적인 면에서 어떻게 평가해야 할까? 장다이는 다음과 같이 에둘러 말했다. "아홉째 숙부는 완고하고 화를 잘 내는 성격이라, 함께 이야기하기가 어려울 정도였다. 그래서 어떤 사람들은 그가 미쳤다고 했다. 그러나 그는 공부하기를 즐겨 손에서 책을 놓는 법이 없었다. 또한 문장은 세련되고 화려하고 오묘한 맛이 있었다. 이런 관점에서 보면 그는 분명히 미친 사람은 아니었다." 이는 학식과 난폭함이 같은 사람의 혈관 속에서 동시에 흐르고 있는 상황에 대한 일종의 역설적 표현이었다.[17]

장다이의 할아버지와 아버지의 예에서 볼 수 있듯이, 장씨 집안의 젊은이들에게는 공부를 하다가 장님이 될지도 모른다는 두려움이 밀려들곤 했다. 할아버지는 빛을 철저하게 차단함으로써, 아버지는 당시 중국에서 은 넉 냥 정도로 구입할 수 있던 안경을 착용함으로써 시력을 회복했다.[18] 그러나 장다이의 육촌동생 페이(培)의 경우에는 속수무책이었는데, 그는 다섯 살 때 시력을 완전히 잃어버렸다. 장다이에 따르면 시력상실의 원인은 과다한 독서가 아니라 단맛에 대한 페이의 집착이었는데, 그의 버릇은 그가 원하는 대로 달콤한 것을 사다준 관대한 친척들로 인해 더 나빠졌다. 페이의 시력이 급격히 악화되는 것이 분명해지자, 페이를 금이야 옥이야 하던 할머니는 "수천 냥을 치료비로 쓰면서" 명의들을 불렀지만, 그들이 낸 어떤 처방도 페이의 증세를 호전시키지 못했다.[19]

장다이가 감탄조로 써내려간 설명에 따르면 페이는 이런 상황에 나름대로 잘 적응했다. "이제 페이는 전혀 앞을 볼 수 없게 되었지만, 천성적으로 독서를 좋아하던 그는 책을 읽어주는 사람들을 고용했다. 그는 귀로 들은 모든 것을 완벽하게 기억했다. 예컨대 주시(朱熹)의 『통감강목』(通鑑綱目)에 나오는 100여 개의 주제를 처음부터 끝까지, 즉 성씨와 족보에서 지명과 연호, 개인과 주요 사건에 이르기까지 어느 것 하나 빼놓지 않고 완전히 암기했다. 새벽부터 한밤중까지 페이는 지루해하지도 않고 집중해서 경청했다. 책을 읽어주는 사람의 혀가 뻣뻣해지면 다른 사람으로 교체해 읽게 했는데, 이런 교체가 여러 번 이루어져도 그의 향학열은 전혀 식지 않았다. 그가 사람들에게 큰 소리로 읽어달라고 부탁한 책은 경사자집(經史子集)의 기본 고전에서부터 구류(九流)와 백가(百家), 패관소설에 이르렀다. 그는 이 모든 것을 섭렵했다."

페이는 이런 편중되지 않은 독서를 통해 자신의 직업을 신중하게 선택했는데, 장다이(페이보다 열 살 내지 열한 살이 많았다)는 이 점에 대해 꽤 상세하게 적어놓았다. "페이는 특히 의서(醫書)에 관해 토론하기를 즐겼고, 자신이 수집한 의서들인 『황제소문』(黃帝素問), 『본초

강목』(本草綱目), 『의학준승』(醫學準繩), 『단계심법』(丹溪心法), 『의영단방』(醫燊丹方) 등을 통독했다." 장다이는 페이의 공부방에 있던 서가에 어떻게 "수백 종의 의서가 차곡차곡 쌓였는지" 묘사하고 있다. 그리고 지금까지 그랬던 것처럼 페이는 책을 읽어주는 사람들에게 그 책들을 큰 소리로 읽게 했고, 이번에도 모든 내용을 외울 수 있었다. 페이는 점차 고금의 의원들이 '심맥리'(心脈理)라고 부르는 특정 분야에 관심을 집중하게 되었다. 그리고 심맥리의 으뜸가는 분석가들이 편찬한 의서들을 특별히 신경 써서 섭렵했다. 맥박은 환자의 신체부위에 따라 큰 차이를 보이는 것으로, 진맥을 해서 많은 질병에 대한 정확하고 포괄적인 처방을 내릴 수 있다고 믿었다. 진맥에 대한 연구는 시력을 잃어버린 자가 놀랄 만한 집중력을 발휘할 수 있는 분야였다. "맥을 짚어 질병을 진단할 때, 페이는 언제나 침착하고 민첩했다. 손을 한 번 갖다 대면 병명을 정확하게 알아냈다."

페이는 수많은 약초의 효능을 배움으로써 이 기본적인 기술을 확장시켜 나갔다. 그는 사람들에게 약초를 캐오게 한 다음, 조수들에게 과거의 유명한 의원들 중에서도 가장 명망이 높았던 장중징(張仲景)의 가르침에 따라 약을 조제하게 했다. "그는 약초를 달이고 삶고 찌고 건조시킬 때 옛 방법을 따랐다." "또한 먼저 손을 씻지 않고서는" 결코 약주머니를 열지 않는 습관을 갖고 있었는데, 이런 예방조치는 장다이에게 무척 신중하고 감탄할 만한 일로 간주되었다. 페이는 환약이나 가루약을 만들 때도 그 양을 정확하게 저울로 달아서 처방하는 신중함을 잃지 않았다. 그리고 어려서 아버지를 여의고 수많은 친척을 돌보는 의무를 짊어졌지만, 페이의 관대함에는 끝이 없었다. 그 결과, 장다이가 요약하고 있듯이 "수많은 병자가 치료를 받으려고 페이를 찾아왔는데, 그는 약값을 전혀 낼 수 없는 사람들에게도 약을 지어 주었다. 자신을 만나기 위해 줄을 선 수십 명의 사람에게 약 수백 첩과 은 수십 냥의 비용이 들어가도 그는 전혀 아까워하지 않았다."[20]

　루린은 이런 가족의 병력(病歷)이 마음에 걸려 장손인 장다이를 더 끔찍이 아낀 것 같다. 이 특별한 손자는 문재(文才)도 뛰어났지만 병치레도 잦았기 때문이다. 훗날 장다이는 할아버지와 동행했던 수차례의 여행, 특히 룽산의 변두리에 있는 아름다운 화실과 정원을 방문했던 일에 대해 기록했다. 그 가운데서도 으뜸가는 것은 룽산 북쪽 기슭에 지어진 화려한 쾌원이었다. 이곳은 원래 한 고위관료의 집이었는데, 그 집안사람과 혼인한 주(諸) 아무개라는 사람이 이곳에서 책을 즐겨 읽기 시작하자, 이곳에서 행복이 사방으로 퍼져 나갔다 하여 쾌원이라는 이름을 얻었다.[21]

　장다이의 기억은 매우 자세하다. "어릴 때 나는 할아버지를 따라 이곳에 자주 갔다. 정면에 보이는 산비탈에는 뱀처럼 서로 뒤엉킨 이상야릇한 모습의 노송 수백 그루가 있었는데 기묘하고 다채로운 소나무의 자태를 유감없이 보여주었다. 산기슭에는 가파른 오솔길을 따라 앉아 있거나 걸어 다니는 수사슴과 암사슴 수백 마리가 있었다. 새벽이 밝아오거나 땅거미가 내릴 때는 햇빛이 나무들을 관통하면서 그 색깔을 노랑이나 진홍으로 바꾸었다. 정원 바깥에는 수만 그루의 대나무가 하늘 높이 솟아 있었는데, 그 사이에 서 있으면 얼굴색이 초록색으로 바뀐 듯했다. 정원 안쪽의 오솔길 좌우로는 소나무와 계수나무가 비를 피할 수 있을 정도로 울창하게 자라고 있었다. 정자 앞의 작은 연못에는 화려한 연꽃과 물 위로 솟구친 부용꽃이 만발하여, 흰색과 붉은색의 조화를 이루었다." 장다이의 기억으로는 풍경이 끊임없이 변하여 결코 지루하지 않았다. "물은 창자처럼 꼬불꼬불 흘러갔지만 결코 막히는 법이 없었다. 전망이 가장 좋은 터를 골라 지어놓은 집들은 두루마리에 쓰인 멋진 글씨 같았다. 문을 열면 산이 보였고, 창을 열면 물을 감상할 수 있었다. 집 앞에는 기름진 땅과 높은 두렁으로 이루어진 과수원이 있었는데 다양한 유실수가 재배되고 있었다. 쾌원에는 배나무·산사나무·배추·참외뿐 아니라 대나무·귤나무·매화나무·살구나무가 무성하게 자라고 있었다. 그곳은 참으로 바깥세상으로 통하는 문을 닫아버린 시장 같았다." 할아버지가 장다이에게 말했던 것처럼, 룽산의 쾌원은 "인간의 발길이 닿지 않은 완전한 별천지였다."

사오싱 성벽 안의 북서쪽에 솟아 있는 룽산은 장다이에게는 어린 시절의 추억이 가장 많이 남아 있는 곳이었다. 룽산은 산등성이가 삐죽삐죽한 중간 크기의 친밀감 있는 산으로, 산마루까지의 높이는 220피트 정도였다. 누구도 룽산에서 길을 잃어버릴 염려는 없었다. 산정까지 올라가는 데 채 15분도 걸리지 않았고, 산을 올라갔다 내려오는 데는 25분이면 족했다. 숲속에 나 있는 돌계단을 따라 한가로이 산책을 할 수도 있고, 다채로운 경관이 내려다보이는 곳에서 쉴 수도 있으며, 절묘한 곳에 터를 잡은 작은 사당이나 사찰을 방문할 수도 있었다. 산마루에서 나무들보다 더 높은 전망대에 올라가면, 성 밖의 사방을 조망할 수 있었다. 북서쪽의 성벽 너머에는 항저우와 사오싱 사이를 일부 가로막고 있는 산들이, 북동쪽으로는 첸탕(錢塘) 강과 항저우 만이, 남쪽으로는 무거운 화물이나 여행자들을 수송하는 여러 개의 수로 뒤쪽으로 다닥다닥 밀집해 있는 집들이, 그리고 성안 어디서나 쉽게 눈에 들어오는 두 개의 높은 탑과 포안이 설치된 성벽 너머로는 높고 험준한 산들—이곳에는 사오싱의 공권력이 거의 미치지 않았다—의 모습이 어슴푸레하게 눈에 들어왔다. 사오싱의 많은 부잣집과 마찬가지로, 장씨 집안도 룽산의 경사면 한쪽에 자리를 잡고 살았다. 그 땅에는 넓은 정원과 모양을 제대로 갖춘 안뜰, 세대별·성별·지위별로 세심하게 분리된 거주공간이 있었다. 장다이는 장손(長孫)이었으므로, 그의 인도자이자 보호자인 할아버지와 함께 집안에서의 위치는 확고부동했을 것이다.

할아버지는 분명히 장다이에게 큰 기대를 걸었을 것이다. 그리고 함께 쾌원을 방문함으로써 소중한 유년시절의 공부방을 잃어버린 손자의 아쉬움을 달래주려 했을 것이다. 예의 그 공부방은 홍청망청 살던 첫째 숙부가 부숴버렸다. 장다이가 훗날 회상하고 있듯이, 그가 처음으로 이 완벽한 공부방을 본 것은 겨우 다섯 살 때였다. 그것은 우듬지들 사이에 매달려 있는 것처럼 보이도록 설계된 정자로, 이 때문에 당조(唐朝)의 위대한 서정시인 두푸(杜甫)의 할아버지이며 8세기의 시인인 두선옌(杜審言)의 시구를 본떠 현초정(懸杪亭)이라고 불렸다. 장씨 집안의 아이들에게는 여행과 문자유희, 그리고 어른공경이 교육의 시작이었다. 장다이는 훗날 다음과 같이 기록하고 있다. "내 기억에 그 정자는 깎아지른 듯한 절벽 아래, 나무와 돌을 쌓아 올린 곳 위에 자리잡고 있었다. 흙을 전혀 사용하지 않은 이 정자는 크지 않은 건물 안에 들어 있는 이동용 무대장치 같은 공간이었고, 처마는 빗살처럼 가지런했다. 절벽의 끝자락이 지붕 위로 솟아 있었고, 빈틈없이 들어선 나무의 잎사귀들이 처마 밑 기와와 어지럽게 뒤엉켜 있었다."[22]

그러나 장다이가 언제나 당연한 것처럼 말하듯이, 그런 기쁨의 순간은 오래가지 않았다. 이 경우에는 아버지의 동생으로 어린 시절에 아버지와 가장 친하게 지냈던 첫째 숙부가 그 기쁨에 종지부를 찍었다. 장다이의 회상을 들어보자. "얼마 뒤에 같은 절벽 아래에 집을 짓기로 결심한 숙부는 그 정자가 자연의 음덕을 방해한다는 풍수가들의 말에 귀가 솔깃해졌다. 그는 지체하지 않고 이 정자를 샀고, 하룻밤 새 정자는 철거되어버리고 뒤엉킨 야생초만 남았다. 내 유년시절의 즐거움은 그곳에 고스란히 남아 있다. 나는 가끔 꿈속에서 그곳으로 다시 한 번 돌아가려고 애쓴다."[23]

할아버지는 장다이에게 좀 더 깊이 있는 공부를 시키려는 야심 찬 계획을 갖고 있었던 것으로 보인다. 장다이는 할아버지와 함께 유명한 문인이자 학자인 황루헝(黃汝亨)*을 만나러 간 일에 대해 상세히 기록하고 있다. 1598년 진사시에 합격한 황루헝은 항저우 시 서쪽에 있는 산거(山居)에서 일종의 서당을 운영하고 있었다. 할아버지는 황루헝이 장다이에게 경전을 가르치는 스승이 되어주기를 바랐던 것 같지만, 황루헝의 서당에 당도한 두 사람은 그곳에서 심오한 공부를 하기란 불가능하다는 사실을 깨달았다. 훗날 장다이가 회상하고 있듯이, "그곳은 공부하려고 사방에서 모여든 제자 1,000여 명이 문전성시를 이루고 있었기" 때문이다.[24] 황루헝의 턱수염과 반짝이는 눈, 너털웃음은 야성적인 느낌을 주었다. 그에게는 여러 가지 일을 동시에 처리하는 초인적인 능력이 있었다. "그는 귀로는 손님들의 이야기를 듣고 눈으로는 편지를 읽고 손으로는 즉각 답장을 쓰고 입으로는 하인에게 할일을 지시했다. 전반적으로 어수선한 분위기 속에서도 그는 무엇 하나 빠뜨리는 법이 없었다." 황루헝의 환대는 극진했고 관대함은 의심의 여지가 없었다. 그는 낯설고 초라한 손님에게도 좋은 음식을 대접하고 잠자리를 내주었다.

장다이가 황루헝에게 정식으로 학문을 배우는 일은 성사되지 않았지만, 황루헝의 관직생활은 20년 동안 간헐적으로 할아버지의 발자취

---

* 1558~1626. 명말의 유명한 서예가. 자(字)는 貞父.

와 교차했다. 두 사람은 때로는 화합했고, 때로는 비우호적으로 경쟁했다. 잠시 난징에서 함께 벼슬을 할 때, 두 사람은 역사책을 읽는 모임을 만들고 문장을 교환했다. 할아버지가 세상을 떠난 이듬해인 1626년에 장다이는 추억에 잠겨 한때 사람들로 북적거리던 황루헝의 항저우 산거를 다시 방문했다. 장다이의 설명처럼 모든 것이 황폐해져 있었다. 황루헝은 친구 루린이 사망한 직후에 세상을 떠났고, 그의 시신은 한때 활기에 넘쳤으나 이제는 허물어져가는 그 건물의 대당(大堂)에 놓인 관에 안치되어 있었다. 황루헝의 서재 바깥에 있던 바위는 오래전에 그곳을 방문했던 소년에게는 "비바람에 시달려도 진흙 속에서 솟아나는" 동백나무처럼 아름다워 보였다. "꽃의 암술을 찾는 나비가 수술을 남김없이 건드리듯이" 그곳을 찾은 방문객이 한 번씩은 밟아보았던 그 바위는 이제 관찰자가 된 성인 장다이에게는 칙칙하고 축축한 돌덩이로만 보였다. 그럼에도 불구하고 장다이는 불현듯 황루헝의 황량한 집을 통째로 빌려 퇴락한 대당에 홀로 살면서 "돌을 쌓아올려 문을 막고 그 지붕 밑에서 잠자며 10년 동안 바깥출입을 삼가고, 허름한 옷을 입은 채 한 항아리의 조와 앞뒤가 떨어져 나간 몇 권의 책"에 만족하는 소박한 생활을 하면 멋지겠다는 생각에 사로잡혔다. 그러나 먹고 살아야 하는 현실의 요구가 이런 일시적인 감흥을 억눌렀다.[25]

비록 황루헝을 장다이의 개인교사로 만들 수는 없었지만, 할아버지는 장다이의 장래에 도움이 될 수 있는 일이라면 무엇이든 해주었다. 할아버지는 오랫동안 수많은 책과 원고를 모았는데, 장다이는 자신이 어떻게 집안 장서의 일부를 소유하게 되었는지 친절하게 설명하고 있다. "3대에 걸쳐 쌓인 우리 집안의 책들은 모두 합쳐서 3만 권이 넘었다.〔권(卷)이란 10~60쪽의 종이묶음을 가리키는 단위였다. 여러 권을 한데 묶어 철하면 책(冊)이 되었다.] 할아버지는 '손자들 중에 네가 유일하게 독서를 좋아하니, 보고 싶은 책이 있거든 마음대로 골라 보거라'라는 말로 나를 격려하셨다. 그래서 나는 고조부, 증조부, 조부의 장서 가운데, 그분들의 손때가 묻고 그분들이 주석을 추가했거나 잘못을 정정한 흔적이 있는 책들을 골랐다. 독서목록을 작성한 뒤에 할아버지께 보여드리자, 할아버지는 흔쾌히 그 책들을 다 빌려주셨다. 그것이 약 2천 권이었다."[26]

훗날 장다이가 남긴 기록에 따르면, 그는 할아버지로부터 무척 융통성 있는 교육을 받았다. 당시의 엄격한 교과과정에 따르면, 과거를 준비하는 서생들은 우선 12세기 말의 학자이자 저술가인 주시(朱熹)에 의해 기본적인 유교경전으로 분류된 사서(四書)의 내용을 공부해야 했다. 둘째, 기원전 5세기에 공자가 편집했다고 전해지는 오경(五經)의 전문을 숙지한 다음, 오경 가운데 하나를 택하여 주석까지 심도 있게 공부해야 했다. 장다이가 이미 밝혔듯이, 할아버지의 전문분야는 『주역』이었다.(그의 해석은 정설에서 벗어나긴 했지만, 그가 『주역』에 조예가 깊었던 것은 분명하다.) 셋째, 고대의 문헌에 바탕을 두고 당대 중국의 정치적·경제적 문제를 분석하는 능력을 길러야 했다.

공부를 많이 한 서생들은 이 모든 경전에 대한 방대한 분량의 주석을 소화하는 데 엄청난 시간을 들였지만, 장다이의 할아버지는 손자가 이런 통상적인 방법을 답습하지 못하게 했다. "나는 어렸을 때 주시의 집주(集註)를 읽지 말라는 할아버지의 가르침에 무조건 따랐고, 경전을 읽을 때 여러 주석가의 견해를 미리 마음에 담아 두지 않았다." 장다이는 할아버지로부터 주석에 의지하면 원전의 의미를 십중팔구 잃게 되고 고대 경전의 진정한 의미는 갑자기 깨닫게 된다는 견해를 물려받았는데, 이런 생각은 16세기 후반의 일부 학파에 널리 퍼져 있었다. 장다이는 자신이 경험한 깨달음의 단계를 다음과 같이 회상했다. "옷깃을 여미고 정좌하여 주석이 없는 본문을 수십 번 읽다보면, 내가 암송하던 문장의 뜻과 취지를 갑자기 깨칠 수 있었다. 간혹 내가 완전히 이해할 수 없는 문장들을 만나면, 그 뜻과 취지가 무엇인지는 따지지 않은 채 문장 자체만을 가슴 속에 담아두었다. 한 해나 두 해가 지난 뒤에, 다른 책을 읽거나 다른 사람의 논의를 들을 때, 산천을 바라보거나 구름과 별의 모양을 살펴볼 때, 날짐승과 길짐승, 벌레와 물고기의 움직임을 관찰할 때, 내 눈에 띈 것이 나의 정신을 자극하면 전에 읽었던 본문의 의미를 홀연히 깨닫게 되었다."

이런 각성의 순간은 미리 예상될 수도, 학술적인 주석으로 설명될 수도 없었다. 그것은 "직접적으로 그리고 예기치 않게 불쑥" 나타나곤 했다. 마치 서예가가 길가의 뱀 두 마리가 엉켜 있는 모습이나 여인의 현란한 칼춤을 보고 자신의 필법을 진정으로 깨닫듯이, 그것은 여태껏 상상하지 못했던 결합을 만들어내곤 했다. "그런 직각(直覺)의 신비는 논리적으로 이해할 수 있는 게 아니다. 좀 더 알기 쉽게 비유하자면, 빛·소리·향기·맛이 각각의 적절한 양태를 취하고 공중을 떠돌면서 누군가의 감각에 갑자기 현현되기를 기다리다가, 시각·청각·후각·미각이 특별히 발달한 사람과 예기치 못한 찰나에 조우하게 되면, 그 사람과 평생 친숙한 관계를 맺게 되는 것과 같다."[27]

할아버지의 온갖 격려에도 불구하고 장다이는 향시를 통과하지 못하여 베이징에서 시행되는 회시에 응시할 자격을 얻지 못했다.*(장다이는 계속된 낙방으로 적어도 한동안은 깊은 절망감에 빠진 듯한데, 그의 동생과 막역지우 치뱌오자(祁彪佳)가 한마음 한뜻으로 노력해준 덕분에

* 더 정확히 말하면, 장다이는 향시는 고사하고, 그 아랫단계인 학교입학시험(생원자격취득시험)에도 합격하지 못했다.

그런 상태에서 벗어날 수 있었다.) 그러나 비록 과거에 급제하지는 못했지만, 장다이는 아주 어릴 때부터 그래왔듯이 단 하루도 손에서 책을 놓지 않았다. 그리고 과거제도에 대한 그의 편견에도 불구하고, 장다이는 경전 문장에 대한 지극히 개인적인 견해를 포기하지 않고서도 성공을 거둔 할아버지의 특별한 능력에서 위로를 받은 듯하다.[28] 장다이는 심지어 미래의 고관(考官) 중에는 자신이 자유롭게 표현한 글을 선입견 없이 읽어보는 사람도 있을 것이라는 희망을 피력하기도 했다. "맑은 마음으로 깊이 사색한 선인들은 오랜 연찬(硏鑽) 끝에 전광석화처럼 홀연 깨달음을 얻었다. 이 경지에 이르면 지적 능력과 정신적 능력이 융합되므로, 그들은 자신의 사상이 어디에서 흘러나오는지 말할 수도 없었다. 이와 마찬가지로 과거응시생은 10년 동안 책과 씨름한 뒤에, 좁디좁은 과장에 갇혀 빠른 시간 내에 일곱 가지 주제에 대한 자신의 실력을 완벽하게 발휘한다. 그가 작성한 답안이 우연히 담당 고관의 의견에 부합할 경우, 설령 그 고관이 술에 취해 졸고 있었다 하더라도 쇠가 자석에 달라붙고 마른 풀이 호박에 엉기듯 그 답안에 끌릴 것이다. 그 답안은 그를 기쁘게 하고 그에게 완벽하게 이해될 테고, 그는 그 답안에 주의를 집중할 것이다."[29]

할아버지에게도 쾌활한 면이 있었고, 손자도 때때로 그런 면을 느낄 수 있었다. 장다이는 할아버지가 동생이자 장다이의 종조부인 루썬(汝森)에게 써준 근사하고 논리정연한 문장에 특히 감명을 받았다. 이때 장다이는 열다섯 살이었는데, 할아버지와 종조부는 틀림없이 그에게 룽산의 즐거움과 파격적인 학문에 대한 유쾌한 인상을 심어주었을 것이다. 장다이는 다음과 같이 말하고 있다. "종조부 루썬은 수염이 무성한 정력적인 분으로, 사람들은 그를 '털보 장'이라고 불렀다. 그는 술을 좋아해서 낮이고 밤이고 맨 정신인 적이 없었다. 오후가 되면 두건은 뒤로 젖혀지고 옷은 풀어헤쳐지고 수염은 배배 꼬여서 새의 꽁지처럼 턱밑에 매달려 있었다. 길거리에서 아는 사람만 보면 큰소리로 불러 집으로 데리고 와서 문을 닫고는 함께 미친 듯이 술을 마셨고, 한밤중이 되어서야 술자리를 끝냈다. 달이 밝든 꽃이 피든 1년 내내 언제나 만취해 있었다. 사람들은 그가 보이면 무서워서 도망갔다."30) 그러나 장다이는 루쉰이 산과 시내도 좋아해서 "할아버지가 유람을 간다는 소식을 들으면 언제나 지팡이를 챙겨 신을 신고 따라나섰다. 일단 길을 떠나면 집에 돌아오는 것을 잊어버렸다"고 덧붙이고 있다.

두 노인의 우애는 각별했다. 장다이의 할아버지는 루쉰의 취미를 용납하고, 자신이 애호하던 우아한 문체의 글로 그의 취미에 관해 논했다. 그 글의 품격 있는 용어들은 헷갈리는 주제와 우스꽝스럽게 대조를 이루었다. 할아버지는 루쉰이 사오싱의 새 집으로 술을 마시러 찾아온 손님들을 재우기 위해 특별한 정자를 지은 뒤인 1612년에 그 글을 썼다. 루쉰은 형에게 정자이름을 지어달라고 부탁했고, 장다이의 할아버지는 인승(引勝)이라는 이름을 짓고 왜 이런 이름을 택했는지 설명하는 글을 썼다. "내 동생 루쉰은 술꾼이다. 한 말 술을 뱃속에 담고 쓰러지면, 하늘이 잠자리인지 땅이 장막인지도 몰랐다. 나는 루쉰에게 〔애주가로 유명한 3세기의 시인〕 롼지(阮籍)의 풍모가 있음을 알아챘다. 루쉰은 룽산 남쪽에 집터를 잡기 위해 점을 쳤는데, '나는 술 없이는 하루도 못 산다'면서 미처 그 집을 완공하기도 전에 친구들에게 휴식처로 제공할 정자부터 먼저 지었다. 동생이 정자의 이름을 지어달라고 청하기에, 나는 명승(名勝)으로 인도한다는 뜻의 인승(引勝)이라는 이름을 붙였다. 루쉰은 나를 뚫어져라 쳐다보면서 물었다. '도대체 무슨 이름이 그렇습니까? 저는 무슨 뜻인지 모르겠으니, 좀 더 자세히 설명해주십시오.' 그래서 나는 점잖게 '술은 진정으로 사람을 명승으로 인도한다'는 왕웨이쥔(王衛軍)의 말을 인용했다. 내 말이 채 끝나기도 전에 루쉰은 벌떡 일어서서 대답했다. '저는 아직도 형님의 설명을 알아듣지 못하겠습니다만, 술을 언급하셨으므로 그 제안을 받아들이겠습니다.'"[31]

말과 그 의미를 남달리 사랑한 할아버지는 이번에는 난해하고도 방대한 사전을 편찬하는 작업에 착수했다. 할아버지는 사전편찬과 술의 상호관계에 대해 다음과 같이 논하고 있다. "세인들은 말의 정확한 의미에 지나치게 집착하고, 쓸데없는 말로 상황을 더욱 복잡하게 만든다. 결국 그들은 한 단어의 용도를 절반도 알지 못하면서 의미를 파악하는 데만 급급하다. 말의 정확한 의미는 사실 순화(純化)된 것이다. 그러나 조잡하게 다루면, 그 용례는 기껏해야 '부귀'〔같은 경구〕나 '생사' 같은 '중대' 문제로 축소될 뿐이다. 만물은 다른 모든 것과 얽히고 설켜 있어 따로 나눌 수 없다. 어떤 사람들은 부귀를 너무 탐한 나머지 그것을 얻기 위해 목숨을 건다. 어떤 사람들은 생사의 문제에 몰두하느라 나머지 부귀를 멀리한다. 그들은 그 두 쌍이 뒤얽혀 있다는 사실을 알지 못한다. 그러나 술에 탐닉하는 자들에게는 이런 얽힘이 없다.

"루쉰은 일찍이 형인 나에게 이렇게 말한 적이 있다. '천자는 백성을 타락시켜 부귀를 추구하게 만들 수도 있으나, 저는 관직이 없으니 정말 홀가분합니다. 어찌 천자를 두려워하겠습니까? 염라대왕은 생사의 문제로 사람들을 위협할 수 있으나, 저는 갈 때가 되면 그냥 갈 것입니다. 어찌 염라를 두려워하겠습니까?'……."

"이것이 술과 하나가 된 자의 생각이다." 할아버지는 고대 도가 사상가의 말을 쉽게 풀어서 말을 이어갔다. "술과 완전히 하나가 된 자는 신들도 두려워하지 않고 호랑이를 겁내지도 않으며 수레에서 떨어

져도 다치지 않고 삶과 죽음을 티끌처럼 부질없이 여길 뿐이다. 부귀
에 대해서도 마찬가지다. 하물며 말의 의미에 대해서는 더 이상 무슨
말을 하랴!" 할아버지는 루쉰이 정자의 이름을 이해하지 못하는 척했
지만 사실은 이미 이해했다는 것을 직관적으로 알았다.

할아버지는 다음과 같이 결론지었다. "음주는 루쉰의 낙이니, 우리
가 어찌 그와 술 마시기를 겨루겠는가? 게다가 그는 주도를 정말로
알고 있는데, 그대와 나는 음주의 신비를 탐색한답시고 깊은 생각에
빠지고 의미의 세계에 갇혀 그 안에서 허우적거리고 있다. ……나의
주량은 형편없어서, 열다섯 잔의 술을 한 방울도 남기지 않고 연거푸
마셨다는 〔시인〕 쑤둥포(蘇東坡)에 비하면 마치 쥐가 술을 홀짝이는
것에 지나지 않는다."

장다이는 종조부 루쉰의 여생을 짤막한 두 문장으로 요약했다. "수
염이 덥수룩한 종조부는 그 후 20년 동안 인승헌(引勝軒)에서 즐거운
시간을 보내셨다. 그러다가 술 때문에 병을 얻어 예순일곱에 돌아가
셨다."[32]

할아버지는 1625년에 세상을 떠났는데, 이때 스물여덟 살이던 장다
이는 하필 항저우에 가 있었다. 할아버지가 수집한 장서를 지키기 위해
장다이가 할 수 있는 일은 아무 것도 없었다. "아버지와 숙부들, 형제
들과 그 가솔들, 심지어 가장 비천한 노비들조차 책들을 멋대로 가져갔
다. 그래서 3대의 유산은 단 하루 만에 완전히 사라져버렸다."[33]

공들여 모은 책들이 그렇게 빨리 산일(散佚)되었다면, 그 책들을
길잡이로 삼았던 학문의 심오한 경지는 어떻게 되었을까? 장다이는
나이를 먹어가면서 점점 신중해졌고, 다양한 사안에 관해 글을 쓸 때
마다 의구심을 표명했다. 그는 과거(科擧) 자체가 법석을 떨면서 돈과
시간과 노력을 쏟아부을 만한 일이 아닐지도 모른다는 생각, 또한 학

자적 삶의 본질에 헛수고라는 요소가 잠복해 있다는 생각을 떨쳐버릴 수 없었다. 장다이는 할아버지의 사례를 통해 이 특별한 주제를 조심스레 추적했다. 그는 할아버지를 여러 모로 사랑하고 존경하고 심지어 숭배했다. 그렇지만 장다이에 따르면 할아버지는 무척 총명했음에도 불구하고 말년을 도저히 실현할 수 없는 꿈—모든 지식을 운자(韻字)의 순서에 따라 복합적인 범주로 배열한 방대한 사전을 편찬하는 일—을 추구하는 데 소모했다. 장다이가 「운산」(韻山)이라는 재치 있는 제목의 글에서 언급했듯이, 할아버지는 말년에도 책을 손에서 놓은 적이 거의 없었다. 할아버지의 서재에는 먼지를 뒤집어 쓴 책들이 사방에 어지럽게 널려 있었다. 해가 뜨면 할아버지는 책을 문밖으로 가지고 나가 좀 더 편하게 읽었고, 해가 지면 등을 밝히고 "책상 머리에 바짝 붙어 앉아" 책을 등불 가까이에 대고 읽었다. 그렇게 밤 늦도록 책상 앞에 앉아 있고도 피곤한 기색을 보이지 않았다.

할아버지는 그때까지 나온 모든 사전이 정확하지 않다고 불만을 토로하면서, 스스로 사전을 만들기로 결심했다. 그는 그 사전의 체제를 산에 비유하여, 주요 사건의 적요는 대산(大山), 말뜻의 풀이는 소산(小山), 전항에서 자세히 설명되었으나 다른 항에서 다시 언급된 사건과 어의는 타산(他山)이라 명명하고, 인구에 널리 회자되는 것은 잔산(殘山)으로 분류했다. 「운산」에서 장다이는 "등불의 열기로 누렇게 뜬 종이 위에" 깨알 같은 글씨로 빽빽하게 적힌 할아버지의 해설이 "치마의 주름처럼" 줄줄이 이어졌다고 적고 있다. 할아버지는 이런 식으로 "벽돌 두께"의 책 300권을 썼다. 하나의 운자에 배열된 항목을 해설하는 분량이 10여 권에 달하는 경우도 있었다.

어느 슬픈 날, 할아버지의 오랜 벗이 베이징의 궁궐도서관에서 펴낸 어마어마한 백과사전인 『영락대전』(永樂大典)의 일부를 가져와서,

할아버지가 하고 있던 모든 작업이 이미 훨씬 조직적이고 거대한 규모로 완성되었음을 보여주었다.* 할아버지는 탄식하며 말했다. "책은 무궁무진한데, 나는 새처럼 조약돌을 물어다 바다를 메우려 하고 있으니 대체 무엇을 이룰 수 있으랴?" 할아버지는 30년 동안 해 오던 일을 내팽개치고 다시는 '운산'으로 돌아가지 않았다. 할아버지가 이 작업을 마무리했다 한들 "도대체 누가 그 책을 출판하려 했겠는가?"라고 장다이는 반문한다. 30년에 걸친 이 작업은 허사로 돌아갔지만, "완전히 닳아버린 붓과 장독덮개로나 쓸 수 있을 뿐인 종이뭉치는 산더미처럼 쌓였다."[34)]

장다이는 한 사람의 학문적 고집이 일국의 막대한 학문적 자원에 필적할 수 없다는 점에는 동의했을지 몰라도, 한편으로는 할아버지의 헛수고를 슬퍼하고 다른 한편으로는 할아버지의 시도를 존중하고 칭송했다. 훗날 장다이는 할아버지가 돌아가신 뒤에도, 그 엄청난 분량의 원고를 없애버려야겠다고 생각한 적은 한 번도 없었다고 말했다. 대신 그는 원고뭉치를 룽산에 있는 자신의 집에 보관했다. 그리고 1640년대에 내란과 외침의 폭력이 사오싱을 휩쓸고 지나가자, '운산'의 원고뭉치를 몽땅 꾸려서 산사(山寺)의 불경들 사이에 숨기고 자신도 그곳에 숨었다.[35)] 이는 후세사람들에게 최소한 할아버지가 그토록 오랜 시간을 들여 이루려 애썼던 것이 무엇인지 확인할 기회를 주기 위해서였다고 장다이는 말한다.

*『영락대전』은 1408년에 완성되었다.

3장
고향에서

장다이의 아버지는 자신의 맏아들이 태어난 것이 점
술의 효험 때문이라고 주장하곤 했다. 장다이는 자신
의 생명이 점술에서 비롯되었다는 신비로운 이야기
를 마치 사실인 양 기록하고 있다. "우리 집안의 신령은 수지루(壽芝
樓) 안의 특별한 사당에 살고 있었다. 그곳의 벽에는 붓 한 자루가 걸
려 있었는데, 긴급한 사건이 일어나면 붓이 저절로 움직이기 시작했
다. 누군가의 손에 잡히자마자 붓은 스스로 글을 쓰기 시작했고, 그
예언은 절묘하게 들어맞았다. 여성이 임신하면 아들을 점지해달라고,
누군가가 아프면 낫게 해달라고, 급할 때는 단약(丹藥)이 있는 곳을
알려달라고 빌었는데, 신령은 즉각 응답해주었다. 아버지가 대를 이
을 아들을 갖게 해달라고 빌자, 신령은 임천(臨川)이라는 필갑(筆匣)
속에 단약이 있을 것이라고 일러주었다. 그 필갑의 열쇠는 오래전에
분실되었지만, 아버지께서 그 필갑을 살펴보자 자물쇠가 경첩에서 저
절로 떨어졌고, 그 속에 금단(金丹) 한 알이 있었다. 어머니가 그것을
삼키고 나를 잉태하셨다."[1]

하지만 장다이의 어머니는 그녀 나름의 태교를 하고 있었다. 훗날

93

그녀가 아들에게 들려준 이야기에 따르면, 그녀는 임신 초기부터 자비의 여신 관세음보살의 보호를 받기 위해「백의관음경」(白衣觀音經)이라는 불경을 독송하는 습관을 들였다고 한다. 아이를 낳을 때는 난산으로 고생하면서도 염불을 멈추지 않았고, 장다이는 어머니의 독경 소리를 들으며 세상에 태어났다. 그리고 장다이는 1619년 아주 젊었을 때 어머니를 여읜 뒤에도 어머니의 독경소리를 잊지 않았다. "활활 타오르는 재난의 불길조차도 그 따뜻한 여운을 지우지는 못했다." 장다이가 만년에 회상했듯이 "내 귓전을 두드리는 소리가 잠시 멈추었을 때도, 나는 여전히 불경을 독송하는 어머니의 목소리를 마음속으로 들을 수 있었다." 어머니의 이야기는 장다이의 일부가 되어, "마치 파도소리가 진동하는 것 같고 천둥소리가 귓속으로 쏟아져 들어오는 것 같았다." 머릿속에서 어머니의 목소리를 들으면, 그는 기나긴 시간을 뛰어넘어 다시 그녀의 모습을 그려낼 수 있었다.[2]

어머니와 함께 했던 또 다른 순간도 장다이에게는 소중했다. 어머니는 어린 장다이를 데리고 집에서 북서쪽으로 30마일쯤 떨어진 저장성 성도(省都) 항저우의 유명한 절에 불공을 드리러 갔다. 어린 장다이는 종종 폐에 물이 차는 병을 앓아 외가 쪽 친척들이 구해준 희귀한 약을 먹어야만 했는데, 아마 이 여행도 그 치료와 관련이 있었을 것이다. 10세기에 창건된 그 절은 귀중한 불경들을 희사한 고려 왕실의 시주*를 기념하여 고려사(高麗寺)로 불렸다. 오랫동안 그 불경들은 회전하는 팔각형의 대형 서가에 보관되었다. 절의 참배객들은 서가를 빙글빙글 돌리면, 불경을 독송하는 것과 똑같은 공덕을 쌓게 된다고 믿었다. 장다이는 어머니의 행동을 평생 기억했다. "어머니는 동전

---

* 고려 문종의 넷째 아들인 대각국사 의천(義天)을 말한다.

300닢을 주며 가마꾼들에게 서가를 돌리게 했다. 처음에 서가는 초보자가 연주하는 악기처럼 삐거덕거리는 소리를 내며 천천히 돌아갔지만, 서서히 속도가 붙기 시작하더니 나중에는 가마꾼들이 더 이상 따라갈 수 없을 정도로 팽팽 돌아갔다."[3)]

장다이의 어머니는 사오싱 동쪽에 위치한 콰이지(會稽)라는 지역의 타오(陶)씨 집안 출신이었다. 그녀는 혼인과 동시에 산인(山陰)이라는 사오싱의 북서지구로 옮겨왔는데, 이곳에는 장씨 성을 가진 사람들의 집이 룽산 둘레에 옹기종기 모여 있었다. 장씨 집안 남자들은 대략 이런 식으로 배우자를 구했던 것 같다. 사오싱은 크고 부유한 도시였고, 콰이지에는 사돈을 맺으면 서로에게 득이 될 만한 집안이 제법 있었다. 집안 남자들을 성이 다른 콰이지의 여성과 혼인시킴으로써, 장씨 가문은 근친혼의 위험을 피할 수 있었고, 지역사회에서 중요하게 작용하는 일련의 사회적·재정적 결합관계를 구축할 수 있었다. 이런 연줄은 가문의 모든 구성원에게 중요했다. 중국의 법률에는 수뢰나 친족 등용, 부당한 경제적 영향을 막기 위해 자기가 태어난 성(省)에서는 벼슬을 할 수 없게 하는 회피제가 있어서, 장다이 집안의 사람들은 사오싱은 물론이고 저장 성 내에서는 관직을 얻을 수 없었기 때문이다.

회피제의 연장선상에서 모든 응시생은 자신의 시험성적을 같은 성(省) 출신의 고관(考官)—설령 그가 수십 년 전에 고향을 떠났다 하더라도—에게 평가받을 수 없었다. 하지만 사오싱 거주자들은 과거를 앞두고 동향의 학자들에게 개인지도를 받을 수는 있었다. 또한 그들이 다른 성(省)으로 발령을 받았을 때 사오싱 출신의 관료나 상인들과 교제하거나 거래하고, 사오싱 사람들이 고향사람들을 위해 운영하는 여관에 묵는 것은 허용되었다. 그곳에서는 고향의 음식과 술을 맛볼 수 있었고, 독특한 사오싱의 억양도 쉽게 통했다. 그리고 자신들이 선택한 사오싱 출신의 여인들과 지내는 일도 흔했다. 그러나 그들이 몇 년씩이나 객지에 나가 있는 동안, 그들의 처자식과 노부모는 고향집에 살고 있었다.[4]

장다이는 장씨 가문의 산인 지파로 시집온 콰이지 출신 여자들이 자신과 조상들이 겪은 인생의 여러 국면에서 얼마나 중요한 역할을 수행했는지 잘 알고 있었다. 그래서 과거에 합격하려는 남자 조상들의 분투를 서술할 때와 마찬가지로, 여성의 역할을 기록할 때도 세심한 주의를 기울였다. 예컨대 고조부 톈푸는 류(劉)씨 집안의 여인과 혼인을 했다. 비록 남편이 과거에 급제한 것(톈푸는 1543년에 거인, 1547년에 진사가 되었다)을 기뻐하기는 했지만, 류씨 부인은 남편의 관직생활이 부침을 거듭하는 것을 조용히 지켜보면서 운명에 신경을 썼다. 그녀는 어떤 집안이라도 적당한 수준만 성취하면 충분하고, "족해졌을 때 족함을 아는 것"이 중요하다고 믿었다.

그녀에게는 1558년이 바로 그런 순간이었다. 그해에 남편은 처음으로 지방의 고위관직을 제수받아 후광(湖廣) 성*의 교육을 총괄하는 학정(學政)으로 재직하고 있었고, 스무 살이던 맏아들 원궁은 저장 성의 향시에서 뛰어난 성적으로 합격했다. 류씨 부인은 이것을 남편이 충분히 입신양명한 징조로 받아들여, 남편에게 공손하지만 강력하게 은퇴를 권유했다. 그는 아내의 요청을 거절했고, 다시 승진하여 변경지대인 윈난(雲南) 성으로 갔다. 그는 새 임지에서 강직한 자세를 굽히지 않는 바람에 어려움을 겪기 시작하더니 급기야 독직 혐의를 뒤집어쓰고 사형을 선고받을 위기에 처했으나, 아들 원궁이 법제를 능

---

* 오늘날의 후난(湖南) 성과 후베이(湖北) 성을 포괄하는 성.

란하게 이용한 덕분에 겨우 목숨을 건졌다. 그 직후인 1571년 원궁은 베이징의 전시에서 장원급제하여 가족들을 놀라게 했다. 그러나 류씨 부인은 기뻐하기는커녕 "복이 지나치면 화가 된다. 복이 지나치면 화가 된다"는 말만 되풀이했다. 그녀의 판단이 옳았음을 입증이라도 하듯 남편은 불명예스럽게 낙향하여 술에 의지했고, 아들도 베이징에서 정적들의 헐뜯기에 시달리다 고향으로 돌아올 수밖에 없었다. 장다이는 비가 억수같이 퍼붓는 날, 그녀가 아들의 과거급제를 기념하는 성대한 잔치를 벌였을 때, 그녀의 남편이 병—그의 목에 퍼진 일종의 선(腺) 감염—을 얻어 결국 예순둘의 나이에 세상을 떠나게 되었다는 사실보다 인생의 아이러니를 실감하게 해주는 적절한 예는 없을 것이라고 말한다.[5]

류씨 부인의 맏아들이자 장다이의 증조부인 원궁이 왕씨 집안의 처녀와 혼인을 한 때는 그가 향시에 합격한 1558년이었다. 장다이의 조심스러운 말에 따르면 왕씨 부인은 "천성이 검소하고 알뜰"하기도 했지만, 엄격한 시집에서 살아남으려면 그럴 수밖에 없었다. 시아버지 톈푸는 관직생활 때문에 대개 집을 떠나 있었지만, 남편 원궁은 매우 엄격한 원칙주의자였던 것 같다. 집안에서 전해지는 일화에 따르면, 아이들이 여럿 태어난 뒤에도 원궁의 태도는 유연해지지 않았다. "증조부는 집안을 엄하게 다스렸다"고 장다이는 적고 있다. 그는 두 아들과 며느리, 심지어 두 이복동생과 그 아내들에게도 예의범절의 준수를 강요했다. "그들은 하루 종일 예절을 지켜야 했다. 새벽에 징이 세 번 울리면 온 식구가 본채에 모여 그에게 문안인사를 드려야 했다. 며느리들은 그 시간에 몸단장을 할 여유가 없었으므로, 아침에 머리가 헝클어지지 않도록 취침 전에 머리를 장식하고 헝겊으로 감싼 채 잠을 자야 했다. 그래서 집안사람들이 모두 힘들어했다." 원궁이 날마다

치는 징을 가리키며, 그들은 "저것은 마치 그의 무정한 심장 같다"고 말하곤 했다.[6]

특별한 일이 없는 날 저녁에 온 식구가 모이면, 두 아들은 아버지 앞에서 향을 피우고 가만히 앉아서 명상을 해야 했으며, 밤늦게야 잠자리에 드는 것이 허락되었다. 간혹 증조부는 집안사람들을 징계하기도 했다. 증조부 생신에 맏며느리를 비롯해서 집안의 젊은 여자들이 화려한 비단옷을 입고 진주와 옥 같은 보석으로 치장했다. 그들의 차림새를 본 증조부는 대로하여 당장 옷을 갈아입고 보석들을 모두 떼라고 명했다. 그런 다음 본채의 섬돌 밑에서 그 화려한 비단옷들을 모두 태워버리라고 명령했다. 젊은 여인들은 수수한 무명옷으로 갈아입은 뒤에야 비로소 생신축하인사를 올릴 수 있었다.

증조할머니 왕씨 부인은 남편의 지독한 근검에 절약으로 화답했다. 그래서 그녀가 집안의 재물을 허투루 쓴다는 말은 나올 수가 없었다. 그녀는 날마다 몇 시간씩은 망건을 짰다. 그렇게 틈틈이 만든 망건이 어느 정도 쌓이면 언제나 한 노비를 시장으로 보냈는데, 시장에서 망건은 개당 수십 문(文)에 팔렸다. 집안사람들의 말에 따르면, 그녀의 노비가 시장으로 향하는 것을 볼 때마다 사오싱의 주민들은 "장원급제자의 부인이 짠 물건이다!"라고 외치며 앞을 다투어 망건을 사갔다고 한다.

증조부의 확고한 도덕주의는 집안사람들뿐 아니라 베이징을 무대로 펼쳐진 본인의 관직생활에도 영향을 주었다. 명말의 정계는 공식후계자 선정을 둘러싼 황후와 여러 후궁 사이의 암투로 인해 자주 분열되었다. 궁정의 환관들까지 막강한 실력을 행사하는 이 위험한 세계에 실수로 발을 들여놓은 관료들은 목숨 걸 각오를 해야 했다. 증조부는 이미 1550년대에 십대 소년의 몸으로 공개적으로 방문을 게시하여 충성스런 대신을 불법적으로 처형하는 것에 용감하게 항의함으로써 명성을 얻었다.[7] 전시에서 장원급제한 증조부는 베이징에서 일련의 관직을 맡은 뒤에, 한림원(翰林院) 수찬(修撰)에 임명되었다. 1573년에 그는 궁중 여인들과 그들의 다양한 지지자들 사이의 당파주의를 비판하는 특별상소문을 황제에게 올렸다. 이 상소문에서 그는 고난이나 위기에 처한 여인들의 올바른 역할과 행동거지에 관한 도덕 교과서라 할 수 있는 『열녀전』(烈女傳)*을 궁중 여인들에게 진강할 수 있게 허락해달라고 청했다. 또한 『시경』의 첫 두 편인 「주남」(周南)과 「소남」(召南)을 편집하여 궁중 여인들에게 배포하자고 상주했다. 「주남」과 「소남」의 시들은 남녀간 성적 욕망의 표현(및 억제)뿐 아니라 혼인의 의미와 격식을 노래한 것으로, 그 기원은 대체로 공자 이전인 기원전 8세기까지 거슬러 올라간다. 이 시들은 원래 다분히 관능적이었지만, 이런 성격은 2천년이 넘는 기간에 중국의 학자들에 의해 그 내용을 조정과 가정에서 취해야 할 도덕적 행동과 연결시켜 풀이하는 분석과 주석이 축적됨에 따라 상당히 희석되었다.[8] 증조부의 제안은 조정에서 받아들여지지 않았지만, 나중에 그는 새로 책봉된 황태자의 스승이 되어달라는 부름을 받았다. 관찬(官撰) 역사서에 따르면, 원궁은 윈난 성에서 군사작전이 전개되는 동안 고인이 된 아버지 톈푸의 억울한 누명을 말끔히 벗겨드리지 못한 데서 쌓인 분노 때문에 사망했다.

장씨 집안의 혼인 가운데 경제적·정치적으로 가장 중요했던 것은 콰이지의 유력인사인 세도가 주(朱)씨 가문과의 결합이었다. 이 혼인은 기묘한 상황 속에서 이루어지게 되었는데, 장다이는 이를 애써 소

---

* 기원전 1세기에 활동한 전한(前漢)의 경학자 유향(劉向)의 저서.

상히 기록하고 있다. 결정적인 날짜는 1556년 8월 11일이었다. 그때 장다이의 증조부 장원궁은 룽산의 공부방인 균지정에서 향시를 열심히 준비하고 있던 열여덟 살의 생원이었다. 그의 학우이자 가까운 벗인 주경(朱賡)은 주씨 가문의 젊은이였다. 두 젊은이는 8월 11일에 장차 자신들이 자녀를 두면 두 집안의 친밀한 관계를 영원히 기념하기 위해 사돈관계를 맺기로 맹세했다. 두 청년은 이 구두맹세를 보증하기 위해 자신들이 입고 있던 하의의 옷깃 일부를 잘라 소중하게 간직했다.[9] 장다이는 훗날 "나는 실제로 그분들이 옷깃에서 잘라냈다는 헝겊조각을 보았다. 색깔이 바랬고 좀이 약간 슬었지만, 여러 번 빨자 원래의 흰색이 되었다." 1558년 3년에 한 번씩 시행되던 향시에 먼저 합격한 사람은 장다이의 증조부였다. 그는 시험이 끝나자마자 왕씨 부인과 혼인했고, 그녀는 곧 아들을 하나 낳았다. 주경도 비슷한 시기에 혼인하여 딸을 하나 얻었다.(나중에 장다이의 할머니가 되는 주씨이다.) 이리하여 두 젊은이의 맹세는 생생한 현실이 되었다. 두 학자는 회시에 급제하여 각자의 관직생활을 시작한 뒤에도 절친한 관계를 유지했다.[10] 그들의 두 자녀는 1570년대 초에 정식으로 혼인했고, 이 혼인의 결실인 장다이의 아버지는 1574년에 태어났다.

장다이에 따르면, 증조부의 학우 주경은 보기 드문 기인(奇人)이었다. 그는 자신이 남송의 학자이자 정치가였던 장주청(張九成)의 환생이라고 믿었고, 이 주장을 여러 가지 이야기로 뒷받침했다. 점술이라는 수단을 통해, 주경은 자신이 12세기의 학자와 여러 세상에 걸쳐 다양한 인연을 맺었다는 사실뿐 아니라 그 학자가 미완의 불경을 한 암자에 버려두었다는 사실까지 알게 되었다. 그 암자를 찾아간 주경은 실제로 대들보 위에서 그 미완의 불경을 발견했다. 송나라 사람 장주청의 필체가 역력히 드러난 그 불경은 마지막 두 장이 빠져 있었다.

신중하고 정성스럽게 주경은 빠진 부분을 붓글씨로 채워 넣었는데 "어느 누구도 두 부분의 필체를 구별할 수 없을 만큼 그와 장주청의 필체가 똑같았다." 장다이는 주씨 가문의 가장 유력한 조상을 깎아내리려고 이 기이한 이야기를 기록했을까? 그런 것 같지는 않다. 그것은 아마도 종잡기 힘든 인생의 단면을 보여주려는 장다이만의 방식이었을 것이다.[11)]

여러 아들이 혼인하여 아들들을 낳자마자, 원궁은 손자들의 바른 생활을 지도하는 역할을 맡았다. 장다이는 훗날 자신의 첫째 숙부가 될 어린아이에 대한 원궁의 간섭을 묘사하고 있다. "태어났을 때부터 첫째 숙부의 고개는 왼쪽으로 삐딱했고, 그의 할아버지 원궁은 이 점이 못마땅했다. 그래서 그는 저울추를 손자의 머리타래에 매달아 오른쪽으로 늘어지게 해놓았다. 그리고 첫째 숙부가 서당에 공부하러 갈 때면, 그곳의 시중드는 아이에게 첫째 숙부의 얼굴 왼편에 향을 피우게 하여 만일 그가 고개를 왼쪽으로 기울이면 이마가 향불에 데게 만들었다. 여섯 달을 이렇게 하자 첫째 숙부의 고개는 더 이상 기울어지지 않았다."[12)]

증조부 원궁의 또 다른 간섭은 다른 손자(장다이의 둘째 숙부)의 잘못된 행실을 바로잡기 위한 것이었다. "둘째 숙부는 개구쟁이여서 또래아이들과 어울려 놀기를 좋아했다. 그는 원궁이 오는 것을 볼 때마다 잽싸게 달아나 어머니의 방으로 숨어버렸기 때문에 할아버지에게 잡히지 않았다. 원궁은 대로하여 지붕에 얹는 얇은 기와를 신발 모양으로 잘라서 둘째 숙부의 신발 밑창에 붙여두었다. 그런 줄 모르고 있던 둘째 숙부는 또 원궁이 오는 것을 보고 달음박질을 치려는 순간 기와가 산산조각이 나서 도망가지 못하고 붙잡혀 회초리를 맞았다."[13)]

이런 사례들은 화를 잘 내는 할아버지 원궁이 손자들을 혼내기 위해 돌아다닐 때마다 장씨 집안의 여자들이 아이들에게 종종 안전한 은신처를 제공했다는 사실을 알려주고 있다. 여자들이 사태의 흐름을 바꿔놓는 경우도 있었는데, 장다이의 아버지와 그가 아끼던 동생 즉 장다이의 첫째 숙부가 관련된 사건이 바로 그랬다. 이 사건은 당사자인 두 아이가 태어난 뒤, 다시 말해서 류(劉)씨 부인이 세상을 떠나기 전—류씨 부인은 1582년에 죽었다—인 1578년경에 일어났을 것이다. 당시 장다이의 아버지는 네다섯 살 정도였고, 증조부 원궁은 업무에 복귀하기 위해 베이징으로 가려던 참이었다. 장다이의 이야기를 들어보자. "첫째 숙부는 아버지보다 고작 한 살 어렸고, 형제는 우애가 각별하여 떼어놓기 힘들었다. 원궁의 휴직기간이 끝나고 베이징으로 복귀할 시간이 되었을 때, 첫째 숙부는 네 살이었다. 원궁은 나의 아버지를 아끼셨기 때문에, 베이징으로 복귀할 때 아버지를 데려가기로 마음먹었다. 따라서 첫째 숙부는 가장 가까운 짝을 잃어버렸고, 며칠을 슬피 울며 밥을 먹지 않았다. 그러자 당시 첫째 숙부와 함께 살고 있던 고조할머니 류씨 부인이 심부름꾼을 보내 증조부에게 자초지종을 설명하고 [아버지를] 데려오게 했다. 아버지가 집으로 돌아오고 나서야 첫째 숙부는 다시 밥을 먹기 시작했다. 그 뒤로 [두 아이는] 함께 먹고 자고 놀았다. 비가 오나 바람이 부나 밤이나 낮이나 40년을 하루같이 그렇게 보냈다."[14]

원궁의 며느리(장다이는 그녀를 주 할머니라고 불렀다)는 장씨 집안에 새로운 자원과 전망을 가져다주었다. 그녀의 아버지 주경은 관료로서 크게 출세를 했는데, 뛰어난 학자들의 연구기관인 한림원의 서길사(庶吉士)에서 시작하여 예부상서(禮部尙書)와 대학사(大學士)의 지위까지 올랐다. 따라서 그녀는 장씨 집안과 주씨 집안이 중첩된 세계에서 재치와 인내를 발휘하며 자신의 본분을 다해야 했다. 그녀의 임무는 1604년에 친정아버지가 자신과 남편에게 내린 명령에도 불구하고 결코 가벼워지지 않았다. 베이징에서 주경은 자신의 집안사람들이 지나치게 방자하게 군다는 이야기를 여러 차례 전해 듣고 걱정이 되어 사위와 딸에게 집안사람들 가운데 유난히 난폭하게 구는 자들을 알아내서 자신에게 알려달라고 지시했다. 훗날 장다이가 기록한 것처럼 이 일로 인한 상처는 오래갔다. "주경의 아들과 손자들은 대부분 오만불손했다. 주경은 일련의 규칙을 조목조목 적은 편지를 할아버지에게 보내, 주씨 후손들을 자기 자식처럼 여기고 벌을 내려달라고 부탁했으며, 심지어 징벌용 몽둥이도 함께 보냈다. 할아버지는 집안하인들에게 그 몽둥이로 〔말썽을 피우는 주씨 집안의 남자들을〕때리라고 명령했고, 아내인 주씨 부인에게는 방자하게 횡포를 부리는 자들을 찾아내는 데 협조해줄 것을 요구했다. 악역을 감수한 할아버지는 그 가운데 몇 명을 내쫓고 눈곱만큼의 관용도 베풀지 않았다. 〔주씨 집안의〕아들과 손자들은 지금까지도 그 일을 원망하고 있다."[15]

이런 난처한 집안간의 긴장관계에도 불구하고, 주 할머니의 동생인 주스먼(朱石門)의 호사스런 취미와 습관은 장씨 집안 사람 모두에게 큰 영향을 미쳤다. 그는 저장 성 일대에서 손꼽히는 감정가이자 수집가였다. 장다이는 자신이 쓴 가전(家傳)에 덧붙인 논평에서 그 영향을 부정적으로 평가했다. "우리 장가(張家)는 증조부 원궁의 검소한 습관으로 지금까지 집안을 꾸려왔다. 후손들이 대궐 같은 집이나 화려한 장신구를 열망하게 된 것은 정말이지 나의 외종조부 주스먼에게서 비롯되었다. 아버지와 숙부들이 처음에는 그를 따라하더니 나중에는 한술 더 떠 도저히 말릴 수 없는 지경에 이르렀다."[16]

장씨 집안에서 주스먼의 호사스런 생활을 앞장서서 모방한 사람은 소년시절에 증조부의 엄한 조치 덕에 삐딱한 고개를 교정한 바 있는

103

바로 그 첫째 숙부였다. 그는 열정적인 골동품 수집광이 되었지만, 탁월한 감식안 덕분에 보물들을 사고팔면서 많은 수입을 올렸다. 장다이는 애정이 담긴 필치로 골동품 수집가이자 판매상인 첫째 숙부의 경력을 특별히 자세히 기록했다.

장다이의 아버지와 단짝친구처럼 유년시절을 보낸 첫째 숙부(이들은 겨우 한 살 터울이었다)는 장씨 집안의 일상생활 속에서 종종 표면화된 예술과 돈 사이의 인력(引力)과 장력(張力)을 몸소 보여주었다. "첫째 숙부는 고대의 문학과 문헌을 좋아했고, 여기(餘技)로 그림을 공부했다. 젊어서는 외삼촌 주스먼에게 귀여움을 받아 많은 고서화를 자세히 살펴볼 수 있었다. 열예닐곱 살이 되자 타고난 그림솜씨를 발휘하게 되었고, 작품의 가치를 알아보는 눈썰미도 생겼다. 그 후 모든 대가의 작품을 빠르게 섭렵했고, 명대의 문인화가 선저우(沈周)·원정밍(文徵明)·루바오산(陸包山)·둥치창(董其昌)·리류팡(李流芳)·관쓰(關思)의 그림에 정통하게 되었다. 미술작품을 평가하는 예리한 안목을 갖고 있던 첫째 숙부는 주스먼 선생과 더불어 열심히 그림을 수집했고 함께 천하를 주유했다."[18]

베이징의 정계와 마찬가지로 미술계에도 흥정과 위험이 도사리고 있었다. 약삭빠른 구매자들은 비상한 감식안을 가진 당대의 화가들처럼 많은 돈을 벌 수 있었다. 동시에 교묘한 모작이나 위작을 만드는 사람들의 수가 늘어남에 따라, 서화의 가치를 정직하고 정확하게 평가할 수 있는 감정가들에 대한 수요도 증가했고 당연히 이들의 수입도 많아졌다. 주스먼은 장다이의 첫째 숙부에게는 두말할 나위 없는 훌륭한 스승이었다. 그는 미술계를 완벽하게 꿰뚫고 있었을 뿐 아니라, 엄청난 양의 서화를 소장하고 있었기 때문이다. 그 가운데 몇 작품에 대해서는 장다이가 애정을 갖고 상세히 서술한 바 있다. 1603년 향시에 낙방한 뒤에 첫째 숙부는 화이안(淮安)*으로 유람을 떠났다. 어느 떠돌이 장사꾼이 철려(鐵黎)나무 차탁(茶卓)을 팔려고 내놓았는데, 그 지방의 순무(巡撫)가 100냥을 제시했다. 그러나 첫째 숙부는 200냥을 주고 차탁을 사서 배에 싣고 서둘러 집으로 향했고, 순무는 수하를 풀어 그를 뒤쫓게 했다. 그는 첫째 숙부를 따라잡았지만, 그의 후원자가 주스먼임을 알고는 감히 더 추궁하지 못하고 귀한 예술품을 포기한 채 돌아갔다.[19]

장다이는 첫째 숙부가 부자들이 많은 명말의 양쯔 강 삼각주지역에서 유명해진 사실을 자세히 묘사하고 있다. "이때부터 〔첫째 숙부의〕 소장품은 나날이 풍부해졌고 양쯔 강 이남에서 다섯 손가락 안에 드는 소장가가 되었다."[20] 1606년에 첫째 숙부는 "룽산 기슭에 우아한 집을 짓고, 값진 골동품과 애장품들을 그곳에 보관했다."[21] 아마도 이 무렵에 그는 어린 조카의 꿈이 깃들어 있는 공부방인 현초정을 무심하게 부숴버렸을 것이다. 그러나 장다이는 이 점을 더 이상 언급하지 않고, 첫째 숙부를 원대의 가장 저명한 화가 겸 소장가에 필적하는 수집가로 추켜세웠다. "니짠(倪瓚)†의 운림비각(雲林祕閣)도 그의 수장고(收藏庫)를 능가하지는 못했을 것이다." 첫째 숙부는 양쯔 강 삼각주와 항저우 일대의 고서화 수집상들을 방문하여, 새 작품들을 되도록 많이 확보한 다음 성난 경쟁자들을 피해 재빨리 달아나기 위해 안락한 배까지 소유하고 있었다. 그는 자신의 배에 '서화선'(書畵船)이라는 적절한 이름을 붙였다. 장다이도 종종 이 배를 타고 여행하면서 잠을 자기도 했다. 룽산에 집을 짓기 전에, 첫째 숙부는 자신의 보물 일부를 여기에 보관해놓았을 것이다.[22]

* 장쑤(江蘇) 성 북부의 하항(河港) 도시.
† 원말(元末) 4대가 가운데 한 사람인 14세기의 화가.

첫째 숙부가 젊어서 사들인 몇 가지 골동품은 그가 약삭빠른 미술품 거래상의 자질을 갖추고 있음을 일찌감치 보여주었다. 장다이는 희귀하고 아름다운 11세기 송대의 세 가지 물건, 즉 정요(定窯)*에서 제작된 백자향로와 항저우 지방의 자기주전자, 여요(汝窯)†에서 제작된 청자화병을 특별히 언급하고 있다. 지방의 한 골동품 수집가가 500냥을 주고 이 물건들을 사겠다고 제안했지만, 첫째 숙부는 그 세 가지 보물은 자기가 무덤까지 가지고 갈 것이라고 말하며 거절했다. 1610년에 첫째 숙부는 무게가 30근이나 나가는 진귀한 벽옥(碧玉)을 손에 넣었다. 빛깔의 질을 가늠하기 위해 먼저 맑은 물에 넣어보고 다음에는 밝은 햇빛 아래에서 살펴보았는데, 그 색이 놀랄 만큼 맑았다. 이에 만족한 첫째 숙부는 옥장이에게 용 모양의 잔과 혼례용 잔을 만들게 했다. 그는 혼례용 잔을 3,000냥에 팔았는데, 장다이가 언급한 것처럼 이 거래에 포함되지 않은 용 모양의 잔과, 쓰고 남은 옥 조각들만 해도 작은 재산이 될 만큼 값이 나갔다.[23]

첫째 숙부는 심지어 벼슬살이를 시작한 1628년 이후에도 골동품 수집을 그만두지 않고 계속 촉각을 곤두세우고 있었다. 예컨대 허난(河南) 성 멍진(孟津) 현 지현(知縣)으로 부임했을 때, 그는 그곳이 주(周)의 무왕(武王) 치세에 팔백제후가 모여 은(殷)의 주왕(紂王)을 몰아내기 위해 회맹한 곳이므로 틀림없이 고대 청동기가 많을 것으로 예상했다. 장다이의 설명에 따르면, 첫째 숙부는 그곳에서 임기를 마칠 때까지 "은은하게 청록색 녹이 슨 크고 작은 제사용 술잔 열예닐곱 개를 포함하여 수레 몇 대를 채울 만큼의 고대 청동기를" 입수했다.[24] 장다이가 말한 대로 이런 각종 골동품 "거래를 통해" 첫째 숙부는 "엄

---

* 허베이(河北) 성의 딩저우(定州)에 있던 송대의 관요.
† 허난(河南) 성의 루저우(汝州)에 있던 송대의 관요.

청난 이득을 보았고, 그의 소장품은 날이 갈수록 가치가 높아졌다."[25]
장다이는 이 청동기들 가운데 불법적인 경로를 통해 첫째 숙부의 손에 들어간 것이 있었는지에 대해서는 언급하지 않는다. 그러나 다른 글에서 장다이는 자신이 본 것 중에서 가장 아름답고 독특한 청동기 몇 점—정교한 동물문양이 새겨져 있고 발이 셋 달린 우아한 청동술잔 석 점과 청동 제기(祭器) 두 점—은 제(齊)나라 경공(景公)의 무덤을 도굴한 자를 붙잡아서 도굴품을 압수한 첨사(僉事) 직의 한 관리를 통해 처가(妻家)로 흘러들어왔다고 적고 있다. 도굴꾼을 체포한 그 관리는 압수한 도굴품들을 몰래 보관하고 있다가 나중에 장다이의 장인에게 팔아넘겼던 것이다.[26]

장다이의 어머니는 사오싱 동쪽에 있는 콰이지의 타오씨 집안 출신이었다. 타오씨 집안은 주씨 집안이나 장씨 집안처럼 지식인들의 세계에서는 널리 알려져 있었고, 과거에서도 훌륭한 성적을 거두었다. 그녀의 아버지는 향시에 합격하여 거인이 되었고, 푸젠(福建)에서 몇 년 동안 정부의 소금 전매를 감독하는 관료로 재직했다. 따라서 사치를 부릴 법도 한데 그는 스스로 '청렴함'을 자랑하던 타오씨 집안 어른들을 본받아 엄격하고 검소하게 생활했다. 장다이가 설명한 것처럼, 그들의 근검절약하는 가풍에 따라 1596년 무렵에 "어머니는 혼수를 전혀 갖추지 않은 채 시집왔고, 따라서 시어머니[주 할머니]의 사랑을 받지 못했다. 어머니는 한결같이 살림을 잘 꾸려가기 위해 온힘을 쏟았고, 검소한 집안 출신임을 의식하여 가장 거친 음식만 먹었다. 자신의 물건을 따로 챙기려고 한 적도 없었고, 남편에 대한 의무를 잊은 적도 없었다. 그러자 천성이 퉁명스러워 어머니를 몹시 구박하던 할머니도 어머니가 극진하게 부도(婦道)를 지킨다는 사실을 깨닫고 점차 어머니를 존중하게 되었다."

시어머니한테 존중을 받았는지 여부는 차치하더라도, 혼인 직후인 1597년에 아들을 낳아 장씨 집안사람들로부터 칭찬의 말을 들었음에도 불구하고, 장다이의 어머니에게 시집살이는 결코 녹록치 않았다. 장다이는 부모님이 신혼 초에 돈 때문에 많은 어려움을 겪었다고 말하고 있다. 그동안 20년이나 집안의 뒷바라지를 받으며 공부했고 결혼 후 10년이 지나 이제는 30줄에 접어든 장다이의 아버지가 여전히 학문적 사다리의 다음 단계인 향시에 합격하지 못해 집안에 재정적으로 신세를 지고 있다는 사실이 문제의 근원이었을 것이다. 장다이의 아버지에게는 재정적 지원이 필요했지만, 장씨 집안의 어른들은 도움을 베푸는 데 인색했던 것 같다. 장다이의 할아버지는 깐깐한 인물이었고, 그가 속한 지파는 그의 처가인 주씨 집안과 마찬가지로 분명히 상당한 재산을 보유하고 있었다. 그러나 돈 쓸 데는 많았고, 할아버지는 뇌물을 받아 중간급 관료의 녹봉을 벌충하는 사람이 아니었다. 장다이의 말에 따르면, 할아버지는 전시에 합격하여 1595년에 지현직을 제수받은 뒤에도 자식들이나 다른 친척들에게 최소한의 경비만 주었고, 돈이 필요하면 각자의 재산을 팔아서 해결하도록 했다. 따라서 집안의 권위와 영향력에도 불구하고 "아버지의 생활여건은 무척 힘들었고, 소신껏 다른 해결책을 강구할 수 있는 입장도 아니었다. 아버지는 기본적인 생활비를 마련하는 일을 어머니에게 떠넘겼다. 어머니는 고생을 피할 수 없었고, 늘 돈이 모자라 쩔쩔맸다. 그러나 20년을 절약하면서 돈을 모아 조금씩 집안형편을 호전시킬 수 있었다."[27]

장다이는 절약·궁핍·사치란 용어의 의미를 자기 기분에 따라 사용한 것 같다. 다른 글에서 1601년에 장씨 집안이 가난한 집에서는 도저히 엄두도 낼 수 없고 부유한 집에서도 가산을 거의 다 쏟아부어야 할 정도의 굉장한 잔치를 벌였다고 기록해놓았기 때문이다. 당시 그는 네 살이었으므로, 잔치의 세세한 부분에 대해서는 아마도 부모나 숙부로부터 전해 들었을 것이다. 장다이가 기술한 것처럼, 이 사치스러운 행사는 장다이의 아버지와 여러 숙부가 사오싱의 룽산을 온통 환하게 밝혀 다른 가문들의 코를 납작하게 해주자고 결정한 데서 시작되었다. 그들은 수백 개의 나무말뚝을 깎아 선홍색의 옻칠을 한 다음 세 개의 말뚝 윗부분을 한 묶음으로 묶고 아랫부분을 땅에 박았다. 등을 매다는 이 삼각형 모양의 등붕(燈棚)은 비단으로 화려하게 장식되었다. 산에 무성하게 자란 나뭇가지들(이것들도 등으로 장식되었다) 아래로, 옻칠된 등붕에 매달린 반짝이는 등이 "산길의 가장자리를 따라 늘어섰고 가파른 돌계단을 따라 올라갔으며 골짜기까지 환하게 밝혔다." 60년쯤 뒤에 장다이가 그 장면을 회상했듯이 "성황묘의 문에서부터 펑라이(蓬萊) 산등성이까지 등(燈)이 없는 곳이 없었다. 산 밑에서 그 휘황찬란한 광경을 바라보면 마치 하늘의 은하수가 쏟아져 내리는 것 같았다."[28]

축제의 규모가 지나치게 커지자 사오싱 지부(知府)는 서민들의 열광으로 인해 발생할 수도 있는 무절제를 통제하기 위해 금령을 공포했다. 룽산 남쪽 언저리에 있는 성황묘의 문(등불로 밝게 빛나는 건너편 산으로 가려면 이곳을 통과해야 했다)에는 여러 가지 방문이 게시되었다. 여기서부터는 누구든 수레나 말에서 내려 걸어가야 하며, 폭죽을 터뜨리거나 소란을 피워서는 안되고, 도시의 세도가들이 행차할 때 하인들을 앞세워 행인들을 길 양옆으로 물러나게 하는 관행을 금지한다는 내용이었다. 장다이의 아버지와 숙부들은 노송 아래에 나무로 평상을 만들어 방석을 깔고 앉아, 먹고 마시고 노래하며 놀았다. 사오싱의 다른 주민들 가운데 "상술에 밝은 자들은 술을 팔았다. 사람들이 다리를 쭉 뻗고 쉴 수 있는 돗자리가 온 산에 깔려 있었고, 산 곳곳에는 등이 걸려 있었다. 등 아래에는 어김없이 자리가 깔려 있었고, 모든 자리에는 누군가가 앉아 있었다. 사람들은 너나없이 노래를 부르거나 악기를 연주했다." 등을 구경하기 위해 몰려든 남녀들이 일단 성황묘의 문을 지나고 나면 "고개를 돌려 뒤를 돌아보거나 발길을 돌릴 틈도 없어졌다. 그들이 할 수 있는 일이라곤 어느 해변에 다다를지 알 수 없는 바닷물처럼 아무 생각 없이 사람들의 물결에 떠밀려가는 것뿐이었다." 날마다 머슴들이 산에 올라가 전날 밤에 버려진 쓰레기를 치웠다. "과일씨, 씹다 뱉은 사탕수수 줄기, 고기뼈와 생선뼈, 버려진 조개껍질 따위가 산더미처럼 쌓여 있었다." 나흘 동안 밤만 되면 등불이 반짝거렸다.

장다이는 여덟 살 무렵에 의무와 사랑이 너무나 쉽게 뒤섞이거나 충돌하는 것을 보고 새로운 교훈을 얻었다. 어머니가 임신 6개월째였던 1605년경에 온 가족이 주 할머니의 생신을 축하하러 모였다. 장씨 집안 사람들에게 게으르다고 비난받는 것을 수치로 여겼던 장다이의 어머니는 임신 중이었음에도 고기를 준비하고 손님명단을 작성하고 선물을 준비하는 등, 시어머니의 생신잔치를 자질구레한 부분까지 하나도 빠뜨리지 않고 손수 챙겼다. 과로로 인해 장다이의 어머니는 예정을 석 달이나 앞당겨 산민(山民)이라는 이름의 사내아이를 낳았다. 산민은 한 자가 채 되지도 않는 작은 몸으로 태어났고 몸무게도 얼마 나가지 않았다. 숨을 쉴 때마다 힘들어서 할딱거렸다. 그러나 놀랍게도 이 아이는 살아남았고, 장다이는 세 명의 동생 가운데 이 아이를 가장 아꼈다. 장다이의 어머니는 아이가 살아날 것이라고는 꿈에도 생각하지 않았기 때문에, 이 미숙아를 양육하는 데 시간을 허비하지 않았다. 어른으로 성장할 가능성이 훨씬 큰 다른 아이들을 사랑하고 돌보기에도 시간이 부족했기 때문이다. 사오싱 지방에서는 살아남을 가능성이 희박한 아이들이 생존하면 '연잎 아기'(蓮生)라는 이름을 붙여주었다. 이 말은 그 아이가 태어나고 살아남은 것이 기적이라는 뜻인데, 연잎은 붓다의 발자국을 상징했다.[29)]

아버지도 무심하기는 마찬가지였다. "아버지는 과거준비를 하느라 힘드셔서 이 아들을 가르칠 의욕이 없었다. 그래서 나의 막내아우는 교육받을 기회를 갖지 못했다. 그러나 아우는 '가르침을 받지 못한다면 어찌 온전한 사람이라 될 수 있겠는가?'라고 말하며 더욱 분발했다. 그리고 꾸준한 독학으로 모든 종류의 책을 섭렵했다." 교육을 충분히 받지 못하면 온전한 사람이 될 수 없을 것이라는 생각에서, 산민은 100년 전에 고조부가 했던 말과 똑같은 말을 했는데, 어쩌면 그는 그 말을 진작 알고 있었는지도 모른다. 그러나 장다이도 막내아우가 성공의 기회를 얻을 가능성은 별로 없음을 알고 있었다. "겉모습만 봐서는 어느 누구도 동생이 문장에 능하리라고 생각하지 못할 것이다."

그렇지만 산민은 부모의 뒷받침 없이도 여러 영역에서 성공할 수 있었다. 그는 주스면과 첫째 숙부의 뒤를 이어 경서와 예술의 각 분야에서 높은 수준에 이른 장씨 집안의 마지막 인물로서, 학자·문인·감정가·수집가로 성공했다. 장다이는 동생이 성공할 수 있었던 요인들을 다음과 같이 요약했다. "동생은 감수성이 예민하고 두뇌회전이 빨랐다. 어릴 적부터 총기가 있었고 사물을 주의 깊고 진중하게 살폈다. 책을 읽을 때는 탁월한 이해력을 발휘했고, 오래 사색하지 않고도 세세한 부분까지 간파했으며, 여기저기 기웃거리지 않고도 폭넓게 알았고, 집요하게 추구하지 않고도 빈틈이 없었다."[30)]

산민은 소장할 만한 귀한 물건을 찾을 때도 속물근성을 전혀 드러내지 않았다. "떠돌이 장사꾼이나 인근 시장의 누군가가 특이한 물건을 가지고 있으면, 그는 그 물건에 완전히 집중했다. 정말로 오래되고 세련된 물건인지, 좋은 솜씨로 만들어졌는지가 관건이었다. 물건이 훌륭하다고 생각하면, 그것을 사지 않고는 못 배겼다. 그가 산 물건은 보나마나 최상품이었다. 일단 물건을 손에 넣으면, 그는 그것이 반들반들 윤이 날 때까지 밤낮으로 쓰다듬다가 귀한 비단으로 싸서 단목함(檀木函)에 넣어 보관했다. 밤중에는 향을 피우고 찻물을 끓이면서, 등불을 밝혀 자신의 귀중한 소장품들을 살펴보곤 했다. 그러다가 참으로 아름다운 시구가 떠오르면, 행여 그 뜻을 놓칠세라 계속 음미했다."[31] 장다이는 앞 못 보는 육촌동생 페이와 막내동생 산민의 예를 통해 강인한 의지만 있다면 어떤 절망적인 장애도 극복할 수 있다는 것을 보여주었다.

장다이의 어머니는 1611년에 시어머니가 사오싱에서 제법 멀리 떨어진 곳에 살고 있던 아들(장다이의 둘째 숙부)을 만나러 갔다가 갑작스럽게 사망하자 또 다른 시험에 직면하게 되었다. 문제는 의식과 예법에 관련된 것으로, 여기에는 미신적 공포도 섞여 있었다. 친족의 시신을 본가로 옮겨오기 위해 다른 사람의 집에 들어가는 것도, 고인의 본가에서 떨어진 곳에서 장례를 치르는 것도 예법에 어긋나는 행동이었다. 이 지방의 주민들은 예법을 어기고 그런 행동을 하는 사람에게는 비참한 운명이 닥칠 수 있다고 믿고 있었다. 장다이의 말에 따르면 이제 막 아내를 잃은 할아버지에게는 이 모든 문제가 몹시 버거웠다. "할아버지는 너무 당황한 나머지 결정을 내리지 못하고 있었다. 어머니는 흉살은 자신이 모두 맞을 테니 시신을 본가로 수습해 와서 적절한 절차에 따라 매장하자고 강력하게 주장했다. 할아버지는 기뻐하며 말했다. '내 며느리는 여인 중의 증자(曾子)요 민쯔첸(閔子騫)이다.' 그 후 어머니는 정말로 갖가지 재난을 견뎌야 했지만, 자신의 행동을 후회하는 말은 한 번도 입 밖에 내지 않았다."[32] 할아버지의 논평은

112

의도적인 찬사였다. 증자와 민쯔첸은 『논어』에 등장하는 공자의 제자들 가운데 가장 철저하게 격식을 따졌던 인물로, 언제나 올바르게 예를 행한다 하여 스승의 신뢰를 받았기 때문이다.

열다섯 살의 장다이에게도 그 무렵은 시련의 시기였다. 1612년에 그는 꿈을 주관하는 지방신인 남진(南鎭)에게 도움을 청하기로 했다. 사오싱의 주민들은 남진이 장다이 어머니의 고향인 콰이지에 살고 있다고 믿었고, 장다이는 역사나 문학에 기록되어 있는 다양한 꿈에 견줄 만한 소중한 꿈을 꾸게 해달라고 남진에게 정성껏 빌었다. 그는 현재로서는 전조나 직관의 미묘한 뜻을 완전히 이해하지 못하겠다고 이 신에게 하소연했다. 꿈속의 경험에서 현실의 상황으로 돌아오면 "비참한 느낌이 들었지만, 그런 이야기를 누구에게 할 수 있겠는가? 만일 사람들이 나의 운명을 조롱한다면, 어떻게 참을 수 있겠는가?" 그리고 장다이는 열다섯 살 난 자신을 사로잡고 있던 더욱 심오한 문제에 대해서도 털어놓았다. 그는 남진에게 다시 물었다. "신령이시여, 당신을 저의 스승으로 삼으려면, 저는 잠들어 있어야 합니까, 깨어 있어야 합니까? 저는 어디에서 시작하여 어디로 가야 할지를 예감하고 있습니다. ……저는 과거에 급제하여 공명(功名)을 얻고 싶습니다. 이렇게 말하는 것이 송구스럽긴 하지만, 저는 하늘의 뜻을 알고 싶습니다. 확신에 차서 당신께 기도하며 엎드려 머리를 조아립니다."[33]

주 할머니가 돌아가셨다고 해서 집안의 곤경에 기적적인 변화가 일어나지는 않았다. 장다이는 훗날 집안의 후환과 어머니의 대범하고 색다른 대처방식에 대해 솔직하게 토로했다. "시간이 지남에 따라 아버지는 과거에 급제해야 한다는 계속된 걱정 때문에 울화병이 생기고 위궤양에 걸렸다. 어머니는 상심해서 내게 이렇게 말씀하셨다. '네 아버지는 점점 늙은 펑탕(馮唐)으로 변해가는구나. 황허(黃河)의 물이

맑아지기를 기다리는 것은 참으로 어려운 일이지. 아버지가 정원과
정자에서 음악을 즐기고 유유자적하며 쉬시도록 내버려두는 게 좋을
성싶구나.'" 그의 어머니가 펑탕을 언급한 것은 재치 있고 적절한 비
유였다. 펑탕은 약 천오백년 전 한(漢)나라에 살았던 역사적 인물이
었다. 그는 명문가의 후손이었지만, 인생에서 뭔가를 이루는 데 너무
오랜 시간이 걸렸고, 이 때문에 유명해졌다. 그가 마침내 궁궐의 말직
을 얻었을 때, 문제(文帝)는 수레에서 내려와 도대체 이런 나이 많은
노인이 어떻게 궁정에서 일하게 되었는지 물었다. 펑탕은 아흔 살이
넘었을 때도 여전히 관료 후보로 천거되었지만, 무제(武帝)는 나이가
너무 많다는 이유로 벼슬을 내리지 않았다.[34]

　1610년부터 장다이의 아버지는 어머니가 바라던 대로 자신의 취미
를 즐기기 시작했다. "[아버지는] 정원을 가꾸고 복층으로 이뤄진 유
람선을 만들고 어린 여종들을 훈육하고 극장에서 음악을 연주했다.
얼마나 사치스러운지를 따지지 않고 아버지는 자기가 하고 싶은 대로
했다. 어머니는 이 일로 속상해하기는커녕 아버지가 원하는 것은 뭐
든 들어주려고 최선을 다하셨다." 비록 장다이 자신도 이 시기에 쾌락
에 몰두했지만, 그는 아버지의 낭비가 심해지면서 행복이 점점 멀어
져가는 것을 느꼈다. "아버지가 가산을 탕진하면서 부자처럼 살아가
던 때는 어머니의 말년이었다. 1619년에 어머니가 돌아가셨고, 아버
지는 희귀질환에 걸리셨다. 모든 것이 갈수록 악화되었고, 3년이 채
지나기 전에 집안살림은 거덜이 났다."[35]

　장다이는 아버지의 전 생애에 대한 마무리 논평에서, 아버지가 원
하는 일을 할 수 있었던 것은 모두 어머니 덕분이었다고 말함으로써
은근히 아버지에 대한 비판의 강도를 높였다. "아버지는 젊어서 가족
의 생계를 책임지려는 노력을 전혀 하지 않았고, 만년에는 장수의 비

법을 찾는 데 몰두했다. 어머니가 아버지의 생각을 바꿔보려고 사용한 수단들은 기이하고 꿈같은 것이었다. 불초한 아들 나 장다이는 주제 넘는 생각을 해본다. 아버지가 불로장생한 사람들 틈에 끼어 보겠다고 애쓸 수 있었던 것은 아마도 어머니의 도움을 받았기 때문이라고."[36]

장다이가 이따금 강조하듯이, 그의 아버지는 1620년대 중반까지 고정된 일자리를 얻지 못했고 아주 뚱뚱해졌다. 비만은 장씨와 주씨 가문의 여러 사람이 공유한 특징이었는데, 엄청난 양의 음식을 경쟁적으로 먹어치우던 식탐이 그들의 비만을 부채질했던 것 같다. 장다이는 아버지의 식탐을 애틋한 마음으로 회상하려 들지 않았다. 그는 아버지를 비롯한 친척들이 뚱뚱해질 수밖에 없었던 이유를 새삼 강조했다. "아버지의 몸은 강건했다. 그는 외삼촌 주스먼 선생과 닮았는데 키가 조금 작았다. 장년에 접어들어서는 처남인 주차오펑(朱樵風)과 먹기시합을 벌이곤 했다. 한 번은 두 사람이 열 근이 넘는 살찐 오리를 한 마리씩 먹어치웠는데, 아버지는 한 술 더 떠 국수를 오리고기 국물에 말아 연거푸 열 그릇을 드셨다. 주차오펑은 배를 움켜쥐고 물러났다."[37]

이런 자세한 설명으로도 부족하다 싶었는지, 장다이는 아버지가 1620년에 또 한 번의 오리고기 먹자판을 벌인 뒤에 중병을 얻어 고생한 이야기를 시시콜콜 적어놓았다. 그는 과식으로 늘어난 아버지의 위장과 그로 인한 소화불량, 이름난 의사들이 내놓은 처방을 빠짐없이 묘사했다. 다른 의원들이 모두 치료를 포기하고 "진료비만 챙겨 떠난 뒤에" 괴짜로 유명한 고을 의원이 처방한 숙지황(熟地黃)을 쓰자 아버지의 병환이 나았다.[38]

1616년경에 장다이는 웬만큼 성공한 학자 집안 출신의 처녀 류씨와 혼인을 했지만, 당시의 관습에 따라 아내에 대해서는 일언반구도 없고 그녀가 낳은 자식들에 대해서도 거의 언급하지 않는다. 다만 그의 집안에서 정실부인과 한집에 살면서 자신의 아이들을 키우지만 온전한 식구로 대접받지 못하고 항상 자신과 자식들의 장래를 걱정하던 여인 몇 명에 대해서는 이따금 간략하게 기록하고 있다. 장다이는 적어도 그런 첩을 둘 이상 거느렸고, 아내가 죽은 뒤에도 그 두 사람과 함께 살았다. 장다이의 아버지는 다른 숙부들과 마찬가지로 아내의 생전이나 사후에 여러 명의 첩을 두었다. 집안의 기록에 의하면 그런 여인들은 종종 누군가의 재산을 손에 넣으려 음모를 꾸몄고, 장다이가 인정하듯이 첩들은 때때로 그런 일에 성공했다. "어머니는 안간힘을 다해 집안을 일으키려고 애썼으나, [1619년에 어머니가 돌아가신 뒤] 첩들과 살아 있는 아들딸, 노비들이 모든 재산을 셋으로 나눴다." 그 결과 장다이의 아버지는 만년에 "값나가는 것이라곤 아무것도 갖고 있지 않았다."[39] 그러나 연로한 집안어른이 갑자기 도의를 중시해야겠다는 생각에 사로잡힐 경우, 첩들이 집안에서 쫓겨날 수도 있었다. 이런 일은 할아버지의 말년에 일어났다고 한다. "1611년에 주 할머니가 세상을 떠나자, 할아버지는 모든 첩을 내쫓고 홀로 천경원(天鏡園)에서 만여 권의 장서를 벗 삼아 지냈다."[40]

본처가 재치 있는 남편의 회유로 마음을 푸는 경우도 있었고, 이해 당사자들이 모두 만족하는 일종의 평형상태가 이루어지는 경우도 있었다. 장다이에 따르면, 증조부의 학문적 동반자이자 주 할머니의 아버지였던 주경이 그러했다. 젊은 첩 여러 명을 들였을 때 주경은 집에서 곤경에 처했다고 한다. 그의 아내가 묵묵히 상황을 받아들이기는커녕 분노하여 '사자후'를 터뜨렸기 때문이다. 깜짝 놀란 주경은 장씨 집안의 신령에게 아내의 질투를 잠재우는 단약을 줄 수 있는지 물었

116

다. 신령은 그 일이 "극히 어렵긴" 하지만 베개 속에서 그 단약을 발견할 수 있을 것이라고 응답했다. 주경은 그것을 찾아서 아내에게 주었다. 그녀는 단약을 받아들고 주변의 모든 사람에게 들으라고 말했다. "영감이 선약(仙藥)을 구해서 젊은 첩년들에게 주지 않고 나에게 주는 것을 보니, 여전히 나를 사랑하고 있음이 분명하구려." 장다이가 덧붙였듯이 신령을 끌어들인 이 계획은 성공을 거두어 "부인은 남편과 신혼시절 못지않게 잘 지냈다."[41]

때로는 아버지가 죽은 뒤에 아들이 재빨리 그리고 아마도 냉소적으로 한때 아버지가 총애했던 첩을 내쫓았다. 한 짤막한 전기에서 장다이는 그런 여인의 생존전략과 말로를 들려준다. 그녀는 어린 시절 장다이의 아버지와 둘도 없는 놀이친구였던 첫째 숙부의 첩이었다. 엄청난 부자였던 첫째 숙부는 1644년에 수많은 미술품과 거의 모든 재산을 아들 옌커(燕客)에게 물려주고 죽었다. 이 첩은 자신의 헌신을 첫째 숙부에게는 납득시킬 수 있었지만, 젊은 친척들은 그녀를 탐탁찮게 생각했다. 실제로 장다이는 이미 오래전에 첫째 숙부에게 그녀는 "쓸모가 없으니" 제발 내보내라고 여러 번 권유했다. 그러나 첩은 첫째 숙부의 곁에 머물겠다며 이렇게 항변했다. "왜 당신의 종이 나가야 합니까? 제가 원하는 것이라곤 장씨 집안의 귀신이 되는 것뿐입니다." 첫째 숙부가 그녀의 말을 장다이에게 전했을 때, 장다이는 충직하고 사랑스런 여인을 곁에 둔 첫째 숙부의 행운을 축하해줄 수밖에 없었다.

첫째 숙부가 세상을 떠났다는 소식을 듣고 옌커와 장다이는 장례를 치르기 위해 서둘러 고인의 집으로 갔다. 거기서 그들은 문상객들 사이에 있는 그 첩을 발견했다. 장다이와 옌커를 본 첩은 이렇게 말했다. "내가 혼인할 수 있게 내보내준다면 나의 행운은 더할 나위가 없을 거예요!" 장다이는 웃으면서 장씨 집안의 귀신이 되겠다던 그녀의 맹세를 일깨워주었다. 그 여인은 대답했다. "그건 제가 영감님의 귀에 대고 소곤거려준 말일 뿐이에요. 저는 귀신이 되기에는 아직 젊답니다. 그리고 설령 제가 귀신이 된다 하더라도 꼭 장씨 집안의 귀신이 되라는 법은 없어요." 그녀의 솔직함은 별로 효과가 없었다. 두 사람은 웃으면서 그녀의 요청을 거절했다.[42]

장다이의 아버지에게는 아들이 아버지의 "침실 첩"이라 부르던 특별한 반려자 저우(周)씨가 있었다. 그녀는 장다이의 모친이 사망한 뒤 집안에서 자신의 위치를 강화하고, 자신이 낳은 자식들에게 가산을 한몫씩 챙겨주기 위해 무던히도 애썼다. 장다이는 이 여인과 그녀의 농간에 대해 아버지와 주고받은 농담조의 대화를 기록해두었다. "아버지는 해학을 즐겼고, 자식들이나 조카들과도 스스럼없이 농을 주고받았다. 어느 날 저우씨가 병이 나자, 아버지는 그녀가 죽지나 않을까 근심했다. 내가 말했다. '그녀는 죽지 않을 겁니다.' 아버지가 물었다. '너는 그녀가 죽지 않으리라는 걸 어떻게 아느냐?' 내가 대답했다. '하늘이 보피(伯嚭)*를 내린 것은 오나라를 멸망시키기 위함이니, 오나라가 망하지 않는 한 보피는 죽지 않을 것입니다.' 아버지는 나를 꾸짖었지만 잠시 생각해보시더니 피식 웃으셨다." 아버지가 실소한 것은 그 비유가 무척 재치 있었기 때문이다. 장다이는 약 2천년 전에 자신의 사명을 완수할 때까지 살아남은 태재(太宰) 보피를 아버지의 첩에 빗댔던 것이다. 아버지와 아들의 일상적인 대화에 등장하는 해박한 역사지식은 폭넓은 독서 덕분이었는데, 딱딱한 분위기를 부드럽게 하는 효과가 있었다. 그러나 저우씨와 같은 여자들이 경제적으로

---

* 월왕(越王) 구천(句踐)의 뇌물을 받고 오왕(吳王) 부차(夫差)에게 월과 강화할 것을 권고한 오나라 대신.

힘이 없고 정에 약한 것은 사실이었다.[43]

장다이는 장모에 대해서도 자세히 써놓았는데, 그는 장모를 "두 번째 어머니"라고 불렀다. 사오싱 지방의 다른 집안 출신인 그녀는 장다이의 어머니보다 정확하게 19년을 더 살았고, 어머니의 죽음으로 장다이의 삶에 드리워졌던 정서적 공허함을 잘 메워주었다. 장모 왕(王)* 씨의 사후에 장다이는 제문(祭文)에서 다음과 같이 적고 있다. "장모는 친어머니처럼 나를 격려하고 가르치고 훈육하셨다. 그렇지만 나를 격려하고 가르치면서 나를 망쳐놓는 것은 아닐까 근심했고, 훈육하고 질책할 때는 나의 감정을 상하게 할까 봐 염려하셨다. 그녀의 신중함과 배려는 친어머니의 그것과 다를 바 없었다. 이제 장모님이 돌아가셨으니, 나는 내 인생에서 어머니의 사랑을 모두 잃어버렸다." 그의 두 어머니가 비록 19년이라는 시차는 있지만 음력 4월 20일이라는 같은 달 같은 날에 사망한 이 기묘한 일치는 장다이의 마음속에 두 어머니의 운명이 서로 이어져 있다는 느낌을 강하게 심어주었다. "그러므로 어머니의 기일과 장모의 기일이 겹쳤고, 장모를 애도하는 것이 마치 어머니를 애도하는 것 같았다. 나는 나의 모든 것을 바쳐 장모가 돌아가시는 순간까지 감사의 마음을 표시하려 했다. 그것은 어머니의 은혜에 보답하려 한 것과 마찬가지였다. 그렇지만 이제 그녀를 따라갈 수 없으니, 이 생각만 하면 오장이 찢어지고 슬픔이 나를 짓누른다. 내가 장모를 그리워하는 것은 어머니를 그리워하는 것과 같고, 장모상을 당해 목 놓아 우는 것은 모친상을 당해 통곡하는 것과 같다."

생의 마지막 5일 동안 장모의 몸이 점점 쇠약해지자 장다이는 용하다는 의원과 약을 찾아 나섰고, 가문의 사당에서, 그리고 몇 년 전에

---

* 원문에는 劉로 되어 있으나 이는 남편의 성이다. 장다이는 장인의 성을 따라서 장모를 劉太君이라고 불렀다.

유람을 겸해 순례한 타이산(泰山)의 동악(東岳) 신에게 빌었다. 그러나 효험은 없었다. 장모의 사후 십삼일째 되던 날 장다이는 관이 모셔진 방으로 스님들을 불러 『수참』(水懺) 12부에 적힌 대로 예를 행하여 고인의 명복을 빌게 했다. 이튿날에는 장모의 유족인 한 명의 딸과 여러 명의 손자(이 가운데 몇 명은 기혼이었다)를 모아놓고 제문을 지어 애도했다.

장다이가 문장으로 그려낸 장모의 초상은 집안의 여인들에 대해 쓴 글들 가운데 가장 길었다. 그의 어투는 다정하지만 서글펐다. "비록 부잣집에 태어났지만 장모는 딸로서 아내로서 며느리로서 어머니로서 시어머니로서 하루도 순탄한 날이 없었다." 그녀는 사랑하는 사람들을 잃고 외롭게 지내는 불행을 겪었다. 장다이는 생전에 장모가 환하게 웃는 모습을 서너 번 봤을 뿐이다. 그녀는 대부분의 날들을 눈물과 실망 속에서 보냈다. 실제로 그녀의 인생사는 상실로 점철된 기록이라고 말할 수 있었다. 장다이의 장모는 열여섯 살에 혼인했지만, 남편은 그로부터 11년 뒤 그녀의 나이 스물일곱 살 때인 1605년에 어린 두 딸을 남기고 죽었고, 당시 그녀는 세 번째 아이를 잉태하고 있었다. 부부로서 함께 살았던 짧은 기간 동안 남편은 내내 병치레를 했다. 그녀가 낳은 유복자는 소년시절부터 전적으로 그녀에게 의존하는 약골이었다. 남편과의 사별 직후에는 그녀가 무척 존경했던 시아버지가 비극적인 사건에 휘말렸다. 살아남은 그녀의 두 딸 가운데 첫째는 시집가서 얼마 지나지 않아 후사도 남기지 못하고 죽었다. 그러므로 후손을 퍼뜨려 땅속에 묻힌 아버지의 한을 달랠 수 있는 사람은 장다이에게 시집온 둘째 딸뿐이었다. 그렇지만 간절히 기다리던 손자를 보는 데 "오랜 시간이 걸렸으므로" 장모는 많이 괴로웠고 "찌푸린 눈살을 펴지 못했다"고 장다이는 유감을 표하고 있다. 가장 암울한 시절에 장다이의 장모는 비록 가난하고 힘들어도 곁에 자식과 손자들을 주렁주렁 거느리고 사는 "문지기 할멈"(監門老嫗)의 행복조차도 누리지 못했다. 이 모든 시련으로도 부족했는지, 장모는 "엄하고 까다로운 친정아버지"와 "성질이 워낙 급하고 괴팍한 탓에 비위를 맞추려고 백방으로 노력해도 핀잔만 듣기 일쑤"라 식구들이 "말을 걸기조차 꺼려 하던" 친정어머니를 모셔야만 했다.[44]

장다이의 아내가 마침내 아들을 낳아 애지중지 키울 때, 이 아이가 천연두로 거의 죽을 뻔했다. 장다이는 아들이 목숨을 건진 것은 젊어서부터 알고 지내던 사오싱의 비범한 의원 루윈구(魯雲谷) 덕택이라고 생각했다. 장다이는 이 의원이 독학으로 의술을 터득한 기인으로, 희귀 난을 키우는 데 탁월한 재주가 있고 최고급 차와 피리불기를 즐긴다고 설명하고 있다. 루윈구는 세 가지를 극도로 혐오했다. 흡연가와 술고래를 싫어했고, 사람들이 가래나 침을 땅에 뱉는 것을 보면 참지를 못했다. 그러나 장다이에게 가장 중요했던 것은 그가 사오싱 일대에 자생하는 약초들에 대한 해박한 지식과, 신체의 작용에 대한 심오한 통찰력을 지니고 있다는 점이었다. 루윈구는 "스승이나 고전적인 의서를 통해 의술을 배운 것이 아니라, 거의 전적으로 스스로 터득한 지혜와 관찰을 통해 의술을 익혔다. 그는 자신만의 실험적인 방법으로 전혀 가망이 없어 보이는 환자들을 자주 치유했지만, 대부분의 사람은 그를 거의 믿지 않았고, 완전히 회복 불가능한 신세가 되기 전에는 그를 찾지 않았다." 그러나 장다이가 쓴 감사의 시에 적혀 있듯이, 정말로 중요한 사실은 루윈구가 "군대를 부리는 것처럼, 신중하게 병든 부위를 공략하는 약을 썼다"는 점이다. 그리고 그의 솜씨는 단순히 직관적인 것만은 아니었다. 장다이는 이렇게 덧붙였다. "몸을 구성하고 있는 피와 살의 상호관련성을 그는 분명히 추적할 수 있었다. 마치 몸속의 각 기관이 그에게 말을 해주는 것 같았다." 의원생활 초기부터 그는 아기와 어린이를 괴롭히는 병을 전문적으로 치료하기 시작했고, 흉터를 남기지 않고 천연두를 치료하는 의술을 갖고 있었다. 이 덕분에 장다이의 장모에게는 핏줄의 일부나마 이어갈 건강한 손자가 생겼다.[45]

장다이가 생각하기에 장모의 위대한 힘은 "의지가 굳세고 관대하다"는 것이었다. 자신의 처지가 아무리 어렵더라도 그녀는 주변사람들을 만족시키려고 애썼다. 그녀를 위한 진정한 추도사는 다음과 같이 이어진다. "아들과 며느리뿐 아니라 많은 사람이 그녀의 죽음을 애도한다. 친척뿐 아니라 길손들도 그녀를 칭송한다. 그녀한테 도움을 받은 사람들뿐만 아니라 심지어 그녀를 잘 모르는 사람들조차도 그녀를 추모한다. 그렇다면 나 장다이는 장모를 존경하는 마음을 어떻게 표현해야 할까? 내가 할 수 있는 말이라곤 그녀가 평생을 효성스러운 딸, 정숙한 아내, 예의 바른 며느리, 부지런한 어머니, 관대한 시어머니로 살았다는 것이 전부이다. 그렇게 살았기 때문에 수많은 고통을 겪었음에도 그녀는 미소를 지으며 저세상으로 갈 수 있는 것이다."[46]

비록 스물일곱에 과부가 되기는 했지만, 장다이의 장모에게도 감사할 일은 있었다. 당대의 다른 가문들과 달리 그녀의 친정이나 장다이의 집안에서는 어느 누구도 그녀에게 재혼을 강요하지 않았기 때문에, 남편이 죽은 뒤에 그녀는 자신의 방식대로 자식들을 키울 수 있었던 것 같다. 친정과 장씨 집안의 재물은 분명히 그녀에게 힘이 되었겠지만, 그녀가 자신과 비슷한 처지의 여인들에게 주어진 역할을 능숙하게 수행할 수 있었던 것은 무엇보다도 그녀의 탁월한 수완과 인내심 덕분이었다. 그녀의 이야기를 장씨 집안으로 시집온 다른 여인들, 예컨대 비관적이었던 고조할머니 류씨, 자신과 집안을 보호하기 위해 근검절약했던 증조할머니 왕씨, 모질었던 할머니 주씨, 쫓겨나거나 무시당해 몇 명인지 알 수도 없는 첩들의 사연과 비교해보면, 우리는 왜 장다이의 어머니가 어린 아들을 데리고 항저우의 절에 가서 불공을 드리며 마음을 다스렸는지 이해할 수 있다. 그리고 품속에 꼭꼭 숨겨두었던 돈을 얼마 꺼내 자신과 아들을 절까지 데려다준 가마꾼들에게 쥐어주며, 불경이 빼곡히 쌓인 커다란 서가를 점점 빠르게 돌리게 하여, 신성한 경역에서 흘러나온 무수한 염불이 저장 성의 하늘에 닿게 하고, 그곳에서 다시 말없이 지켜보는 신들의 거처까지 전달되게 한 이유도 이해할 수 있다.

4장
바깥세상을 향하여

장다이는 삼십대 초반이 되어서야 친숙하고 편안한 양쯔 강 삼각주 지역을 벗어나 화베이(華北) 즉 중국 북부의 낯선 땅으로 가볼 결심을 했다. 가정도 갖고 어머니와 할아버지를 모두 여의고 나자, 더 넓은 세상이 자신을 끌어당기는 듯한 느낌을 받았던 모양이다. 게다가 그의 결심을 재촉한 요인은 아버지가 오랫동안 낙방을 거듭하다가 마침내 향시에 합격한 일이었다. 하지만 확실히 아버지의 성공은 제한적인 성공이었다. 1627년 향시의 보충합격자 명단에 부방(副榜)으로 이름을 올렸기 때문이다. 그러나 오히려 이 낮은 등수 덕분에, 아버지는 쉰세 살의 나이에 명 황실의 후손들이 세습하던 노왕부(魯王府)의 관직을 제수받았다. 왕부의 통치자인 노왕의 자격은 14세기에 명 태조 주위안장(朱元璋)의 아들과 직계 남자후손에게 국한되었지만, 행정관의 자리는 외부인에게도 개방되어 있었다. 아버지의 관직명은 "노번장사사(魯藩長史司) 우장사(右長史)였고, 임지는 산둥(山東) 성 남부의 옌저우(兗州) 부에 있는 노왕의 궁궐이었다. 1629년 가을에 장다이는 생일을 기념하여 그곳으로 여행을 떠났다.

　　노왕부의 궁정에서 아버지의 위치는 묘한 것이었다. 노왕부의 후계
자 몇 명이 잇달아 요절한데다 나머지 후계자들은 아들이 없었기 때
문에 왕위계승 문제는 오랫동안 골칫거리였는데, 결국 몇 대를 건너
뛰어 서자들끼리 왕위를 계승했다. 장다이의 아버지가 1627년 후반
부터 섬기게 된 헌왕(憲王)은 지위가 낮은 후궁의 소생으로, 공왕(恭
王)의 서자인 형의 뒤를 이어 1601년에 왕으로 봉해졌다.(그도 후사
를 남기지 못하고 1636년에 죽었다.) 아버지는 처음부터 헌왕이 놀랄
만큼 자신과 취향이 비슷하다는 사실을 알아차렸다. 장다이가 기록한
것처럼 헌왕은 "도가의 신선술에 심취해 있었고, 아버지는 도가의 기
공에 일가견이 있었으므로, 왕과 신하는 서로 뜻이 통했다. 아버지는
끊임없이 왕의 편전에 불려갔고 밤늦도록 그곳에 머물렀다. 왕에서부
터 노왕부의 관원들과 주민에 이르기까지 모든 사람이 아버지의 거처
로 찾아와 상의했으므로, 그의 거처는 언제나 사람들로 북적였다." 왕
은 종종 이해하기 힘든 행동을 했다. 예컨대 그는 "옹이가 많아 울퉁
불퉁한 소나무의 가지를 들고 다녔다. 그는 나뭇가지를 팔로 감쌌고
잘 때도 끼고 잤다. 시간이 지나면 그 가지가 부드럽고 매끈해져 마치
피가 도는 것처럼 보였다."[1]

　　사오싱에서의 경험을 바탕으로 장다이는 자신이 등(燈) 전문가라
고 확신하고 있었지만, 1629년에 옌저우에서 목도하게 된 호사스러
움은 그가 이전에 경험했거나 상상했던 모든 것을 초월하는 규모였
다. 헌왕의 궁궐 정문 앞에 펼쳐진 넓은 공터에는 여덟 개의 등붕(燈
棚)이 세워져 있었고, 여기에 구슬로 장식된 2장(丈) 길이의 휘장이
쳐져 있었다. 각 휘장에는 효(孝)·제(悌)·충(忠)·신(信) 같은 모범적
인 도덕적 자질을 뜻하는 글자가 대필(大筆)로 쓰여 있었는데, 모두
불빛을 받아 번쩍거렸다. 휘장으로 둘러싸인 이 공터에는 오색칠을

126

한 사자·코끼리·낙타 같은 큰 동물들이 어슬렁어슬렁 누비고 다녔는데, 사실은 사람이 동물모형 안에 숨어서 굴림대를 밀며 조종하고 있었다. 만족(蠻族) 무사 차림을 하고 동물의 등에 올라탄 사람들이 상아·무소뿔·산호·옥으로 만든 병을 흔들면, 그 병에서 형형색색의 꽃들이 쏟아졌는데, 그 모습이 하늘을 나는 기러기떼 같기도 하고 새까맣게 이동하는 말벌떼 같기도 했다. 연기가 궁궐 남쪽을 휘감아 "달도 보이지 않고 이슬도 땅에 내려앉을 수 없었다." 그러나 장다이의 감탄을 자아낸 것은 그 규모만이 아니었다. 그는 자신이 그토록 찾길 꿈꾸었던 것과 흡사했던 불빛의 그 강렬함, 즉 인간의 기본적인 기대와 평정심을 뒤집어버리는 일종의 완전함에 감동을 받았다. 물론 그런 장대한 구경거리가 얼마나 쉽게 하찮은 것으로 변해버리는지 장다이는 잘 알고 있었다.

장다이는 그 경험을 이렇게 묘사하고 있다. "대개 등 구경은 등 바깥에서 한다. 불꽃놀이도 불꽃 밖에서 구경한다. 나는 예전에는 구경꾼들이 등 한가운데로, 그 불빛 속으로, 그림자와 연기 속으로, 불꽃 속으로 들어갈 수 있다고는 상상도 하지 못했다. 번쩍번쩍 모양이 바뀌는 불꽃에 흘려 불꽃이 왕궁 안에 있는지 왕궁이 불꽃 속에 있는지 알 수 없었다." 그것은 마치 "왕과 왕족, 시녀와 신하, 무희와 악사가 등 속으로 빨려 들어가 장식의 일부가 된 것 같았다."[2]

1631년 아버지를 만나기 위해 산둥 성 노왕부를 또 방문하는 길에, 장다이는 타이산의 유명한 성지를 둘러보았다.[3] 중국역사와 떼려야 뗄 수 없는 관계에 있을 뿐 아니라 사찰과 암자가 많이 산재해 있다는 점 때문에 타이산은 각계각층의 사람들 사이에서 특별한 명성을 얻었다. 산으로 올라가는 길은 언제나 순례객들로 붐볐는데, 장다이의 추산에 따르면 그 수는 보통 때는 하루 팔구천 명, 나들이하기 좋은 봄

철에는 하루 2만 명에 달했다. 타이산 정상에서 내려다보는 광경은 살아생전 맛볼 수 있는 가장 위대한 경험 중의 하나로 알려져 있었다. 그러나 장다이가 금방 알게 되었듯이, 타이산의 참배객들은 영적 침잠의 기회를 갖기가 어려웠다. 대대적으로 이루어지고 있는 영리행위 때문이었다. 산둥 성 행정당국은 타이산을 찾아온 수많은 참배객들한 테서 제법 많은 세금을 징수했다. 장다이는 산세(山稅)가 1인당 은전 2푼인데, 매일 수천 명의 참배객이 방문하기 때문에 1년에 20만 내지 30만 냥은 거뜬히 거둘 수 있다고 설명하고 있다.[4] 이 수입은 산둥 성 아문(衙門)의 관리들과 이 지역에 봉토를 갖고 있는 세 왕가가 나누어 가졌다. 그런데 참배객들로부터 막대한 수입을 챙기는 자들이 그들만 은 아니었다. 개인의 참배는 전문적인 관광관리인 격인 10여 성(姓) 의 아가(牙家)의 지도를 받았는데, 이들은 산꼭대기로 올라가는 길이 시작되는 타이산 기슭에 죽 늘어선 여관에 상주하고 있었다.

자신이 머물기로 한 여관에 가는 길에 장다이는 배우와 예능인들의 거처, 참배객들의 말과 노새를 묶어두는 마구간, 기녀들의 숙소 등으로 쓰이는 건물들을 구경했다. 산기슭에 있는 동악묘 주변의 넓은 공터에서는 수십 명의 예능인이 신성한 타이산으로 향하는 참배객들의 주의를 끌기 위해 앞다투어 곡예를 펼쳤다. 수십 개의 가판대에서는 주로 여성들을 겨냥해서 만든 온갖 종류의 자질구레한 장신구를 팔았고, 노랫소리와 징소리, 북소리가 시끌벅적한 가운데 이곳저곳에서는 투계와 수준 높은 연극, 씨름꾼, 축국선수, 기마곡예사, 이야기꾼이 사람들의 시선을 끌었다.

기본 숙박료는 1인당 은전 3푼 정도였고, 여기에 갖가지 요금이 추가되었다.[5] 예컨대 식단은 호사스러움의 수준에 따라 세 등급으로 나뉘어 있었다. 여관에서는 하루 세 끼, 즉 출발하기 전에 먹는 조식, 등

반 도중에 먹는 점심, 안전하게 하산했을 때 먹는 '축하연'을 제공했
다. 등반하기 전에는 야채·과일·견과류와 약간의 술이 제공되었다.
하지만 '축하연' 가운데 가장 비싼 식사는 열 가지 고기요리와 사탕과
떡으로 구성되었다. 제공되는 음식의 질과 양뿐 아니라 자리배치와
여흥도 식단의 등급을 결정하는 요소였다. 고급을 선택한 손님은 독
상에서 요리를 먹으며 연극이나 음악을 선택해서 즐길 수 있었다. 중
급을 택한 투숙객은 2인1상을 배정받았다. 가장 싼 요금을 지불한 사
람은 한 상에 서너 명이 비좁게 앉아야 했고, 가수들의 노래는 들을
수 있었으나 연극은 관람할 수 없었다. 기녀들은 추가요금을 내면 부
를 수 있었다.[6]

　　장다이는 비 오는 날 새벽에 일어나 타이산 정상을 향해 올라갔다.
관광관리인은 장다이를 위해 의자가 달린 가마와 가마꾼들을 미리 구
해놓았다. 가죽끈으로 장다이가 탄 가마의 휘어진 손잡이를 자신들의
몸에 묶은 가마꾼들은 가파른 계단을 오를 때면 균형을 잡기 위해 옆
으로 게걸음질을 쳤다. 등산로에는 거지들이 득실거렸고, 장다이를
안내하던 아가는 그들에게 아미타불이라는 글자가 새겨진 적선용 동
전을 듬뿍 뿌려주었는데, 물론 그 비용도 그의 숙식비에 포함되어 있
었다.[7]

　　등정에는 상당히 많은 시간이 걸렸고, 장다이는 여관에서 산 정상
에 오르는 동안 정말로 일곱 번이나 "날씨가 변하는" 놀라운 사실에
탄복했다. 여관을 출발할 때는 폭우가 쏟아졌지만, 홍먼(紅門)에 도착
하자 하늘에 구름이 잔뜩 끼었고, 차오양(朝陽) 동굴에 이르자 해가
났다. 위장(御帳) 절벽에 이르자 다시 구름이 많아졌고, 하늘로 가는
첫 번째 문이라는 뜻의 이톈먼(一天門)에서는 강풍이 불기 시작했고,
하늘로 가는 세 번째 문이라는 싼톈먼(三天門)에서는 짙은 안개가 끼

었으며, 산꼭대기에는 눈과 얼음이 있었다. 장다이는 이렇게 적고 있다. "하늘도 스스로 자신의 마음을 정하지 못하는데, 하물며 인간임에야 오죽하겠는가?"[8]

이때쯤 장다이의 손발이 꽁꽁 얼었으므로, 아가는 자신이 정상 부근에 지어놓은 흙집으로 장다이를 데려가 불을 피워 몸을 녹여주었다. 장다이의 몸이 훈훈해져 그곳을 나섰을 때는 다시 짙은 안개가 끼어 만물이 자취를 감춰버렸다. 일행은 "손을 뻗어 길을 찾은 다음 발을 옮겨놓으며" 더듬더듬 앞으로 나아가 벽하궁(碧霞宮)에 이르렀는데, 그곳은 타이산의 산신이자 "벽운(碧雲)의 여신, 천상의 불사신, 옥녀(玉女)"로 알려진 원군(元君)의 거처였다.[9] 그 안에는 원군의 신상 세 개가 모셔져 있었다. 신상이 크지는 않았지만 영험한 힘이 있는 것으로 사람들은 믿었다. 왼쪽 신상에는 아들을 바라는 사람들이, 오른쪽 신상에는 시력을 잃어버릴 위기에 처한 사람들이 찾아와서 빌었다. 가운데 신상에는 그 밖의 다른 복을 원하는 사람들이 와서 빌었다. 이 신상에는 금화가 매달려 있었는데, 참배객들은 동전이나 심지어 작은 은 덩어리를 난간 너머에 있는 그 금화를 향해 던졌다. 금화를 맞히면 더 많은 복을 받는다고 믿었기 때문이다. 그래서 참배객들이 바친 공물이 신상들 주위에 수북이 쌓였다. 일부 참배객은 여신이 베풀어준 은혜에 은으로 감사를 표했다. 아들을 얻은 사람들은 은으로 만든 작은 사내아이 상을, 시력을 회복한 사람들은 눈 모양의 작은 은덩이를 바쳤다. 다른 사람들은 비단과 자수, 양탄자, 보석이나 준보석, 심지어 옷과 신발을 남겼다. 매일 밤 산기슭에 설치된 군영에서 병사들이 올라와 순라를 돌며 공물들을 지켰고, 가끔 그것들을 수거해 팔아 산세에서 나오는 수입을 보충했다.[10]

장다이는 구름이 걷히기를 기다리면서 타이산 정상에 좀 더 머물고 싶었지만, 아가와 가마꾼들은 날씨가 더 추워지거나 악화되기 전에 돌아가지 않으면 안된다고 막무가내로 우겼다. 장다이는 그들을 설득할 수도 없었거니와 길도 보이지 않아 혼자 숙소를 찾아갈 자신도 없었기 때문에 그들의 말에 따를 수밖에 없었다. 서둘러 여관으로 돌아오는 길은 무서웠다. "가마꾼들은 나를 부축하여 가마에 오르게 한 다음 난톈먼(南天門)에서부터 서둘러 내려가기 시작했다. 그들의 걷는 속도가 너무 빨라 추락하는 듯한 기분이 들었고, 그들이 한 발만 잘못 내디뎌도 확실히 황천길로 갈 것 같았다. 실제로 눈을 감으면 내 몸이 산산조각 나는 느낌을 받았다. 그 이후 나는 자다가 공중에서 곤두박질치는 꿈을 여러 번 꾸었으며 그때마다 온몸에 식은땀이 흘렀다."[11]

여관에 도착하자 아가는 귀환을 환영하며 연극관람과 술을 곁들인 축하연을 벌였다. 아가는 장다이가 참배를 완수했으므로 명성과 건강한 눈, 부(富), 대를 이을 아들을 얻게 될 것이라며 축하해주었다. 그러나 이날의 참배에 만족하지 못한 장다이는 별로 내키지 않는 마음으로 축하연에 참석했다.[12] 밤하늘이 맑고 별들도 반짝였으므로 장다이는 내일 다시 가보기로 마음먹었다. 이튿날 새벽 장다이가 자신의 의중을 전하자 아가는 한사코 반대했다. 두 번째 참배는 재난만 가져다줄 뿐이므로 어느 누구도 시도하지 않는다는 것이었다. 따라서 장다이는 자기가 직접 모든 준비를 해야 했는데, 특히 가마꾼을 구하는 데 상당한 시간이 걸렸다. 그가 어제 타이산 정상에 오른 사실을 알고 있는 주민들은 손가락질하며 그의 어리석음을 비웃었다. 그러나 날씨가 쾌청하여 빼어난 경관을 볼 수 있었으므로, 이번 산행은 충분히 가치가 있었다. 장다이는 타이산의 다른 사원들을 방문하고, 불경과 유교경전의 일부가 새겨진 바위들을 살펴보았다. 그리고 날씨가 맑아 사물이 훨씬 또렷하게 보이자, 어제처럼 안개 속에서 허둥지둥 하산하는 것이 얼마나 위험한 짓이었는지 새삼 깨닫게 되었다.

그러나 이 모든 경험에 대한 장다이의 최종적인 평가는 긍정적이지 않았다. 특히 두 가지 점이 그의 마음을 울적하게 했다. 하나는 등반로 곳곳에서 돈을 구걸하는 거지들이 믿기 어려울 정도로 많다는 것과 참배산행 자체에 상업성이 너무 강하다는 것이었다. 다른 하나는 바위 표면에 글자를 새기거나 사원에 비석을 세우는 짓거리 따위의 꼴불견이었다. 일부 방문객은 이전의 우아한 글씨를 지우고 그 위에 볼품없는 자신의 글씨를 덧새겨놓았다. 학자연하는 참배객들은 아무런 감동도 주지 못하는 진부한 글귀를 써놓았다. 장다이의 눈에 특히 거슬린 것은 '만대첨앙'(萬代瞻仰, 만대가 우러러보다)과 '만고유방'(萬古流芳, 명성을 영원히 전하다)이라는 두 문구였다. 참배객과 거지들은 "한때 성스러웠던 타이산의 흙을 구석구석 밟아서 더럽혔다. 그들의 잘못은 명예와 부를 쫓아 세상을 혼탁하게 만들었던 자들의 잘못과 한 치도 다르지 않다."[13]

장다이의 글에서는 이런 양의성(兩義性)이 성지(聖地)는 물론이고, 종교에 대한 견해표명에서도 심심찮게 나타난다. 중국에서는 누구나 공자의 고향인 산둥 성 취푸(曲阜)만큼 역사적·상징적 의미의 경외감을 불러일으키는 곳도 드물다고 생각했지만, 장다이는 이곳에 대해서도 경의를 표하지 않았다. 1629년 그가 이곳을 방문했을 때, 공부(孔府)의 관리자는 입장료를 요구했고, 경내는 어수룩한 방문객들을 위해 마련된 얼토당토않은 안내문으로 가득 차 있었다. 장다이는 그 당시 오래되어 구부러진 노송나무가 공자가 심었다는 이야기 정도만 사실로 인정했다. 그는 이 나무를 어루만지고 두들겨보았다. "나는 나무의 둥치를 쓰다듬었다. 그것은 매끄럽고 촉촉하고 단단하고 윤이 났다. 나무껍질의 무늬는 왼쪽으로 쏠려 있었다. 밑동을 두드리자 쇠

나 돌을 두드렸을 때와 다름없는 소리가 들렸다."[14] 그는 좀도둑을 막
으려고 제단의 제기에 못을 박아놓은 것도 유심히 살펴보았다.

장다이는 고향에서 멀리 떨어진 곳을 여행하면서 많은 사원을 참관
하고 현자로 칭송받는 사람들과 이야기도 나누어봤지만, 그 중에서
장다이를 정신적으로 매료시킨 사람은 없었다. 몇 사람은 그를 인도
해보려 했지만, 장다이는 그들이 제시한 길을 따르지 않았다. 예컨대
1638년의 어느 겨울날 장다이는 여행용 대나무 광주리를 든 노복 하
나를 데리고 "난징 동남쪽의 어느 산꼭대기에 있는 암자에 갔다. 기암
첨봉과 울창한 관목숲 사이에 미친 승려 한 명이 살고 있었다. 그는
나에게 이상한 도덕적 원칙에 근거한 말들을 늘어놓았다. 부득이 나
는 그와 깊이 있는 이야기를 나눌 수 없었다." 그러나 이런 실망 속에
서도 장다이에게는 두 가지 대조적인 생각이 동시에 떠올랐다. 한편
으로는 그 승려가 살고 있는 산속의 바위란 바위에 온통 새겨져 있는
불상을 바라보면, 모든 바위가 마치 고대의 형법에 의해 유죄판결을
받은 죄인들처럼 "묵형(墨刑)이나 의형(劓刑)을 당한 것 같다"는 생각
이 들었다. 그렇지만 다른 한편으로 멀리 양쯔 강을 떠다니는 돛단배
의 그림자를 내려다보면 그의 마음속에서는 장엄한 느낌, 즉 "산과 호
수의 광대함을 온전히 느끼게 해주는 고요한" 느낌이 솟아올랐다.[15]

장다이가 1638년의 바로 그날에 난징으로 돌아갈 채비를 하고 있
을 때 그 앞에 누군가가 어슬렁거렸는데, 알고 보니 오랜 지기인 샤오
(蕭)라는 학자였다. 두 친구는 근처의 다른 암자에 자리를 잡고 승려
가 준비해준 차를 마시면서, 종교적 순례에 대한 많은 이야기를 나누
었다. 샤오는 닝보 건너편의 바다 위에 있는, 중국 전체에서도 손꼽히
는 불교성지의 하나인 푸퉈(普陀) 산의 절에 관심이 있었다. 공교롭게
도 장다이는 몇 달 전인 삼월 하순이나 사월 초순 무렵에 바닷길을 통

해 그 유명한 푸퉈 산의 절을 찾았고 그 경험을 글로 적어두었다. 장
다이는 여행용 광주리를 뒤져 그 글을 찾아내어 샤오와 함께 읽었다.
장다이의 글을 읽고 기분이 좋아진 샤오는 서문을 써주었다. 두 사람
은 횃불에 의지하여 숙소로 함께 돌아와 이별 전야를 꼬박 새우며 정
담을 나누었다.

길이가 30리에 폭이 8리 남짓한 푸퉈 산은 번화한 항구도시 닝보에
서 동쪽으로 300리쯤 떨어진 해상에 위치해 있었다. 이 산은 원래 자
비의 여신인 관세음보살이 한때 거주하던 곳이라 하여 명성을 얻은 성
지인데, 닝보가 중계무역항으로 유명해지자 푸퉈의 명성도 수세기에
걸쳐 덩달아 높아졌다. 닝보를 드나들면서 이 일대의 화물을 항저우를
거쳐 대운하로, 또는 해상무역과 양쯔 강을 연계하는 다른 수로로 옮겨
주던 선박들을 통해 푸퉈의 이름이 널리 알려졌던 것이다.[16]

장다이는 이 산에 적어도 57개의 크고 작은 사찰과 200여 개의 암
자, 무수한 명승지가 있다고 추정했다. 참배여행의 절정기는 관세음
보살의 탄신일로 간주된 음력 2월 19일이었다. 장다이가 그곳을 방문
한 1638년의 그날을 양력으로 환산하면 4월 3일이었다. 푸퉈에서 거
행되는 종교행사에 때맞춰 도착하기 위해, 장다이는 성스러운 기념일
을 맞아 항저우에서 장터의 열기를 구경한 다음 3월 31일에 배를 탔
다. 관세음보살의 탄신일 몇 주 전부터 열성적인 순례객들은 중국 전
역에서, 특히 화베이 지방에서 항저우로 모여들었다. 항저우 시내와
사찰 공터에는 온갖 물건을 파는 노점상이 꽉 들어찼다. 장다이의 상
세한 기록에 따르면, 노점에 진열된 물품은 비녀·분·향수·귀걸이·상
아·칼·경전·목탁·불상·장난감·장신구 등이었다.[17]

장다이 본인도 바다여행을 좋아하지는 않았지만, 친구들에게 바다
여행을 하자고 제안했을 때 이미 닝보 일대의 절과 암자 몇 군데를 함

께 구경한 바 있는 친이성(秦一生)을 제외하고는 모두 이런저런 핑계를 대며 거절했다고 한다. 장다이의 친지 가운데 그보다 먼저 푸퉈 섬을 방문한 사람은 외조부 타오란펑(陶蘭風)이었는데, 그가 남긴 글씨는 여전히 푸퉈 섬의 한 사찰에 보관되어 있었다. 장다이는 푸퉈 섬 여행을 꺼리는 사람들을 비난할 수는 없다고 생각했다. 이 섬이 줄 수 있는 것이라곤 수많은 사찰과 "합장한 채 염불하며 삼보오배(三步五拜)" 하는 신실한 불자들에 대한 성스러운 기억이 전부였기 때문이다.[18]

푸퉈로 가는 뱃길도 별로 재미가 없었다. 바다는 자주 거칠어졌고 바람은 거셌다. 퉁명스럽고 미신을 믿는 뱃사공들은 바다 깊은 곳에 있는 용을 달래느라 지전을 뿌렸고, 바다의 신령을 깨우면 안된다며 손님들에게 침묵을 강요했다. 장다이는 온갖 계층의 불자들을 푸퉈 산의 절로 실어 나르는 싸구려 배도 싫어했다. 장다이의 표현을 빌리면 참배객의 우두머리(香豆)라 불리는 승려들에 의해 통솔되는 이 '하향선'(下香船)은 "현세의 지옥이다. 하향선에는 두개의 갑판이 있는데, 남성불자들은 위층 갑판에 타고 여성불자들은 아래층 갑판에 탄다. 그런데 갑판을 보호하는 천막이 너무 팽팽하게 둘러쳐져 있어서 공기가 통하지 않는다. 배 안을 가득 채운 수백 명의 승객은 씻거나 양치질할 곳도 없지만, 어쨌든 대소변을 해결해야 한다." 푸퉈 산에 가려는 사람은 호선(虓船)이라 불리던 관선(官船)에 자리를 구한 연후에 여행을 시작해야 한다고 장다이는 적고 있다. 이 배에는 널찍한 선실이 있어 승객들이 앉거나 자거나 돌아다닐 수 있었고, 여닫을 수 있는 휘장이 있어 신선한 바람을 쐴 수도 있었다. 이 배는 물길을 잘 아는 키잡이들이 조종했으므로 훨씬 안전했고, 돛을 보조하는 열여덟 개의 노가 양편에 설치되어 있었다.[19] 장다이가 따뜻한 옷을 걸치고

밤늦도록 갑판에 앉아 산들바람을 맞으며 달이 물결 위에 비치는 황
홀한 광경을 감상했다고 적어놓은 것을 보면, 그는 하향선을 타고 여
행을 시작했다가 얼마 지나지 않아 호선으로 갈아탄 것 같다.[20]

장다이는 푸퉈 산에서 개인적인 감화를 받지는 못했으나, 마음 속
깊은 곳에서 우러나오는 신앙의 징후는 발견할 수 있었다. 그는 관세
음보살의 탄신일 전야에 수천 명의 남녀가 큰 사찰의 대웅전과 다른
불당에 "물고기의 비늘처럼 가지런히 앉아" 있는 모습을 보았다. 그들
은 그곳에서 밤을 새우며 염불을 하고, 머리나 팔에 향불을 얹어 살을
태우는 고통을 겪으며 자신을 정화했다. 문자 그대로 살이 타는 냄새
가 코를 찔렀지만, 장다이는 과연 그것이 관세음보살이 좋아하는 공
양일까 하는 의문이 들었다. 그는 잠도 자지 않고 살을 파고드는 듯한
고통을 참고 있던 많은 참배객이 관세음보살상이 움직이거나 광명을
내뿜는 것을 봤다는 사실에는 크게 놀라지 않았다. 그러나 장다이가
그 절의 비구에게 관세음보살을 본 적이 있는지를 묻자, 그는 근엄하
게 만력제 치세에 관세음보살이 거처를 옮긴 뒤로는 더 이상 나타나
지 않는다고 대답했는데, 장다이는 그 고지식한 대답에 터져나오는
웃음을 참느라 애를 먹었다고 말하고 있다.[21]

타이산에서 그리고 이제 푸퉈에서, 장다이는 참배의 전 과정에서
드러나는 조직의 힘, 그곳에서 먹고 자는 수천 명의 불자, 시장과 여
타 상거래의 거대한 규모에 깊은 인상을 받았다. 이 섬의 양대 사찰
사이에 천 보(步) 가량 뻗어 있는 푸퉈의 유명한 해변을 거니는 기회
처럼 예기치 않은 즐거움도 있었다. "바닷물은 만물을 깨끗하게 씻어
놓았다. 자줏빛이 감도는 황금색 모래는 햇빛을 받아 눈부시게 반짝
거렸다. 길게 뻗은 모래사장은 두 바다를 잇는 통로 같았다. 파도가
높건 낮건 바닷물은 계속 숨을 들이쉬었다 내뿜었다. 온 신경을 귀에

집중하니, 그 소리는 사람의 숨소리와 별반 다르지 않았다. 우리 인간도 밤낮없이, 때로는 급하게 때로는 천천히 숨을 쉬지 않는가? 가까이서 바라본 바닷물은 그렇게 밀려들었다가 빠져나갔다."[22] 다른 산에 올라 눈을 동쪽으로 돌리자, 장다이의 시야에서 잠시 구름이 걷히더니 수평선 위로 저 멀리 육지의 희미한 윤곽이 드러났다. 장다이는 그것이 틀림없이 조선과 일본일 것이라고 생각했다. 그러나 만물에는 언제나 이해하기 힘든 측면이 있는 법이다. 장다이가 볼 때 이 지방의 어부들이 날마다 수십 만 마리의 고기를 잡는 현상은 관세음보살의 자비와는 전혀 어울리지 않는 것 같았고, 진정한 자비와 관용의 이면에는 낭비와 겉치레도 있었다. 장다이는 자신의 느낌을 특유의 촌철살인으로 표현했던 것이다. 거의 한 달이 걸린 참배여행기간에, 그는 엄격한 채식을 요구하는 불교 고유의 식사법을 따랐다. 배가 저우산군도의 딩하이(定海) 항에 도착하여 참배여행이 끝나자, 장다이는 허겁지겁 시장으로 달려가서 평소에 좋아하던 조기 요리를 주문했다. 하지만 그토록 간절하던 조기를 먹자마자 몽땅 토하고 말았다.[23]

육지와 바다를 오가며 신앙과 참배의 세계에서 겪은 두 가지 다른 경험을 장다이는 자기 나름대로 종합했다. "타이산에 올랐을 때는, 산봉우리들이 성난 파도처럼 일어났다가 내려앉은 모양이 마치 물과 같았다. 남해로 여행했을 때는, 거대한 파도가 산봉우리나 빙벽, 하얀 옥돌처럼 움직이는 모습이 마치 산과 같았다. 산과 물은 서로 연결되어 있고, 그 외관은 다르지만 본질은 같다. 타이산의 구름은 온 세상에 비를 뿌리므로 물의 근원이다. 반대로 푸퉈는 산으로 이루어진 땅이다. 그러므로 물은 당연히 산과 떨어져서 존재할 수 없다. 물이 한없이 광대하다 한들 산이 없다면 어떻게 모양을 유지하고 단단한 이음매로 연결될 것인가? 그런 세상은 피는 있지만 뼈는 없는 것이나 마찬가지일 것이다. 피만 있고 뼈가 없는 세상은 바다는커녕 사람조차 만들지 못할 것이다!"[24]

비록 장다이가 이런 장기간의 여행을 자주 하지는 못했지만, 여행을 통해 그는 중국의 거대한 여행자 집단을 만나 이야기를 나눌 수 있었다. 특히 수로로—항저우에서 베이징까지 북쪽으로 뻗어 있는 내륙의 대운하를 이용하든, 인접한 강들을 경유하든, 푸퉈 산을 향해 바다를 건너든—여행할 때는, 도중에 기다리는 시간이나 무료한 때가 많았고, 이럴 때는 자연스럽게 생면부지의 사람들과 가벼운 이야기를 주고받게 되었다. 특히 양쯔 강 삼각주 지역에서 밤새 운행되는 나룻배를 탔을 때는 대화할 기회가 많았다. 화물을 싣는 하갑판과 승객을 수용하는 시설 좋은 상갑판이 딸린 이 배는 몇 번 기항하지도 않았고, 승객들의 교육수준도 비교적 높았다. 이 경험을 토대로 장다이는 『야항선』(夜航船)이라는 일종의 지식편람을 쓰게 되었다. 장다이는 서문에서 이 책을 쓰게 된 동기를 설명했다. "천하에 존재하는 모든 형태의 지식 가운데, 야간나룻배를 탔을 때 필요로 하는 지식보다 더 구사하기 어려운 것은 없다. 그러므로 시골뜨기나 무지한 사람들은 여행을 떠나기 전에 반드시 철저히 준비하여, '잉저우(瀛洲)의 18학사'*나 '윈타이(雲臺)의 28장수'†에 관한 대화에서 사소한 실수도 범하지 말아야 한다. 행여 그들의 이름을 잘못 말했다간, 듣는 이들의 비웃음을 살 것이기 때문이다. 사람들은 18학사나 28장수의 이름을 잊어버리는 것이 지식의 부족을 나타내는 증거가 아니라는 사실을 깨닫지 못하는 것 같다. 승객들은 그들의 이름을 단 하나라도 틀리게 말하는 것을 부끄럽게 여긴다."[25]

* 당 태종을 보좌한 18인의 학사.
† 광무제를 도와 후한을 건국하는 데 큰 공을 세운 28인의 장수.

　장다이는 학자연하는 사람들이 대부분 학문의 수준이 낮고 눈에 띄는 실수를 자주 범하는 것도 슬픈 현실이라고 적고 있다. 그는 이 점을 나룻배의 같은 선실에 탄 학자와 순박한 탁발승의 이야기를 통해 설명했다. 탁발승은 한쪽 구석에서 몸을 웅크리고 잠을 청하려 했지만, 학자는 그에게 다양한 주제에 관해 훈계를 늘어놓았다. 탁발승은 처음에는 정중하게 듣고 있었지만, 학자의 말에 틀린 곳이 너무 많다는 것을 알게 되자 질린 나머지 결국 "다리를 좀 펴야겠다"는 핑계를 대며 선실에서 나가버림으로써 그의 지루한 장광설을 중단시켰다.

　이 대목에서 장다이가 문제 삼은 것은 공부의 전반적인 성격이었다. 사오싱 주변의 몇몇 소도시에서는 거의 모든 주민이 읽고 쓸 수 있었고, 스무 살이 되어서야 진로가 갈려 일부는 학자의 길을 계속 걷고 나머지는 '수공기술'(手藝)을 익히기 시작했다. 그런 지역에서는 장인이나 공예가 중에도 제법 유식해서 "걸어 다니는 서가"처럼 보이는 사람이 있었다. 그렇지만 그들의 유식함이란 심오하거나 기본 지식에 토대를 둔 것이 아니었으므로, 그들은 사실상 문맹이나 다를 바 없었다. 잘난 체하던 학자도 이와 마찬가지로 공부가 부실했던 것이다.

　그렇다면 장다이의 해법은 무엇이었을까? 과거의 위인들이나 중요한 비유들에 대한 학습을 완전히 내팽개치는 것이 아니라, 주변의 온갖 텍스트에서 진정으로 의미 있는 삶을 살았던 사람들의 행적을 선별하고, 산더미 같은 자료에서 주옥같은 사상을 찾아낼 수 있어야 한다고 장다이는 말하고 있다. 그래서 나룻배를 타고 함께 여행하는 일행과 수준 높은 대화를 나누기를 원하는 사람이라면 꼭 기억하고 있어야 할 것들을 간추려서 제시했다. 장다이는 자신의 광범위한 독서경험을 바탕으로 천문과 지리, 호고(好古)와 정치, 장례와 예언, 외국과 의학을 비롯한 스무 개의 범주를 엄선하고, 범주별로 반드시 알아두어야 할 항목들을 나열했다. 이 지식을 습득하고 나룻배를 탔다면 여행이 순탄했을 것이다. 하지만 이 일은 그렇게 호락호락하지는 않았다. 장다이의 책은 짤막한 설명이 첨부된 인명과 항목을 무려 4천 개나 수록하고 있었기 때문이다. 장다이가 "앞서 언급한 부류의 탁발승이 다리를 펴야겠다는 핑계를 대며 자리를 피해야 하는 상황을 막을 수" 있었다면, 그의 작업은 정당화될 수 있을 것이다.[26]

장다이는 『야항선』의 일부를 외국, 즉 가까이는 조선과 일본, 멀리는 1420년대에 아프리카 동해안까지 진출했던 환관 출신의 제독 정허(鄭和)에 의해 탐사된 호르무즈와 그 밖의 지역들을 자세히 설명하는 데 할애하고 있다.[27] 물론 이런 지식이 독자들에게는 흥미진진했겠지만, 장다이는 30만 자가 넘는 그의 책 어디에서도 서방에서 온 가톨릭 선교사들이 한문으로 쓴 저서에 대해서는 언급하지 않았다. 그들은 베이징에서 박해를 당한 이후인 1620년대에 항저우를 주요 근거지로 삼고 있었다. 항저우에서 가톨릭 교도들은 새로운 개종자를 만들어내고 있었고, 그들의 지지자들과 비방자들은 그리스도교의 중요성과 그리스도교를 탄생시킨 사회의 성격을 둘러싸고 논쟁을 거듭하고 있었다.

장다이의 할아버지도 이 논쟁에 관여한 사람 가운데 한 명이었다. 1615년경에 할아버지가 한문으로 쓰인 예수회 선교사 마테오 리치의 초창기 저서 가운데 한 권(도덕적 삶을 영위하는 방법에 관한 소책자)을 읽은 것은 그의 학문적 절충주의를 보여주는 좋은 사례였다. 할아버지는 이 책을 요약하여 논리정연한 개요를 만들었고, 항저우에 사는 저명한 중국인 가톨릭 교도의 요청에 따라 광범위한 중국인 독자들에게 그 책을 소개하는 서문을 썼다. 이 서문에서 할아버지는 서양인의 도덕적 가르침이 유학자와 불교도의 그것에 필적한다고 지적하

고, 이 독특한 서양인의 저술은 "어리석은 사람을 더욱 현명하게 만드
는 힘을 지니고 있지만, 동시에 현명한 사람을 더욱 어리석게 만들 수
있다"는 모호한 말로 결론을 대신했다.[28] 할아버지는 서양인 학자의
저술에 "눈먼 자가 [눈을 밝게 하려고] 황금옷을 [태우는] 것 같은, 또
는 집으로 돌아오는 사내가 깃털로 만든 깃발을 머리 위로 휘날리는
것 같은" 중언부언과 허식이 포함되어 있다고 보았다. 그러나 이런 판
단은 부분으로 전체를 대체하려는 시도에서 비롯된 것일 수도 있다고
할아버지는 자상하게 덧붙이고 있다. "닭고기를 먹을 때 어떤 사람은
힘줄만 먹고, 철갑상어를 먹을 때 어떤 사람은 볼만 먹는다. 어떻게
작은 조각 하나가 그 동물 전체를 대표한다고 할 수 있겠는가?"[29]

장다이의 『고금의열전』(古今義烈傳)에 정감어린 서문을 써주었던
동향 친구 치뱌오자의 집안 장서에 다양한 가톨릭 저작의 필사본이
있었으므로, 장다이는 하시라도 그 책들을 참고할 수 있었다. 마테오
리치에 대한 장다이의 글—연도 미상의 이 글은 나중에 그가 쓴 명
대의 역사에 포함되었다—은 그가 1620년대의 중국인 학자들이 참
조할 수 있던 한문으로 된 각종 가톨릭 저작에서 많은 지식을 흡수했
음을 보여주고 있다. 예컨대 리치가 1610년 베이징에서 사망한 이후
예수회 신부 디에고 데 판토하는 줄곧 그곳에 머물렀지만, 알폰소 바
뇨니는 남쪽의 난징과 항저우로 가서 상당수의 개종자를 만들어냈다
는 사실을 장다이는 알고 있었다. 또 예수회 선교사들을 말썽꾸러기
들로 간주한 난징의 몇몇 중국인 학자가 황제에게 상소하여 그들을
중국 남단의 광저우(廣州)로 추방하는 데 성공했다는 사실, 그리고 이
런 금지령에도 불구하고 일부 선교사가 은밀하게 난징으로 돌아와 예
전과 다름없이 선교활동을 했다는 사실도 알고 있었다.

장다이는 리치가 1580년대에 중국까지 오는 기나긴 여정을 소화했

다는 사실 자체에 감명을 받았는데, 그는 이 선교사가 1,500명의 승객을 싣고 "오직 바람에 의지한 채 망망대해를 항해한" 거대한 배를 타고 3년에 걸쳐 7만 리 이상을 여행했다고 어림짐작했다. 장다이는 리치가 기록해둔 서양의 면면에서 여러 가지 흥미로운 점을 발견했다. 서양인은 중국에서 사용하는 음력이 아니라 양력을 사용한다는 점, 서양에서는 은화가 본위화폐이고 옥이나 보석에는 크게 관심이 없다는 점, 어떤 종류의 범죄도 사실상 알려진 바 없고 만일 범죄가 발생하면 모두가 경악을 금치 못한다는 점, 서양인은 15분마다 울리는 작은 종과 1시간마다 울리는 큰 종이 달린 괘종시계—리치는 이런 시계를 여러 개 가지고 와서 중국인에게 선물로 주었다—를 갖고 있다는 점, 습기가 많다보니 그것을 피하기 위해 더러 높은 건물에서 산다는 점, 금과 주석으로 그릇을 만든다는 점 등이 장다이의 흥미를 자극했다. 장다이는 서양인이 독특한 형태의 현악기를 갖고 있었는데, 리치가 한 대를 궁정에 헌상했다고 적고 있다.* 폭이 3피트, 깊이가 5피트가량 되는 나무상자 안에 보관된 이 악기에는 정련된 금속으로 만들어진 72개의 줄이 있었고, 이 줄들이 바깥쪽의 건반에 연결되어 있었다. 서양인은 천문과 지리에 관심이 많았고, 이 분야에 관련된 각종 기구를 가지고 왔다. 그들은 지구가 창공에 떠 있으므로, 서쪽으로 계속해서 걸어가면 지구의 밑을 지나가게 되고, 그 다음부터는 동쪽으로 가게 되며, 같은 원리로 북쪽으로 계속 가다 보면 결국 남쪽으로 여행하게 된다고 주장했다. 리치가 연금술에 능하고 의술도 행한다는 소문이 돌기는 했지만, 분명히 그들은 점술에는 흥미가 없었다. 서양인과 중국인 사이에는 놀랄 만큼 비슷한 점도 있었다. 서양에는

* 리치가 만력제에게 바친 하프시코드를 말한다.

리치의 묘사를 따르면 "중국과 똑 같은 크기"의 총 면적에 일흔 개의 소국집단이 있을 뿐 아니라 "북방에는 이방인이 살고 있어서, 중국에 사는 우리들이 오랑캐를 막아내야 하는 것처럼, 그들도 이방인으로부터 스스로를 방어해야만 했다. 서양인은 도시를 요새화했고 활과 화살뿐 아니라 화기도 사용했다. 하지만 그 나라들의 심장부에 위치한 도시들의 경우에는 그렇게 견고하게 방어할 필요는 없다."

장다이는 또 "공자의 저작들을 읽고 우리와 의사소통을 할 수 있을" 정도로 중국어를 익힌 리치의 집념에도 감명을 받았다. 그는 리치가 중국에 도착하기 전까지는 불교에 대해 들어본 적이 없었지만, 불교도가 초월적인 신의 권능을 인정하지 않았기 때문에 불교에 대해서 진지하게 이해하려 하지 않았다고 말하고 있다.

장다이는 리치의 고향인 서양에는 그 밖에도 흥미로운 점이 많다고 적고 있다. 70명의 통치자가 각자의 영토 내에서 주권을 행사하며 조화롭게 공존했는데, 이는 교양이 풍부하고 도덕적인 성직자 2,000여 명의 보필을 받는 교황이라는 중심인물의 통솔력 덕분이었다. 그들의 종교를 구성하는 3대 요소는 사람들에게 교훈과 위안을 주는 성서를 기록한 현인과 성인들, 하느님 자신, 그리고 하느님의 어머니였다.(가톨릭 교도들에 따르면 하느님에게는 아버지가 없다고 장다이는 말하고 있다.) 원방(遠邦)의 사회는 그런 식으로 조직되었고, 교황과 성직자는 독신생활을 했으므로 가족을 먹여 살리느라 악착같이 일하거나 많은 돈을 쓸 데가 없었다. 심지어 70개국의 통치자들은 본처 이외의 첩을 두지 않았다. "처가 한 명 뿐이니, 그곳에 무슨 타락한 육욕이나 음탕함이 있을 수 있겠는가?" 리치 자신은 스물다섯의 나이에 고국을 떠나올 때 순결한 독신이었고, 중국에서 보낸 27년도 그렇게 지냈다. 그리고 그의 고국에서는 많은 여성이 결혼을 하지 않았고, 그 영향으로 많은 청년도 결혼하지 않고 독신으로 지냈다. 학자가 되고자 하는 사람들은 여러 달 동안 성서를 공부해야 했고 책값이 비싼 점이나 시험에 통과하기 어려운 점은 중국의 사정과 비슷해 보였지만, 사실상 양자 사이에는 근본적인 차이가 있었다. "그들의 풍속에 따르면 학문을 추구하는 사람은 혼인도 언감생심이며, 시험에 합격하는 것을 유일하게 영광스러운 일이라고 생각한다."

그들이 지키는 종교적 관행의 핵심은 간단했다. "[리치의] 고국에서는 백성들이 아침마다 일어나면 하늘에 예배를 드린다. 그날도 사악한 생각과 나쁜 언행을 하지 않게 해달라고 기도한다. 저녁에는 하루 동안 악한 생각과 악한 언행을 하지 않은 것에 안도감을 표하며 다시 기도한다. 시간이 지나면 그들은 매일 새벽부터 황혼까지 친절한 마음씨를 갖고 친절하게 말하며 친절하게 행동하기를 원하는 자신을 발견하게 된다. 이런 습관이 몸에 배면, 그들은 경건한 마음으로 성서를 읽는다." 이런 사실로부터 그들의 성서가 공자, 묵자, 도가와 불교의 경전에서 발견되는 많은 가르침을 행하라고 요구한다는 사실, 따라서 그들의 문화 전반에 대해 긍정적인 결론을 도출할 수 있다는 사실을 장다이는 간파할 수 있었다. "만일 교황이 백성을 돌봄으로써 권위를 얻는다면, 그리고 오로지 백성을 위해 권위를 행사한다면, 어찌 그의 통치가 공정하다고 말하지 않을 수 있겠는가?"[30]

그렇지만 그가 도덕적 문제를 심사숙고할 때 흔히 그랬듯이, 장다이의 마음속에는 여전히 의구심이 남아 있었다. 평소의 버릇대로 그는 글 끝부분에 자신의 의심을 뭉뚱그려 표현하고 있다. "천제(天帝)의 신앙은 세상에 널리 퍼졌지만, 그 가르침은 종종 괴이하기도 하고 천박하기도 하다. 세계지리에 대한 [리치의] 글에는 의심할 여지없이 얼토당토않은 부분이 많다. 그가 궁정에 헌상한 금속 현이 달린 악기와 괘종시계는 단지 호기심을 불러일으키는 데 적합할 뿐이다. 서양 종교에 관한 그의 저서들은 우리의 유학자들이 사용하는 언어와 논법을 따르고 있다. 만일 누군가 그의 난해한 문장을 통찰하여 그가 구사하는 현학적인 용어들을 평이한 말로 바꿀 수 있다면, 그의 책은 전혀 신선하거나 흥미롭지 못할 것이다. 혹자는 그의 저작을 성령이 충만하다고 칭찬하지만, 혹자는 그것을 이단사설이라고 비방한다. 그런 칭찬과 경멸은 모두 근거 없는 것이다." 장다이는 신앙과 종교의식에 관한 많은 논의와 마찬가지로, 이 경우에도 진실은 그 둘 사이의 어느 지점에 존재한다고 생각했다.[31]

장다이는 사람들이 숭배하는 대상은 그들을 떨게 하거나 흥분시키는 대상들과 조금도 다를 바 없이 기상천외해서 설명하기가 쉽지 않다. 불꽃놀이 경험의 한가운데에 있는 불꽃처럼, 그런 대상은 자신만의 강력한 힘을 갖고 있었다. 장다이가 1638년 친구 친이성과 함께 푸퉈 산으로 가는 도중에 닝보의 아육왕사(阿育王寺)를 방문한 일보다 이 같은 점을 생생하게 보여주는 사례는 없을 것이다. 이 절의 이름 아육왕은 초기 불교의 위대한 후원자 중 한 사람이었던 인도의 아소카 왕을 가리킨다.[32] 아소카 왕은 기원전 3세기에 8만 4천 개의 사리함을 제작하게 했는데, 그 가운데 몇 개는 중국으로 유입된 것으로 알려졌다. 닝보의 이 절에는 부처의 사리가 담긴 그 소중한 함 하나가 보관되어 있었다. 이 절의 한 불당에 단향목으로 만든 불상이 있었고, 그 옆에는 만력제—만력연간에 장다이의 고조부·증조부·조부는 진사시에 급제하여 관료가 되었다—의 어머니 즉 황태후가 시주한 청동사리함이 있었다. 장다이의 눈에는 사찰이 참으로 아름다웠다. "그 늘진 나무 사이로 새어나온 흐릿한 빛이 산문(山門)을 비추었으므로, 하늘을 바라보면 얼음같이 차갑고 수정같이 맑아 속이 훤히 들여다

보일 정도의 밝기를 느낄 수 있었다." 비록 풍광은 아름다웠으나 황태후가 시주한 사리함은 암울한 참언(讖言)을 간직하고 있었다. 장다이의 설명에 따르면 "누군가 사리함에 참배할 때마다, 그 함은 저마다의 업보에 따라 온갖 종류의 환영을 만들어낸다. 그러나 먹물같이 컴컴한 상태로 아무 것도 보이지 않으면, 그 사람은 반드시 죽는다."[33]

무슨 일이 일어났는지에 대한 장다이의 짧막한 설명만으로는 그 자신의 종교적 감정이 어떤 것이었는지 알 수 없지만, 그가 빛과 영원한 어둠을 갈라놓는 희미한 경계를 보았다는 것 정도는 알아차릴 수 있을 것이다. 장다이의 기술에 따르면, 해가 막 솟아오를 무렵에 한 승려가 장다이와 친이성이 머물고 있던 방으로 와서 그들을 불전으로 데리고 갔다. 그곳에서 그는 참배객들을 위해 청동사리함을 열었다. 그 안에는 단향목 상자가 있고, 그 상자에 작은 육각탑이 있었다. 탑은 가죽으로 만들어진 것 같았고, 복잡한 문양과 문자로 장식되어 있었는데, 장다이는 그 문자를 보자마자 산스크리트임을 알았다. 사리는 이 두 번째 상자 안에 들어 있었으며, 탑 내부에 매달려 부드럽게 흔들리고 있었다. 주의를 집중하여 응시하자, 장다이는 부처의 진신사리 세 개가 마치 구슬처럼 꿰어져 있는 것을 확인할 수 있었다. 그것들은 기이한 빛을 발산하고 있었다. 잠시 시선을 고정하고 장다이는 절을 하면서 환영을 보여달라고 빌었다. 그리고 시선을 다시 사리에 맞추자 그가 원하던 환영이 나타났다. 그것은 자비의 여신인 작은 관세음보살상이었다. "흰 옷을 입은 모습이 너무나 선명하여 눈과 눈썹은 물론이고 얼굴 측면의 돌돌 말린 머리카락까지 보였다." 그러나 장다이의 친구 친이성은 운이 좋지 않았다. "그는 몇 번이고 응시했으나 아무것도 볼 수 없었다. 그는 공포에 질려 얼굴이 상기되었고 울면서 자리를 떴다. 과연 친이성은 그해 8월에 죽었다."

10년 전 장다이가 첫 번째 책을 마무리하자, 친구인 치뱌오자는 문장이 아주 간결하다고 칭찬했다. 치뱌오자가 그 책에 쓴 서문에서 밝혔듯이 자기는 200자 이상을 사용해야 표현할 수 있는 생각과 사건들을 장다이는 스무 자가량으로 압축할 수 있었다.[34] 이 사실로부터 우리는 장다이가 친구 친이성이 아육왕사를 방문한 뒤에 맞닥뜨린 운명을 간결한 필치로 묘사한 것은 그의 동시대인들에게는 탄복할 만한 일로 여겨졌으리라고 짐작할 수 있다. 친이성의 죽음은 사실 누구의 잘못도 아니었다. 그가 죽음을 맞게 된 중요한 원인이 있다면, 그 자신이 상상에 실패했다는 것이다. 가마꾼들과 함께 꽁꽁 얼어붙은 타이산의 계단을 뛰어내려오는 동안에도, 장다이는 자신을 기다리고 있을지 모를 죽음을 상상할 수 있었고 그랬기 때문에 죽음을 모면할 수 있었다. 반면에 친이성은 꼭 필요한 순간에 환영을 불러내지 못했다. 이것이 장다이는 살아남아 그 이야기를 썼고 친이성은 죽어야 했던 이유, 장다이는 집으로 돌아갔고 친이성은 저승으로 갔던 이유이다.[35]

5장

관직의 등급

 천계제(天啓帝)가 1627년 9월 하순에 사망했다. 정
상적인 경우라면 황제의 교체와 아랫사람들의 생명
이 연계될 이유가 없었지만, 이 특별한 죽음은 다른
어느 때보다 큰 반향을 예고했다. 중국 역사상 그처럼 타락하고 사악
한 치세는 거의 없었기 때문이다. 천계제의 부황인 태창제(泰昌帝)가
1620년에 즉위한 지 한 달도 지나지 않아 독살되었을 때 천계제는 겨
우 열다섯 살이었는데, 일군의 관료들이 그의 등을 떠밀다시피 해서
그를 제위에 앉히고 친정(親政)을 하게 했다. 그것은 궁정의 여인들과
환관들이 한통속이 되어 황제의 이름으로 수렴청정하는 것을 막기 위
해서였다. 그러나 관료들은 하나는 알고 둘은 몰랐다. 어린 천계제는
이미 환관 웨이중셴(魏忠賢)에게 전적으로 의존하는 상태였다. 궁궐
에서 30년간 산전수전 다 겪은 웨이중셴은 권모술수에 능하고 황태후
와 황제의 유모로부터 절대적인 신임을 얻고 있었다.[1)]

십대 청소년이었던 천계제의 최대 관심사는 훌륭한 목수가 되는 것
이었고, 목공일에 전념할 수만 있다면 웨이중셴이 국정을 농단하든
말든 개의치 않았다. 이런 기이한 상황에서는 최고위직 관료도 천계

제를 배알할 수 없었으므로, 어떤 정책을 결정하거나 실행하려면 웨이중셴이나 그 심복의 허락을 받을 수밖에 없었다. 국가와 황실의 재정에 대해 막강한 권한을 장악하게 된 웨이중셴은 고분고분 말을 잘 듣는 환관들을 부유한 성(省)의 여러 도시에 배치하여, 각지의 세금을 베이징의 국고로 올려 보내게 했다. 명조는 내적인 재정파탄과 점증하는 농민반란, 서북 변경의 몽골족과 만리장성 너머 동북 변경의 강력한 만주족 전사들의 위협에 직면해 있었지만, 관군은 보급물자나 봉급을 거의 받지 못했다. 설상가상으로 중앙의 독선적인 정책에 의해 북방 변경지대의 출중한 장수들이 대거 처형되거나 파직되었다. 대담해진 만주족 군대는 1626년에 명나라 군대에 대한 공격을 강화했는데, 이는 만리장성 이남의 중국 본토에 대한 전면적인 공격을 준비하고 있다는 명백한 징후였다.

천계연간에 웨이중셴의 환관파는 일종의 특무기관인 동창(東廠)을 거느린 막강한 세력이었으므로, 웨이중셴은 자신이나 자신의 정책을 탄핵하는 대신조차 궁궐에서 살해할 수 있었다. 가장 유명한 사례는 1625년에 진사 출신의 빼어난 관료 여섯 명이 체포되어 고문을 당한 일이었다. 이 집단의 수장인 양롄(楊漣)은 부도어사(副都御史)라는 감찰담당 관료로서, 웨이중셴이 범한 스물네 항목의 '대죄'를 탄핵했다가 뇌물을 받았다는 모함을 당해 투옥된 뒤 맞아죽었다. 나머지 다섯 명도 '죄'를 실토하라며 가해진 매질과 고문 때문에 사망했다. 알랑쇠 관료들은 웨이중셴의 대중적 이미지를 높이는 데 힘을 쏟았다. 예를 들어 저장 성 순무는 1626년 항저우의 명승지 시후가 굽어보이는 곳에 웨이중셴의 선정을 찬양하는 사당을 세우게 해달라는 상소문을 올렸다. 상소는 받아들여졌고, 다른 여러 성에도 그를 기념하는 사당들이 속속 건립되었다. 1627년 천계제가 사망하고 나서야 비로소 웨이중셴의 화려한 경력도 끝이 났다. 그해 12월에 새로 즉위한 황제(천계제의 다섯 자식은 모두 어려서 죽었으므로, 그의 동생이 제위에 올랐다)는 웨이중셴을 파직했고 얼마 뒤에는 그에 대한 체포령을 내렸다. 그는 자신이 수많은 사람에게 안겨주었던 바로 그 운명을 피하기 위해 스스로 목숨을 끊었다. 새 황제는 단호하고 효율적인 조치를 취했고, 이는 좋은 시절이 도래할 전조처럼 보였다.

그런 놀라운 소식은 신속하게 퍼져나갔다. 그 소식에 자극을 받은 장다이는 상세한 명대 역사를 집필하겠다고 결심하기에 이르렀다. 흥미롭게도 천계제가 사망했을 때, 장다이는 류씨 집안 처녀와 혼인한 직후인 1618년부터 집필하기 시작한 첫 번째 책을 막 완성한 상태였다. 이 책은 장다이가 고대 왕조의 시대인 기원전 2000년경부터 몽골족의 원조(元朝)가 멸망한 1360년대까지의 역사를 다룬 관찬 사서와 야사(野史)에서 신중하게 발췌한 자료를 엮어서 만든 간결한 역사인물서였다. 그는 400여 명의 인물에 대한 기록이 축약된 이 책에 『고금의열전』(古今義烈傳)이라는 제목을 붙였고, 각각의 의인과 열사에 대해 간략한 일대기와 그 행위에 대한 논평을 실었다.[2] 이 책에는 당연히 유구한 중국역사가 배출한 유명한 장수·학자·관료·군주가 등장했지만, 비천한 신분의 상인·승려·걸인도 나왔다. 모든 이야기의 공통점은 독자와 저자를 하나로 묶어준다는 것이었다. 자신의 집필동기를 좀 더 명확하게 설명하기 위해 장다이는 송대의 위대한 시인 쑤둥포 이야기를 꺼냈다. 그는 자신이 아프지 않아도 많은 약을 모아두었고, 자신이 술을 마시지 않을 때도 술을 저장해놓았다고 한다. 장다이는 쑤둥포의 다음과 같은 말을 인용했다. "정말로 아픈 사람들이 내 약을 먹을 때 나는 그들의 안도감을 느낄 수 있고 술꾼들이 내 술을 마실 때 나는 그들의 취기를 공유할 수 있다." 장다이는 그의 말을 본떠 이렇게 말했다. "그들로 하여금 나의 느낌과 나의 통쾌함을 공유하며 책을 읽게 하는 것이 나의 목적이다. 그들이 놀라서 눈이 튀어나오면 내 눈도 튀어 나올 것이다. 그들이 안타까워 손을 비비면 나도 손을 비빌 것이다."

장다이는 과거 중국에서 살았던 감동적인 인물을 만났을 때 독자로서 흥분을 느꼈기 때문에 역사책을 쓰는 사람이 되기를 원했다고 우리에게 말한다. 도덕적이고 용감했던 선인들의 이야기를 읽노라면 격정이 그를 휩쓸고 지나갔다. 그는 "고기나, 펄펄 끓는 가마솥 곁에 놓인 얼음조각을 발견한 호랑이나 이리처럼 변했다. 그런 책을 읽으면 나는 흥분해서 얼굴이 달아오르고 귀가 빨개지며 눈이 튀어나오고 머리털이 곤두섰다. 나는 마치 엄동설한에 쇠사슬에 꽁꽁 묶여 한데로 쫓겨난 사람처럼 쉴 새 없이 몸이 덜덜 떨리거나, 병자처럼 재채기와 기침을 하면서 땀과 눈물을 줄줄 흘렸다."[3]

이렇듯 특별하게 그를 흥분시키는 사람들은 과거에는 도처에 널려 있었다고 장다이는 말한다. 그들은 열정을 공유할 수 있는 사람들을 즉각 알아볼 수 있는 타고난 열혈남아였다. "이 세상에는 자신과 전혀 상관이 없는 일인데도 일단 속사정을 알고 나면 다른 사람들과 함께 단호한 행동을 취하고 싶은 강력한 충동에 사로잡혀 주먹을 불끈 쥐고 붓을 내던지는 사람들이 있다. 그래서 생면부지의 낯선 사람들이 한날한시에 죽자고 맹세하는 일이 벌어지는 것이다." 과거의 이런 사례들은 당대(當代)의 상황을 이해하는 데도 일조를 한다. "나는 그런 사람들을 만나면 의기(義氣)가 최고조에 달한다. 의로운 학자나 협객을 만날 때마다 내가 감동을 받는 것은 우리가 오늘날 처해 있는 상황 때문이다." 상황이 위험할수록, 해결이 어려울수록, 선인들의 사례는 더욱 큰 자극으로 다가왔다고 장다이는 말한다. "왜 그런가? 일상생활에서 우리에게 일어나는 일들이 고통스럽지 않다면, 그들의 삶이 우리를 이토록 통쾌하게 만들지는 못할 것이다. 우리의 고통이 극심하기 때문에 그들의 행동이 그만큼 통쾌해 보이는 것이다." 우리의 일상적인 삶에서도 극적인 처방이 최고의 해결책이 되는 경우가 많다. "종기를 터뜨리려고 꾹 누르거나 가시를 빼려고 송곳으로 찌르면 처음에는 이루 말할 수 없이 아프지만 시간이 지나면 고통과 부기가 빠르게 가라앉을 것이다. 우리의 모든 울분은 단칼에 사라진다."

『고금의열전』의 범례를 별도로 언급하면서, 장다이는『고금의열전』의 주인공으로 선택된 사람들을 좀 더 좁은 범주들로 나누었다. 그는 갑작스런 충동과 물불 가리지 않는 대범함에서 나오는 행동을 보여준 두 부류의 사람들을 높이 평가했다. 특히 "극도의 위기에 처해 있거나 공포에 휩싸여 도망치고 있거나 피할 수 없는 죽음에 직면한 사람들을 불쌍히 여겨 벼락이 치거나 파도가 울부짖는 것처럼 포효하는, 도저히 가만히 있지 못하는 인물들"을 맨 앞에 배치했다. 장다이는 이런 사람들의 도덕적 고결함을 "그럴 의무가 전혀 없는데도 개인적 동정심에서 한 치의 망설임도 없이 나라를 위해 목숨을 바친" 평민들에 비유했다. 장다이를 사로잡은 것은 그들의 용기 뒤에 숨어 있는 자발적인 충동이었다. 바로 이 점 때문에, 그는 '은인'을 위해 자신의 목숨을 희생한 사람들, 예컨대 자객 징커(荊軻)*나 관직에 있으므로 "군주를 위해 죽는 것 외에는 달리 고결한 선택을 할 도리가 없는 사람들"에 대해서는 쓰지 않기로 했다. 장다이는 군주답지 못한 군주를 위해 죽거나 "충성심에 불타기보다 자포자기하여" 목숨을 버린 사람들에 대해서도 기록할 생각이 없었다.[4]

---

* 연(燕)나라 태자 단(丹)의 부탁을 받고 진왕(秦王)을 암살하려다 실패한 전국시대의 자객.

범례에 대한 논평을 마무리하는 부분에서, 장다이는 잠재적으로 위험할 수도 있는 영역으로 화제를 돌렸다. "내가 기록해두고자 하는 인물들은 늑대 같은 인간들이 권력을 장악하고 있어서 공적인 경로를 통해서는 도저히 정의가 구현될 수 없을 때, 개인적인 용기를 발휘하여 그들의 영향력을 견제하거나 재치와 지혜로 그들에게 굴욕감을 안겨주었던 사람들이다. 나는 그런 저항행위를 나의 하찮은 말로 남겨두기를 원할 뿐, 그들의 성패에는 관심이 없다." 만일 자신이 말한 과거의 문제들이 '오늘날의 사태'와 무관해 보이지 않는다면 제아무리 사람들이 자신을 무책임하다거나 문헌상의 근거도 없는 결론을 이끌어냈다고 비난하더라도, 책에서 그 내용을 삭제하지는 않을 것이라고 장다이는 말을 이어갔다. 그가 바란 것은 자신의 이야기가 "당대 사회의 도덕성과 명예감을 제고하는" 것이었기 때문이다. 여기서 그의 모범이 된 사람은 공자로부터 난처한 사실이라 할지라도 감추기를 거부한 강직한 인물이라는 칭송을 들었던 고대 중국의 역사가 둥후(董狐)*였을 것이다. 장다이는 말이나 개, 새나 원숭이조차도 물에 빠진 주인을 구하거나 강도가 접근하는 것을 경고하는 따위의 유덕한 행동을 하는 것으로 알려져 있으므로, 그들에게도 합당한 대우를 해줄 용의가 있다는 최후의 화려한 풍자로 말을 맺었다. "나는 원숭이나 말만도 못한 사람들에게 창피를 주고자, 이 책에 동물들을 위한 지면도 할애하는 바이다."[5]

장다이는 『고금의열전』의 간행을 준비하고 친구나 향리의 학자들에게 서문을 써달라고 부탁하느라 1628년과 이듬해의 대부분을 분주하게 보냈다. 그들의 글은 열렬했고, 몇몇 문필가는 장다이의 역작이

---

* 직필(直筆)로 유명한 춘추시대 진(晉)나라 사관(史官).

고대 중국의 위대한 역사가 쓰마첸(司馬遷)의 업적에 비견된다고 썼
다. 1629년 가을 장다이가 아버지를 만나러 화베이 지방으로 떠날
때, 그들의 칭찬소리가 여전히 귓가에 생생하게 남아 있었다. 그들의
열광이 과장된 것일지는 몰라도, 그것은 분명히 1368년에 건국된 이
래 얼마 전에 사망한 천계제의 치세에 이르기까지 열다섯 명의 황제
를 거친 명대의 역사를 써보겠다는 장다이의 막연한 계획을 구체화시
키는 자극제가 되었다. 사려 깊은 장다이는 이야기를 천계제에서 멈
추고 천계제의 동생으로 환관 웨이중셴을 지체없이 몰아낸 새 황제에
대해서는 어떤 평가도 시도하지 않았다.

　장다이는 웨이중셴의 이야기에 극적인 요소가 함축되어 있음을 간
파하고, 아직 그와 관련된 사건이 채 마무리되지 않았음에도 불구하
고 그의 출세와 몰락을 주제로 「빙산」(氷山)이라는 가극을 만들기 시
작했던 것 같다.[6] 최초의 반응은 만족스러웠다. 장다이에 따르면 웨
이중셴이 권좌에서 쫓겨나 자살한 지 1년 쯤 지난 뒤에 사오싱에서
「빙산」을 무대에 올리자, 관객들이 성황묘 앞의 극장과 공터를 꽉 채
웠다. 그들은 용감한 부도어사 양롄과 자신을 동일시하여, 양롄 역을
맡은 배우가 무대에 올라 "제가 양롄입니다"라고 말하자 모든 관중이
일제히 "양롄, 양롄"이라고 외치기 시작했다.[7] 그래서 "그들의 목소리
가 부서지는 파도소리처럼 바깥으로 퍼져 나갔다." 다른 영웅적인 인
물들, 예컨대 웨이중셴에게 충성하던 부패한 지방관을 때려죽인 노동
자 옌페이웨이(顔佩韋)가 무대에 등장하자 군중들은 "그의 용기에 탄
복하여 함성을 지르고 발을 굴러서 무대가 흔들렸다."[8]

　산둥 성을 두 번째로 찾았던 1631년에 장다이는 자신의 극단을 데
리고 가서 아버지를 위해 「빙산」을 공연했다. 장다이는 산둥에서 공
연하는 동안 일부 세련된 관객——주로 1620년대에 베이징의 조정에

서 관료로 일하면서 가장 위급한 순간들을 넘기고 살아남은 자들—이 말해준 여러 가지 일화를 추가하여 대본을 수정했다. 그들의 기억을 흡수하여 지식의 범위를 확대함으로써, 장다이는 다른 관객들까지 감동시킬 수 있었다.[9]

웨이중셴의 극악무도한 횡포에 대해서는 분명하고 단호한 도덕적 자세를 견지했지만, 장다이는 자신이 『고금의열전』에서 찬양한 불굴의 의지를 보여준 사람들의 탈선에 대해서는 너그러웠다. 그는 자기 집안의 기이한 재정적·정치적 거래 가운데 특히 가까운 직계 조상들과 관련해서는 주의 깊게 공정성을 기하는 듯한 묘사를 했다. 예컨대 장다이의 평가에 따르면 고조부 톈푸는 멀리 서남부 지역의 사회를 돌아가게 하는 수레바퀴에 기름칠하기를 거부한 비타협적 자세 때문에 경력을 망쳤다. 윈난 성의 고위관직을 제수받은 그는 지방의 정치적 알력과 반란음모에 휘말렸다. 자신의 관할구역을 제멋대로 다스리던 이 지방의 토사(土司) 무(沐)씨는 자신의 방식에 협조하면 상당한 돈을 지불할 용의가 있었다. 고조부는 그의 돈을 받고 반란 진압의 공을 공유하면 그만이었다. 무씨는 단지 그 영광을 나누는 조건으로 황금 만 냥을 주겠다고 장다이의 고조부에게 제안했다. 그러나 고조부는 개인적인 청렴결백을 내세우며 끝까지 거부하다가 돈과 명예를 한꺼번에 잃고 말았다. 무씨는 그 돈으로 다른 관료들을 구워삶았고, 그들로 하여금 고조부의 위기대처방식을 비판하게 한 다음 베이징에 탄핵상소를 올리게 했다. 이를 알게 된 톈푸의 아들 원궁은 공부를 중단하고 윈난으로 달려가 법의 테두리를 벗어난 수단까지 사용하여 간신히 아버지의 목숨을 구하고 처벌도 일부 경감시켰다. 그래도 그 대가는 혹독했으며 톈푸의 경력에 큰 오점을 남겼다.[10]

증조부 원궁 또한 전시에서 장원을 했음에도 불구하고 베이징에서 찬밥신세를 면치 못했다. 윗사람에게 굽실대지 않았을 뿐 아니라 심지어 고관(考官)들에게 공손하게 굴지도 않았기 때문이다. 당시에는 고관과 합격자가 좌주문생(座主門生) 관계를 맺는 것이 관례였다. 그러나 원궁은 1571년의 전시에서 자신을 장원으로 선발한 주고관(主考官)이 세도가 막강한 대학사라는 점을 최대한 활용하기는커녕, 후원자를 얻을 수 있는 절호의 기회를 제발로 걷어 차버리고 자신은 한때 룽산에서 함께 과거공부를 했던 뤄완화(羅萬化)의 문하생이라고 주장했다.[11] 장다이의 말에 따르면 대학사는 증조부의 이름이 언급되자 "미친 녀석이지"라고 퉁명스럽게 내뱉었다. 증조부 원궁은 대학사가 아프기라도 하면 그의 주변에 구름처럼 몰려들고, 그 집안의 모든 경조사에 빠지지 않고 얼굴을 내미는 알랑쇠 집단에 합류하기를 완강히 거부했다. 대신에 원궁은 일찌감치 관직에서 물러나, 자신의 고향 사오싱의 지방지(地方志)를 개찬했다. 장다이는, 증조부에 대해서 이렇게 썼다. "고결하고 정직했으며 백성을 행복하게 만드는 것을 자신의 개인적인 책임으로 여겼다. 사람들은 때때로 증조부를 나라의 은인으로 여겼다. 그렇지만 운명은 그에게 은혜를 베풀지 않고 그를 우국노인으로 남겨두었다."

할아버지 루린도 비현실적인 인물이기는 마찬가지였던 것 같다. 그는 과거에서 눈부신 성공을 거둔 아버지 원궁을 본받고자 학문에만 전념했고, 집안의 긴급한 경제문제에 대해서는 도무지 신경을 쓰려 하지 않았다. 할아버지에 대한 장다이의 설명은 간략하고, 그의 은둔자적 삶에 대한 서술은 다소 진부하다. 그래도 장다이는 할아버지가 과거를 준비하던 시절에 대해서는 제법 상세하게 언급하고 있다. "[1588년 4월에 증조부] 원궁이 돌아가시자 집안형편이 어려워지기 시작했다. 지현(知縣)은 이전의 토지등기방식을 변경하고 변경된 내용을 엄하게 시행했다. 그런데 할아버지는 용광루(龍光樓)에 올라가 도르래에 매달아 올려주는 밥을 먹으며 공부에 전념하느라 무려 3년 동안 거기서 내려오지 않았다. 그 사이 장씨 가문이 축적했던 토지와 재산의 상당 부분이 다른 사람들의 손에 넘어갔으나, [할아버지는] 막을 생각도 않고 그냥 체념했다." 과거에 급제하려면 현실적인 문제를 외면해야 한다는 할아버지의 생각은 어쩌면 슬기로운 것이었지만, 그가 세상사에 관여하지 않음으로써 가산에 막대한 손실을 입힌 것도 사실이었다.[12)

장다이는 할아버지가 공부를 끝낸 다음 과거에 합격하고 장시(江西) 성 관할 현의 지현으로 부임하여 탁월한 행정수완을 발휘한 경위에 대해서도 비교적 자세히 언급하고 있다. 그는 베이징의 조정에서 새로 부과한 광산세가, 많은 광부를 산속으로 도망치게 만들 정도로 지역경제에 심각한 피해를 주고 있다는 점을 즉각 간파하고, 세수의 손실을 막기 위해 이웃 고을의 지현 몇 명과 협력하여 새로운 광감세사(礦監稅使)에게 끝까지 맞섰다. 또한 과다한 양의 약초를 요구하는 환관 때문에 야기된 혼란을 성공적으로 수습했다고 한 지방지 편찬자가 감탄조로 적어놓았다. 그렇지만 할아버지의 그런 행동들이 장씨 집안에 어떤 이득을 주었다는 증거는 없다. 한 현지(縣志)에는 "검약은 우리 고을의 풍속이었다. 장루린은 몇 대에 걸친 세도가 출신이지만 검소한 생활에 만족했다"는 기록이 나온다.[13)

장씨 집안의 선조들이 얼마간 도덕적 행위를 실천한 것과는 대조적으로, 장다이의 아버지는 노왕부에서 벼슬을 사는 동안 무사태평하게 지낸 것 같다. 장다이의 기록에 따르면, 아버지가 부임한 직후인 1627년 말에 "산둥 성에서 요사스런 무리들이 반란을 일으켜 옌저우 부를 완전히 포위했다. 성의 방위를 맡고 있던 아버지는 기습적인 군사작전으로 반군을 물리쳤다."[14] 분수도(分守道)* 류(劉)를 비롯한 그 지역의 고위 관료들——1631년에 장다이는 이들 앞에서 환관 웨이중셴의 악행을 주제로 한 가극을 공연했다——은 "모두 아버지를 존경하여 예의를 갖추고 그를 '막역한 벗'이라 불렀다."

얼마 후 노왕부 관할에서 유죄판결을 받은 죄인들의 최근 기록을 검토하라는 지시를 받았을 때, 장다이의 아버지는 노왕부에 보내야 할 세금을 미처 다 징수하지 못하고 죽은 하급 지방관의 유족에게 자기 돈을 들여서 보석을 허가하고, 망자의 관을 마련할 돈과 귀향할 여비까지 챙겨주었다. 또한 그가 '생지옥'이라 부르던 곳에서 모든 사람을 풀어주기 위해 그 지역의 감옥들을 샅샅이 조사했고, 유죄판결을 받은 죄인들의 죄목을 완곡한 어법으로 재명명하여 재심이 이루어질 경우 사면을 받을 수 있게 했다. 장다이의 아버지는 유죄가 입증된 살인범을 '의사'(義士)로, 도둑을 '협객'으로, 폭력으로 원수를 갚은 사람을 '효자'로 표현했다. 이런 기이한 행동 때문인지 우리가 알지 못하는 다른 행동 때문인지, 장다이의 아버지는 1631년 말 노왕부에서 파직되었다. 파직사유를 유일하게 암시하는 장다이의 글은 다음과 같다. 죄인의 죄목을 고쳐놓고 노왕부로 돌아온 뒤 "아버지는 마음의 밭을 갈고 마음속에 달라붙은 더러움을 깨끗이 씻어내는 데 더욱 골몰하셨다. 다른 사람들과 대화할 때는 점점 터무니없고 엉뚱한 말을 늘어놓았고, 사람들은 아버지를 조롱했다."[15]

장다이는 조상에 대한 비판적인 분석은 되도록 삼가는 편인데, 먼 친척 두 명, 즉 종조부 루팡(汝方)과 둘째 숙부에 대한 긴 이야기는 예

---

* 명대 한 성(省)의 행정장관인 정2품 포정사(布政使)를 보좌한 참정(參政)과 참의(參議)는 성(省)과 부(府) 사이의 행정단위인 각 도(道)의 재정을 담당했는데 이를 분수도라 했다. 청대 건륭연간에는 분수도를 분리하여 설치했다.

외에 속한다. 종조부 루팡은 장다이의 할아버지보다 몇 살 위였고, 돌림자가 루(汝)자인 것으로 보아 장다이의 할아버지와 같은 항렬인 것으로 판단된다. 그렇지만 장다이의 할아버지와 달리 그에게는 재산이나 학식, 훌륭한 조상이 없었다. 아마도 루팡은 후처나 첩의 소생 아니면 증조부의 사촌형들 중 누군가의 아들인 것 같지만, 장다이는 분명하게 언급하지 않고 있다. 장다이는 이야기가 잘 풀려 나가리라 확신하면서 거두절미하고 곧바로 루팡의 이야기를 시작하고 있다. "종조부 루팡은 나의 할아버지보다 몇 살 위였지만, 과거공부에서 결실을 맺지 못하고 학업을 포기했다. 다양한 수공예품을 취급하는 상인으로 일해 보았으나, 장사에서도 성공하지 못했다. 가난이 극심해서 아무것도 이루지 못했다. 장가는 들었지만 아내를 부양할 수도 없었다. 부잣집의 빨래, 바느질, 수선 등을 해주며 겨우 입에 풀칠을 했다."[16]

장다이의 이야기에 따르면, 어느 날 아침 맏아들 서우정(守正)을 안고 땅바닥에 앉아 있던 루팡은 어린 자식에게 먹일 것이 없다는 사실을 알았다. 그는 울면서 아내에게 말했다. "나는 찢어지게 가난하오. 더 이상 집에서 편히 지내는 데 연연했다가는 도랑에 처박혀 죽고 말겠소. 북쪽으로 가서 몇 년 동안 나의 운을 개척해볼 작정이오. 그러나 노잣돈을 마련하지 못하면 이 생각을 포기할 수밖에 없소. 형편이 이 지경에 이르렀구려! 어차피 가도 죽고 안 가도 죽소. 그러나 둘 중 하나를 택한다면, 안 가고 죽는 것보다는 가보고 죽는 편이 낫겠소. 나에게는 값나가는 물건이 없으나 당신 저고리 깃에는 은으로 만든 단추걸개가 두 개 있으니, 그걸 팔아도 되겠소?" 아내는 가위로 단추걸개를 잘라서 루팡에게 주었다. 그는 곧장 전당포로 달려가 은 3전(錢)을 받아왔다. 그는 그 절반을 아내에게 주며 말했다. "이것으로 며칠 먹을 양식은 구할 수 있을 거요. 열흘쯤 지나면 부잣집으로 가서 끼니를 해결해보시오. 나는 내 몫을 노자로 삼아 내일 떠나도록 하겠소." 두 사람은 함께 지낼 수조차 없는 가난에 눈물을 흘렸다.

'3전'은 당시의 통화로 은 한 냥의 10분의 3에 해당하는데, 루팡이 말한 바와 같이 그의 아내가 며칠 먹을 양식을 살 수 있었지만 그 자신이 베이징까지 가는 노잣돈으로는 부족했다. 호주머니 속의 동전 몇 푼으로는 사오싱을 떠나 북쪽으로 가봐야 첸탕 강을 건너 저장 성 성도인 항저우까지 가는 것이 고작이었다. 항저우는 중국의 문화와 오락의 중심지 가운데 하나였을 뿐 아니라 상하이가 눈부시게 발전하기 전까지는 교역의 중심이기도 했다. 무엇보다 중요한 것은 항저우가 베이징의 궁정과 관가는 물론 북방 수비대의 왕성한 식욕을 채워주는 중국의 쌀과 여타 식료품을 대량으로 수송하는 대운하의 남단이라는 점이었다. 짐을 잔뜩 실은 평저선을 밧줄로 끄는 일은, 쥐꼬리만 한 일당을 받으려는 수천 명의 사람들에게는 고달프지만 고정적인 일자리였다. 루팡은 그 기회를 붙잡기로 했다. 장다이의 말에 따르면 종조부는 "입모(笠帽)를 쓰고 집을 떠나 첸탕 강을 건너서 북쪽으로 가는 물자를 선적하는 부두에 도착했다. 그곳에서 그는 배를 끄는 밧줄을 사서 양선(糧船, 곡물운반선)에서 견인노동자로 일을 했다. 몇 달 뒤 그는 베이징에 도착했다."[17]

눈만 높을 뿐 교육수준은 낮고 연줄도 없는 남부사람이 베이징에서 일자리를 구하기란 결코 쉽지 않았다. 루팡은 다시 한 번 현실적인 해결책을 찾았다. 조정과 관료기구의 주요 결정사항과 문건들을 기록한 『저보』(邸報)[18]를 발행하여 역참을 통해 중국의 모든 행정관서에 배포하는 베이징의 관청에서 사자생(寫字生)으로 일하게 된 것이다. 장다이의 기록에 따르면, 하루 품삯은 보잘것없어서 숙식비를 제하고 나면 종조부의 수중에는 동전 몇 닢만 남았다. 그러나 20년 동안 최저 수준으로 생활하자 100여 냥의 은을 모을 수 있었다. 이 돈을 갖고 루팡은 의기양양하게 귀향하여 소규모로 장사를 하거나 웬만한 땅뙈기—명대 후기의 매매계약서를 보면 꽤 넓은 토지도 3냥에서 20냥이면 매입할 수 있었다[19]—를 살 수도 있었을 것이다. 그러나 장다이가 기록하고 있듯이 루팡은 이 돈을 베이징 관료사회의 사다리를 한 계단 더 올라가는 데 사용했다. 물론 다른 사람들은 그의 행동이 납득이 가지 않았다. 그 자리나 이 자리나 출세할 가망성이 없기는 매한가지로 보였기 때문이다. "종조부는 그 돈을 써서 이부(吏部)의 일자리를 하나 구했는데, 그것이 왕부(王府) 관련 문서보관소의 말단 서리직이었다. 원래 이부 소속 아문들은 대부분 눈코 뜰 새 없이 바쁘기로 유명했지만, 왕부 관련 문서보관소는 사람들이 문간에서 파리나 잡고 있을 정도로 한가했다." 이곳의 서리들은 대부분 한 달에 며칠만 출근했고, 나머지 시간은 아문의 문을 닫아버리고 다른 볼일을 보러 다녔다. 그래서 보통 때는 루팡말고는 아무도 없었다. 루팡은 갈 데가 없었기 때문에 매일 하릴없이 아문에서 빈둥거렸다. "그렇게 10여 년을 보낸 후 루팡은 서리의 우두머리로 승진했다"고 장다이는 적고 있다.

그때 일생일대의 기회가 찾아왔다. "어느 날 아침 [루팡이] 졸고 있을 때 들보 위에서 쥐들이 종이를 물고 다니는 소리가 들렸다. 쥐들이 이리저리 쫓아다니는 소리가 귀에 거슬려서 짜증이 난 루팡은 그놈들을 쫓아버리기 위해 버럭 고함을 질렀다. 그때 종이 두루마리 하나가 툭 떨어졌다. 주워서 살펴보니 초왕부(楚王府) 왕족들의 생일을 기록한 공문서였다. 그는 상자 아래에 문서를 감춰두었다."

비록 지위는 낮았으나 베이징의 관료사회에서 산전수전 다 겪은 루팡의 행동은 결코 기괴한 짓이 아니었다. 그것은 루팡이 1603년경에 베이징에 널리 알려져 있던 사실, 즉 초왕부의 왕족들 간에 중대한 분쟁이 일어났다는 사실을 알고 있었음을 뜻한다. 명 태조의 직계후손인 이 명문가는 약 25년 뒤에 장다이의 아버지가 관직생활을 하게 되는 노왕부와 같은 방식으로 영지를 하사받았다. 초왕부는 후난 성과 후베이 성 일대, 특히 우창(武昌) 주변에 엄청난 규모의 봉토를 갖고 있었는데, 이 무렵에 복잡한 재정적·법률적 소송에 휘말렸다.[20] 소송의 결과는 현재 초왕의 자리에 있는 자가 초왕부의 합법적인 후계자인지, 아니면 반대파의 주장처럼 교활한 궁궐의 여인들과 그들을 따르는 남자들이 아무 연고도 없는 핏덩이를 밖에서 몰래 들여와 왕실의 계보를 잇는 새 왕자가 태어났다고 우기는 것인지에 달려 있었다. 초왕부의 종친 남자들과 그들의 부하들 사이에는 여러 파벌이 형성되었고, 이들이 서로를 고소하고 반소(反訴)함에 따라 사건은 꼬일 대로 꼬였다. 적어도 베이징의 대신 두 명이 내사를 벌였고, 황제도 이 음모사건의 규모를 알고 있었다.

최초의 고발자는 이전의 초왕이 거느렸던 한 첩의 아버지로, 그는 초왕부와 인연을 맺으면서 은 수십만 냥을 바쳤는데 그 돈이 사라져버렸다고 주장했다. 그 돈은 초왕부의 영지를 샅샅이 조사해도 발견되지 않았다. 그러자 황제는 현재의 초왕이 엄청난 수입을 올리는 그 자리에 머물러 있도록 허락했다. 감사의 표시로 젊은 왕은 몇 해 전 화재를 당한 자금성의 세 궁전을 수리하는 데 써달라며 황제에게 은 2만 냥을 바쳤다. 초왕은 그 뒤로도 여러 번 거액을 바쳤는데, 그 가운데 일부는 황족들이 흔적도 없이 삼켜버렸다. 초왕부의 반대파가 반란을 일으킬 조짐이 보이자, 황제는 1605년에 조사를 명했고, 그 과정에서 가혹행위가 동반되었음은 물론이다. 결국 황족 가운데 두 명이 참수형을 당했고 네 명은 자결을 허락받았으며(자결은 참수형보다는 덜 가혹한 형벌로 간주되었다) 마흔다섯 명이 투옥되었다. 이 참혹한 최후의 숙청은 1605년 5월에 단행되었는데, "그때부터 누구도 초왕부의 일을 입에 담으려 하지 않았다."[21]

장다이의 설명에 따르면, 잠재적인 복이 손안으로 굴러들어올지도 모른다고 생각한 종조부의 예감은 그대로 적중했다. 다음의 대화는 장다이가 꾸며냈거나 친척들한테서 직접 들었을 것이다. "며칠 뒤 종조부가 할 일이 없어 무료하게 지내고 있을 때 한 무리의 사람이 몰려와 문을 두드렸다. 무슨 일이냐고 퉁명스럽게 묻자, 그들은 문서기록을 보여줄 서리를 찾노라고 대답했다. 루팡이 모습을 나타내자 그들은 '기록 담당 서리는 어디 있소?'라고 물었고, 루팡은 '나요'라고 대답했다. 방문객들이 말했다. '우리는 모두 [우창(武昌)의] 초왕부에서 온 사람들이오. 초왕부의 왕위계승 문제 때문에 황실의 족보를 보관하는 [자금성의] 종인부(宗人府)에 가보았지만, 거기서는 [초왕부의] 출생기록부를 잃어버렸다고 했소. 그래서 우리는 그 문서를 찾으려고 귀 아문으로 온 것이오. 부디 전력을 다해 그 문서를 찾아주시오. 만일 그 문서원본을 찾아준다면, 감사의 표시로 은 8천 냥을 드리겠소.' 루팡은 대답했다. '어디선가 본 듯도 한데, 그게 어딘지 기억 날 듯 말 듯 하는군요. 그리고 그런 일의 성의 표시치고는 액수가 좀 적은 것 같지 않습니까?' 방문객들이 대답했다. '문서원본을 찾기만 하면 갑절을 드리리다.' 루팡은 잠시 뜸을 들인 다음 시큰둥한 표정으로 고개를 가로저었다. 방문객들이 말했다. '우리의 성의가 여전히 부족하다고 생각하시면 2만 냥을 채워드리겠소.' 루팡은 속으로 쾌재를 부르며 사방을 둘러본 다음 속삭였다. '아무에게도 말하지 말고 내일 돈을 갖고 어디어디로 오면, 문서원본을 드리리다.' 방문객들은 치사(致謝)하며 자리를 떴다. 이튿날 루팡은 문서 원본을 갖고 [약속한 장소로] 가서 그들에게 건네주었다. 그리고 2만 냥을 받았다."[22]

장다이가 이 이야기를 후세를 위해 기록하기로 결심한 것은, 그 결말이 일찍이 1570년대에 고조모 류씨가 고조부에게 했던 충고, 즉 과분한 행운은 다른 사람들의 질투를 유발하여 화를 부르게 마련이므로 남보다 앞서 있을 때 은퇴해야 한다는 충고를 뒷받침해주기 때문이다. 장다이가 적어놓았듯이 베이징에서는 여러 부류의 사람이 종조부에게 그 돈으로 더 높은 관직을 사라고 여러 해 동안 권했지만, 오랫동안 갈구하던 뭉칫돈을 손에 넣은 루팡은 당연히 신중해졌다. 장다이는 루팡이 한숨을 쉬며 다음과 같이 대답했다고 기록하고 있다. "인간의 고통은 족한데도 족함을 모르는 데서 온다네. 아내의 저고리에 달린 은제 단추걸개를 보고 이별한 지가 얼마나 되었는고. 이제 집으로 돌아가 늙은 농부로 살아가려 하네. 배부르고 따뜻하게 지낼 수 있다면 그것으로 족하네. 아무렴, 족하고말고!" 그리고 루팡은 베이징 수비대에서 통행증을 발급받아 관료들이 사용하는 진현관(進賢冠)을 쓰고 금의환향했다.[23]

장다이는 감상적인 어조로 이야기를 마무리했다. "[루팡의] 아내가 아들을 낳은 지 30여 년이 지났고, 그 아들은 이제 생원이 되고 혼인을 해서 손자를 낳았다. 부자가 대면했을 때 그들은 서로를 알아보지 못했다. 루팡은 토지와 집을 사들였고, 20년 이상 그 집에서 지냈다. 이제 누가 봐도 그의 집은 분명히 부잣집이었다. 여든이 넘도록 남편과 아내는 금실 좋게 살았다."

장다이가 루팡의 삶을 마지막으로 요약한 부분에서 언급하고 있듯이, 그의 종조부 루팡은 처음에는 거지 중에서도 상거지라 할 정도로 가난했지만, 돈을 많이 벌어 집으로 돌아가 가족을 돌보겠다는 일념으로 끝까지 버텼다. "그는 적수공권으로 베이징에 가서 30여 년의 모진 세월을 견딘 끝에 식은 죽 먹듯이 낡은 종이뭉치로 2만 냥을 얻었다. 이전에는 거칠고 더러운 옷을 걸친 채 [아내와] 마주 보고 서러움의 눈물을 흘렸다. 그러나 이제 그는 판리(范蠡)처럼 부유해졌다. 유명인사와 부자의 반열에 오른 그를 호걸이 아니라고 말할 사람이 어디 있겠는가? 호박이 넝쿨째 굴러들어왔을 때, 그는 자신만의 「귀거래사」(歸去來辭)를 지었다. 그는 감귤 과수원에서 나오는 수입으로 아무런 걱정 없이 오랫동안 '소봉'(素封)의 일원으로 살았다. 일단 고향 웨(越) 지방으로 돌아오자 다시는 관직에 미련을 두지 않았다." 장다이는 여기서 끝내지 않고, "넓은 마음과 선견지명은 종조부 루팡이 판리보다 한 수 위라고 말해야 마땅할 것"이라고 덧붙이고 있다.[24]

장다이가 언급한 판리와 「귀거래사」는 그의 모든 독자에게 익숙했을 것이다. 그 유명한 인물과 시는 장다이가 오랫동안 고생하다가 초왕부의 출생기록부(비록 자기 것은 아니었지만)를 팔아넘길 기회를 잡아 한몫을 챙긴 종조부 루팡의 기묘한 성취에 정중하게 경의를 표하는 방식이었다.[25] 판리는 고대 중국의 위대한 역사가 쓰마첸에 의해 훌륭하게 해부된 까마득한 과거의 실존인물이다. 판리는 훗날의 사오싱을 수도로 삼고 있던 월나라의 군주 곁에서 오랫동안 책사로 일했다. 그러나 어느 날 정치적 격변이 몰아칠 것을 감지하고, 배를 타고 군주 곁을 떠나 성과 이름을 바꾸고 인생의 두 번째 무대에서 중국 최고의 상인이자 갑부가 되었다. 덕분에 그의 집안사람은 모두 부유층의 일원이 되어 여유 있게 생활했는데, 쓰마첸은 이 경제적 상류층을 작위나 봉토가 없는 큰 부자라는 의미에서 '소봉'이라 불렀다.

루팡이 뜻하지 않은 횡재를 하기 1,200년 전인 405년에 타오첸(陶潛)이 쓴 「귀거래사」는 수세기에 걸쳐 벼슬살이를 고향에서의 평화로운 삶과 맞바꾼 중국인들의 문학에서 하나의 평가기준이 되는 작품이었다. 역사상의 타오첸은 뜻밖의 횡재를 한 적도 없고 약 8년 동안 간헐적으로 관직에 나갔을 뿐이지만, 집에서 가족과 함께 살겠다는 그의 결심은 학자나 관료로 살아가면서 얻을 수 있는 모든 잠재적 이익을 뛰어넘었다. 루팡처럼 타오첸도 농부의 삶을 살면서 만족을 찾았다. 타오첸 역시 루팡처럼 아들이 보고 싶었고, 결국에는 루팡처럼 그리운 고향으로 돌아가 20년 동안(405년부터 427년까지 22년 동안) 살 수 있었다.[26]

장다이의 모든 친척은 그가 언급한 타오첸의 유명한 「귀거래사」를 알고 있었을 것이다.

집으로 돌아가리라.
전원에 잡초만 무성하니,
어찌 돌아가지 않으리.
스스로 마음을 육신의 노예로 만들었으니,
어찌 슬프고 한탄스럽지 않으리.
지난 일은 바로잡을 수 없음을 깨달았고,
희망은 미래에 있음을 알았다네.
실로 길을 잘못 들었어도 멀리 가지 않았으니,
오늘이 바르고 어제가 그름을 깨달았네.
배는 가볍게 흔들리고,
옷깃은 바람에 나부끼네.
다른 길손에게 앞길 물어보고,
새벽빛 어스름함을 한탄하네.
이윽고 오두막집 문이 보이니,
기쁨에 겨워 달려가네······.[27]

장다이의 설명에서 루팡은 수수께끼 같은 인물로 남아 있다. 그는 부정직하지만 충직하고, 기회를 잡았을 때는 도박사처럼 행동하고 나머지 시간에는 상황을 주시하며 끈질기게 기다린 사람이었다. 장다이에게 루팡은 먼 친척 이상의 존재는 아니었고, 이 때문인지 장다이는 그를 어느 황제라도 섬길 수 있는 허구 속의 인물처럼 묘사하고 있다. 그러나 1578년경에 태어난 둘째 숙부에 대해, 장다이는 그가 베이징에서 어떻게 행운을 거머쥐었는지 이해하는 데 도움이 되는 성격상의 특징과 습관까지 상세히 설명하고 있다. 베이징은 두 사람을 자석처럼 끌어당겼다. 그러나 둘째 숙부의 경우 훨씬 빨리 성공했고, 그의 성공은 적극적인 뇌물수수 및 본인의 출세계획과 긴밀하게 맞물려 있었다.[28]

장다이가 언급하고 있듯이, 둘째 숙부는 어려서부터 "약삭빠르고 재주가 많았을" 뿐 아니라 결정적인 장점을 갖고 있었다. "일단 누군가를 사귀면 그 사람의 속마음을 꿰뚫어보고 그가 듣고 싶어 하는 말을 해주었다. 모든 사람이 자신도 모르게 그에게 끌렸다."[29] 아마도 이런 특성 때문에 그는 어린 조카 장다이와 의기투합하여 난설차를 실험할 수 있었을 것이다. 장다이가 상세히 설명하고 있는 것처럼, 둘째 숙부는 자신이 어떻게 처신해야 사오싱의 신사(紳士)들과 현직 관료들에게 만능 조력자로 인정받을 수 있는지 훤히 알고 있었다. 예컨대 1600년대의 첫 20년 동안 둘째 숙부는 신사가 집을 지을 때면 조경이든 장인을 감독하는 일이든 가리지 않고 도와주었는데, "수만 냥의 비용이 드는 공사라 하더라도 모든 작업을 본인이 일일이 챙겼고, 이런 일을 결코 귀찮게 여기지 않았다."

1620년대 초에 둘째 숙부는 신사에게 향했던 관심을 (당시의 회피제에 따라) 다른 지방에서 사오싱으로 부임해 오는 지방관에게 기울

이기 시작했다. 둘째 숙부는 몇몇 고관의 개인비서 역할을 자청했는
데, 지방 사정에 밝아 그들에게 많은 도움을 주었다. 그리고 마당발로
유명했기 때문에 관료들은 "그와 먼저 상의하지 않고는, 자신의 관할
구역 내에서 어떤 공무도 처리하지 않으려" 했다.

1570년대에 종조부 루팡이 그랬듯이, 1627년에 둘째 숙부는 "땡전
한 닢 없이" 베이징으로 떠났다. 그러나 종조부 루팡과는 달리, 둘째
숙부는 권력층과 어울리면서 소리 소문 없이 빠르게 그 중심부로 이
동했다. 장다이는 둘째 숙부가 신속하게 영향력 있는 지위에 오른 것
을 다음과 같이 묘사하고 있다. "베이징에서 그는 단 한 번의 면담으
로 내각 대학사의 개인비서 자리를 얻었다. 마치 셋방을 얻는 것 같았
다. 둘째 숙부는 〔나〕 장다이에게 '세 재상을 보필하는 자리를 얻는 것
은 7천 냥의 값어치가 나간다'고 말한 적이 있다. 그는 정말로 그렇게
말했다."

장다이의 묘사를 보면 그의 둘째 숙부는 용모가 특이했다. "수염과
눈썹은 창처럼 삐죽삐죽했고, 머리카락은 마구 헝클어져 눈을 가렸
다. 그는 사람을 똑바로 쳐다보지 않았는데, 다른 사람들도 감히 그를
정면으로 응시하지 못했다!" 그러나 이런 용모는 그가 베이징의 관료
사회에서 능력을 발휘하는 데 전혀 방해가 되지 않았다. "둘째 숙부는
눈치가 빠르고 기민했으며 임기응변에 능했다. 무엇이든지 한 번만
보면 세부까지 기억하여 잊어버리는 법이 없었다. 각 성(省)이나 베
이징의 아문에서 근무하는 사람들이 〔황제에게〕 아침에 상소문을 올
렸다면, 그날 저녁에 그들은 새로운 소식이 있는지 알아보기 위해 둘
째 숙부의 집으로 몰려들곤 했다. 그의 집 〔대문〕 밖은 심부름꾼들이
지나다닐 수 없을 정도로 마차와 말로 가득 찼다. 밤에 귀가하여 손님
들을 만나는 시각은 사경(四更, 새벽 1시~3시)보다 이른 적이 없었

다. 만일 황제의 조서가 반포되고 새로운 좋은 소식이 있으면, 그는 작은 방문을 써서 알려주었다. 그래서 당시 사람들은 그를 '참새 장씨'라고 불렀다. 입궐하는 날에는 여러 아문을 잠깐씩 들렀다 나왔다. 그가 궁궐 밖으로 나오면 순식간에 사람들이 파리떼나 벌떼처럼 달려들어 도저히 쫓아버릴 수 없었다."

60년 전에 증조부 원궁은 자신의 강직함을 보여주기 위해 세도가인 대학사 장쥐정(張居正)에게 아부하기를 거부했다. 그러나 둘째 숙부는 대학사 저우옌루(周延儒)와 거리낌 없이 접촉했다. 저우옌루는 1630년과 1633년 사이에 조정을 장악했고 부패할 대로 부패한 조정 대신들─이들은 천계제의 후계자 치하에서 권력기반을 확립함으로써 개혁파를 좌절시켰다─중에서도 둘째가라면 서러워할 만큼 부패한 인물로 널리 알려져 있었다. 둘째 숙부는 이 권력자에게 꼭 필요한 인물이었던 듯하며, 특히 그와 새로 임명된 고위 지방관들을 연결해주는 중개인 역할을 했다. 1620년대 중반에 사오싱에서 둘째 숙부를 신임하여 개인비서로 삼았던 사람들 중에 허페이(合肥) 출신의 쉬팡구(許芳谷)라는 전도유망한 관료가 있었다. 쉬팡구가 순무(巡撫)로 승차하자, 둘째 숙부는 그 인연을 이용하기로 작정했다.[30]

관료들의 책략과 권력의 냉혹함에 언제나 혀를 내두르던 장다이는 둘째 숙부의 멋진 성공담을 자기 나름대로 재구성했다. 그의 설명이 세부까지 정확하지는 않겠지만, 대충 어떤 일이 벌어졌는지 아는 데는 부족함이 없다. 1630년에 광시(廣西) 성 순무로 승차한 쉬팡구는 대학사 저우옌루에게 1만 냥을 보내면서 둘째 숙부에게 중개인 역할을 부탁했다. 둘째 숙부는 쉬팡구의 사자에게 고개를 끄덕이며 승낙한다는 의사를 표시했지만, 돈은 최종목적지에 전달되지 않았다. 돈을 받았다는 회신이 너무 늦어지자, 진득하지 못한 쉬 순무의 사자는 직접 대학사 저우옌루에게 가서 돈을 받았는지 물어보았다. 저우옌루는 그 성미 급한 사람에게 고맙다고 인사한 다음 아직까지 돈이 도착하지 않았다고 대답했다. 저우옌루는 사자에게 중개인이 누군지 묻자, 사자는 "장씨"라고 답했다. 그래서 저우옌루는 둘째 숙부를 불렀고 숙부는 즉시 달려왔다. 인사를 건넨 후 저우옌루가 물었다. "광시 순무와 관련된 일이 있는가?" 둘째 숙부가 대답했다. "있습니다." 저우옌루가 다시 묻자 둘째 숙부는 같은 대답을 되풀이했다. "그러면 그게 왜 아직 나에게 도착하지 않았는가?"라고 저우옌루가 말했다. 둘째 숙부는 잠시 기다려달라고 말하고 옆에 있던 수하들을 방에서 내보낸 다음 대답했다. "태사(太師)께서는 왜 이리 성급하십니까? 쉬 순무의 사자는 사리분별을 못하는 사람입니다. 〔환관의〕 수족인 동창과 시위들이 눈에 불을 켜고 있습니다. 경계가 다소 느슨해지면 제가 그 선물을 그에게 돌려주고 그를 쫓아버리겠습니다. 저우옌루는 고개를 힘껏 끄덕이며 "훌륭하군!"이라고 말했다. 그리고 대면을 끝내면서 이렇게 덧붙였다. "자네가 나의 가장 큰 이득이 무엇인지 유념하고 있다는 것을 알겠네."

장다이는 대학사의 면전에서 물러나온 둘째 숙부가 쉬 순무의 사자를 불러 질책했다고 설명했다. "그런 거래는 어둠이 깔린 밤에 해야 하는 일이거늘, 자네는 상공(相公)의 집무실 한가운데서 뭇사람이 지켜보는 가운데 그 이야기를 발설했으니, 그게 가당키나 한 소리인가? 〔상공은〕 회신을 써주지 않았지만 내가 편지 한 장을 써줄 테니 순무 나리께 급히 전해주게." 그는 광시 성으로 서둘러 돌아갔지만, 쉬 순무는 임무를 엉망으로 처리한 그를 즉각 참수했다. "이 일이 있고 난 뒤, 돈을 보낸 사람들은 모든 것을 둘째 숙부에게 일임하고 감히 두 번 다시 묻지 않았다"고 장다이는 덧붙였다.

　장다이의 설명이 일부만 맞다고 하더라도, 둘째 숙부는 분명히 베이징에서 큰 모험을 감행하고 있었다. 장다이의 설명에 따르면 그 후 1630년대에 둘째 숙부는 자신의 지위를 이용하여 직무유기 혐의로 탄핵된 관료들에게 그 사실을 알려주거나, 심지어 그들을 겨냥한 탄핵상소문의 제출을 지연시키는 위험한 일을 했다. 물론 이런 방해공작은 충분한 대가를 지불할 용의가 있는 관료들을 위한 것이었다. 그러나 꼬리가 길면 잡히는 법, 둘째 숙부는 도를 넘어섰고, 제 꾀에 제가 넘어가 추락하고 말았다. 문제의 사건은 1638년에 발생했다. 둘째 숙부의 사촌(장다이의 여덟째 숙부)이 난징의 호부(戶部) 감찰관에 새로 임명되고 나서 곡물의 운송을 담당하던 스판(史䔍)이라는 순조(巡漕)를 탄핵하는 상소를 올린 것이 발단이었다. 물론 과거에 자주 그랬던 것처럼, 둘째 숙부가 스판에게 탄핵사실을 귀띔해주고 상소문이 궁정으로 제출되는 것을 막았기 때문에 상소는 아무 효과가 없었다. 예상대로 스판은 이 호의의 대가로 둘째 숙부에게 상당한 액수의 돈을 건넸다. 그러나 예상과 달리 여덟째 숙부는 더 격한 내용의 두 번째 상소를 올렸고, 둘째 숙부는 이번에는 막을 수 없었다. 이로 인해 투옥된 스판은 둘째 숙부를 수뢰혐의로 고발하여 그의 경력을 보기 좋게 끝장내버렸다. 이 파탄 이후 두 숙부는 철천지원수지간이 되었고, 어쩌다 마주치면 서로 못 잡아 먹어서 안달이었다.[31]

　그런 거래에서 둘째 숙부가 떡고물을 얼마나 챙겼는지 장다이는 구체적으로 밝혀놓지 않았지만, 1만 냥이나 2만 냥이라는 거액을 꿀꺽 삼키는 일은 대신(大臣)들에게 분명 드문 일이 아니었다. 게다가 그 정도의 액수는 골동품을 거래하고 수집했던 장씨 집안의 사람들, 첫째 숙부를 위시한 옌커와 산민, 장다이 자신에게도 그리 생소하지 않았다.

172

장다이가 둘째 숙부를 지칭하기 위해 '참새 장씨'(교묘한 언변으로 궁정의 정치에 뛰어든 재주꾼)라는 용어를 택한 것은 관리와는 딴판인 어떤 인물의 존재를 암시한다. "둘째 숙부는 오늘날의 차이쩌(蔡澤)인가?" 장다이는 고대 중국사의 또 다른 유명인사를 언급하면서 수사학적으로 묻고 있다. "그는 적수공권으로 진(秦)나라로 가서 단 한 번 대화를 나눈 뒤에 높은 벼슬을 얻었다. 심지어 대신 앞에서도 〔진실을〕 왜곡하여 〔사신을〕 모욕할 수 있었다." 장다이가 가장 흠모하던 역사가 쓰마첸은 중국 최초의 통일제국이 출현하는 과정을 1700년 전에 역사서로 기록했는데, 빈틈없는 화술로 재상의 자리를 물려받은 치밀한 유세가 차이쩌에 대한 전기도 남겼다.* 장다이는 차이쩌뿐 아니라 그와 비슷한 재주를 지녔던 판쥐(范雎)에 대한 스마첸의 평가도 물론 알고 있었다. 쓰마첸은 차이쩌와 판쥐가 모두 최고의 유세가라는 점에는 의심의 여지가 없다고 말하면서, 그들의 출세가 늦어진 것은 "계책이 졸렬했기 때문이 아니라 그들이 섬기고자 했던 사람들의 힘이 미약했기 때문"이라고 설명한다. 그러나 진정한 권력자를 만나자마자 그들은 "천하에 공을 떨쳤다. ……그렇지만 그들에게는 행운도 뒤따랐다. 두 사람 못지않은 재능을 갖고서도 자신의 뜻을 충분히 펼칠 기회를 갖지 못한 사람은 이루 헤아릴 수 없을 정도로 많다! 그러나 두 사람도 곤경을 겪지 않았다면 그토록 분발하지는 않았을 것이다." 둘째 숙부가 '훌륭하게' 행동했다는 단순한 암시를 통해, 장다이는 당시의 정치판을 온힘을 기울여 신랄하게 풍자했고, 거기서 얻는 교훈도 제시했다.[32]

---

* 차이쩌는 "달도 차면 기운다"(月滿則虧), "하늘 끝까지 올라가서 내려오지 않는 용은 반드시 후회한다"(亢龍有悔) 같은 유명한 말로 당시 진(秦)나라의 재상 판쥐(范雎)를 물러나게 하고 자신이 그 자리를 얻었다.

노왕부의 관직에서 해임된 아버지는 1632년 초에 귀향했는데, 귀향하고 얼마 되지 않아서 사오싱 지방은 오랜 가뭄으로 곡물수확에 심각한 타격을 입고 기근의 위협에 직면했다. 아버지와 아들 모두에게 일상생활의 모습이 흐트러지기 시작했다. 장다이는 그런 혼란을 수습하는 데 필요한 것으로 보이는 힘의 원천을 찾기에 바빴다. 기근을 해결할 수 있는 유능한 행정관이 없는 상태에서, 장다이는 다른 도시주민들과 마찬가지로 중국에서 가장 현란하고 흥미진진한 소설 가운데 하나인 『수호전』(水滸傳)의 주인공들에게 도움을 요청하기로 결심했다.[33] 이 소설은 장다이가 태어났을 무렵에 출판되었는데, 도시주민들은 물을 연상시키는 소설의 제목이 성황신을 자극하여 비를 내리게 해줄 것으로 기대했다. 환관 웨이중셴의 앞잡이들에게 맞섰던 용감한 사람들처럼, 『수호전』의 등장인물들도 나라의 위정자들에게 저항하기로 작정한 사람들의 결의를 대변했다. 소설명이 된 호숫가의 습지에서 오래전에 살았던 108명의 호걸들은 중국의 위정자들을 벌벌 떨게 만드는 힘을 갖고 있었을 뿐만 아니라 자신들이 경멸하던 나라를 지탱하는 데 힘을 보탤 마음도 있었다. 동시대의 많은 사람과 마찬가지로 장다이는 이 별난 영웅들에게 매료되었고, 『수호전』의 등장인물들을 독특한 방식으로 활용했다. 장다이는 이 소설의 주인공들에 대한 경구조의 연시(聯詩)를 썼고, 절친한 친구인 화가 천홍서우가 묘사한 영웅들의 그림을 보물처럼 아꼈다. 두 사람은 이 무법자들의 표현하기 어려운 천성을 포착하고자 노력했는데, 천홍서우는 나름대로 이 영웅들의 모습을 훌륭하게 그려내는 데 성공했다. 장다이는 그의 수준 높은 그림을 유명한 화가 우다오쯔(吳道子)*의 「지옥변상도」(地

---

* 8세기 중엽에 활동한 화가로, 수묵 산수화와 인물화, 불화(佛畫)에 능했다.

獄變相圖)에 견주었다.[34]

가뭄으로 위협받던 사오싱 주변의 마을들에서는 앞다투어 기우제를 지내며 하루빨리 비가 오기를 빌었다. 마을사람들은 불과 4년 전에는 거센 바람과 갑작스런 높은 파도로 인해 집들이 부서지고 나무가 뿌리째 뽑히며 시가지가 물바다가 되는 끔찍한 경험을 했다. 1632년에는 날마다 파도신과 바다귀신으로 분장하고 하늘에서 속히 물이 쏟아지기를 비는 마음으로 틈날 때마다 침을 뱉었다.[35] 사오싱 성안의 주민들은 『수호전』의 등장인물들처럼 옷을 입고 다니면서, 책의 제목이 상서로운 결과를 가져다주리라고 믿었다. 이토록 애쓰는 사람들을 격려하기 위해, 장다이는 『수호전』의 등장인물을 시나 그림으로 묘사하던 것에서 한 걸음 더 나아가, 친구들과 하인들을 사오싱 성안과 근교의 농촌 및 구릉지대로 보내 『수호전』의 작가가 소설 속에서 형상화한 인물과 쏙 빼닮은 사람을 찾아보게 했다.[36] 소설의 주인공들을 닮은 사람들이 없다면, 그들의 거무스름한 얼굴과 덥수룩하고 뻣뻣한 수염과 장식이 달린 투구와 목제 병장기가 없다면, 그들의 말투와 억양을 똑같이 흉내 내지 못한다면, 공연은 원작의 묘미를 극히 일부밖에 보여줄 수 없다는 것이 장다이의 주장이었다. 일의 진척은 아주 더뎠지만 몇 주 동안 노력하고 거금을 들인 끝에 장다이와 탐색자들은 『수호전』의 핵심인물들을 대신할 36명—검은 피부의 난쟁이, 건장한 싸움꾼, 풍채 좋은 승려, 남자를 유혹할 정도로 용모가 수려하고 키도 훤칠한 청년, 머리가 뒤틀린 남자, 얼굴이 불그레하고 수염이 긴 남자 등—을 정하고, 그들에게 사오싱 성으로 들어올 때 사용할 분장도구를 나눠주었다. 선택된 36명이 예정된 길을 따라 성으로 접근하자 구경꾼들이 갈수록 늘어났다. 구경꾼들은 이 호걸들의 가장행렬 무리 속에서 낯익은 주민들을 발견하자 그들을 뚫어지게 쳐다보았다.

마치 그 옛날 대중의 강렬한 눈빛을 견디지 못해 죽었다는 유명한 미남 웨이제(衛玠)*와 똑같은 운명으로 그들을 몰아넣기라도 하겠다는 듯이.

이런 방식으로 신들에게 호소하는 일이 과연 효과가 있을지에 대해서는 친척들의 견해가 엇갈렸다고 장다이는 말한다. 얼마 전에 광링(廣陵)에서 임기를 마치고 그곳에서 모은 여러 필의 비단과 면포를 싣고 돌아온 넷째 숙부는 이 계획에 호의적인 반응을 보이면서, 양산박 호걸의 대역들이 오르게 될 여덟 개의 무대를 장식할 수 있는 옷감을 많이 내주었다. 여섯 무대는 뇌신(雷神)을, 한 무대는 군신(軍神)을, 나머지 한 무대는 용왕을 기리는 것이었다. 각 무대의 옆이나 앞에 매달린 깃발에는 간절한 소망을 담은 글귀들이 적혀 있었다. "때맞춰 내리는 비," "황제의 명에 의한 평화," "잔잔한 바람과 적당한 비," "도적이 그치니 백성이 편안하다."[37] 군중들의 눈에는 굉장한 구경거리로서 손색이 없었지만, 진정한 효과를 얻기 위해서는 무대규모가 너무 작았다. 그러나 장다이의 종조부(세상을 떠난 할아버지의 동생)는 도대체 『수호전』의 무뢰배가 기우제에 무슨 도움이 되겠느냐고 퉁명스럽게 반문하며, 이 모든 계획에 회의를 나타냈다. 장다이는 자신이 선택한 36명이 『수호전』의 핵심적인 구도에 딱 들어맞는다고 설명한다. 『수호전』에 등장하는 108명은 상징적으로 두 부류로 나뉘는데, 천강성(天罡星) 36명은 하늘의 북극에 위치한 별들을, 지살성(地煞星) 72명은 땅의 운행과 관련된 별들을 나타낸다.[38]

장다이의 아버지는 1633년 초에 사망했다. 정월에 아버지는 아무

---

* 서진(西晉)의 웨이제는 잘 생긴 외모 탓에 어디를 가든지 사람들이 그를 보려고 구름처럼 몰려들었는데, 원래 몸이 허약했던 그가 사망하자 "사람들의 눈길이 그를 죽였다"는 말이 나돌았다고 한다.

런 병색도 없었는데 갑자기 2월 5일에 '떠날 것'이라고 선언했다. 2월 2일에는 모든 벗을 모아놓고 작별인사를 했고, 정확하게 그가 예견한 날인 5일 정오에 세상을 떠났다. 아버지가 사망하기 전에 분장을 한 특별한 무리가 흥분한 대중에게 둘러싸여 사오싱에 들어오는 것을 볼 기회가 있었는지 장다이는 우리에게 말해주지 않는다. 아버지와 아들 두 사람은 언제나 같은 시각으로 사물을 바라보지는 않는다. 그러나 기묘한 것과 신비로운 것에 끌렸고, 말과 그 의미에 매료되었다는 점에서는 서로 비슷했다. 이제 할아버지와 아버지가 모두 세상을 떠났으므로, 뒤죽박죽이 된 채 그를 짓누르는 과거의 이미지들을 정리하는 일은 장다이의 몫이었다.

6장
기이한 사람들

 루팡이나 둘째 숙부 같은 인물들이 기본적으로 그들만의 전문적인 역할에 의해 평가받던 세상에서 장다이는 어떻게 살아갔을까? 말년에 스스로를 분석하면서 장다이는 자신이 제대로 살지 못했다고 자조적으로 평가했다. 그는 본인의 주관을 최대한 배제하기 위해 자신을 3인칭으로 표현하면서 다음과 같이 적고 있다. "장다이는 열심히 책을 읽었지만 이룬 게 아무것도 없었다. 검술도 배웠으나 쓸모가 없었다. 의로운 행동규범을 실천하고자 애썼지만 여의치 않았다. 문장가가 될 생각도 해보았으나 뜻대로 되지 않았다. 신선술을 배우고 불교를 배우고 농사를 배우고 원예를 배웠으나 모두 허사였다. 그래서 세상사람들이 그를 재물을 탕진한 자, 전혀 쓸모없는 자, 완고한 서민, 저급한 서생, 몽유병자, 오래된 도깨비라고 부르도록 내버려두었다."[1] 그 모든 것을 어떻게 해석할지는 본인에게 달려 있었다고 장다이는 설명한다. 그는 자신에 대한 세인의 평가가 역설로 가득 차 있다는 것을 잘 알고 있었지만, 그에게 그런 역설을 해결할 재주나 통찰력은 없었다.[2] "그를 부유하고 좋은 가문에서 태어난 사람이라 부르고 싶다면 그렇게 하라. 그를 가난하고 비천한 사람이라 말해도 상관없다. 그를 지혜롭다고 말해도 괜찮고, 우둔하다고 평해도 문제없다. 그를 공격적이고 경쟁심이 강한 사람이라고 말해도 좋고, 부드럽고 나약한 인간이라고 말해도 무방하다. 그를 근심이 많고 성급한 인간으로 보든, 게으르고 무례한 사람으로 여기든 그는 개의치 않을 것이다."

그러나 적어도 글을 쓰는 일에 실패했다는 자조 섞인 고백은 적어도 절반만 진실이었다. 1620년대 초에 첫 저서인 『고금의열전』을 쓰기 시작한 순간부터, 장다이는 한꺼번에 여러 건의 집필계획을 추진하면서 즐거웠던 것 같았기 때문이다. 1628년 이후 그는 당시까지 열다섯 황제의 치세를 통해 드러난 명조의 역사에 관한 자료를 수집하고 초고를 집필했다. 또한 야항선(夜航船)을 타는 사람들이 반드시 알아두어야 할 인문지식을 항목별로 체계화하는 방안을 모색하고 있었다. 그리고 십대에 읽었던 사서(四書)의 내용을 상술하고 자신의 주석을 덧붙여 서생들이 풍부한 함의를 지닌 이런 경전들을 완전히 이해할 수 있게 도와주려고 했다. 분명히 장다이는 자신의 지극히 개인적인 일련의 주석을 전개할 때 과거시험장에서 "표준적인 지혜"로 통하던 상상력 부재의 상투적인 주석들에 대한 할아버지와 자신의 경멸감을 표현하고 싶었을 것이다. 끝으로 그는 과거에 대한 우리의 지식에 심층적 의미를 부여해줄 또 다른 역사책을 구상하고 있었다. 남아 있는 기록들이 제공할 수 있는 것보다 과거에 대한 지식을 훨씬 깊이 있고 풍부하게 만들어 역사의 간극을 메우겠다는 뜻에서, 그는 이 책에 『사궐』(史闕)이라는 제목을 붙였다.[3]

장다이는 이 문제를 폭넓은 관점에서 논하고 있다. 그는 과거의 역사가들도 동시대의 역사가들과 비슷한 문제에 봉착했다고 말한다. 어떤 사건이 무척 성가시면 그냥 내버려두기 일쑤인데, 이런 일이 반복되어 그 간극이 커지면 커질수록 아예 손을 댈 엄두도 내지 못하게 된다는 것이다. 그러나 공자가 말했듯이, "어떤 사건의 의미는 간접적으로 이해될 수 있다." 장다이는 그 말을 "어떤 문서의 의미가 정확하게 기록되어 있지 않다고 해도, 우리는 기록되지 않은 그것이 무엇인지 알아낼 수 있다"는 뜻으로 풀이했다. 장다이는 천문학에서 유사한 사례를 제시했다. "아무것도 기록된 바가 없다는 것은 달의 일부가 가려진 것과 같다. 기록된 것이 없어도 기록되지 않은 것의 의미를 파악할 수 있다면, 그것은 월식과 같은 것이다. 월식이 일어나 달의 일부가 보이지 않는 것이라면, 달의 진정한 기운이 정말로 사라졌다고 말할 수 없다. 그 진정한 기운을 계속 찾아나가면, 달은 다시 온전한 모습으로 나타날 것이다."

자신의 주장을 더욱 구체화하기 위해 장다이는 현무문(玄武門)의 변(變)[4]이라고 알려진 역사의 극적인 순간을 선택했다. 626년에 당조의 제위를 탐낸 리스민(李世民)은 심복들을 시켜 현무문에서 황태자와 동생을 살해하고 황제인 아버지를 유폐했다. 찬탈자인 태종은 사관들에게 "사건의 진실을 기록하라"고 강조했다. 당연히 그들은 무엇을 기록해야 할지 신중하게 생각해야만 했다. 그러나 장다이에게 그런 상황은 월식과 같은 것에 불과했다. 월식이 지나가면 보름달은 더 환하게 보일 것이기 때문이었다. "진실은 가려졌을 뿐 사라지지 않았다. 따라서 정정(訂正)을 위한 추진력은 엄연히 존재했다. 진실이 완전히 사라진 것이 아니었으므로, 사람들은 진실을 캐낼 수 있었고, 진실을 캐내자 용기를 얻게 되었고, 용기를 얻자 말을 타고 질주할 수 있었고, 질주하면서 앞으로 나아가 결국 사태를 수습하고 정정을 완수할 수 있었다." 그러므로 태종의 자세는 칭찬받아 마땅하다.

다른 종류의 역사적 간극들은 다루기가 훨씬 편했다. 예컨대 등불에 비친 옆모습을 보고 그리는 일종의 '그림자 그림'의 경우에는 모델이 누구인지 분명히 나타내겠다고 굳이 눈이나 눈썹의 특징까지 추가할 필요가 없다. 하지만 구체적인 부분을 채워 넣을 필요가 절박한 경우도 있었다. 장다이는 다음과 같이 적고 있다. "나는 정사(正史)에 포괄성이 부족하다는 점에 실망하여, 스스로 정사의 공백을 메울 수 있는 사료를 열심히 수집해왔다. 한 마디 말만 덧붙이면 기록 전체가 활력을 얻고, 한 가지 사건만 덧붙이면 역사 전체가 살아서 움직인다."

장다이는 당 태종의 삶에서 두 가지 사례를 끌어와 자신이 개념화한 "간극 메우기"의 절차를 설명했다. 하나는 살을 덧붙이는 방식을 보여주는 예이고, 나머지 하나는 과감하게 축약하는 법을 보여주는 예였다. 장다이는 간극 메우기의 첫번째 예를 태종이 고대 중국의 서예작품 가운데 최고의 걸작인 왕시즈(王羲之)의 「난정서」(蘭亭序)를 어떻게 손에 넣었는지 자세히 적어놓은 야사에서 끌어왔다. 정사에서는 이 일을 조심스럽고 모호하게 기록했지만, 야사에서는 당 태종의 기민함과 탐욕, 속임수를 집중적으로 조명하기 위해 그의 행위를 자세히 묘사했다고 장다이는 설명한다. 두 번째 예는 황제를 위압하는 힘을 갖고 있던 유력한 대신 웨이정(魏徵)에 대한 기록에서 따왔다. 장다이는 그가 얼마나 강직한 인물이었고 황제가 그를 얼마나 어려워했는지를 보여주는 데는 정사에 나오는 수백 가지의 진부한 사례보다 태종의 수치심과 죄의식을 적나라하게 드러내는 네 글자가 훨씬 효과적이라고 말한다. 그 간단한 네 글자는 '요사회중'(鷂死懷中, 새매가 품 안에서 죽다)이었다.[5] 그러나 이 네 글자는 태종이 자신이 아끼던 새매와 놀던 중에 웨이정이 나타나자 깜짝 놀라서 그가 떠날 때까지 새매를 감추느라 품속에 넣었는데 공교롭게 새매가 질식사한 정황을 생생하게 설명해주고 있다. "누군가의 정신세계를 완전히 이해하는 열쇠는 두드러진 특징을 찾아내는 것이다"라고 장다이는 적고 있다. 이 특수한 예에서는 "수천 자로 기록해도 간극이 있었지만, 이 네 글자를 사용하니 간극이 사라졌다." 견문이 넓은 역사서 독자라면 틀림없이 간극이 많은 수천 자보다 간극이 없는 네 글자를 더 선호할 것이라고 장다이는 말한다.

이것을 장다이가 『고금의열전』에서 의인의 행동을 접했을 때 느끼는 순간적인 흥분을 표현하는 용어로 사용한 '통쾌함'이라는 개념과 어떻게 해서든지 연결시킬 수 있을까? 비록 통쾌함은 부분적으로 역사 속 주인공의 도덕적 자세에서 우러나오는 반면에 간극이라는 개념은 도덕적으로 중립적이기는 하지만, 두 가지가 반드시 양립할 수 없는 것은 아니다. 장다이가 집안사람들 가운데 전기로 기록할 만한 인물이 누구일지 숙고했을 때, 그는 단순히 정도에서 벗어난 게 아니라 극단적으로 행동한, 그래서 시대의 혼란을 조명하는 데 일조한 사람들에게 관심이 갔다. 장다이는 『논어』에 자기 나름의 주석을 달면서, 가장 어진 사람과 가장 무책임한 사람은 종이 한 장 차이라는 성인의 통찰에 경의를 표했다. 이제 초점은 존경할 만한 사람들로부터 함께 지내고 싶은 사람들에게로 옮겨갔다. 장다이는 다음과 같이 표현하고 있다. "무언가에 몰두하는 버릇(癖)이 없는 사람과는 사귈 수 없다. 그런 사람에게는 격정이 없기 때문이다. 흠(疵)이 없는 사람과도 사귈 수 없다. 그런 사람에게는 진정한 사람냄새가 나지 않기 때문이다."[6]

장다이는 친척들에 대해 다음과 같이 회상했다. "훌륭한 점을 가진 사람도 있고 흠을 가진 사람도 있다. 훌륭한 점을 논하려 한다면 [아마도] 굳이 전기를 쓸 필요가 없을 것이다. 흠을 이야기하려 한다면 [아마도] 전기에 담을 만한 내용들이 있을 것이다." 이런 생각을 뒷받침하기 위해 장다이는 14세기 초의 전기작가였던 셰진(解縉)의 말을 인용했다. "나는 흠이 없는 돌이 되느니 차라리 흠이 있는 옥이 되겠다. 흠이 있는 옥도 옥이듯이, 흠이 있는 사람들도 옥과 같을 수 있다."[7] 이런 사고방식을 친척의 전기라는 폭넓은 범주와 연결시키자 장다이의 뇌리에는 불현듯 다음과 같은 생각이 스치고 지나갔다. "무언가에 몰두하는 버릇은 격정에서 나온다. 과도한 열정은 어릴 때는 흠으로 보이지만, 나이가 들면 한 가지 일에 몰두하는 버릇으로 변한다."[8] 이런 사람들은 "전기의 대상으로 적합하지 않을지는 몰라도, 그들이 정말로 어떤 일에 미쳐 있었다면 그들의 삶을 소상히 기록하지 않을 수 없다."[9]

여기에 꼭 들어맞는 경우가 여섯째 숙부[10]였는데, 그는 평생을 자기 멋대로 살았다. 장다이에 따르면 여섯째 숙부는 태어날 때부터 고집이 세고 공부에는 취미가 없었다. 대신에 "그는 마을의 협객들이나 부랑자들과 어울려 쟁(箏)을 켜고, 축국을 하고, 주사위놀이와 패놀이를 하고, 분장을 하고 무대에 오르며, 투계와 경마를 즐기고, 오륙십 명의 식객을 초대했다. 때때로 그는 돼지를 통째로 삶아 손님들에게 대접했는데, 그러면 손님들은 배가 터질 만큼 실컷 먹고 침상으로 물러나 흥겹게 놀았다." 이런 무절제는 부지불식간에 일종의 가학적 행동으로 이어졌다. 장다이에 따르면 여섯째 숙부는 "귤을 무척 좋아해서 귤이 익으면 침상이나 가구에 온통 귤을 쌓아놓았다. 혼자서 껍질을 까서는 자신이 먹는 속도를 감당할 수 없었으므로, 시중드는 아이들을 세워놓고 귤껍질을 까게 했다. 겨울이 되면 시동들은 손이 부르트고 검붉은 반점이 생겼으며, 나중에는 동상으로 피부의 각질층이 벗겨졌다."

대범함은 여섯째 숙부의 또 다른 특징이었다. 그의 조카가 설명한 바에 따르면, "여섯째 숙부의 열렬한 취미는 준마를 기르는 것이었다. 어느 날 그는 300냥을 주고 대청(大靑)이라는 말을 샀다. 식객 하나

가 그 말을 끌고 나가 칠월 칠석 축제에 참가하여 다른 말들과 경주를
시켰다. 경주로가 진흙탕이라 말들이 사방에서 미끄러져 넘어졌고,
대청도 다리에 큰 상처를 입고 죽었다. 이 소식을 들은 여섯째 숙부는
말을 수의로 덮어서 묻게 한 뒤, 식객의 마음을 상하게 하지 않으려고
이 일을 불문에 붙였다."

　여섯째 숙부의 무분별함과 관대함은 그를 속임수와 복수라는 기괴
한 영역으로 이끌었다. 장다이에 따르면, 여섯째 숙부의 이웃에는 자
칭 '주공'(主公)이라는 '젊은 건달'이 있었다. 그는 여섯째 숙부를 자신
의 패거리에 끌어들이려고 끊임없이 압박을 가했지만, 절대로 남의
뜻에 따르지 않는 숙부는 끝내 거절했다. 이런 성격은 장다이가 '왕
아무개'라고 칭한 불량배에 대한 복수로 표출되었다. 여섯째 숙부는
자신이 총애하던 시동을 왕 아무개가 범했다는 사실을 알게 된 순간
그자가 죽는 것을 자신의 눈으로 확인하고 말겠다고 맹세했다. 왕 아
무개는 인근의 강을 건너 강변의 한 여관으로 숨어들었다. 마침 그 여
관에는 "수십 명의 건장한 사내들"이 있었는데, 그들은 잉톈부(應天
府) 순무의 수하임을 나타내는 패를 소지하고 있었다. 눈에 쌍심지를
켜고 추적하던 여섯째 숙부는 순무의 부하들에게 왕 아무개가 방금
탈옥한 유명한 도둑이라고 말했다. "그러자 그들은 몽둥이로 왕 아무
개를 때려죽였고, 그것을 보고 나서야 여섯째 숙부는 자리를 떴다."

　과거(科擧)에 관한 한, 여섯째 숙부의 유일한 목표는 자신이 마음
만 먹으면 무엇이든 할 수 있다는 점을 입증하는 데 있었던 것 같다.
분명히 그는 과거에 응시할 의사도, 관리가 될 생각도 없었다. 그저
"겨드랑이에 책을 끼고 천하를 떠돌았는데, 사해 안의 이름난 학자들
이 모두 그를 좋아했다."

　그래서 여섯째 숙부는 도시의 집은 그대로 두고 한적한 시골에도

거처를 마련하여 자신의 대조적인 두 세상을 유지했다. 하나는 '부랑자'의 세상이요, 다른 하나는 "그를 만나기 위해 사방에서 룽산으로 모여든 쟁쟁한 노학자들"의 세상이었다. 장다이의 말에 따르면, 여섯째 숙부의 최후는 제멋에 취해 자기 하고 싶은 대로 살았던 인간들이 맞게 되는 죽음의 전형이었다고 할 만하다. 1615년의 어느 날 여섯째 숙부의 두 친구가 룽산에 찾아왔고, 세 사람은 폭우를 맞으며 유명한 명승지로 유람을 떠났다. 강물이 불어났지만 여섯째 숙부는 벌거벗은 채 때로는 정수리까지 차오르는 차디찬 계곡물을 가로질렀다. 이 때문에 두 발목이 부어올랐고, 이윽고 음력 9월에 약을 먹으니 약간 차도가 있었다. 여섯째 숙부를 치료하던 의원은 이렇게 말했다. " '이 특별한 약에는 독성이 있으니 매일 조금씩 복용해야 합니다. 이 약첩은 100일분입니다.' 여섯째 숙부는 자문했다. '누가 그리 오래 기다릴 수 있겠는가?' 그러고는 약 꾸러미를 풀어서 하룻저녁에 몽땅 먹어버렸다. 그는 약물중독으로 사망했다."

　　장다이의 설명에 따르면 여섯째 숙부를 지배한 것은 지독하게 무심하고 문자 그대로 자멸적인 이상한 외고집이었다. 그러나 여섯째 숙부는 자신의 특별한 재능 덕분에 사오싱 지방 학자들의 세계를 두루 살필 수 있었고 그 세계에 쉽게 적응할 수 있었다. 그 지방의 내로라하는 학자들이 그의 장례식에 와서 추도시를 남겼다고 장다이는 적고 있다. 이 특별한 짧은 전기에 덧붙인 마무리 글에서 장다이는 여섯째 숙부의 준마를 핵심적인 이미지로 이용하여 그의 특징을 분명히 나타내고자 했다. " '천리마는 사람한테 발길질을 하고 깨무는 것을 좋아한다. 발길질하지 않고 깨물지 않으면 천리마가 될 수 없다'는 말이 있다. 여섯째 숙부는 어렸을 적에 발길질하고 깨무는 것이 유난히 심했다. 그러나 약관을 넘어서자 채찍 그림자만 봐도 달릴 준비를 했다.

그리고 순식간에 천리를 달릴 수 있었다. 이 말(馬)이 어찌 이처럼 빨리 변할 수 있었겠는가? 그 이유는 그가 발길질과 깨물기에 능하고 또 천리를 달릴 수 있는 힘을 갖추어 천리마가 될 수 있었기 때문이다. 여섯째 숙부는 협객과 부랑자들을 좋아했으므로 주변에 그런 사람들이 모여들었다. 그는 유명한 학자들을 좋아했으므로 유명한 학자들이 주변에 모여들었다. 한 번의 생각으로, 그는 스스로 변신할 수 있었고 교유하는 벗들까지 교체할 수 있었다. 이 사람을 모른다면 그의 벗들을 살펴보라. 나는 여섯째 숙부를 자세히 살펴보았다."

여섯째 숙부는 장다이가 열여덟 살 때 죽었지만, 장다이가 생각할 때 연극과 인생이 교차하는 현상을 예리하게 통찰한 논평을 남겼다. 여섯째 숙부는 이 논평을 적은 두 폭의 족자를 자신의 극단 무대 양편에 걸어두었다. 장다이는 그 전문을 소개하고 있다.

첫 번째 대련

인과응보가 이승과 저승을 연결하누나.

선한 자와 악한 자가 어떻게 답변하는가 보라.

뉘라서 심판에서 벗어나랴.

도가 낮과 밤을 통하는구나.

태어난 자와 죽은 자가 새 이름을 얻네.

그러나 무대 뒤편에서는 옛 모습 되찾으리.

두 번째 대련

귀신으로 꾸미고 악마로 분장하누나.

어리석은 사람들 공포에 질려

현실이 이럴까 두려워하네.

부처가 되건 조사(祖師)가 되건,

현명한 사람들 눈 하나 깜짝 안하니

죽을 때 어찌 다시 살길 바라랴.[11]

"그것은 참으로 연극적인 용어로 불법을 해명하는 방식이었다"고
장다이는 적고 있다.

장다이는 틀에 얽매이지 않고 행동한 친척의 표본으로 사촌 옌커
(燕客)를 꼽았다.[12] 사람의 인생에서 서로 다른 국면이 그토록 복잡
하고 부자연스럽게 얽혀 있는 경우도 보기 드물거니와 추측컨대 그
사실을 인식하고 있었다는 점에서, 옌커는 특별한 존재였으며, 그래
서였는지 장다이는 가족 중에서 유일하게 그에 대해서만 세 차례나
긴 글을 썼다. 옌커는 장다이의 형제와 사촌 가운데 가장 부유한 축에
속했으며, 그는 유명한 골동품 수집가인 첫째 숙부의 정실 소생으로
두 사람의 금쪽 같은 외동아들이었다. 옌커의 어머니가 장다이와 절
친했던 치뱌오자의 인척이었기 때문에, 옌커와 장다이의 인연은 각별
했다. 첫째 숙부는 권문세가인 주씨 집안 사람들에게 골동과 그림의
감식법을 배웠고, 장다이는 숙부네 식구들을 잘 알고 있었다. 장다이
는 그 어떤 글에서도 가족의 전기를 이토록 친절하고 상세하게 소개
한 적이 없었다. "내 사촌동생 옌커의 아버지는 유명한 장바오성(張葆
生)[첫째 숙부]이었다. 그의 어머니 왕씨 부인은 옌커 하나만 낳았으
므로 그를 애지중지했다. 그는 자라면서 신경질적이고 잔인하고 성미
가 급하고 고집 센 아이가 되었다. 이런 성질 때문에 스승도 그를 훈
도할 수 없었고, 아버지도 그를 말릴 수 없었으며, 호랑이와 늑대도
그를 저지할 수 없었고, 칼과 도끼도 그를 위협할 수 없었으며, 귀신
도 그를 놀라게 할 수 없었고, 천둥과 폭풍도 그를 동요시킬 수 없었

다. 여섯 살 때는 단맛이 나는 술을 찾아내 몰래 몇 되를 마시고 취해서 술독 아래 죽은 듯이 쓰러져 있었다. 이튿날 식구들이 그를 물속에 처넣었다가 끄집어내자 그제야 정신을 차렸다.

그런 불길한 출발에도 불구하고 옌커는 매우 총명했다. "일곱 살에 소학에 입학했는데, 한 번 소리 내어 따라 읽은 책은 완벽하게 이해할 수 있었다. 자라면서 영민함이 다른 사람들을 앞질러, 한 번만 읽으면 유교경전이나 역사서들을 모조리 외울 수 있었다." 그러나 옌커의 정신적 에너지가 그런 방향으로만 쏠릴 리는 만무했다. 그의 취미는 여섯째 숙부보다 훨씬 다양했다. "그는 사실상 각종 오락과 유희에 능했다. 온갖 운율의 시, 서예와 회화, 음악과 장기(將棋), 생황이나 퉁소 같은 악기, 축국과 바둑, 주사위노름과 패노름, 창술과 봉술, 궁술과 승마, 북치기와 노래, 분장과 연기, 재담과 해학, 월금(月琴)* 연주와 투호(投壺). 이 모든 잡기에 대한 그의 기교와 이해는 탁월하여 입신의 경지에 이르렀다." 패놀이 같은 단순한 게임을 할 때도, 옌커는 기존의 모든 경기방식을 요약하고 정리해서 자신의 마음에 드는 게임으로 재구성했다.

옌커의 아버지는 갈수록 늘어나던 소장품 목록에 추가할 새 물건을 구하느라, 또는 베이징이나 지방의 여러 관직에서 근무하느라 주로 집을 떠나 있었다. 때때로 그는 옌커에게 거액의 용돈뿐 아니라 토지와 미술품도 주었는데, 옌커는 땅과 미술품을 즉각 현금화하여 순식간에 써버렸다. 그의 돈과 생활방식은 많은 식객을 끌어 모았고, 그들은 옌커가 우발적으로 폭력을 행사하고 적어도 한 번은 살인까지 저질렀지만 벌을 받지 않도록 도와주었다. "그의 집에는 온갖 협잡꾼과

* 비파처럼 생긴 4현악기.

모사꾼, 한량과 사기꾼이 들끓었지만, 만일 그들이 행동거지를 조심하지 않을 경우 그는 느닷없이 그들을 조롱하고 욕하고 내쫓았다. 그가 한때 총애했던 사람들의 운명이 어떻게 되었는지 지금은 알 수 없다." 옌커는 첩과 시중꾼, 여종과 남자노비들에 대해서도 똑같이 폭력적이고 변덕스러웠다. 한 번은 수백 냥을 들여서 첩으로 삼을 여자를 사왔으나, 단 하룻밤을 지내고 나서 자신을 즐겁게 해주지 못했다며 그녀를 내쫓았다. "그에게 기쁨을 가져다주는 것은 동일한 경험을 반복하는 것이 아니라, 감각을 직접 자극하는 신선한 그 무엇이었다. 옌커는 사람을 고를 때 특별히 주의를 기울이지 않았고, 비용도 따지지 않았다. 그는 자신의 집에 들어올 사람에게 많은 돈을 쏟아 붓거나 하인에게 값진 것을 주는 것을 낭비라고 생각하지 않았다. 그렇지만 수하들이 자신을 화나게 하면 돌변하여 수백 대의 채찍질을 가했고 피묻은 살점이 떨어져 나가도 전혀 개의치 않았다. 당시 사람들은 그를 리쾅다(李匡達)에 비유했다.(리쾅다는 오대〔五代〕 후촉〔後蜀〕 옌팅〔鹽亭〕의 수령으로 죄인들이 태장을 맞을 때 내는 신음소리를, 살로 만든 북이 울리는 소리라며 좋아했다.)

아내 상(商)씨[13]와 사별한 뒤에 젊은 옌커의 성질은 더욱 통제 불능으로 변했다고 장다이는 적고 있다. "한 번은 그가 여종 한 명을 법에 규정된 한도 이상으로 매질을 하고 내쫓았다. 그녀는 음독자살했다. 그녀의 시체를 수습한 친족들이 관아의 문을 억지로 밀고 들어가 지현이 집무하는 현청 뜰 한복판에 내려놓았다. 옌커는 눈 하나 깜빡하지 않았다. 소식을 듣고 모여든 주민 수천 명은 여종의 살이 터지고 문드러진 것을 보고 천둥소리를 방불케 하는 분노의 함성을 지르며 그의 집을 불태우려 했다. 그래도 그는 미동도 하지 않았다." 옌커의 장인 상덩쉬안(商等軒)과 장다이의 친구 치뱌오자가 중재자로 나섰다. "지방 전체가 소란스러워져서 거의 민란이 발생할 지경에 이르렀지만, 사촌동생은 여전히 난폭하게 굴었다. 이 모든 소동에도 그의 행동은 고쳐지지 않았다. 그는 자기의 뜻을 거스르는 자가 있으면 무조건 소송을 걸었고, 일단 소송을 걸면 반드시 승소하고자 했다. 소송이 한두 해를 끌어도 지치지 않았고, 소송비용으로 수천 냥을 탕진하더라도 아까워하지 않았다."

엔커는 정원을 가꾸는 데도 아낌없이 돈을 쏟아 부었다. 장다이는 모든 정원이 룽산의 쾌원처럼 풍성하고 완벽한 모습을 갖출 수는 없다는 사실을 경험으로 잘 알고 있었다. 또한 정원을 공들여 가꾸는 모든 사람이 친구 진루성(金乳生)과 같을 수는 없다는 사실도 알고 있었다.[14] 진루성은 좁지만 비옥한 사각형 땅뙈기를 한평생 투쟁하듯 가꾸었는데, 그 정원의 대나무 울타리와 동쪽 담 너머에는 작은 개울과 인공산이 교묘하게 숨어 있었다. 땅은 빈틈없이 활용되었고, 사계절 내내 꽃들이 만발했다. 그러나 진루성은 꿈을 키우는 대가로 잠시도 한눈을 팔아서는 안되었다. 장다이가 묘사하고 있듯이, 그의 오랜 벗인 "진루성은 몸이 약해 병치레가 잦았지만 늘 일찍 일어났다. 심지어 세수하거나 머리에 빗질을 하기도 전에 화단 옆에 자리를 펴고, 꽃잎에 숨은 해충들을 잡고, 뿌리 쪽에 있는 벌레들을 쫓는 그의 모습을 볼 수 있었다. 그는 매일 수천에 달하는 식물을 보살피며 시간을 보냈다. 온종일 다 자란 싹을 망가뜨리는 불개미, 가시로 덮인 줄기를 공격하는 노래기, 뿌리에 해를 입히는 벌레와 달팽이, 잎사귀를 좀먹는 자벌레와 풀쐐기를 잡았다." 벌레들을 상대로 한 무자비한 전면전만이 진루성이 정원을 살리는 유일한 길이었다. "불개미를 유인해내려고 그는 개미구멍 근처에 말린 물고기뼈나 거북껍질을 뿌려두었다. 그는 삼베로 돌돌 만 꼬챙이로 노래기를 잡았고, 한밤중에 등을 켜고

달팽이를 죽였다. 지렁이는 석회 섞은 물을 뿌려서 없애고, 풀쐐기는
말똥으로 죽였으며, 주둥이가 긴 투구벌레는 철사로 구멍을 쑤셔서
쫓아냈다. 엄동설한에 손이 갈라지거나 한여름 땡볕에 이마가 검게
타도 이 모든 일을 직접 했다."

그러나 옌커의 정원에 대한 집착은 상상을 초월하는 규모로 표출되
었다.[15] 장다이는 사촌 옌커가 1631년에 그의 거처 서쪽에 있던 기이
한 모양의 바위를 옮기기로 결심한 일을 회상했다. 그는 수백 명의 인
부를 모아 그 바위 둘레를 파내고 그것을 깨끗이 닦게 했는데, 몇 장
(丈) 높이의 암벽이 드러나자 그 깎은 듯한 모습을 보고 즐거워했다.
그러나 그때 어떤 사람이 바위 밑에 깊은 물웅덩이가 있어서 암벽이
비친다면 더욱 근사할 것이라고 말했다. 그러자 옌커는 바위 아래의
땅을 파내어 커다란 물웅덩이를 만들게 했다. 바위가 너무 단단히 박
혀 있어 쇠지레를 사용할 수 없었기 때문에, 석수들을 불러 정으로 쪼
아 바위에 한 장 깊이의 웅덩이를 만든 다음, 시각적 효과를 위해 쪽
물을 채워 넣었다. 이번에는 또 다른 사람이 정자와 바위는 정말 아름
답지만 그 주위에 큰 꽃나무가 없는 것이 무척 아쉽다고 말했다. "그
래서 옌커는 꽃이 핀 매화나무, 솔방울이 달린 소나무, 윈난 산 차나
무, 개화한 배나무와 그 밖의 다른 나무를 찾기 위해 사람들을 보냈는
데, 키가 크고 둘레도 굵은 나무들만 원했기 때문에 그것을 정원 안으
로 들여올 때는 담장 일부를 헐어야 했고, 식목을 할 때도 수십 명을
고용해야 했다. 이식된 나무들은 잘 자라지 못하고 며칠 만에 시들기
시작했다. 그래서 그는 빈 곳을 메울 더 큰 나무를 구했다. 처음에는
정원 전체가 무성하고 아름답게 보였지만, 며칠이 지나자 이 나무들
도 말라비틀어져 땔감으로나 써야 했다. 옛날에 계수나무를 베어 땔
감으로 사용한 사람들도 있었다지만, 내 사촌의 과욕은 그들보다 몇

192

배나 더했다."[16]

엔커는 이제 바위 표면이 너무 매끈하고 이끼가 끼지 않는 것을 한 탄하면서, 녹색의 광물성 안료를 다량 구해와 식객들 가운데 그림을 잘 그리는 사람들에게 칠을 하게 했다. "비가 와서 안료가 몽땅 씻겨 나가자, 다시 이전처럼 바위에 색칠을 하게 했다."

이미 다른 집안사람 몇 명의 낭비벽에 대해 간결하게 묘사한 바 있는 장다이는 엔커의 행동에 전형적으로 나타나는 낭비라는 주제를 좀더 상세하게 탐색했다. 특히 엔커의 예에서는 정원에 대한 그의 집착을 예술의 세계라는 폭넓은 맥락에서 조명하고자 했다. 장다이가 엔커의 정원 가꾸는 방식에 대해 논평한 바와 같이, "자신이 옮겨 심은 나무가 죽으면, 그는 다른 큰 나무로 이를 대신하려 했다. 그는 죽지 않을 나무를 심는 것만으로는 만족하지 못했다. 나무들이 죽으면 더 많은 나무를 심었다. 그것이 나무가 죽을 수밖에 없는 이유였다. 나무도 살고 싶었겠지만 끝내 죽고 말았다." 다른 희귀한 물건에 대해서도 마찬가지였다. "흥미를 끄는 어떤 물건을 우연히 발견하면, 엔커는 그 것을 손에 넣기 위해 물불을 가리지 않았고, 비용 따위는 신경도 쓰지 않았다. 한 번은 우린(武林)*에서 서른 냥을 주고 금붕어 수십 마리를 샀다. 그는 자그마한 동이에 물고기를 담아 집으로 향했는데, 흰색으로 변한 것들은 국자로 퍼서 내버렸다. 강을 다 건넜을 때는 한 마리도 남아 있지 않았지만, 그는 태연자약하게 웃고 농담했다."[17]

엔커는 골동품도 몹시 좋아했지만, 장다이가 지적하고 있듯이 아주 사소한 흠집이나 결함이 있으면 반드시 수리하게 했다. 한 번은 50냥을 주고 200년 전인 선덕(宣德)연간(1426~1434)에 만들어진 청동향

---

* 항저우의 다른 이름. 옛부터 항저우의 우린산(武林山)이 유명하여 항저우를 우린이라고도 불렀다.

로를 샀는데, 녹청의 윤기가 마음에 들지 않자 그 아름다움을 되살리겠다고 불속에 넣었다. "옌커가 석탄 한 광주리를 붓고 풀무질로 불의 온도를 높이자 몇 분 만에 향로가 녹아내리기 시작했다. 그러나 그는 '아—' 하고 소리쳤을 따름이다."

비슷한 내용의 다른 일화도 있다. 항저우의 어느 절에서 옌커는 서른 냥을 주고 아주 귀한 벼루를 샀다. 표면에는 작은 산봉우리처럼 보이는 기이한 모양의 결이 나 있었고, 그 사이사이에 반투명의 하얀 무늬가 있었다. 그는 이 벼루에 '청산백운'(靑山白雲)이라는 이름을 붙였다. 그 돌은 마치 기름을 칠한 듯이 반짝거렸다고 장다이는 적고 있다. "그것은 정말로 수백 년 묵은 것이었다. 옌커는 그것을 자세히 살펴보다가 벼루 표면의 한 곳이 볼록 솟아 있는 것을 발견하고 깎아내기로 했다. 큰 정으로 쪼자 벼루가 두 동강이 나버렸다. 화가 머리끝까지 치민 옌커는 쇠망치로 벼루는 물론이고 자단받침까지 박살내서 시후에 던져버렸다. 그리고 시동에게 이 사실을 누구에게도 발설하지 말라고 일렀다."

확실히 그런 삶은 모든 규율을 거부하고 인과관계의 정상적인 흐름을 말살했다. 장다이는 집착이 제 기능을 상실하고 단지 결함투성이의 행동으로 전락하여 애정의 대상들과 그것들을 품고 있는 더 넓은 세상에 타격을 가했을 때 무슨 일이 일어나는가를 자신만의 방식으로 보여주었다. 장다이에 의하면, 옌커라는 이름은 사촌동생이 『야오충이 꿈에 지옥을 방문하다』(姚崇夢游地獄)라는 소설을 읽은 뒤에 냉소적인 의미로 선택한 것이다. 이 이야기 속에서 명대의 어느 유람객은 지옥을 방문하는 꿈을 꾸면서, 수천의 악귀가 주인인 옌공(燕公)을 위해 산더미 같은 귀금속을 거대한 용광로에서 녹이는 광경을 보았다. 같은 꿈속에서 그 유람객은 거의 차디차게 식어버린 또 다른 용광로

194

를 보았다. 그곳에서는 풀죽은 두 악귀가 하품을 하면서 옌공의 나머지 재물을 지키고 있었다. 잠에서 깨어난 그 유람객은 "옌공이 비참한 최후를 맞이할 낭비가였기 때문에, 하늘이 그의 방종을 묵인했던 것 같다"고 생각했다. 장다이의 사촌은 이 이야기를 좋아해서 그 몽상가에게 경의를 표하기 위해 자신을 "옌공의 손님"이라는 뜻의 옌커로 불렀다.[18]

그렇다면 이런 사람을 어떻게 분류하면 적절할까? 장다이는 당시 사람들이 옌커를 양(梁)나라 관료로 수백 명의 첩을 거느리고 짐승이든 사람이든 가리지 않고 무자비하게 착취한 것으로 유명한 낭비가 위훙(魚宏)에 비유했다고 말한다. 그러나 이 비유는 정확하지 않다고 장다이는 생각했다. 옌커는 유명한 그 선배의 열정을 품고 있었을지는 몰라도, 참을성이 부족하여 무엇을 얻든 성급하게 파괴해버렸기 때문에 "충분히 음미하지 못했다." 그래서 장다이는 사촌에게 "모든 것을 잃어버린 황제"라는 별명을 붙여주었다. 이 특별한 별명은 장다이만 알고 있을 뿐 다른 사람은 아무도 몰랐다.[19]

그것은 단순히 분에 넘칠 정도로 낭비가 심한 사람에게 딱 어울리는 이름처럼 생각되지만, 옌커는 사실 그저 씀씀이만 헤픈 그런 사람은 아니었다. 그는 상당한 지성을 갖추고 있었고, 사오싱의 몇몇 문인 결사의 소중한 구성원이었을 뿐 아니라 장다이의 절친한 친구이자 세련된 관료인 치뱌오자를 중심으로 뭉친 유력한 집단의 일원이었다. 숭정제(崇禎帝)가 많은 사람이 기대하던 상서로운 구원자가 아니라 무능한 통치자라는 사실이 입증되었기 때문에, 장다이가 사촌에게 붙여준 별명이 중국 전체의 운명을 암시하고 있다는 점을 파악하는 것은 그리 어렵지 않다. 명조는 만리장성 이남의 도적떼와 반란군, 그리고 만리장성 이북의 랴오허(遼河) 동쪽 랴오둥(遼東)에 포진하고 있던 위협적인 만주족 때문에 내우외환에 시달렸다. 이와 동시에 중국에는 의원들의 손길을 필요로 하는 심각한 전염병이 만연했는데, 비유와 진단만 난무하고 병의 기세는 수그러들지 않았다. 회시와 전시에 합격하여 출세가도를 달리던 치뱌오자는 자신의 재물을 약재의 구입과 배포에 쏟아 부었다. 장다이는 1637년에 치뱌오자의 관용에 감사를 표하는 칠언시를 통해, 나라 전체가 병들었음을 암시하고 있다.

작년 겨울 끝자락, 마른하늘에
날벼락이 치더니 악귀들이 퍼졌네.
여름에 접어들면서 역병의 기운이 마을과 도시를 뒤덮고,
탐욕스런 장사꾼마냥 가난한 자들을 으르네.
벌레들이 어둑한 방안을 날아다니고,
온 가족이 죽어가며 하늘에 도움을 청하네.
낮에는 품삯을 벌 수 없고
밤에는 드러누울 대자리 하나 없고,
자나 깨나 약을 구할 생각뿐……
하나 대감의원[치뱌오자]은 병자와 병을 살피고,
약초 모아 산더미를 이루었네.
그의 약 냄새만 맡고 그의 이름만 들어도,
반송장이 병상에서 몸을 일으키네.
눈 깜짝할 사이 수천 명을 살리고,
뭇 어진 이의 찬사를 받네.
두루 살펴보니 온 세상이 이러하다.
죽은 병사, 죽은 도적의 시체가 도처에 널렸네.
랴오둥의 패배는 썩은 고깃덩이 같고,

적군의 창끝에서 퍼지는 독은 염병보다 강하네.

가렴주구는 종기와 같아서,

백성의 마음을 좀먹고 몸을 고갈시키네.

대감의원 치료하는 손길을 빌려,

천하의 정신을 소생시키려 하노라.[20]

　전쟁은 이런 새로운 현실을 남방에 안겨주었다. 장다이는 굶어죽은 북방 피난민의 시체가 매장되지 않은 채 항저우의 거리에 산더미처럼 쌓여 있는 것을 보았다고 적고 있다.[21] 여섯째 숙부와 옌커의 광적이고 파괴적인 세계는 썩어가고 있는 명조사회와 융합하기 시작했다.

　난징의 중산(鍾山)에 있는 명 태조의 능에서도 조화로움이 상실되었다는 동일한 느낌이 들었다. 이 능은 현자들이 택한 풍수지리상의 명당에 터를 잡고, 전대의 두 위인인 삼국시대의 쑨취안(孫權)과 양(梁)나라의 고승 지공(知公)화상의 육신과 영혼에 의해 보호되고 있었지만, 결국에는 퇴락의 시간을 맞이했다. 1638년 난징을 방문하여 양쯔 강 연안의 한 사찰에 머물고 있을 때, 장다이는 어느 날 밤중에 문득 잠에서 깨어났다가 먹구름이 명 태조의 능 위를 떠도는 것을 보았다. 이 구름은 100일 동안 그곳에 떠 있어서 어떤 별자리도 볼 수 없었는데, 과연 그때부터 도적들이 더욱 극성을 부리며 명조의 멸망을 예고하기 시작했다고 장다이는 말한다. 그로부터 4년 뒤에 태조의 능을 보수해 옛날의 위용을 회복하라는 명을 받은 조정의 무능한 관료들이 마치 옌커의 미친 행동을 되풀이하듯이 일을 엉망으로 처리했다. 장다이는 그들이 능 주위의 귀한 고목들을 뽑아서 태워버리고 열 자 가량의 깊이로 흙을 파내어 지맥을 손상시킴으로써 죽은 황제의 강력한 영적인 힘을 보호하던 정기(正氣)의 흐름을 끊어버렸다고 설

명하고 있다. 바로 그해인 1642년 여름에 장다이는 그 사찰 방문을
허락받고 명 태조의 영전에 제물을 바치는 광경을 참관했다고 한다.
그는 의식이 너무나 무성의하게 진행되고 제기들이 너무나 허접한 것
에 놀랐다. 엄숙한 분위기를 망치기에는 그것만으로도 부족했는지,
제단 위에 놓인 소 한 마리와 양 한 마리의 토막 난 시체가 칠월의 찌
는 듯한 더위에 부패하여 능 주위에 "참기 힘든 악취를 풍기고" 있었
다. 그런 징조들이 무엇을 의미하는지 알아차리는 데는 굳이 제관(祭
官)의 특별한 안목이 필요하지 않았다.[22]

7장

안절부절 못하는 조정

장다이는 전쟁영웅이라고 자처한 적도 없었고, 실제로 사십대 후반까지 전쟁의 참상을 가까이서 목도한 적도 없었다. 정말 기이하게도 명조가 망하기 전에 그가 전쟁과 가장 비슷한 상황을 경험한 것은 1638년 푸퉈 산에 있는 절에 참배여행을 갔을 때였다. 어느 날 저녁 산사에서 차를 마시고 있을 때, 그는 멀리서 나는 대포소리를 들었다. 급하게 밖으로 나가자, 눈부신 횃불과 불길이 일렁이는 물결 위에 비치는 광경을 볼 수 있었다. 나중에야 그는 해적들이 조업을 마치고 귀항하는 저장 지방의 어선들을 공격하여, 여러 척을 나포하거나 불태우고 제법 많은 뱃사람을 죽였다는 사실을 알게 되었다.[1]

그러나 그것은 극히 드문 경험이었고, 대부분의 경우 전쟁은 주로 연극의 형태로 장다이의 인생에 다가왔다. 전투장면, 작전의 오묘함, 음악의 울림, 전사(戰士)로 분장하고 곡예를 펼치는 배우의 용기, 아지랑이처럼 흔들리는 등불과 불빛은 장다이의 기쁨이었다. 여섯째 숙부는 한때 연병장으로 사용되던 곳을 구입하여 자신의 극장으로 개조했고, 장다이는 어릴 때 마흔 명의 단원들이 어머니를 고통에서 구하려고 지옥으로 내려갔던 붓다의 제자 이야기에 근거한 가극인 목련희(目連戲)를 본 적이 있음을 기억했다.[2] 그 공연은 무대 주위에 편안하게 둘러앉은 100여 명의 관객 앞에서 사흘 밤낮으로 계속되었다. 배우들은 대열을 이루어 전진하거나 후퇴하고, 죽마와 발판 위에서 균형을 잡고, 항아리와 석륜(石輪)으로 묘기를 부리고, 밧줄과 굴렁쇠를 갖고 도약하고, 불을 내뿜고 칼을 삼켰다. 그리고 지옥으로 내려가는 이야기에는 온갖 무시무시한 장면이 등장했다. 각양각색의 야차와 나찰, 톱과 삼지창을 사용하는 고문, "날카로운 빙산, 헤치고 나아갈 수 없는 도림(刀林), 철벽과 혈지(血池)." 이미 언급한 우다오쯔의 「지옥변상도」에 나오는 이런 장면을 연출하기 위한 "무대장치와 소품의 비용이 은 천 냥을 넘었다." 관객들은 그런 장면을 보는 것만으로도 공포에 떨었지만, 깜박이는 등불 아래 비친 그들의 얼굴 역시 귀신같아 보였다. 마침내 군중과 단원들이 내지르는 함성이 너무 커지자, 사오싱부 지부(知府)는 (과거에 자주 그랬듯이) 해적이 습격한 것으로 착각하여 수하를 보내 순찰하게 했다. 여섯째 숙부가 직접 지부의 관아에 가서 공연 중이라고 해명하고 나서야, 지부의 마음이 진정되었다.[3]

강에서 펼쳐지는 볼거리로는 용선(龍船)경주가 단연 으뜸이었다. 장다이가 본 최고의 용선경주는 1631년에 미술품 수집가인 첫째 숙부와 양저우에 머물고 있을 때 구경한 것이었다. 그 경주는 전쟁과 상무정신의 모든 요소를 재현하고 있었다. 20여 척에 달하는 용선의 머리와 꼬리는 격정의 세계를 연상시켰고, 줄지어 앉아 노를 젓는 스무 명은 도도한 자신감을 풍겼으며, 채색된 차일과 깃발은 장엄한 기운을 내뿜었고, 징소리와 북소리는 절도를 상징했으며, 선미의 무기선반은 폭력을 예고했고, 용머리에 꼿꼿이 선 사람은 위태로움을 경고했으며, 용꼬리에 매달린 아이는 사람들의 불안을 자아냈다.[4]

그러나 웅장한 규모의 배와 수군을 보려면 저장 성 북동쪽 해안에
서 조금 떨어져 있는 저우산 군도의 항구 딩하이로 가야 했다. 해안선
근처와 이 도시를 굽어보는 작은 산에는 일찍이 1530년에 방어용 성
벽이 세워졌다. 구경꾼은 그곳에서 항구에 정박해 있는 수많은 전선
(戰船), 예컨대 육중한 대전선(大戰船), 대포를 장착한 호선(唬船), 물
소가죽으로 선체를 완벽하게 감싼 기습용 몽충(蒙衝)을 볼 수 있었다.
그리고 그 주변에서 오가는 작은 어선들과 유람선들은 마치 장식용
비단에 활기찬 문양을 수놓는 실처럼 보였다. 전선들이 서로 멀리 떨
어져 있어서 고함소리로는 명령을 전달할 수 없었으므로, 수군 군관
들은 깃발과 북으로 의사를 소통했다. 돛대머리에서는 용감한 수군
병사들이 기동작전 중인 가상의 '적선'이 있는지 수평선을 샅샅이 훑
었다.[5] 적선의 위치를 확인하면 그들은 돛대머리에서 가볍게 몸을 날
려 물속으로 뛰어들었고, 해안으로 재빨리 헤엄쳐가 함대 지휘관에게
숨을 헐떡이며 상황을 보고했다. 밤이면 전선들은 돛대머리나 깃대에
매달린 등불로 연락을 했다. 등불은 바닷물에 반사되어 그 수가 배로
늘어났는데, 인근 산비탈에서 편안하게 내려다보는 장다이나 다른 사
람들에게 그 장면은 마치 "별자리가 뜨거운 기름 속에서 튀겨지거나
별로 만든 죽이 가마솥 속에서 끓고 있는 것 같았다."[6]

장다이가 목격한 가장 현란한 군사적 볼거리는 1631년 초가을 산
둥에 있는 아버지를 두 번째로 방문했을 때 노왕부에서 행해진 것이
었다.[7] 이때는 조정에서 파견된 고위관료가 감독관으로 참석했고, 군
대도 적어도 처음에는 진짜였거나 진짜인 것처럼 보였다. 기병 3천과
보병 7천이 명령에 따라 신속하고 정확하게 움직였다. 감독관이 병사
들에게 새로운 대형을 갖추라는 명령이 담긴 신호를 높이 쳐들면, 병
사들은 혹은 전진하고 혹은 후퇴하며 옆 부대와 자리를 바꾸었다. "멀

리서 적군의 역할을 맡은 기병 100기(騎)가 자욱한 연기와 먼지를 일으키며 나타났다. 처음에는 까만 점처럼 보이던 척후기병들이 수비대의 문전으로 달려와 위기상황을 알렸다. 깃발과 북으로 군사들을 소집한 장군은 노련하게 매복을 지시했다." 잠시 후 적군은 함정에 빠져 포로가 되었다.

그러나 연병장의 장면은 순식간에 바뀌어 우리의 예상을 뒤엎고 새로운 볼거리가 펼쳐졌다. "이때 머리를 질끈 묶어 여자로 분장한 미동 삼사십 명이 말을 타고 나타났다. 이들은 등에 붉은 깃발을 동여매고, 가죽망토를 걸치고, 자수로 소매를 장식한 옷을 입고 있었다." 노래패가 감독관 앞에 무리지어 악기의 반주에 맞춰 분명한 북방 억양으로 민요를 부르기 시작하자, 미소년들은 말 등에서 재주를 부리며 "물구나무를 서기도 하고 옆으로 눕기도 했는데, 사방으로 회전하는 그들의 몸은 마치 뼈가 없는 것처럼 유연했다." 이런 기예와 매력을 지닌 이들은 도대체 누구였을까? 장다이는 심상치 않은 어조로 다음과 같이 설명했다. "그해의 감독관은 뤄(羅)라는 사람이었고, 공연자들은 모두 그의 가동(歌童)이거나 곡예사였다.[8] 이것이 그들이 그토록 매혹적인 이유였다. 다른 사람들이 그들의 역할을 대신했다면 분명히 그처럼 멋지게 공연할 수 없었을 것이다."

장다이의 다채로운 기억에도 불구하고, 이제 폭력은 현실로 다가오고 있었다. 1620년대 후반에 장다이의 아버지가 옌저우 부에서 격퇴했던 소규모 도적떼는 북중국에 널리 퍼져 있던 대규모 유적(流賊)집단의 국지적 사례에 지나지 않았다.[9] 그런 도적떼의 전직은 무척 다양했다. 일자리를 잃은 병사와 서리, 일시 해고된 역졸, 광부, 황폐화된 농지에서 밀려난 땅 없는 노동자, 만주족이 지배하는 만리장성 이북에서 내려온 피난민, 실크로드 무역의 쇠퇴로 무일푼이 된 무슬림과 여타 상인들이 유적이 되어 생계를 이어갔다. 이들로 인한 사회적 불안은 처음에는 주로 서북지방과 산둥 성의 일부 지역에 국한되어 있었지만, 1631년에 이르자 명조의 중앙에 위치한 전략적 요충지 허난(河南) 성까지 확산되었고, 1634년에는 황허가 꽁꽁 얼어붙을 정도로 지독한 혹한이 엄습하자 민심은 더욱 흉흉해졌다.

훗날 장다이가 「중원군도열전」(中原群盜列傳)이라 이름 붙인 장에서 기록했듯이, 역사에 관한 지식은 그 10년 동안 무슨 일이 일어났는지를 이해하는 데 도움을 주었다. 조정은 사창(社倉) 같은 곡물비축창고를 열어 굶주린 백성에게 구휼미를 나누어주는 혜안이 없었다. 만일 그랬더라면, 반도들에게 "무기를 버리고 농토로 귀환하고, 칼을 팔아 송아지를 사라"고 설득하는 일이 그다지 어렵지 않았을 것이다. 반도들의 대다수는 이미 국가가 통제할 수 있는 범위를 벗어나 있었다. "화중지방의 여러 성은 피폐해졌다. 새싹과 새순은 보살피지 않아 엉망이 되었다. 피부병은 치료를 못해 심각한 외상으로 악화되었다." 장다이가 지적하고 있듯이, 확실히 도적떼들은 정세에 따라 이쪽에 붙었다 저쪽에 붙었다 하는 습성이 있어서 동태를 예측하기 어려웠다. 조정은 관군을 효과적으로 집중시킬 수 없었다. "앞문에서 호랑이를 막고 있으면, 뒷문에서 늑대가 침범했다." 그러나 점차 균형이 한쪽으로 쏠리게 되었다. "반도의 무리 가운데 세력이 약한 절반은 조정에 투항했으나, 나머지 강한 집단들은 농민지도자 리쯔청(李自成)에게 충성을 다짐하기 시작했다." 그리고 "나라와 백성은 진흙이나 재처럼 짓밟혔다."[10]

비록 장다이가 쓴 명조의 역사는 초고에 불과했고 가족의 전기도 미완성으로 끝났지만, 현존하는 저작들은 그가 장씨 집안의 이야기를 어떻게 나라의 운명과 연결시켰는지 보여주고 있다. 예컨대 첫째 숙부는 관직생활을 시작한 이래 몇 번이나 전투를 벌였다. 1633년에 허난 성 천저우(陳州)에서 근무할 때는 인접한 완수이(宛水)를 방어하는 임무를 맡았고, 비록 그림을 포기하지는 않았지만 소임을 다했다. 장다이는 다음과 같이 적고 있다. "그때 도적들이 완수이를 압박하며 사람들을 삼(麻)처럼 베어 쓰러뜨렸다. 첫째 숙부는 성채로 올라가 끝까지 성을 사수했다. 낮에는 수루(戍樓)에서 적의 동정을 살폈고, 밤에는 등불을 밝히고 친구들에게 산봉우리가 겹겹이 포개져 길을 막고 있는 산수화를 그려주었다. 붓과 먹으로 차분하게 그렸지만, 의지와 기운이 넘쳐흘렀다. 이것을 목격한 모든 사람은 그의 담력에 탄복했다."

첫째 숙부는 젊은 시절 곳곳을 여행하면서 익힌 병참기술과 경험을 발휘했다. 1634년에 그는 허난 성 멍진(孟津) 현 지현으로 승차했는데, "멍진에 성벽은 있었으나 해자가 없었다. 첫째 숙부는 부임한 뒤에 해자를 파게 하여 단기간에 작업을 완수했다. 이 지방의 학자 왕둬(王鐸)는 이 해자 조성 사실을 비석에 새겼다."[11]

1642년에 싸움은 더욱 치열해졌다. 만주족 부대가 옌저우 부를 공격했고, 노왕(장다이의 아버지가 섬겼던 노왕의 조카)은 자살했다. 선왕의 동생이 노왕부의 왕위를 계승했다.[12] 왕조 붕괴의 조짐이 도처에서 나타났고, 장씨 집안의 사람들은 이 위기 속으로 더 깊이 휘말려 들어갔다. 첫째 숙부는 이제 대운하 연변에 위치한 대도시 양저우의 사마(司馬)로 승진하여, 대운하와 황허가 교차하는 전략적 요충지인 화이안(淮安)에서 대운하의 수송과 방어를 감독하는 임무를 맡았다. 장다이의 설명은 간결하지만 분명했다. "첫째 숙부는 [대운하 연변의] 화이안 지서에 근무하면서 선박의 왕래를 관리하는 업무를 감독했다. [이 지역을 관할하던] 스커파(史可法)는 첫째 숙부의 유능함을 칭찬하

며 조운선에 관한 모든 업무를 그에게 맡겼고, 숙부는 무슨 일이든 즉
각 처리했다." 스커파는 중국에서 가장 유능하고 존경받는 장군 가운
데 한 명이었으므로, 스커파의 칭찬은 첫째 숙부에게 큰 힘이 되었다.
그러나 상황은 여전히 통제불능이었다. "1643년에 유적들이 허난 성
을 초토화하자 화이안에도 비상이 걸렸다. 첫째 숙부는 향병을 훈련
시켜 〔황허 하류의 요충지〕 칭장푸(淸江浦)를 방어하러 떠났다. 비상
상황이 계속되자 그는 병에 걸렸고, 끝내 자리에서 일어나지 못했다."
첫째 숙부는 1644년에 세상을 떠났다.[13]

첫째 숙부의 시련과 시간적으로 겹치는 1642년 가을에 여덟째 숙
부는 좀 더 북쪽에 위치한, 황허와 대운하에 접한 또 다른 요충지 린
칭(臨淸)을 방어하라는 명을 받았다. 그해 11월에 여덟째 숙부는 적
군에 피살당했다. 장다이는 이 당시의 군사적 정황을 자세히 알고 있
었지만, 그는 여덟째 숙부의 죽음을 둘째 숙부—베이징의 관료사회
에서 정보통으로 활약했던 그는 죽을 때까지 여덟째 숙부가 고의로
자신을 파멸시켰다고 생각했다—의 사후능력을 입증하는 사례로 선
택했다. 장다이가 밝히고 있듯이, 둘째 숙부의 사망원인은 자신의 분
노와 좌절 탓이었다. "둘째 숙부는 울분을 참지 못해 결국 말을 할 수
없게 되었고 단지 큰 소리로 울부짖을 따름이었다. 낙향하자 그는 이
름 모를 병으로 몸이 퉁퉁 부었고 두 달이 채 되기 전에 죽었다." 그러
나 둘째 숙부는 죽기 직전에 아들들을 불러 유언을 남겼다. "관 속에
서 자세히 글을 적어놓았다가 무덤 속으로 들어간 다음 너희가 명심
해야 할 것들을 남김없이 알려주겠다."[14]

많은 관료는 1642년 여덟째 숙부가 조정의 명령으로 린칭의 새로
운 관직을 제수받은 사실을 알고 있었을 것이다. 장다이는 이 승진을
당시 얼마 전 세상을 떠난 둘째 숙부가 아들 전쯔(貞子)에게 현몽하여

말한 내용과 연관지었다. "나와 여덟째 숙부가 린칭에서 소송을 벌일 때, 우리는 사마(司馬) 왕어윈(王峨雲)에게 부정한 짓을 저질렀다. 내일 밤 너는 우리 집에서 잔치를 베풀어라. 그리고 종이로 만든 가마·말·시종을 많이 불살라라. 그러면 내 영혼이 속히 저승으로 갈 것이다." 장다이는 전쯔가 지시받은 대로 제물과 술을 준비하고 손님들을 청해 잔치를 벌였고, 그들은 모두 둘째 숙부가 살아 있을 때처럼 함께 만찬을 즐겼다고 적고 있다. "제사를 마치고 헌주를 하자, 제사상 밑에서 거센 바람이 일기 시작하더니 등불과 촛불이 모두 꺼졌고, 대열을 지어 지나가는 사람들의 소리와 발굽소리가 진짜 가마와 말이 지나가는 것처럼 들렸다." 임종시에 둘째 숙부는 사촌동생이 자신에게 누를 끼쳤다는 점을 다시 한 번 역설했다. 장다이가 간결하게 설명하고 있듯이 "여덟째 숙부는 린칭에서 〔만주족부대와 싸우다가〕 피살되었다. 그러므로 현몽해서 '린칭에서 소송을 벌인'고 한 말의 의미는 〔둘째 숙부의〕 원귀가 이런 식으로 결말을 짓는다는 것이었다." 장다이는 마무리 논평에서 다시 한 번 양자의 관련성을 강조했다. "둘째 숙부가 마음속으로 누군가를 증오하면, 그 힘은 상대를 죽음으로 몰아넣을 만큼 강했다. 그는 과거의 분노를 풀기 위해 심지어 노한 귀신의 모습으로 대낮에 나타나기도 했다. 그의 무서운 기(氣)는 음험하고 강렬해서 정말이지 그 누구도 피할 수 없었다."[15]

　비슷한 방식으로 장다이는 꿈을 이용하여 첫째 숙부를 야생마같이 살다 간 여섯째 숙부와 연결시켰다. 유명한 '천리마'인 대청마(大青馬)의 주인이었던 여섯째 숙부는 이미 언급한 것처럼 1651년에 100일분의 약을 하룻저녁에 다 먹고는 죽었다. 장다이는 다음과 같이 적고 있다. "여섯째 숙부가 사망한 지 엿새째 되던 날, 베이징에 머물고 있던 첫째 숙부는 여섯째 숙부가 대청마를 타고 오는 꿈을 꾸었다. 그는 각건(角巾)을 쓰고 붉은 가죽옷을 입고 대여섯 명의 종자를 거느리고 있었는데, 그 모습이 참으로 괴이했다. 첫째 숙부가 그에게 물었다. '자네 어찌 이리로 왔는가?' 그가 대답했다. '형님께 문안드리러 왔습니다. 「나의 저승길에 관한 시」를 썼는데 형님께 읽어드리고 싶습니다.

단정하게 차려입고 엄숙한 표정으로 벗들을 대면하네.
평생 모으다 흩뜨리니 얼마나 힘든 일인지.
오늘 우리 여기서 서로 손을 맞잡는데
구리산(九里山) 앞자락에선 꾀꼬리 지저귀네.

첫째 숙부는 꿈속에서도 이것이 불길한 징조라고 생각하여 여섯째 숙부의 옷소매를 힘껏 잡아당겼다. 여섯째 숙부는 훌쩍 말을 타고 떠나버렸다. "첫째 숙부는 말을 타고 뒤쫓았으나 [여섯째 숙부는] 허공에 채찍을 쳐들고 멀리서 외쳤다. '저는 형님을 무척 그리워했지만, 형님께서는 오랫동안 집에 돌아오지 않으셨습니다.' 그는 계속 말을 달려 시야에서 사라졌다." 잠에서 깨자마자 첫째 숙부는 그 시를 적어두었는데, 나중에 집에 돌아가 살펴보니 여섯째 숙부가 사망하기 사흘 전에 지었다는 「나의 저승길에 관한 시」와 똑같았다.[16] 그렇다고 하면 두 사람의 운명이 그들의 메시지를 완성하는 데 30년의 세월이 걸린 셈이었고, 첫째 숙부가 임종 무렵에 사촌동생과의 재회를 준비한 곳은 칭장푸였다.

장다이의 말에 따르면, 첫째 숙부는 뜻하지 않게 또 다른 사촌동생의 죽음도 목격했다. 그는 장다이의 아홉째 숙부로, 역시 재주는 많았지만 안하무인격의 사람이었다. 장다이가 볼 때 아홉째 숙부의 삶을 규정한 것은 기(氣)의 과잉이었다. 일반적으로 기는 긍정적인 특징으로 간주되지만, 아홉째 숙부는 그 기가 너무 셌다. 그래서 아홉째 숙부는 인정이라곤 눈곱만큼도 없는 사람이 되었다. 그의 추진력을 뒷받침하는 것은 비열함과 잔인성이었다. 인생의 말년에 접어든 1640년대 초에 아홉째 숙부는 베이징에서 형부(刑部)의 관료로 일하게 되었다. 장다이의 기록에 따르면 그는 하급관리들을 끊임없이 닦달하며 정신적으로 괴롭히는 데 혈안이 되었으므로 "부하들이 모두 그를 무서워했다." 아홉째 숙부는 심지어 형부의 책임자인 상서(尙書)가 '우유부단하다'는 생각이 들면 그에게도 막말을 서슴지 않았다. 또한 형부의 옥에 갇힌 죄수들에게 추상같이 엄했다. 그는 이미 벌을 받은 죄수들에게 곤장을 추가했고, 학위 소지자들에게는 더욱 가혹한 처벌을 가했으며, 면회인의 출입상황을 자세히 기록하고 철저히 감독했다. 그러나 아홉째 숙부가 직무에 태만한 몇몇 관리를 처형해야 한다고 주장하자, 그들은 똘똘 뭉쳐 그의 행동을 저지하기로 했고, 마침내 그를 탄핵하여 파직시켰다.[17]

아홉째 숙부의 최후는 그가 살아온 방식과 잘 어울렸다. 장다이는 이렇게 썼다. 파직된 뒤에 그는 "분노를 참지 못해 수종(水腫)에 걸렸는데, 복부가 마치 열 말들이 자루처럼 부풀어올랐다." 그는 귀향길에 올랐으나 화이안에 도착했을 때는 이미 병이 심각한 상태였다. 마침 첫째 숙부는 화이안에 주재하며 운하를 오가는 선박들을 감독하고 있었다. 그는 인접한 칭장푸에 있는 한 절에 아홉째 숙부의 거처를 마련하고 의원을 불러 치료하게 했다. 그러나 장다이의 설명에 의하면 "아홉째 숙부는 그 의원을 보자 욕설을 퍼부었다. 약을 보자 약을 향해서도 욕설을 퍼부었다. 땔감과 음식을 주면 땔감과 음식에 욕설을 퍼부었고, 고기와 과일을 주면 고기와 과일에 욕설을 퍼부었다. 간병인이

오면 간병인에게 욕설을 퍼부었다. ……그를 돌보러 왔던 사람들이 전부 도망가 버리자, 그는 첫째 숙부에게 그들 대신 자기를 돌보라고 강요했다. 이렇게 두 달이 지났다. 그러던 어느 날 그의 병이 악화되었고, 입으로는 여전히 사람들에게 욕설을 퍼부었지만, 그 욕설이 점차 중얼거림으로 변하더니 마침내 죽었다."

죽기 보름 전 아홉째 숙부는 자사호(紫砂壺) 도공이 모종의 임무를 수행하기 위해 화이안에 와 있다는 사실을 알게 되었다. 아홉째 숙부는 그 도공을 불러 이싱(宜興)의 최고급 자사로 관을 만들어달라고 주문했다. 그리고 첫째 숙부에게는 송진을 많이 사달라고 부탁했다. 아홉째 숙부는 이런 별난 부탁을 하게 된 이유를 다음과 같이 설명했다. "제가 죽거든 화려하게 의관을 갖추어 염습해주십시오. 송진을 녹여서 자사 관에 가득 채워주십시오. 천년 뒤에 송진은 호박으로 변할 것입니다. 사람들은 호박 속에서 굳어버린 파리나 흰개미의 형상을 보듯이 저를 보게 될 것입니다. 결정체 속의 화석처럼 되는 것도 멋지지 않습니까?" 그가 묘사한 사후의 모습에 관해 장다이는 아홉째 숙부의 "상상은 정말로 말릴 수가 없었다. 대개의 경우 그는 이와 같았다!"고 논평했다.[18]

다른 모든 중국인에게 그랬듯이 살아남은 장씨 집안의 사람들에게도, 점차 고조되고 있던 폭력과 죽음의 수위가 최고조에 달한 시점은 1644년이었다. 리쯔청과 그의 농민반란군은 4월 초순에 베이징을 점령하고 자금성을 차지했다. 자신의 군대와 대신들로부터 버림받은 명조의 마지막 황제 숭정제는 자금성 북쪽의 메이산(煤山)에서 자결했다. 그해 여름 한족 협력자들의 도움을 받은 만주족 부대는 베이징으로 진군하여 농민반란군을 쫓아내고 자신들의 새로운 왕조인 청조의 건국을 선포했다.[19]

황제가 자결하고 적군이 자금성을 장악하자, 조국을 잃고 중앙의
지도부마저 상실한 명의 군대는 사기가 뚝 떨어졌다. 합법적으로 지
명된 후계자가 없는 상태에서, 여러 당파가 서로 자기 후보자를 옹립
하고 명조의 유산을 차지하려 했다. 마지막 황제 사후에 급변하던 정
치세계에서 학자 출신의 관료 롼다청(阮大鋮)——장다이는 그의 희곡
에 매료되었다——이 저항세력의 새로운 본거지 난징에서 정치지도자
로 부상했다. 여러 번의 책략을 도모한 후 롼다청은 황실의 후예이자
난징에서 저항을 주도하고 있던 복왕(福王)을 지지했다. 노왕 주이하
이(朱以海)는 적군이 옌저우 부의 노왕부를 차지했을 때 이미 남방으
로 피신한 상태였다. 노왕이 휘하의 잡다한 군대를 거느리고 사오싱
남쪽에 자리를 잡자, 황실의 다른 후예들과 유력한 장수들은 중국의
북부와 중부에서 지위와 영향력을 확보하려고 온갖 수단을 동원했다.
호락호락하지 않은 무관이자 행정관인 스커파보다 더 존경받던 사람
은 거의 없었다. 그는 복왕과 대신들로부터 대운하 연변의 양저우와
그 이북의 방어를 책임지는 독사(督師)로 임명되었다. 미숙아로 태어
난 장다이의 동생 산민에게 전투할 기회를 주려던 사람도 바로 스커
파 장군이었다.
　장다이는 어쩌다가 이런 일이 벌어졌고 동생이 어떻게 반응했는지
간략하게 설명했다. "내 동생 산민은 일목요연하게 사물의 핵심을 파
악했고, 실리적인 결정을 내리는 능력이 탁월했다. 예컨대 화이양(淮
揚) 지방의 방어군 통솔자인 스커파가 그의 능력에 관해 자세히 듣고
는 수하를 통해 선물을 보내 작전참모를 맡아달라고 부탁한 적이 있
었다. [스커파는] 또한 [내 동생에게] 압력을 가해 자신의 부름에 응하
게 하라고 지현에게 지시했다. 동생은 이미 시세(時勢)를 돌이키기 어
렵다는 사실을 알고 가벼이 나서려 하지 않았다. 마땅한 핑계거리가

없었던 그는 깊은 산속으로 종적을 감추었고 〔스커파에게〕 선물을 거절하는 편지를 보냈다." 장다이는 동생의 신중하고 기민한 대처에 새삼 감탄했다. "그가 언제부터 당면한 일을 이토록 꼼꼼하게 헤아리고, 이처럼 훌륭하고 높은 식견을 지니게 되었는지 모르겠다!"[20]

양저우를 방어하려는 스커파의 마지막 시도는 1645년 5월 20일에 끝장이 났다. 그날 성벽은 포탄에 무너져 내렸고, 도시의 거의 모든 주민에 대한 학살이 뒤따랐으며, 스커파도 사로잡혀 즉각 처형될 운명에 놓였다. 어떤 의미에서 산민은 분명히 현명한 결정을 내렸다. 하지만 명조의 무수한 지식인과 관료는 자신들에게 주어진 다양한 의무에 부응했다. 그들도 위험부담이 매우 크다는 사실, 그리고 명조의 상속자라는 사람들이나 이들을 떠받들던 무장들이 섬길 만한 가치가 없을뿐더러 심지어 한심하기 짝이 없는 존재라는 사실을 알고 있었다. 장다이의 오랜 지기이자 동향사람인 치뱌오자는 희생을 감수하고 충성을 바친 사람들의 선두에 섰고, 양쯔 강 삼각주 지역에서 전개된 만주족에 대한 저항운동을 적극 지지했다. 장다이는 치뱌오자와 여행도 자주 다녔고, 그와 책에 관한 이야기도 나누었다. 치씨 집안의 장서는 사오싱에서도 손꼽히는 훌륭한 것이었다. 쑤저우 일대의 방어를 책임지라는 명령을 받은 치뱌오자는 롼다청의 당파에 속한 몇몇 관료의 지지를 얻었음에도 결국 사직할 수밖에 없었다. 1645년 6월 8일, 대다수의 중국인이 항청운동의 군건한 보루라고 믿고 있던 대도시 난징의 지배층은 싸움 한 번 하지 않고 만주족에 항복하고 말았다. 일주일 뒤 청병(淸兵)에게 붙잡힌 복왕은 베이징으로 압송되어 이듬해에 처형되었다. 항청운동의 지도자를 자처하던 마스잉(馬士英)은 사오싱 남부로 도주하여, 망명자 신세인 노왕과 연합할 기회를 엿보았다.

그 지역의 다른 주민들처럼 치뱌오자도 이 비보를 접했을 테고, 빠른 시간 내에 거취를 결정해야만 했다. 이 지역을 점령한 만주족 장군이 사자를 보내 치뱌오자에게 신정권에 협력할 것을 요구하는 서신과 함께 선물까지 전달한 뒤였으므로, 그의 경우에는 선택의 폭이 더욱 좁았다.[21] 한족의 생활방식을 고수하고 전(前) 왕조에 충성하려는 무수한 다른 중국인과 마찬가지로, 치뱌오자에게도 만주족처럼 앞머리를 밀고 뒷머리를 땋아 정복자들에 대한 복종을 표하라는 1645년 7월 21일의 치발령(薙髮令)은 회피할 수 없는 또 다른 고민거리였다. 열흘 내에 이 명령에 따르지 않는 자는 누구나 즉각 처형되었다.[22]

치뱌오자는 아내와 이 사태를 상의했고, 신변을 정리했으며, 집안에서 소유한 넓은 토지를 인근의 절에 시주하도록 조치했고, 지난 14년 동안 꼼꼼하게 써왔던 일기를 마지막으로 기록했다. 7월 25일에는 장자 리쑨(理孫)에게 술을 몇 잔 데우게 하고 많은 친척과 벗을 초대했다. 그리고 그들이 떠난 뒤에는 오랜 친구인 주산런(祝山人)을 불러 이야기를 나누었다. 그날 밤의 나머지 시간이 어떻게 지나갔는지 장다이는 정감어린 어조로 기록하고 있다. "밤늦게 그의 모든 친척과 친구가 대부분 떠나자, 치뱌오자는 주산런을 밀실로 불러 고대의 영웅과 충신들의 역사에 관해 오랫동안 이야기를 나누었다. 그는 주산런에게 향을 피우고 창문을 열어달라고 부탁했다. 남쪽의 산들을 바라보며 그는 웃음을 터뜨렸다. '저 산속을 거니는 사람들은 모두 헛된 그림자에 지나지 않는다. 산은 유구하나 다른 생명은 모두 스쳐 지나간다.' 그리고 침상에 누워 눈을 감고 천천히 숨을 쉬었다. 잠시 후 갑자기 눈을 번쩍 뜨고 말했다. '죽음이 어떤 것인지 궁금하다면, 바로 이런 것이라고 말하고 싶네.' 그리고 그는 산런에게 눈을 좀 붙이라고 재촉했다."

하지만 자신은 팔구루(八求樓)까지 걸어가서 조상들의 위패가 모셔져 있는 대청에서 하직인사를 고했다. 그리고 다음과 같은 짧막한 유언장도 작성했다. "신하로서의 충절은 죽음을 요구하고 있다. 15년 동안 나는 지극히 충성스럽게 명조의 황실을 섬겨왔다. 나보다 훌륭한 지혜를 지닌 사람들은 이런 초라한 방식으로 삶을 끝내기를 바라지 않을지도 모르겠지만, 우직한 학자인 나는 다른 방도를 찾을 수가 없다." 그는 붉은 먹으로 이렇게 적어놓고서 가까운 강에 투신했다. 이튿날 새벽에 일어난 주산런은 어디에서도 치뱌오자를 찾을 수 없자 그의 가족에게 변고를 알렸다. 치뱌오자의 맏아들 리쑨은 "꿈에서 깨어나" 즉시 배 몇 척을 수소문해 강을 수색했지만 아무런 성과도 거두지 못했다. 장다이는 결말을 이렇게 기록하고 있다. "곧 동이 트자 강둑의 버드나무 그림자 속에서 팔랑거리는 머리띠가 보였다. 급히 가보니 치뱌오자가 머리를 물속에 박은 채 앉아 있었다. 그의 차림새는 변함없이 단정했고 머리카락과 수염은 가지런했다. 그는 웃고 있었다."[23]

　한 달이 채 지나지 않은 1645년 8월 19일, 사오싱 일대의 여러 유력한 집안은 살아서 만주족에게 저항하기로 결의하고 노왕에게 '감국'(監國)의 칭호를 수락할 것을 설득했다. 이 노왕은 1620년대 후반 장다이의 아버지가 섬겼던, 장생불사를 추구하던 그 노왕의 조카였다. 형이 자결하고 산둥의 궁궐이 약탈당하자 새로운 노왕은 남쪽으로 도망쳤고, 난징의 복왕으로부터 사오싱에서 남동쪽으로 70마일 떨어진 해안도시 타이저우(台州)에서 저장 성 방어를 감독하라는 명령을 받았다. 정국은 시시각각 변했다. 겨우 하루 전날인 8월 18일에는 명 황실의 또 다른 후손인 당왕(唐王)이 훨씬 남쪽에 있는 푸젠 성의 본거지에서 황제를 칭하고 노왕에게 자신의 명령을 따르도록 요구했는데, 노왕은 나중에야 이 사실을 전해 들었다. 그러나 노왕은 지지자들의 충고에 따라 그 요구를 거절하고 '감국'이라는 자신의 새로운 칭호를 받아들이기로 했다. 황실의 다른 후손들도 지지자들의 후원을 등에 업고 권력과 황제의 칭호를 차지하기 위해 다투었다. 1644년 중반부터 난징의 망명정권을 좌지우지하다가 1645년 여름에 도망친 강력하고 부패한 정치가 마스잉도 휘하에 남은 병사들과 함께 노왕의 근거지에서 불과 50마일 떨어진 저장 성의 둥양(東陽)에 주둔하고 있었다.

그해 여름 마스잉은 기병과 보병을 합쳐 300명가량 되는 군대와 함께 노왕의 근거지에서 겨우 몇 마일 떨어진 칭시(淸溪) 마을로 이동했다. 그러자 감국 노왕이 마스잉의 꾐에 넘어갔다는 소문이 나돌기 시작했다. 하지만 이 일대의 많은 사람은 베이징과 난징에서 이미 두 차례나 명 황실을 배신한 바 있는 마스잉을 부패한 반역자이자 추방해야 할 겁쟁이로 간주했다.[24]

장다이도 마스잉에 관한 소문을 듣고 경악한 사람 가운데 한 명이었다. 충격과 분노에 휩싸인 그는 되도록 가장 강경한 어조로 마스잉에게 현혹되지 말고 정직하고 용감한 사람들이 주도하는 조정을 만들어달라고 간청하는, 정중하면서도 비판적인 상소문을 노왕에게 썼다. 장다이는 과거에 합격하거나 관직을 제수받은 적이 없어서 공식직함이 없었으므로, 그저 자신을 "저장 사람 포의(布衣) 장다이"라고만 칭했다. 이런 겸손한 태도와는 무관하게, 그는 문제의 핵심을 단도직입적으로 거론했다.

"노왕 전하, 신 장다이는 만백성이 우러러보는 주상께 삼가 아룁니다. 최근 감국을 칭한 주상께서 백성을 위무하고 군대의 사기를 진작시키기 위해서는 감히 군주를 시해하고 나라를 팔아먹은 역신을 속히 처형하셔야 합니다." 장다이의 글에서 으레 볼 수 있듯이 역사적인 상

214

황은 이야기의 일부였다. "순임금은 요임금에게 선양을 받았을 때 사흉(四凶)을 엄벌하여 모든 사람의 존경을 받았다고 들었습니다. 또한 공자께서 처음 노(魯)나라의 대사구(大司寇)가 되어 사오정마오(少正卯)를 처단하자 노나라가 평안하고 번성했다고 들었습니다. 그 같은 태평성대에도 처형은 질풍처럼 신속하게 집행되었습니다. 지금과 같은 대혼란과 격변의 시기, 하늘이 뒤집어진 시기에는 더욱 신속하고 공정한 조치가 절실합니다! 이 세상의 법은 더 이상 존중되거나 지켜지지 않고 있으며, 사람들은 무지해져 염치도 모르게 되었습니다. 그들은 원수를 섬기는 것을 당연하고 명예로운 일로 여기고, 도적에게 항복하는 것을 지혜롭다고 생각합니다. 이런 상황에서 학식 있는 자의 행동도 고결함을 잃어버렸습니다. 이런 풍조를 퇴치하고 바꾸는 조치가 취해지지 않는다면, 이 무분별한 세상은 금방 무너지고 말 것입니다. 그렇게 되면 저희가 제국을 회복하자는 말조차 꺼낼 수 있겠습니까? 주상께서는 하늘과 백성에 모두 순응하셔서 감국이 되셨습니다. 고귀한 [명조의 창건자] 태조의 혈통이 단 하루도 끊어지지 않고 이어질지, 역대 제왕의 의관과 문물이 단 한시라도 단절되지 않고 전승될지 여부는 모두 주상 한 분께 달려 있습니다."

장문의 상소 나머지 부분에서 장다이는 과거의 중국사에서 마스잉처럼 기만적이고 불충한 동기로 행동한 자는 찾아볼 수 없다는 점을 부각시키려고 구체적인 역사적 사례를 넌지시 제시하고 있다. 이름을 대놓고 말하지 않는 그 과묵한 태도를 버리고, 장다이는 그를 "변절한 관료이자 차디찬 육신을 가진 푸른 얼굴의 귀신 마스잉"이라고 부르고 있다. 심지어 침략자인 만주족조차도 그를 불신하여 그를 포섭하기보다는 죽여 없애려 했다고 장다이는 말한다. "용렬한 군주라도 나라가 위기에 처하면 위험한 신하를 처단하여 치세를 얼마간 연장시키는데, 이제 막 감국을 시작한 주상께서 그리하시지 못할 이유가 무엇입니까? 어찌하여 마스잉이 조정의 기강을 어지럽히도록 수수방관하고 계십니까?" 장다이는 만주인의 포로가 된 복왕의 복수를 자임하고, 마스잉을 붙잡아 처단할 수 있게 "소수의 군사"를 내달라고 요청했다. 그 일은 모든 사람이 "명조의 중흥을 위한 주상의 첫 번째 상책이라고 여길 것입니다. 이 소문이 퍼지면 백성들과 병사들이 뛸 듯이 기뻐하고 용기백배할 것입니다." 그리고 장다이는 북쪽에서 남하한 다른 세력들이 놀라거나 두려워하지 않도록, 자신이 단독으로 마스잉을 처단하게 해달라고 요청했다.[25]

장다이의 말에 따르면, 상소문을 읽은 노왕은 장다이를 타이저우로 소환해서 의견을 듣고 나서 "일단 죽이고 나중에 보고하라"고 지시했다. 약간의 군사를 넘겨받은 장다이는 마스잉이 주둔하고 있는 인근 마을로 가서 그를 궁지에 몰아넣으려 했다. 그러나 마스잉은 두 명의 친구가 지키고 있던 지역으로 피신함으로써 장다이의 추적을 교묘히 따돌렸는데, 그 두 사람은 노왕의 신임을 받는 장군이었다. 두 장군은 영리하게도 마스잉에게 사오싱 북쪽의 첸탕 강을 따라 구축된 최전방의 방어선을 지키는 임무를 맡겼고, 자신의 군사를 동원하여 마스잉에 대한 접근을 완전히 차단했다. 장다이의 상소는 대단한 설득력을 발휘하긴 했지만, 그런 물 샐 틈 없는 군사진용을 돌파할 수는 없었다.[26]

1645년 9월에 항저우마저 만주족 부대와 그들의 동맹군에게 점령되자, 노왕은 근거지를 타이저우에서 사오싱으로 옮겼다.[27] 장다이는 마스잉을 제압하는 데 실패하여 실의에 빠져 있었겠지만, 자식으로서의 의무감과 보은의 마음에서 도망자 노왕을 도와야겠다고 생각했다. 그러나 장다이는 사오싱에서 노왕과 만난 이야기를 몇 달 전에 쓴 상

216

소문과는 영 딴판의 가벼운 어조로 서술하고 있다. "선친이 선왕을 섬긴 관료였으므로, 〔새〕 노왕께서 근거지를 사오싱으로 옮기셨을 때, 측근들과 함께 옛 신하의 거처를 방문하는 것은 당연한 일이었다. 나는 왕을 영접할 때 지켜야 하는 예절을 익힐 기회가 전혀 없었지만, 〔노왕을〕 환영하는 것은 나의 의무였기에 정성껏 최선을 다했다."

장다이는 노왕을 영접하기 위해 연회장소로 쓰일 곳을 다시 손보고, 발을 약간 들면 오를 수 있는 연단을 만들었으며, 양탄자와 방석을 찾아냈고, '산해진미'로 구성된 7품요리가 나오는 정식을 준비했다. 노왕은 극소수의 측근과 시위를 대동하고 방문했다. 그는 익선관(翼善冠)을 쓰고 한 쌍의 용이 수놓인 검은 용포를 입고 왔다. 그의 허리띠에는 옥이 주렁주렁 매달려 있었다. 구경꾼들이 노왕을 한 번 보려고 그의 주위로 구름같이 몰려들었고 어떤 사람들은 그의 곁에 바짝 다가갔으므로, 노왕은 가까스로 발걸음을 떼어놓았다. 발판이나 사다리 위에서 아슬아슬하게 균형을 잡고 구경을 하는 사람도 많았다. 가까이 오라는 명을 받고 장다이는 노왕에게 다가가서 "관료가 군주 앞에서 행하는" 문안인사와 부복의 예를 행했다. 비록 장다이는 처음에 그런 존엄한 손님 앞에서 '주인' 티를 내지 않으려고 찻잔이나 젓가락을 들어 드시라고 선뜻 권하지 못했지만, 결국에는 차와 음식을 올렸다. 은제 술병에 든 술이 데워지자, 노왕의 시종 세 사람이 술잔에 술을 따르는 일을 맡았다. 고기와 탕도 비슷한 방식으로 차려졌는데, 은제 접시는 황제를 상징하는 황색을 세 가지 농도로 물들인 천 아래에 가지런히 놓여 있었다. 노왕이 식사를 하는 동안 시종들은 일곱 차례의 가무로 이번 행사를 축하했다.[28]

장다이에게 이것은 극적인 구경거리의 우아한 서막에 불과했다. 가극에 조예가 깊고 다양한 연극을 무대에 올려본 경험이 있는 장다이는 이런 특별한 행사를 기념하기 위해 무엇을 선택해야 좋을지 잘 알고 있었다. 그는 「기름장수」(賣油郞)의 한 장면을 골랐다. 「기름장수」는 상투적인 사랑이야기를 각색한 인기 있는 연극으로, 등잔기름을 파는 가난한 상인이 수도에서 가장 아름답고 세련된 기생에게 구애하여 그녀의 마음을 얻는다는 내용이다. 그러나 그 맥락은 의미심장했다. 북송이 몰락하던 암울한 시대인 1120년대 후반을 배경으로 펼쳐진 이야기였기 때문이다. 그때 강력한 약탈자인 금의 군대는 북방의 수도 카이펑(開封)을 공격하여 점령했고, 황제와 그의 아들 대부분을 생포했으며, 공포에 사로잡힌 무수한 피난민과 지도자를 잃은 북송의 군대는 비교적 안전한 양쯔 강 이남으로 허둥지둥 피난했다. 당시의 금나라 병사들은 1640년대의 만주족 부대와 혈통이 같았고, 12세기의 수도 카이펑과 송 황실의 운명은 1644년과 1645년에 명조의 수도와 황실에 밀어닥친 운명과 여러 모로 비슷했다.[29]

이 점은 장다이가 "지금 상황에 딱 들어맞는다"며 선택한 연극의 장면에 분명히 나타났다. "강왕(康王)이 적갈색 말을 타고 강을 건넜다"는 제목이 붙은 그 장면은 포로로 잡힌 황제의 아들들 가운데 단 한 명이 1127년에 금나라 정복자들의 포위망을 뚫고, 지략·기민함·용기·행운에 힘입어 금군을 가까스로 따돌린 다음 양쯔 강을 건너, 처음에는 항저우를 도읍으로 삼았다가 그 후 저우산 군도와 사오싱을 거쳐 다시 항저우로 돌아와 영구히 자리를 잡게 된 과정을 보여주었다. 절체절명의 위기상황 속에서 이러 저리 떠돌던 강왕은 마침내 살아남아 1162년에 양위할 때까지 남중국 전역을 다스렸고, 그가 세운 남송은 1278년까지 존속했다. 역사상의 강왕, 즉 고종(高宗)이 사오싱(紹興)을 자신의 연호로 삼은 것도 북송과 명의 유사성에 무게를 실어주었다. 의심할 바 없이 노왕은 이 역사의 반복이 뜻하는 낙관주의를 이해했고, 공연 내내 그의 얼굴에는 "강렬한 기쁨이 넘쳐흘렀다."

막이 내리고 날이 저물어 밤이 되자, 장다이는 연회장을 증조부가 지은 좀 더 친숙한 장소인 '불이재'(不二齋) 안의 '매화서옥'(梅花書屋)으로 옮겨 다시 한 번 식사를 대접했다. 노왕은 장다이가 책을 읽는 긴 의자에 몸을 기대고 연신 술을 마시면서 연극 이야기를 했고, 장다이와 화가 천훙서우를 곁에 불러 앉히고는 "마치 오랜 벗처럼 우리들과 농담을 하고 소리 내어 웃으셨다." 장다이의 설명에 따르면 "주상은 주량이 상당하여 이미 적어도 반 말을 드신 상태였다. 그런데도 큰 술잔을 들고서는 단번에 죽 들이켰다. 술이 약한 천훙서우는 주상의 자리 옆에다 토했다." 노왕은 개의치 않고 작은 탁자를 가져오라고 명한 다음 천훙서우에게 휘호 한 점을 부탁했다. 그 말을 따르기에는 너무 취한 천훙서우는 계속 붓을 떨어뜨려 포기할 수밖에 없었다. 그러나 잔치는 계속되었고 연극에 대한 이야기도 끊어지지 않았다. 노왕 일행은 다른 방으로 옮겨 술을 더 마셨는데, 노왕은 반 말가량을 더 마신 뒤에야 비로소 "용안에 약간 홍조를 띠셨다"고 장다이는 적고 있다. 장다이는 연회가 몇 시쯤에 끝났는지 밝히지 않았지만, 마침내 의자가 있는 수레(辇)를 대령했을 때 노왕은 걸음을 떼지 못했으므로 두 시종의 부축을 받아야 했다고 전한다. 그러나 장다이가 대문 밖에서 인사를 고했을 때, 노왕은 얼마 가지 않아 시종을 시켜 장다이에게 마지막 전갈을 전하게 했다. "주상께서 오늘 최고의 시간을 보냈다고 말씀하십니다. 오늘 참으로 즐거웠다고 전하라 하셨습니다." 장다이는 "정말로 신기하게 주군과 신하는 전혀 격의 없이 정겹게 어울렸다"고 덧붙이고 있다.[30)]

노왕이 자신들의 도시로 온 것을 진심으로 열렬하게 환영했던 사오싱의 많은 다른 지식인처럼, 장다이도 잠시 동안 새로운 질서의 일부가 되려고 애썼고, 노왕의 이름뿐인 조정에서 관직도 제수받았다. 그러나 그것은 사오싱 부에서 관할하는 한 구역의 '주사'(主事)라는 하찮은 직책이었고, 장다이는 자신이 아무 것도 할 수 없다는 사실 때문에 초조해졌다. 노왕은 자기 앞에서 토하고 붓조차 잡지 못했던, 장다이의 친구 천홍서우에게도 기꺼이 벼슬을 내렸다. 천홍서우는 일찍이 생원학위를 취득했으므로, 노왕으로부터 한림대조(翰林待詔)에 임명되었다. 이 관직은 만주족에게 점령된 베이징의 한림원을 모방하여 노왕이 사오싱에 세운 학문연구기관에 설치되어 있었다.[31]

장다이의 마음이 흔들리고 있는 동안, 노왕은 장다이의 분별없고 낭비벽이 심한 사촌동생 옌커(유명한 미술품 수집가인 첫째 숙부의 외아들)와 정말로 있음직하지 않은 관계를 맺었다. 1644년 첫째 숙부가 칭장푸 전선에서 사망한 뒤에, 옌커는 선친의 모든 토지와 소장품을 상속했다. 장다이에 따르면 옌커는 즉시 그것들을 몽땅 팔아치웠고 그렇게 해서 생긴 돈 5만 냥 이상을 여섯 달 만에 탕진해버렸다. 장다이와 마찬가지로 관직에 앉아본 적이 없었던 옌커는 1645년에 명조의 부흥을 위해 노왕을 섬기는 것은 가치 있는 일이라고 생각하게 된 것 같다. 그의 집안이 노왕부와 관계를 맺고 있었으므로, 그는 이 일을 추진할 수 있었다. 장다이는 다소 곤혹스러운 듯이 다음과 같이 적고 있다. "옌커가 관직을 얻기 위해 노왕께 군사작전을 진언한 것은 1645년 적군의 공격으로부터 첸탕 강 일대를 방어할 필요성이 절실해졌을 때였다. 옌커는 짚신을 신어도 허리에는 옥띠를 매고 싶어 하는 [그런 종류의] 사람이었다. 주상[노왕]은 아무런 조치도 취하지 않았다. 옌커는 관직이 제수되지 않자 격노했다. 그는 노왕부 사람과의 연줄을 이용하여 주상의 마음을 움직였고, 결국 지역의 군사령관인 총융(總戎)이라는 파격적인 직책을 얻었다."[32]

자신의 군사작전에 도움이 되리라는 생각에서, 옌커는 장다이가 감탄할 정도로 다재다능했던 육촌형 페이에게 손을 내밀었다. 완전히 실명한 뒤에 페이는 의원으로 이름을 날렸지만, 그는 다방면에 뛰어난 재주를 갖고 있었다. 실명은 그의 능력에 아무런 장애도 되지 않았다. 장다이는 지역사회에서 페이가 얼마나 유능한 인물이었는지 열렬한 어조로 설명하고 있다. "페이는 집안의 분묘를 손보는 일뿐만 아니라 사당을 복구하는 일도 도맡았다. 또한 [집안사람이 연루된] 모든 소송의 조정자로 활약하면서 시시비비를 가려주었다. 그리고 집안 소유 농지의 생산성을 면밀하게 분석했다. 그는 환난을 당해 곤경에 처한 사람들을 구해주었다. 불공정하거나 부당하거나 끔찍하거나 놀라운 일들도 페이의 손을 거치면 모두 올바르게 해결되었다. 그래서 페이의 집은 언제나 사람들로 북적거렸다. 그는 도움을 필요로 하는 모든 사람들에게 일일이 응답했고, 모두가 흡족한 마음으로 돌아갔다."

　왕조가 파국으로 치닫는 순간에 페이는 흔쾌히 사촌동생을 도와주었다. 장다이는 다음과 같이 감탄하고 있다. "사촌동생 옌커가 첸탕강을 따라 배치된 군사들을 감독하게 되었을 때, 페이는 군량을 조달하고 화기와 창의 사용법을 가르치고 군대의 진법을 훈련시키고 전투계획을 세우는 데 도움을 주었다. 정말이지 그는 '세 개의 머리와 여섯 개의 팔, 천 개의 손과 천 개의 눈'이 달린 사람 같았다. 누군가가 자신이 맡은 일을 완수하지 못할 때마다, 페이는 앞도 보이지 않으면서 그 일을 대신 처리하곤 했다. 그가 성공적으로 즉시 해치우지 못하는 일이란 없었다. 비록 그의 두 눈은 무용지물이었지만, 그가 일을 완벽하게 해내는 데는 반드시 오감이 필요한 것은 아니었다."[33)]

　사촌동생 옌커의 의미심장한 새로운 삶은 장다이에게 별다른 영향을 미치지는 않았다. "1645년 늦가을에 나는 일상이 점점 절망적으로 변해간다는 사실을 깨달았다. 그래서 나는 노왕께 하직을 고하고 산 속으로 은거했다." 아마도 장다이는 세상에서 물러나 일신을 보존하려 했던 친구나 친척들 가운데 어느 한 명에게 영향을 받은 것 같다. 천홍서우는 이런 상황에서 노왕의 조정에서 일한다는 것은 아무런 의미가 없다는 사실을 재빨리 간파하고, 이 무렵에 관직을 버리고 머리를 깎은 다음 운문사(雲門寺)로 들어갔다. 그는 자신의 결정이 전쟁을 피하고 만주족의 변발을 수용할지 여부를 밝혀야 하는 난감한 상황을 모면하려는 마음에서 비롯된 기회주의적인 행동임을 인정했다. 그 전해에 동생 산민은 양저우 방어전의 병참계획 수립을 도와달라는 스커파의 강압적인 요청을 뿌리쳤다. 그리고 난징이 청조에 투항했을 때 살아남은 장다이의 사촌 한 명은 항저우 외곽의 산으로 들어가 중이 되었다.[34]

그러나 장다이의 경우에는 일이 순조롭게 풀리지 않았다. 그의 자유로운 운신을 방해한 인물은 일자무식의 병졸로 시작하여 장군의 자리까지 오른 팡궈안(方國安)이었다. 팡궈안은 노왕에게 운명을 걸고 투신하기 전인 1630년대 후반과 1640년대에 중국 각지에서 싸우면서 수천 명의 노련한 사병들을 거느리게 되었다. 그는 마스잉과 동향(同鄕)으로, 장다이의 말에 따르면 마스잉을 죽음에서 구해내는 데 결정적인 역할을 했으며, 마스잉에게 첸탕 강 방어선의 수비를 돕는 역할을 맡겼다. 팡궈안은 거칠고 탐욕스럽기로 유명했고, 그의 세력권은 상당히 넓었다. 팡궈안의 군대는 사오싱 일대를 빗자루로 쓸듯이 약탈했을 뿐 아니라 지역의 방어를 구실로 강을 통한 왕래를 철저하게 금지시켰으므로, 청명절의 성묘 같은 중요한 풍속이나 의례조차 중단되고 말았다. 상선이나 어선은 물론이고 개인의 배도 강에 띄울 수 없었으므로, 성묘 길에 나선 남자들은 제물과 지전을 등에 짊어지고 산소까지 먼 길을 걸어가야 했고, 여자들은 성 밖으로 나가지 못하고 집안에 머물러 있어야 했다.

장다이가 적고 있듯이, 세상을 등지려던 그의 첫 번째 시도는 얼마 지나지 않아 곤경에 처했고, 1646년 2월까지는 자신의 선택에 의한 탈출은 물 건너간 것처럼 보였다. "팡궈안은 사람을 파견하고 예물을 보내, 나에게 산에서 내려와 군사문제에 관한 책사가 되어달라고 채근했다. 또한 지방관을 나의 거처로 보내 압력을 가했다. 그래서 나는 별다른 대안이 없다고 느꼈다."[35]

장다이는 만일 고인이 된 친구 치뱌오자가 간여하지 않았더라면, 노왕을 지지하는 소규모 관료집단에 다시 합류할 수밖에 없었을 것이다. "1646년 2월 26일, 나는 [사오싱에서 동쪽으로 30마일 떨어진] 베이산(北山)을 향해 길을 떠났는데, 탕위안링(唐園嶺)에 당도했을 때 핑수이(平水)의 한(韓) 여관에 묵었다. 나는 등에 난 종기 때문에 끙끙 앓다가 베개에 기대 깜빡 잠이 들었다. 푸른 옷을 입은 종자 한 사람이 명함을 가져와 나에게 건넸는데, 거기에는 '치뱌오자가 존경하는 벗에게 드립니다'라고 적혀 있었다. 나는 놀라서 벌떡 일어났고 바로 그 순간 치뱌오자가 문을 열고 들어왔다. 그는 하얀 수의(壽衣)와 관을 반듯하게 갖추고 있었다. 나는 그를 환영했고, 우리는 의자에 몸을 꼿꼿이 세우고 앉았다. 꿈속에서도 나는 이미 그가 죽었다는 사실을 알고 있었으므로 그에게 말했다. '치뱌오자, 자네는 나라를 위해 죽었고 우리 세대에 영광을 더해주었네.' 치뱌오자는 가볍게 미소를 짓더니 말했다. '존경하는 벗이여, 이런 시대에 자네는 왜 이름을 숨기고 자취를 감추지 않는가? 산속의 은거지를 떠나는 이유는 무엇인가?' 나는 대답했다. '감국 노왕을 보좌하기 위해서라네.' 그의 질문에 자극을 받아 나는 이런저런 이유를 그럴싸하게 둘러댔다. 치뱌오자는 웃으면서 '이것은 자네가 결정한 것인가, 아니면 다른 사람이 자네에게 결정해준 것인가? 누군가 이렇게 하도록 그대를 윽박지른 것이 유일한 답일 걸세. 열흘 내에 누군가가 자네에게 몸값을 요구할 걸세.' 나는 대답했다. [장군] 팡궈안이 자기와 함께 일하자고 정중하게 초청했는데 위협하지는 않았네.' 그러자 치뱌오자는 대답했다. '자네도 잘 알겠지만, 세상이 이 지경일 때는 사람이 할 수 있는 일이라곤 아무것도 없네. 어찌 하늘의 뜻을 살피려 하지 않는가!'

"그는 내 손을 잡아끌었고 우리는 함께 계단을 내려갔다. 남서쪽으로 눈을 돌리자 크고 작은 별들이 비처럼 쏟아졌고 폭발음도 들렸다. 치뱌오자가 말했다. '하늘이 이런 징조를 보여주는데 우리가 무슨 일을 할 수 있겠는가, 도대체 무슨 일을? 벗이여, 빨리 산으로 돌아가 자네의 마음이 가는 대로 따르게. 앞으로 자네가 취할 수 있는 최선의 방책은 내가 지금 제안한 것을 따르는 일일 걸세.' 그는 일어나서 문을 지나며 내 귀에 대고 '명조의 역사 집필을 갈무리하게'라고 속삭였다. 그리고 천천히 걸음을 옮기며 사라져갔다.

"개 짖는 소리가 표범의 울음소리처럼 귀에 들려왔고 나는 놀라서 잠에서 깨어났다. 등에 식은땀이 흥건했다. 문 밖의 개 짖는 소리가 흡사 꿈속에서 들었던 개 짖는 소리처럼 들려왔다. 나는 아들을 깨워 꿈 이야기를 했다. 다음날 우리는 집에 도착했고, 열흘이 채 지나지 않아 아들이 유괴되어 몸값을 지불해야 했다. 순난자의 통찰력은 이러했다. 혼령일지라도 이처럼 친구를 돌봐주었다."[36]

이 돌발적인 위기가 닥친 후 다시 도망가기로 한 장다이의 결심은 경솔했다. "나는 대나무 광주리 몇 개만 들고 갔다"고 장다이는 적고 있다. 사오싱의 집에 있던 대부분의 재산과 3만 권의 장서를 남겨두고 간 것이다. 그가 남겨놓을 수밖에 없었던 책들은 "팡궈안의 군사들이 가져가 찢어서 매일 불쏘시개로 삼거나, 강둑으로 갖고 내려가 화살을 막는 갑옷의 충전재로 사용했다. 그래서 내가 40여 년에 걸쳐 모았던 장서는 며칠 사이에 흔적도 없이 사라졌다."[37]

이상하게도 옌커는 장다이가 도망가고 난 뒤에도 남아 있었다. 그는 자발적으로 노왕을 위해 목숨을 바쳤다. 첸탕 강 남쪽 기슭을 따라 펼쳐진 취약한 방어선은 1646년 초여름에 무너졌다. 두 해에 걸친 극심한 가뭄으로 강바닥이 말라붙어버렸기 때문에, 만주족 기병대는 말을 타고 강을 건널 수 있었고, 마스잉과 팡궈안 장군은 노왕과 함께 도망쳤다. 그렇지만 마지못해 자신에게 관직을 허락한 군주에 대한 돈키호테 같은 충성심에서, 옌커는 중병에 걸렸거나 부상당한 채로 자신의 자리를 지켰던 것 같다. 마지막까지 격정적이고 극단적인 성격을 버리지 못한 옌커는 죽기 직전에 하인들에게 자신이 죽으면 시체를 말가죽이 아니라 술을 담는 낡은 가죽부대에 싸서 첸탕 강에 던져달라고 부탁했다. 그의 유지는 진지하고 축어적이며 풍자적이었다. 이전에는 전장에서 용감하게 싸우다 죽은 사람은 말가죽에 싸고, 수치스럽게 죽은 자는 술을 담는 낡은 가죽부대에 싸서 매장하는 관습이 있었다. 장다이는 그런 죽음에 길게 토를 달지 않았다. "과연 그의 말대로 되었다"고 한 것이 그가 유일하게 덧붙인 말이었다.[38] 장다이는 남은 재산은 군사들의 처분에 맡겼고, 생존한 자식들과 두 명의 첩은 사오싱 동쪽의 안전한 산속으로 보냈으며, 자신은 험준한 지형 때문에 침략군이 침입할 가능성이 거의 없는 사오싱 남서쪽의 구릉지대로 더 깊숙이 물러났다. 그리고 먼저 세상을 떠난 친구 치뱌오자가 귀엣말로 속삭였던 대로, 명조역사에 관한 미완성 원고뭉치를 들고 갔다.

8장
영락하는 삶

·

장다이가 신중한 계획을 세워 팡궈안과 노왕의 조정
에서 탈출했다는 흔적은 전혀 없다. 그리고 그는 사
오싱에서 남서쪽으로 40마일가량 떨어진 곳에 숨어
지낸 3년 동안 무슨 일이 있었는지에 대해 일목요연한 기록을 남기지
않았다. 그 지역의 산들은 험준하여 접근할 수가 없었다. 그곳은 외딴
마을, 무성한 풀과 빽빽이 들어찬 나무, 드문드문 눈에 띄는 사찰이
전부였다. 한 수의 시에서 장다이는 자신이 1646년에 몇 달 동안 아
들 하나와 시종 하나를 데리고 신분을 감춘 채 명대 역사 집필에 다시
집중하려 애쓰며 한 산사에서 숨어 지냈다고 기술하고 있다. 한 달쯤
지나자 신분이 드러나서 다른 절에서 피난처를 찾아야 했고, 그곳에
서 다시 신분을 숨기고 잠시 승려들과 같이 생활했다.[1] 양식이 없었
을 뿐만 아니라 땔감조차 구하지 못해 굶기를 밥 먹듯 하던 그때, 그
는 군주답지 않은 군주를 섬기며 사느니 차라리 절개를 지키겠다고
산속에서 스스로 굶어죽은 충신들에 관한 중국의 유명한 고사들이 사
실과는 거리가 먼 이야기라는 것을 깨달았다고 말한다. 고결하다고
칭송받는 그 사람들이 죽을 수밖에 없었던 것은 먹을 것을 구하지 못

227

했기 때문이라는 사실을 알게 된 것이다.[2]

장다이는 만주족의 변발을 거부하고 기괴한 몰골을 하고 다녔다. "머리카락을 아무렇게나 늘어뜨리고 누더기를 걸치고 있었다"고 장다이는 스스로를 묘사하고 있다. 그는 "거친 들판의 무서운 사람"처럼 보였고, 길가에서 마주친 사람들은 "그가 무슨 유독물질이나 맹수라도 되는 양" 몸을 피했다.[3] 자결할까 하는 마음도 종종 들었지만, 자신의 최대 과업인 명조의 역사를 아직 완성하지 못했기 때문에 그런 마음은 한쪽 구석에 밀쳐두었다.

장다이는 이제 마흔아홉 살이 되었고, 1646년에 이리저리 도망치는 동안 지나간 삶의 모습들이 머릿속에서 쉴 새 없이 맴돌았다. 기억들은 번개처럼 떠올랐는데, 특히 차디찬 밤의 기운이 누그러지고 닭이 울 무렵인 새벽녘에 찾아왔다고 장다이는 말한다. 그럴 때면 "평생의 모든 화려함과 사소한 아름다움이 눈앞을 스치고 지나갔다." 그런 기억을 글로 적어두는 것은 그가 계획한 바는 아니었지만, 혹독한 인생살이에서 잠시 벗어나게 해주는 뜻밖의 소일거리가 되었다. "계속되는 굶주림 속에서 나는 붓과 먹으로 위안을 삼았다." 빽빽이 늘어선 등의 가물거리는 불빛, 고금의 소리, 희생제물의 고약한 냄새, 항저우의 시후에서 만난 한 여인의 사려 깊은 침묵, 서화와 골동을 사는 데 펑펑 쓴 돈, 어머니의 독경소리, 배역을 잘 소화하려는 젊은 배우들의 분투, 배와 가마를 타고 한 여행, 벗과의 대화. 다른 100여 개의 순간과 함께 이 모든 기억은 그 나름의 부신(符信)과 함께 상처를 가지고 있었다. 하지만 '꿈같은 회상'(夢憶)이라고 이름 지은 것을 쓰기 시작했을 때, 장다이는 각각의 기억이 그것만의 공간에 머물러 있으므로 형식적인 틀에 끼워 맞추기 어렵다는 점을 강조하고 있다. "그것들은 연도별이나 월별로 배열된 것이 아니므로 통상적인 전기와는 다르다.

또한 범주에 따라 분류된 것이 아니므로 일화집과도 다르다. 나는 단지 생각나는 대로 어떤 항목을 취해 기록할 텐데, 이는 일전에 방문한 명승지를 다시 찾거나 오래된 친구를 다시 만나는 것과 같다." 그해 말까지 그는 이런 식으로 자신에게 다가온 과거의 순간들을 120개 이상 기록했다. 비록 그는 의도적으로 모든 항목을 한두 문단이나 많아야 두 페이지 정도로 간략하게 기록했지만, 그것만으로도 '꿈같은 회상'은 작은 책 한 권으로 엮기에 충분했다.[4]

축적된 이미지들과 잘 어울리는 서문에서, 장다이는 자신이 떠올린 경험과 감정의 무작위적 성격을 강조하는 한편 과거를 반추하는 데는 의도적인 목적이 있었음을 암시했다. "나는 그것들을 기억나는 대로 기록했고, 그것을 부처 앞으로 가지고 나가 그 모든 것에 대한 용서를 빌었다." 같은 서문에서 설명하고 있듯이, 과거를 기억하고 글로 남기는 일련의 작업은 장다이의 마음속에서 속죄의 성격을 띠게 되었다. 그가 지금 참고 견뎌야 하는 고난 하나하나는 과거에 별생각 없이 당연하게 즐겼던 사치나 쾌락에 대한 응보였다. "삿갓과 짚신은 머리와 발뒤꿈치, 즉 지난날의 머리장식과 멋진 신발에 대한 응보이다. 누더기와 거친 베는 가죽옷과 고급 비단, 즉 따스함과 가벼움에 대한 응보이다. 형편없는 채소와 모래알 같은 곡식은 고기와 쌀, 즉 온갖 진미에 대한 응보이다. 멍석과 돌은 침상과 베개, 즉 온화하고 부드러운 것에 대한 응보이다. 새끼줄과 항아리 주둥이는 문빗장과 창문, 즉 편안한 생활에 대한 응보이다. 연기와 똥은 눈과 코, 즉 육욕을 자극하는 형체와 향기에 대한 응보이다. 길과 자루는 발과 어깨, 즉 가마를 메고 다닌 사람들의 신체에 대한 응보이다. 모든 죄에는 그에 상응하는 응보가 있다."[5]

그렇지만 장다이의 마음속에 인생을 낭비한 것에 대해 부처로부터

벌을 받아 마땅하다는 모종의 기분이 있었다 하더라도, 그것이 시간
이나 의식적인 동기를 초월하는 회상의 힘을 약화시키지는 못했다.
아마도 장다이는 자신이 쓴 산문의 모든 구절을 부처의 면전으로 가
져가 "그 모든 것에 대해 사죄할 수" 있었을 것이다. 하지만 그 자신이
나 다른 사람들의 삶 속에 있는 과거의 순간들은 그가 『도암몽억』 서
문의 마지막 구절에서 표현한 것처럼 "불가(佛家)의 사리처럼 견고하
여 아무리 뜨거운 불속에 집어던져도 절대로 파괴되지 않는" 하나의
'뿌리'(根)가 되어 영원히 사라지지 않았다.[6]

특히 피난생활 첫해에 장다이는 중국에서 가장 존경받는 은둔자이
자 시인인 타오첸(陶潛)에게서 위로를 받았던 것 같다. 몇 년 전 장다
이는 타오첸의 이름에서 타오를 따와 자신의 호(號)로 삼았는데, 어
머니의 성(姓)이 타오라는 사실이 그 의미를 더욱 뜻 깊게 만들었다.
그러나 시인의 모델로 타오첸을 불러낸 것은 단지 한가한 공상에 의
해서만은 아니었다. 약 1,200여 년 전에 타오첸이 쓴 시들은, 귀향하
여 자신의 작은 땅을 일구고 글을 쓰고 인생무상과 삶의 허무를 관조
하고 (타오첸의 경우 틈나는 대로) 술을 마시겠다는 내면의 욕구를 충
족시키기 위해, 모든 야망과 출세를 포기한 교양 있는 학자의 면모를
대변하는 작품으로 중국인의 의식에 깊이 뿌리를 내리고 있었다. 타
오첸은 아내에게 쌀 살 돈이 떨어지거나 친구에게 염치없이 구걸할
때조차도 술을 마셨고, 술을 구하기 위해서라면 아무리 먼 길도 마다
하지 않을 만큼 술을 좋아한 인물로 유명했다. 1650년에 장다이의 친
구 천훙서우는 타오첸의 이런 면을 찬양하기 위해, 그의 시에서 발췌
한 음주에 관한 일화들을 재치 있고 감동적으로 묘사한 일련의 그림
을 그렸다. 그러나 타오첸 정도의 애주가는 아니었던 장다이는 1646
년에 타오첸의 다른 작품세계에 화답하는 시들을 쓰기로 결심했다.

그가 염두에 둔 타오첸의 작품은 「영빈사」(詠貧士) 일곱 수, 시살(弑殺)과 찬탈에 대한 정치적인 시들, 「의만가사」(擬輓歌辭) 세 수, 그리고 가난에 적응해야 하는 현실을 노래한 것으로 유명한 「유회이작」(有會而作)이었다. 타오첸은 「유회이작」에서 다음과 같이 노래했다.[7]

젊어서 집안이 가난하더니,
늙어서도 언제나 굶주리네.
내가 원하는 것은 콩과 보리뿐,
어찌 맛있고 기름진 것을 바라랴.

이 시의 병서(幷序)에서 타오첸은 어려운 살림살이를 가슴 찡하게 묘사하고 있다. "묵은 곡식은 떨어졌으나 아직 햇곡은 거두지 못했다. 나는 제법 능숙한 농사꾼이 되었으나, 흉년을 만나니 앞날이 아득하여 근심이 끊이질 않는다. 올해의 수확에서는 이미 바랄 것도 없다. 아침저녁으로 근근이 끼니를 잇다가, 열흘 전부터는 끼니를 걱정해야 할 처지가 되었다. 한해가 저물어 가니 울적한 회포를 시로 읊어 달래 본다. 내 생각을 적어두지 않는다면 후손들이 어찌 알겠는가."
타오첸의 가장 유명한 시 가운데 하나는 「영빈사」 일곱 수의 첫 번째 시이다. 이 시는 향리에 은거하는 외로움과 타오첸 본인의 무력감을 나타내고 있는데, 다음 대구는 그런 심정을 잘 묘사하고 있다.

느릿느릿 숲을 빠져나간 새
해질녘 다시 돌아오누나.

여러 시대의 학식 높은 주석가들은 타오첸이 여기서 자기 자신과

231

420년 동진(東晉)의 멸망을 암시하고 있다고 설명했다.[8] 타오첸의 시에 화답하여 사나운 폭풍우가 몰아칠 때 지은 「화빈사」(和貧士) 일곱 수에서 장다이는 1646년 가을에 자신이 쓴 시들을 특히 사오싱 동쪽의 산속에 숨어 있던 "동생과 사촌, 자식"과 함께 음미하고 싶다고 적고 있다. 그들의 아전을 위해 그곳으로 보낸 것은 바로 장다이였다.

타오첸의 「영빈사」 첫 수는 다음과 같다.

> 만물은 저마다 의탁할 곳이 있건만
> 외로운 구름 홀로 의지할 곳이 없어
> 어슴푸레 공중에서 흩어지니
> 어느 때 남은 빛을 보려나.
> 아침노을 밤안개를 쫓으니
> 새떼와 함께 날아다니네.
> 느릿느릿 숲을 빠져나간 새
> 해질녘 다시 돌아오누나.
> 역량 헤아려 본분을 지키니
> 어찌 춥고 배고프지 않으랴
> 지음(知音)조차 남아 있지 않으니
> 아서라, 무엇을 슬퍼하리.[9]

타오첸의 시에 화답하는 자신의 시에서 장다이는 핵심적인 비유만 바꾸고 있다. 타오첸의 불길한 구름은 장다이의 시에서는 반딧불이가 되는데, 그 빛은 줄기차게 내리는 빗속에서 마침내 꺼져버린다. 장다이의 시는 다음과 같다.

추수철 되어 모두 희망을 갖는데도

가을 반딧불이만 의지 가지 없는 신세라네.

깜박깜박 공중에서 빛을 내더니

풀밭에 빛의 자취만 남겨두었네.

산중에 고요한 비 그치지 않으니

날개 젖어 날 수가 없네.

산은 깊고 험하고

길은 길고 꼬불거리니 돌아갈 일 막막하네.

저녁바람 불어오는데

추위와 허기를 어떻게 피할 수 있을까?

조용히 고향집 생각하니

무거운 발걸음에 홀연 슬픔이 밀려오네.[10]

장다이는 자신이 사오싱에서 도주한 뒤에 가족들에게 남은 것이라 곤 "부서진 침상과 낡아빠진 탁자, 다리 부러진 솥(鼎)과 망가진 고금(古琴), 군데군데 파손된 책 몇 질과 깨진 벼루가 전부였다"고 말한다.[11] 곤궁함에 대한 그의 묘사가 과장이든 아니든, 옛 세계가 자신을 끌어당기고 있다는 느낌을 떨쳐버릴 수 없었다. 그는 1640년대 후반의 삶을 자세히 말해주지 않지만, 1649년 무렵 사오싱으로 되돌아가기로 결심했던 것만은 분명하다.

그는 자신이 떠났을 때의 세상과는 다른 세상으로 돌아왔다. 노왕을 두 차례 잠시 섬겼다는 이유로 그를 궁지로 몰아넣은 것이 팡궈안 장군과 그의 군사들이었든, 지방의 약탈자들이었든, 아니면 승자인 새로운 청조의 관료들이었든 간에, 이제 장다이에게는 돌아갈 땅이 없었다. 그래서 그는 1649년 10월에 한때 자신이 기거하고 독서하고 등불과 눈을 바라보던 바로 그 룽산 뒤쪽 비탈에 조그마한 땅뙈기를 빌렸다. 빌린 땅은 그가 할아버지와 함께 자주 방문했던 바로 그 쾌원 안에 있었다. 그곳에서 공부했던 사람의 즐거움에서 이름을 따온 쾌원은 장다이의 유년기와 청년기에 낙원처럼 보였다. 과수원과 넓은 연못, 꽃밭, 뒤쪽의 담장을 갖춘 그곳을 거닐면 풍경이 두루마리 그림처럼 펼쳐졌다. 명조가 멸망하기 전의 행복한 시절에, 그곳은 주인의 투자에 상당한 이익을 되돌려주는 정원이기도 했다. 장다이는 10무(畝)가량의 연못 속에 살던 통통한 물고기, 비단과 맞바꿀 수 있었던 싱싱한 귤, 배추와 수박, 그리고 하루에 150전(錢)어치의 과일을 딸 수 있었던 복숭아나무와 자두나무에 대해 적고 있다. "그곳은 비록 바깥세상으로 통하는 문은 걸어 잠갔지만, 시장이나 다름없었다." 그러나 장다이가 그곳을 빌릴 무렵에는 황폐하게 방치되어 있었다. 한때 행복했던 학자는 사라졌고 그의 가족은 뿔뿔이 흩어졌다. 장다이는 정자의 초가지붕을 직접 손봐야 했고, 이전에 정원을 장식했던 나무와 바위들이 전해주던 질서정연하던 느낌을 더 이상 맛볼 수 없었다. 장다이가 오랜 지기에게 농담조로 말한 것처럼, 쾌원이라는 이름은, "우리가 사는 세상에서 이름과 실상은 대개 부합하지 않는다"는 중국 속담이 옳다는 증거였다. 마치 "전혀 모자람이 없는 공자가, '모자라는 동네'(闕里)에 살았고, 악취를 풍기는 사람이 '향기로운 다리'(香橋) 옆에 살았던 것처럼, 말로 다할 수 없는 고통을 당한 사람이 '행복의 정원'(快園)에서 살았다."[12]

아래의 시에서 장다이는 숫자상으로는 그의 가족이 다시 모여 살게 된 것이나 진배 없지만, 자신이 가족을 통솔한다고는 말할 수 없게 되었다는 것을 인정하고 있다.

내 아직 늙지 않았고
세상에서 영락한 지도 그리 오래지 않았다.
하나 어지러운 몇 년을 보내
노인처럼 변해버렸다.
병란이 일어난 후
집안은 망하고 내게는 빈손만 남았다.
한탄하노라, 자식 많이 둔 것을
중년에 상처한 것을.
열 딸 중 셋이 시집가고
여섯 아들 중 둘이 장가들었다.
그들이 네 손자를 안겨주니
식구가 모두 열여덟인가 열아홉인가.
삼시에 죽만 두 끼 먹지만
날마다 곡식 한 말이 들어가네.
이전엔 드넓은 땅 있었지만
지금은 고작 반 무(畝)뿐.
허물어져가는 집 두세 채
섬돌 앞 버드나무 한 그루.[13]

　독자들도 알다시피 '버드나무 한 그루'는 고난에 직면한 시인 타오
첸의 꿋꿋함에 대한 상징이었다. 문제는 가족수가 많다고 반드시 그
에 비례해서 역량이 늘어나지는 않는다는 점이었다.

　비유컨대 지금 우리 가족은
　난파선을 탄 사람들의 처지나 다름없다.

235

장다이는 비유를 이어간다.

> 저마다 힘을 보태야만
> 우리는 침몰을 면할 수 있다.
> 그러나 내 도움만 바라고
> 하나같이 내 옷자락에 매달린다.
> 서로 뒤엉켜
> 한 사람도 살아남지 못하리.[14)]

장다이도 다른 사람들처럼 불만을 토로했지만, 그는 결코 비참한 처지에 그대로 빠져 있지 않았다. 몇 해가 지나자 서서히 옛 친구들이 제자리로 돌아왔고, 가끔씩은 예기치 못한 기쁨도 누렸다. 장다이는 동생 산민의 집을 자주 방문했는데, 동정심 많고 다정한 산민의 아내 천(陳)씨는 언제나 그를 따뜻하게 맞아주었다. 그녀도 쉰이 넘었으나, 장다이가 방문하면 맛난 음식을 대접하고 시아주버니로 깍듯하게 모셨다.[15)] 노왕을 섬겼던 몇 명은 순사했다. 화가 천훙서우는 1652년에 병사했으므로, 더 이상 장다이와 함께 술을 마실 수 없었다. 그러나 오래된 든든한 친구이자 치뱌오자의 형인 치즈샹(祁止祥)을 다시 만날 수 있었다. 그는 동생이 자결한 후 한동안 타이저우에서 노왕을 섬겼는데, 극적으로 살아남아 자신이 애지중지하는 명금(鳴禽) 아바오(阿寶)와 함께 약탈을 자행하는 군대와 도적떼를 뚫고 2주일 동안 걸어서 사오싱으로 돌아왔다.[16)]

쾌원은 여전히 대화를 나누기 좋은 곳이었다. 장다이는 여름날 오후에 그곳에 앉아 젊은이들—자기 자식들인지 혹은 이웃집 아이들인지는 알 수 없다—과 지난 시절을 이야기하는 게 크나큰 즐거움이었다고 적고 있다. 특히 더운 날에는 그늘이 드리워진 돌다리 아래 물가에 앉아 옛 추억을 떠올렸다. 잠시 후 추억이 차곡차곡 쌓이면, 장다이는 "젊은이들을 보내고 방금 나눈 대화를 기록하곤 했다. 얼마 뒤에는 이것이 습관이 되었다." 장다이가 쾌원에서 기록한 대화의 일부는 아직까지 남아 있는데, 대부분 『도암몽억』에 실린 장다이 일가의 이야깃거리를 좀 더 발전시킨 것이었다. 장다이 자신을 포함한 많은 집안사람과 쉬웨이나 치뱌오자 같은 친지들의 조숙함이나 재치, 할아버지의 민첩함과 영리함 등이 자주 화제에 올랐다. 장다이는 젊은이들이 지루해하지 않으면서 깨달음을 얻을 수 있도록 가벼운 내용과 심각한 내용을 적절히 조합하려 애썼다고 독자들에게 말한다. 3할의 해학에 7할의 충고를 섞으면 젊은이들이 집중해서 이야기를 듣고 교훈도 얻을 수 있다는 것이 장다이의 계산이었다. 그는 농담·익살·문자유희·재치문답이 모두 젊은이의 주의를 끄는 데 유용하다고 생각했다. 장다이의 소품(小品)들 중에는 아이를 갖는 법이나 술을 보관하는 법, 오줌을 누는 올바른 순서에 대한 조언도 포함되어 있었다. 요점은 삶의 해학과 긴장을 이해하는 것이었다.[17]

1650년대에 장다이는 스스로 육휴거사(六休居士)라는 또 다른 호를 짓고, '여섯 가지에 만족하는 늙은이'라는 이 호의 의미를 쾌원의 청중에게 설명해주었다. "거친 음식으로 굶주림을 면할 수 있으면 만족하라. 누더기로 몸을 따뜻하게 데울 수 있으면 만족하라. 낡고 부서진 집이라도 갖고 있으면 만족하라. 도수가 약한 싸구려 술로도 취할 수 있으면 만족하라. 전대가 거의 비어 있어서 돈을 아낄 수 있다면 만족하라. 악인들이 활개 치는 세상에서 악인을 피할 수 있으면 만족하라."[18] 확실히 장다이는 응보의 개념에서 벗어나 형편없지는 않지만 대단치도 않은 것, 즉 평범한 것은 평범하게 받아들이는 자세를 취하고 있다. 나아가 도피생활을 하는 동안 장다이가 『도암몽억』의 소재로 삼은 가족에 대한 생생한 기억, 특히 할아버지와 아버지, 첫째 숙부와 옌커에 대한 풍부한 기억은 쾌원에서 나누는 대화 속에서 정교함과 깊이를 더하게 되었다.

이런 다양한 배경을 바탕으로 장다이는 세 종류의 압축적이면서도 상세한 가족의 전기를 쓰기로 신중하게 결정했다.[19] 첫 번째는 고조부에서 1633년에 사망한 아버지에 이르는 직계조상을 다룬 「가전」(家傳), 두 번째는 숙부 세 사람을 다룬 「부전」(附傳), 세 번째는 종조부에서 사촌동생에 이르는 친척 다섯 명의 삶을 살펴본 「오이인전」(五異人傳)이었다.[20]

세 전기를 언제 썼는지에 대한 유일한 단서는 두 번째 범주의 전기, 즉 숙부 세 사람의 전기에 덧붙인 짤막한 서문에 나온다. 그는 거기에 다음과 같이 적고 있다. "첫째 숙부가 돌아가신 지 7년이 지났고, 둘째 숙부는 10년, 여섯째 숙부는 36년이 되었다. 만일 그들이 [조만간] 전기를 갖지 못한다면, 그들에게는 끝내 전기가 없을 것이다. 죽은 자는 말이 없으므로 누군가 그들의 전기를 써주지 않으면 그들에게는 전기가 없을 수밖에 없다. 그러나 세 숙부에게 전기가 없다면 무척 아쉬울 것이다. 왜냐하면 세 분 다 기록으로 남길 만한 삶을 살았기 때문이다." 첫째 숙부가 1644년에 사망했다는 확실한 증거로부터, 그 전기는 장다이가 1651에 쓴 것이라고 단정할 수 있다. 그리고 이 연도를 기준으로 삼으면 능수능란한 조정자였던 둘째 숙부는 1641년에, 재기발랄하지만 제멋대로였던 여섯째 숙부는 1615년에 죽었음을 알 수 있다.

장다이에 따르면 세 숙부는 "장점과 단점을 모두 갖고 있었다. 그들의 장점은 전기로 기록할 만한 가치가 없을지 몰라도, 단점은 분명히 기록해둘 만하다. 셰진은 일찍이 '흠이 있는 옥이 될지언정 흠이 없는 돌이 되지는 않겠다'고 말했다. 옥을 옥답게 만드는 것이 바로 흠이다. 그러니 어찌 내가 세 숙부의 흠을 감추어 그들이 옥으로 인정받을 수 있는 기회를 박탈하겠는가?"

장다이는 친척 다섯 명의 전기를 추가하기로 결정한 것을 거의 비슷한 말로 합리화했다. "몰두하는 버릇이 없는 사람과는 사귈 수 없다. 그런 사람에게는 격정이 없기 때문이다. 흠이 없는 사람과도 사귈 수 없다. 그런 사람에게는 진정한 사람냄새가 나지 않기 때문이다. 우리 집안에서 장루팡은 돈에, 털보 장은 술에, 아홉째 숙부는 분노에, 옌커는 정원 조경에, 페이는 책과 역사에 매료되었다. 이런 것들에 대한 그들의 무한한 열정은 어렸을 때는 흠이었으며, 어른이 되어서는 벽(癖)이 되었다.[21] 다섯 사람은 자신의 전기에 아무런 흥미도 없었지만, 모두 극단적인 벽이 있었으므로, 나는 부득불 그들의 전기를 쓰기로 작정했다. 그래서 「오이인전」을 썼다."

장다이가 선택한 이 여덟 명은 방계친으로, 집안을 명문가로 일으킨 최초의 인물인 고조부로부터 아버지를 거쳐 장다이까지 이어지는 직계친은 아니었다. 부계의 친족들을 평가할 때는 효라는 기본전제를 깨뜨리지 않기 위해 많은 주의를 기울여야 했고, 주인공들이 살았던 시대와 장다이가 살고 있던 시대 사이에 가로놓인 시간적인 거리도 고려해야 했다. 그러나 이런 문제점들은 극복될 수 있었다.

집안사람들의 전기를 창작하는 과정에서 맞닥뜨린 난관을 언급하면서, 장다이는 명대의 고명한 정치가이자 다작으로 유명했던 두 사람(모두 문체가 순수하기로 유명했다)과 자신을 비교하고 있다. 장다이는 자신이 원했다면 두 사람을 모범으로 삼을 수도 있었을 테고, 자신의 시대에 그들에 필적하는 문인들이 있었다면 그들에게 집안사람들의 전기를 써달라고 의뢰할 수도 있었을 것이다. 물론 그는 그렇게 하지 않았다. "족보를 기록한 리멍양(李夢陽)이나 가전(家傳)을 기록한 중싱(鐘惺) 같은 작가들이 있었으므로, 사람들은 두 사람이 전기를 써줄 때까지 기다릴 수 있었다. 고조부와 증조부의 경우, 스스로 전기를 쓰실 능력이 충분했거니와 다른 사람들이 이미 그분들의 전기를 썼으므로, 장다이가 전기를 쓸 때까지 기다릴 필요가 없었다. 할아버지도 전기를 쓰시고도 남을 만한 분이셨다. 나는 후세에 태어나 할아버지가 이미 연로하셨을 때야 겨우 뵐 수 있었으므로, 그분의 생애 전반부에 대해서는 거의 아는 바가 없다. 따라서 설령 내가 그분의 전기를 쓰고 싶다 해도, 내가 완벽하게 기록할 수 없는 부분이 분명히 있을 것이다. 선친의 경우에는 내가 정말로 잘 알고 있고, 오랫동안 선친에 대한 정보를 축적해왔다. 따라서 나는 선친의 전기를 쓸 수 있지만, 선친의 전모를 정확히 재현할 자신은 없다. 그러므로 여러 선조의 전기를 쓰는 일에 관한 한 내가 리멍양이나 중싱이 되기는 어렵다."[22]

그러나 장다이는 자신이 쓴 『고금의열전』과 『사궐』 같은 책들— 그는 두 책에서 명조의 인물들을 포함시켜 분량을 늘렸다—을 떠올리면서 자신의 정당성을 강화하려 했다. "비록 그렇다 하더라도, 그것이 어찌 내가 그들의 전기를 아예 쓰지 않아도 되는 핑계가 될 것인가? 만일 내가 그들의 전기를 아예 쓰지 않으면, 그것은 내가 명조를 다스린 열다섯 황제의 치하에서 살았던 사람들의 전기는 쓸 수 있지만 선조들의 전기는 쓸 수 없다고 말하는 꼴이 된다. 그렇다면 나는 진정 죄인이 될 수밖에 없을 것이다."

장다이는 선조들에 대한 전기를 쓰면서 그 대상에 따라 각기 자신의 역할이 달랐다고 설명하고 있다. 고조부와 증조부에 대해 쓸 때는, 고위관료로 장기간 근무하면서 정치적 부침을 경험한 두 사람에 대한 공문서상의 왜곡을 바로잡는 일이 가장 절실했다. 『사궐』에서 자신이 전개한 비유에 빗대어, 장다이는 이 두 경우에 자신이 맡은 역할은 "월식이 일어나 부분적으로 가려진 달의 모습을 고쳐서, 하늘을 바라보는 사람들이 다시 온전한 달을 볼 수 있게 해주는" 천문가의 역할과 비슷하다고 말한다. 할아버지에 대해 기록할 때는 "아직 드러나지 않은 절반을 이미 드러난 절반과 비슷한 수준으로 그려서 온전한 그림이 되게 해주는" 역할을 했다. 아버지의 경우 장다이의 역할은 "일단 그물에 걸린 큰 물고기부터 살펴서 작은 물고기까지 전부 볼 수 있는" 어부와 같았다. 장다이는 이렇게 덧붙이고 있다. "나는 네 분 선조의 면모를 완전히 새롭게 드러내기에는 재주가 부족하다. 내가 할 수 있는 것이라곤 그분들의 본모습 내지 진면목을 놓치지 않으려고 애쓰면서, 반쯤은 웃고 있고 반쯤은 울고 있는 각자의 얼굴을 표현하는 것이 고작이다."[23]

장다이는 장씨 일가의 전기에 덧붙인 짤막한 서문을, 고대의 도가 사상가 장자로부터 차용한 이미지로 마무리했다. "어떤 문둥이 여인이 한밤중에 아기를 낳고는 황급히 등불을 찾아들고 갓난아기의 모습을 이리저리 살펴보면서 아기가 행여 자기와 같은 문둥이가 아닐까 하는 두려움에 온몸을 부들부들 떤다." 다행히 "네 분의 선조는 문둥이가 아니었다. 그렇지만 전기 속에서 나는 그분들의 모습을 있는 그대로 정확하게 그려내지는 못했다. 그러므로 한밤중에 등불을 들고 내가 쓴 것을 살펴본다면, 나는 그분들의 모습을 비교적 정확하게 재현했다고 안도할 수도 있고 그렇게 하지 못했다고 염려할 수도 있다. 나는 두 가지 감정을 동시에 느낄 것 같다."[24]

1200년 전에 타오첸도 갓 태어난 아들을 위해 쓴 시에서 문둥이 여인의 이미지를 이용했다.

문둥이 여인이 밤에 자식을 낳고
급히 등불을 찾네.
우리 모두 이런 심정일 것이니
나 혼자만 그러는 게 아니리라.[25]

처음 산속으로 도주한 뒤에, 전원세계로 도피한 타오첸의 시에 화
답하는 시를 썼을 때처럼, 장다이가 문둥이 여인 이야기를 들먹인 것
은 단지 타오첸에게 경의를 표하기 위해서만은 아니었다. 장다이는
타오첸이 이용한 이미지를 취하고, 그것이 지시하는 바를 새로운 것
으로 바꾸었다. 그래서 가족의 흉한 외모에 대한 걱정은 작가로서 자
신의 작업 전체의 완전무결성에 대한 두려움이 되었다. 그는 특히 가
정에서 화합하지 못하는 자식들에게 이 메시지를 전했다. 요컨대 작
가로서 장다이는 선조들을 재현하는 문제로 걱정한 것이 아니라, 집
안이 풍비박산 나다시피 한 때에 과연 조상의 이미지를 이용하여 가
족들을 단합시킬 수 있는지를 염려했던 것이다.

장다이는 한때 사랑스러웠던 식구의 얼굴에서 세파에 찌든 모습이
엿보이는 것을, 쾌원의 가족들 마음속에 존재하는 반목의 징후로 받
아들였다. 이 점을 설명하기 위해 장다이는 「부전」과 「오이인전」 사이
에 특별히 "자식들에게 주는 전언"을 삽입했다. "선조들의 전기를 나
의 모든 자식에게 물려주면서, 나는 '선조들이 여기 계신다. 나의 후
손도 여기 있다'고 말할 것이다. 자식들은 이 점을 이해하지 못한다.
그러므로 우리 선조들의 타고난 성정을 이해하고자 할 때, 그들이 형
제로서, 윗사람과 아랫사람으로서 서로 얼마나 친밀하게 지냈는지를
살펴보는 것 이상으로 좋은 방법은 없다. 고조부는 형 장톈취(張天衢)
를 아버지처럼 섬겼다. 증조부는 [아버지의] 두 번째 부인이 낳은 이

복동생을 직접 보살피고 친자식처럼 키웠다. 할아버지와 종조부 즈루(芝如)는 서로 수족처럼 친하게 지냈고, 아버지와 여러 숙부는 서로를 아끼고 배려했다. 그러나 그 다음 세대부터 우리 집안의 형제들은 서로 과객처럼 데면데면하게 굴었고 심지어 원수처럼 지냈다. 시간이 흐르자 우리 집안사람들은 몰락했다.[26]

"만일 나의 자손들이 선조들을 본받아 효도와 우애를 귀중히 여긴다면, 그들은 우리 가계의 토대를 놓을 수 있을 것이다. 만일 그들이 지금처럼 도리에 벗어난 짓을 계속하고 고칠 줄 모른다면, 선조들의 군자다운 덕행은 다섯 대에서 막을 내릴 것이고, 나의 가계도 여기서 막을 내릴 것이다. 그러므로 나는 [다시 한 번] 이렇게 말한다. '선조들이 여기 계신다. 나의 후손도 여기 있다'고." 그것은 장다이 스스로 시도한 참으로 어려운 도전이었다. 임대한 쾌원의 어수선한 분위기 속에서 머리에 총기가 남아 있는 동안 감정과 기억에 의지하여 붓으로 집안사람들의 전기를 기록하면서, 장다이는 자신의 가족만은 나라를 산산조각 내버린 과거와 미래의 가혹한 단절을 모면했다고 스스로 확신해야만 했다.

허심탄회하게 속내를 털어놓은 『도암몽억』 서문 첫머리에서 장다이는 자신과 밀접하게 관련되어 있던 일련의 재난을 겪은 뒤에, 즉 "나라가 없어지고 집안이 망하고 돌아갈 곳이 없어진" 뒤에 만가를 짓고(타오첸이 일찍이 「의만가사」를 지었듯이) 자결할 생각을 했었다고 말한다.[27] 그가 굶주림과 가난 속에서도 살기로 결심한 것은 『도암몽억』에 애착을 가졌기 때문이 아니라, "『석궤서』(石匱書)가 그때까지 마무리되지 않았기" 때문이었다. 장다이는 집필 중이던 명대 역사서의 제목을 『석궤서』라고 붙임으로써 쓰마첸에게 경의를 표했다. 쓰마첸은 장다이가 모든 역사가의 위대한 선구자라고 수시로 칭송했던 인물이고, 석궤는 이 역사가가 1,700년 전에 『사기』를 쓸 때 참조한 사료들을 안전하게 보관하던 장소였다.[28] 황제의 판단에 감히 의문을 제기했다는 이유로 궁형(宮刑)이라는 끔찍한 형벌을 받은 쓰마첸은 수치와 굴욕에도 불구하고 자결하지 않고 살아남기로 결심했는데, 결국 중국 최초의 통일제국이 출현하는 과정을 다룬 불후의 역사서를 완성하여 명성을 떨쳤다.

『도암몽억』과 가족전기의 서문에서 그랬듯이, 장다이는 『석궤서』 서문에서도 책의 집필경위에 대한 얼마간의 단서를 제공하고 있다. "나는 이 책을 1628년부터 쓰기 시작했다"고 장다이는 말했다. "17년 뒤에 나라가 난리를 겪고 있을 때, 나는 이 책의 원고를 갖고 산으로 들어갔다. 이 책이 완전히 마무리되는 데는 10년이 더 걸렸다. 다행히 나는 정계에 발을 들여놓지 않았기 때문에 친구도 적도 없었다. 세상사에 관심이 없었고, 금기시하는 주제도 없었다. 나는 시종일관 진실을 추구했고, 정교한 언어를 구사하기 위해 노력했다. 나는 다섯 번이나 원고를 고쳤고 아홉 번이나 오류를 바로잡았다." 따라서 적어도 『석궤서』의 초고는 1655년경에 마무리되었을 것이다.[29]

『석궤서』 서문에서도 밝히고 있듯이, 장다이는 애당초 숭정제가 즉위한 1628년 이후의 이야기는 기록하지 않기로 결심했다. 그러나 비록 장다이가 명대 역사의 연구범위에 관한 그 결심을 고수했다 하더라도, 그는 명조의 붕괴가 그 지적 탐험의 근본적인 동기를 완전히 바꿔놓았다는 사실을 알고 있었다. 명조를 제대로 이해하기 위해서는 당연히 그 종말을 알아야 했고, 숭정제의 자결뿐만 아니라 난징의 복왕 정권, 심지어 사오싱의 노왕에 대해서도 언급해야 했다. 고인이 된 치뱌오자를 만나 만주족과 싸우기보다는 명조의 역사를 집필해야 한다는 충고를 들은 장다이의 꿈은 등창으로 인한 육체적 고통에서 시작되었다. 산중에서 그리고 나중에는 임대한 쾌원에서 무엇이 그렇게 잘못되었는지, 어떻게 그처럼 명백한 부패의 증상이 그토록 오랫동안 방치될 수 있었는지 자문하면서, 아마도 장다이는 정신적 고통을 느꼈을 것이다.

장다이는 『석궤서』 서문에서 "역사란 정작 쓸 수 있는 사람들은 쓰지 않고, 써서는 안될 사람들이 쓰는 그런 것이다"라고 적고 있다. 자신의 요지를 예증하기 위해, 장다이는 과거의 유명한 두 인물, 왕스전 (王世貞)과 쑤둥포를 선택했다. 명대의 저명한 학자 왕스전은 장다이가 보기에는 역사를 쓰지 말아야 하지만 악착같이 역사를 쓴 인물의 전형이었다. 장다이의 표현에 따르면 왕스전은 "눈을 위로 치켜뜬 채 언제나 먹물을 듬뿍 머금은 붓을 들고 쉴 새 없이 무언가를 기록했지만, 바로 자기 눈앞에 보이는 것에만 관심을 쏟았다. 그는 자기말고는 아무도 역사를 쓸 사람이 없을 것으로 확신했고, 이런 생각을 가슴속에 품고 있었다. 이런 사람은 역사를 써서는 안된다. 그래도 고집스레 역사를 쓴다면, 그가 쓴 것은 훌륭한 역사서가 될 수 없다."

1101년에 사망한 송대의 문필가이자 관료였던 쑤둥포는 왕스전 같은 사람과는 정반대되는 인물의 전형이었다. 위대한 시인이자 문장가였던 쑤둥포는 당대의 가장 유력한 인물 몇 명으로부터 역사를 쓰라는 권유를 받았을 때 완강히 거부했다. 쑤둥포는 "역사는 결코 가볍게 쓸 수 있는 것이 아니고 자신은 역사를 서술하기에 적합한 사람이 아니"라는 확고한 신념을 갖고 있었다. 장다이는 이런 결정을 고집한 쑤둥포의 완고함이 후세사람들을 더욱 난처하게 만들었다고 탄식한다. 그러나 장다이는 자신이 비록 "역사를 쓸 수 없는 사람"에 속하고, 자신의 재능은 (쑤둥포는 말할 것도 없고) 왕스전의 발끝에도 못 미친다는 사실을 알고 있었지만, 그는 결심한 바를 밀어붙이기로 했다. 그도 그럴 것이 "세상에는 정말로 역사를 쓸 수 있지만 그렇게 하지 않는 사람이 적지 않다는" 것을 알고 있었기 때문이다. 그래서 "나는 그들이 나서기를 기다리며 붓을 쥐고 있을 것이다."

논점을 좀 더 분명히 하기 위해, 장다이는 동시대의 학자들이 중국 역사상 최고의 역사가로 인정하던 쓰마첸(B.C.145년경~B.C.85년경)의 사례를 들었다. 왕스전과는 대조적으로 쓰마첸이 훌륭한 것은 "자신의 온힘을 열전에 쏟아 부을 때 언제나 자기를 의식하지 않고 문장을 썼고, 한 글자라도 부적절하게 사용하지 않았으며, 한 획이라도 경솔하게 붓을 놀리지 않았기" 때문이다. 그 결과 쓰마첸이 쓴 역사서는 "우아하면서도 힘이 넘쳤다. 표현상의 섬세함은 간결한 문체에서 비롯된 것이었다. 그의 논찬(論贊)은 언제나 담담하고, 짤막하면서도 핵심을 찔렀으니, 털 세 가닥이나 눈동자 하나로 그림에 생명을 불어넣는 것과도 같았다.* 쓰마첸에게 먹물 한 말을 주면, 그는 단 한 방울도 헛되이 쓰지 않을 것이다."[31]

우리가 알고 있는 한 장다이는 사오싱을 빠져나갈 때 명대 역사에 관한 초고를 들고 갔다. 비록 어느 부분을 언제 썼는지 정확하게 제시하기란 불가능하지만, 책의 기본적인 골격은 틀림없이 도주하기 한참 전에 완성되었을 것이다. 장다이가 사용한 형식은 쓰마첸의 시대 이래 중국에서 이상적인 역사서술형식으로 간주되어온 기전체(紀傳體)로, 유연하고 포괄적이기 때문에 그토록 오랫동안 생명력을 유지할 수 있었다. 한 왕조 혹은 여러 왕조의 오랜 역사를 기록한 정사(正史)는 관례적으로 각 황제의 치세를 연대순으로 배열한 본기(本紀), 특정

---

* 4세기에 활동한 동진(東晉)의 화가 구카이즈(顧愷之)가 어떤 인물의 초상화를 그릴 때 그의 볼에 털 세 가닥을 그려 넣자 그 인물의 특징이 생생하게 살아났다는 고사와, 6세기에 활동한 양(梁)의 화가 장성유(張僧繇)가 용의 그림에 눈동자를 그려 넣자 용이 승천했다는 화룡점정(畵龍點睛)의 고사를 말한다.

한 주제나 개념, 예컨대 경제·법률·운송·공공사업·천문·기후·농사·사상·과거제도 등의 전문적인 내용을 담은 지(志),* 가장 분량이 많은 개인의 전기, 즉 열전(列傳)의 순서로 배열되었다. 열전은 좋은 의미에서든 나쁜 의미에서든 공적인 삶이나 개인의 자질 면에서 자기 시대의 역사에 발자취를 남긴 사람들의 행적을 기록한 것으로, 업적이나 단점의 특성에 따라 여러 범주로 분류되었다. 본기의 내용은 어느 정도 예측 가능했으나, 지와 열전의 내용은 그렇지 않았다. 후자의 경우에는 역사가들이 자신이 원하는 주제를 자유롭게 선택했을 뿐 아니라 필요에 따라 완전히 새로운 범주를 만들어낼 수도 있었기 때문이다. 역사가들은 사료의 취사선택을 통해 개인의 정치적·심미적인 견해를 표출할 수 있었다. 또한 군주 개개인을 포함하여 자신이 선정한 모든 주제에 대해 짧막한 '평가'나 '논의'를 덧붙일 수 있었다. 어느 정도 상세히 서술할 것인가는 복잡하고 미묘한 문제였으며, 경우에 따라서는 특정 주제에 수천 명이 등장하기도 했다.

나아가 중국의 많은 역사가는 쓰마첸의 선례를 따라, 전적지를 살펴보거나 중요한 사건의 현장에 있었던 사람들을 만나기 위해 장거리 여행을 다녔다. 명조의 멸망 이후 찢어지게 가난해졌음에도 장다이는 바로 그 길을 따랐다. 그는 1653년 가을에 저장 성 서부에 살고 있던 사촌 덩쯔(覧子)도 만날 겸 최근에 격전이 벌어졌던 장시(江西) 성도 돌아볼 겸해서 여행을 떠났다.[32] 장다이는 그곳에서 본 광경에 경악을 금치 못했다. "나는 여러 현(縣)을 지나면서 성 내에 겨우 초가 몇 채만이 무성한 산림과 가시덤불 속에 덩그러니 남아 있는 것을 보았다. 이 광경을 보니 눈물이 흘렸다. 내가 살아남은 노인들에게 이유를 묻자

---

* 『사기』에서는 서(書)라고 명명했으나, 『한서』(漢書) 이후에는 지(志)라고 했다.

그들은 군대가 마을을 약탈하고 불태운 정황을 상세히 일러주었다. 약탈과 방화가 여러 번 반복된 경우도 있었다." 반청운동에 가담한 장시성의 명문가들은 "결국 멸문지화를 당했다. 말로는 그 참상을 이루 다 표현할 수 없다. 신저우(信州)에 이르렀을 때는 고장을 사수하기 위해 주민들이 세워둔 방책(防柵)들이 눈에 띄었다. 그러나 작은 마을에서는 평민의 절반 이상이 변발을 하고 있었다. 살아남은 대부분의 신사는 산속에 은거하며 새 왕조를 섬기기를 거부했다. 또 과거 응시를 거부하는 유명한 문사(文士)도 많았다. 전(前) 왕조가 망한 지 10년이나 지났지만 많은 사람이 이미 고인이 된 옛 군주에게 충성심을 품고 있었다." 이런 사건들의 역사적 연원을 탐구하면서 "감상에 빠져드는 것은 지극히 자연스럽지 않은가"라고 장다이는 덧붙였다.

이런 사회적·군사적 붕괴의 맥락 속에서 명대 역사를 집필하던 장다이가 직면했던 도전 가운데 하나는 명조가 언제 절정기를 지났는지 파악하는 문제였다. 자신의 영웅 쓰마첸을 본받아, 장다이는 『석궤서』 본기에서 각 황제의 치세에 대한 서술이 끝나면 자신의 개인적인 평가를 덧붙여 놓았다. 비록 초기의 여러 군주에 대해서도 비판적이었지만, 그는 왕조가 쇠퇴하는 주요한 징후가 처음으로 나타난 때는 (장다이의 유년기와 청년기에 해당하는) 1572년부터 1620년까지 계속된 기나긴 만력제(萬曆帝)의 치세였다고 결론지었다. 장다이가 자신의 역사책에 기록했듯이, 만력제는 '영명과단'(英明果斷)한 젊은 군주로 출발하여 훌륭한 대신들의 보좌를 받았지만, 이런 상황은 오래가지 않았다. "1592년 이후에는 궁궐 깊숙이 칩거하며 조회에도 참석하지 않았다. 그는 전체를 파악하는 능력이 없어 자잘한 일에만 신경을 썼고, 점점 병적일 정도로 무관심하고 게으른 사람으로 변했다. 설상가상으로 그는 한없이 탐욕스러웠다. 환관들을 각지에 광감세사로 파

248

견하여 상세(商稅)를 징수하고 광업을 감독하게 했는데, 그들은 백성들의 재산을 강탈했다. 비유컨대 〔환관들은〕 완전히 곪지 않았다는 이유로 방치되다가 훗날 환자들의 생명을 빼앗을 수도 있는 악창 같았다." 장다이의 역사적 심판은 단호했다. "만력제 말년에 이미 우리 명조에는 망조가 나타났다. 그의 치세가 평온하고 전반적으로 큰 사건이 일어나지 않았으므로 사람들은 그를 복을 가져다준 군주라고 불렀다. 그렇지만 날마다 산더미 같은 국사를 처리해야 할 군주가 단지 나라를 '대체로 무탈하게' 이끌었다고 해서 어찌 그것을 복된 치세의 증거로 삼을 수 있겠는가?"[33]

똑같은 의학적인 비유를, 한걸음 더 나아가 1621년부터 1627년까지 제위에 있었던 만력제의 손자 천계제에게도 적용하여, 장다이는 환관들이 일으킨 치명적인 병이 완전히 뿌리를 내렸다고 진단했다. "악창은 머리 뒤쪽과 등뼈 위에 났다. 〔환자가〕 장년이고 몸이 튼튼했으므로, 독이 온몸으로 번지지 않아 목숨은 구했다. 그러나 천계제의 치세에는 병이 명치로 퍼졌다. 〔환자는〕 체력이 소진되었으므로 악창은 뼛속으로 파고들었다. 즉시 악창이 곪아 고름이 줄줄 흘렀고, 목숨은 끊어졌다." 이런 상황에서는 어떤 명의가 오더라도 치료할 수 없는데, 바로 이런 이유 때문에 명조의 마지막 황제인 숭정제는 눈앞의 파국을 막지 못했다고 장다이는 결론지었다.[34]

실천적인 역사가로서 장다이는 명조의 멸망에 대해 좀 더 많은 것이 논의되어야 한다는 점을 잘 알고 있었다. 그렇지만 장다이는 『석궤서』의 서술을 1627년 천계제의 죽음까지로 한정한다는 구조상의 결정에 발목이 잡혔다. 그의 논리는 결정을 내릴 당시에는 아무런 문제가 없었지만, 이제는 의미를 거의 상실했다. 다행히 장다이는 이미 만주족의 정복이 시작되긴 했으나 『석궤서』의 최종원고가 마무리되기

한참 전에, 『석궤서』의 후집을 써서 명말의 여러 현상을 분석해야만 명의 최후를 제대로 설명할 수 있다는 사실을 깨달았다. 이때부터 장다이는 두 가지 계획을 병행하면서 일부 자료를 앞뒤로 옮기기도 하고, 필요에 따라 본기나 열전의 내용을 두 책에 중복해서 실었다.

그러므로 장다이가 왕조의 운명을 1628년부터 1644년 자결할 때까지 제위에 있었던 숭정제 개인과 연결시킴으로써 명조의 몰락을 해부하는 작업을 완료한 것은 『석궤서후집』에서였다. 장다이는 "자고로 황제들은 각양각색의 이유로 나라를 잃었다. 혹자는 술 때문에, 혹자는 색을 너무 밝혀서, 혹자는 포학해서, 혹자는 사치를 너무 좋아해서, 혹자는 군사적인 팽창을 도모하다가 나라를 잃었다"고 적고 있다.[35] 명조 마지막 황제의 경우에는 부적절한 검약도 중대한 요인으로 작용했다. 숭정제는 궁중의 내탕고에서 마지막 동전 한 닢까지 털어서 만리장성 북쪽의 만주족 군대와 서북지방의 농민반란군과 싸우고 있던 자신의 군대를 지원해도 신통찮을 판에, 내핍정책을 시행하면서 스스로도 "간소하게 먹고 입으며 천한 문지기같이 지냈다." 그 결과 "변방의 수비군은 몇 년 동안이나 보급을 받지 못해 누더기를 걸친 반면에" 농민반란군은 1644년 베이징을 점령하여 "궁궐의 내탕고에서 어마어마한 돈을 노략질했다." 결국 관군의 사기를 진작시키는 대신에, 숭정제는 "궁궐의 모든 재물을 반란군에게 군수품으로 내주었다." 숭정제의 이런 정책은 자가당착이었다. 장다이가 지적하듯이 "선제(先帝)가 날마다 재물을 쌓고, 지출을 억제하고, 온갖 세금을 징수하고, 돈을 빌린 것은 아무런 의미가 없었다."[36]

명조의 창건 이래 대를 이어 나라를 다스렸던 모든 선제의 능력을 어떻게 평가하든, 열여섯 번째이자 마지막 황제인 숭정제는 왕조의 최종적인 붕괴를 막지 못한 인물로 영원히 기억될 운명에 처했다. 장다이는 특히 "장기를 두는 사람[이 계속해서 다른 말을 움직이는 것]"처럼 끊임없이 신하를 갈아 치운 숭정제의 모순에 주목하면서, 그의 성격을 재치있게 해석했다. 그의 치세 17년 동안 숭정제는 신진관료, 사림(詞林), '산림의 은둔자,' 종친, 궁녀와 환관, 평민과 군인을 비롯하여 실로 광범위한 인물군에서 인재를 등용했다. 그 결과 "사람을 고르는 것이 갈수록 기괴해지고 사태는 갈수록 악화되었다." 장다이는 이런 비정상적인 인재발탁을 지나치게 신중한 재정정책과 관련시켰다. 돈이 없다고 끊임없이 징징대면서 세금은 엄청나게 올려놓고, 정작 국경 수비대와 병사들의 군수물자에는 거의 돈을 쓰지 않고, 환관들을 보내 더 많은 세금을 우려내는 황제의 행태에, 모든 사람은 황제와 나라의 재정이 파산했다고 믿게 되었다. "겉으로 보기에는 천하의 모든 사람이 그를 섬기는 것처럼 보였다. 하지만 나라가 존망의 위기에 내몰리자 어느 누구도 그의 근심을 덜어주지 않았고 그를 도와주지도 않았다. 자고로 선제만큼 백성들의 지지를 받지 못한 군주는 없었다." 기이한 아이러니는 "숭정제가 한·당·송의 마지막 황제보다 고결하게 세상을 떠났을 뿐만 아니라" 대체로 "열심히 정사를 돌보고 검소하고 총명했다"는 사실이다. 그런데도 군주 주변의 무책임한 자들은 "합심하여 나라를 망치고" "왕조를 중흥시킬 수도 있었던 훌륭한 군주를 무능한 망국의 왕"으로 전락시켰다.[37]

똑같은 이유로 파국을 리쯔청 같은 반란자 개인 탓으로 돌리는 것도 온당치 않다고 장다이는 결론지었다. 중국의 위기는 점차 누적되었고, 파국의 책임은 골고루 나누어져야 했다. 리쯔청을 비난하는 것은 "실제로는 나무 안팎에서 벌레들이 구멍을 뚫었는데도 한 사람이 도끼로 명이라는 나무를 찍어 넘어뜨렸다"고 주장하는 것이나 다름없다고 장다이는 말한다. 장다이는 명조의 멸망이 "사슴사냥과 같았다"

는 주장에도 동의하지 않았다. 어떤 의미에서 리쯔청이 수사슴을 포획한 것은 사실이지만, 그가 그렇게 할 수 있었던 것은 "다른 사람들이 사슴의 뿔을 붙잡고 있었고 또 다른 사람들은 사슴의 다리에 올가미를 씌워 넘어뜨렸기" 때문이다. 장다이는 또 다른 비유로 이 점을 강조했다. "최후의 일격처럼 보이는 독침을 쏜 것은 말벌과 전갈이었지만, 그것들이 궁정에 도착하기 전에 이미 그곳에는 파리와 구더기가 들끓고 있었다." 명조의 멸망은 장다이와 살아남은 동시대인들이 애석하게 물려받았던 부패의 진정한 유산이었던 것이다.[38]

9장
명조역사의 재생

 룽산으로 돌아와 쾌원에서 글을 쓴다고 해서, 장다이가 자식들에게 좀 더 친근한 감정을 갖게 되었던 것은 아니다.

장남은 사방을 돌아다니며
간신히 입에 풀칠을 하네.
차남은 말로는 공부한다지만
술 마시는 즐거움만 원하네.
삼남은 장난치며 노는 것 좋아해
친구들에게 목숨을 거네.
사남은 품은 뜻 기개 있으나
떠벌리는 게 두려운 줄 모르네.
늦둥이 두 아들은 아는 것이라곤 우는 것뿐
옷자락 당기며 마름과 연근을 찾네.
노생의 몸은 쇠약해져
내년까지 살 수나 있을지 모르겠구나.[1]

다시 한 번 장다이는 타오첸을 통해 자신의 목소리를 찾았다. 유명한 시「책자」(責子)는 자기 아들 다섯의 단점을 묘사한 작품으로 중국 시문학에 소중한 유산으로 남아 있다. 타오첸은 허물을 고치려 하지 않는 자식들을 안타까워하며 "그들 중 아무도 붓과 종이를 좋아하지 않네"라고 썼다. 나아가 게으르기 짝이 없는 못난 아들들을 떠올리면 화가 나서 술 생각밖에 나지 않는다고 냉소적으로 노래했다.[2]

그렇지만 잠시 옆길로 샜던 장다이의 장남과 차남은 버젓한 생원이 되어 1654년에는 항저우에서 실시된 향시에 응시했다. 장다이는 명 말의 격전지였던 장시 성의 여러 지역에서 많은 학자와 생원이 새로운 왕조에 대한 적대감을 표시하는 방법의 하나로 여전히 과거 응시를 거부하는 것을 목격한 바 있다. 그러나 장다이는 이제 그런 거부가 의미 있는 행동이라고 생각하지 않았으므로, 아들들이 과거에 응시하는 것을 허락했다. 그들은 비록 낙방했지만, 그들 덕분에 아버지는 한때 자신이 사랑했으나 명조가 무너지기 한 해 전인 1643년 이후로는 한 번도 보지 못했던 항저우와 유명한 시후를 다시 방문할 수 있었다.

과거의 흔적은 오간 데 없이 사라졌다. 이십대 시절에 장다이는 고통이 안겨주는 격렬한 환희, 예컨대 종기를 침으로 찌르거나 박힌 가시를 바늘로 빼낼 때 느끼게 되는 쾌감에 대해 자신만만하게 써놓았다. 이제 쉰일곱 살이 된 장다이는 그런 경험이 참을 수 없이 고통스럽다는 사실을 깨달았다. 생애 말년에 펴낸 시후(西湖)에 관한 책의 서문에서, 장다이는 옛날에 좋아했던 경치를 다시 보고 느낀 충격적이고 모호한 감정들을 회상했다. "나는 불행한 시대에 태어나서 28년간이나 시후를 다시 찾지 못했다. 그럼에도 불구하고 시후가 내 꿈의 일부가 되지 않았던 날은 단 하루도 없었다. 사실은 꿈속의 시후가 단 하루도 나를 떠난 적이 없었다. 나는 1654년과 1657년에 두 번 시후로 돌아왔다. 용금문(涌金門) 옆 상(商)씨의 누외루(樓外樓), 치(祁)씨의 소박한 거처, 첸(錢)씨와 위(余)씨의 별장, 그리고 우리 집안의 기원(寄園) 등 호숫가에 늘어섰던 건물은 모두 없어지고 빈터에는 부서진 기와조각만 나뒹굴었다. 내 꿈속에 나타났던 이 모든 것은 실제로는 시후 주변에서 모조리 사라져버렸다. 단교(斷橋)에서 바라보던 전망, 즉 하늘거리던 수양버들과 부드러운 복숭아나무, 가수와 무희들이 노래하고 춤추던 정자들은 마치 대홍수에 휩쓸려 떠내려간 듯 백에 하나도 남아 있지 않았다.

"그래서 나는 그곳을 될 수 있는 대로 서둘러 빠져나오면서, 여기에 온 것은 시후 때문이었는데 이제 내가 본 바가 이와 같으니 꿈속의 시후라도 온전하게 보존해야겠다고 스스로에게 다짐했다. 그 순간 나의 꿈은 리바이(李白)의 꿈과 무척이나 다르다는 생각이 스쳐 지나갔다. 리바이가 꿈에서 본 톈무산(天姥山)은 신선들이 노니는 절경이었다. 그는 이전에 본 적이 없는 것을 꿈에서 봤으므로 그의 꿈은 환영일 뿐이었다. 그러나 내가 꿈에서 본 시후는 우리 별장이나 옛집이나 마찬가지이다. 나는 정말로 거기에 있었던 것을 꿈꾸는 것이므로 이 꿈은 진짜이다.

"나는 22년째 남에게 빌린 집에서 살고 있지만, 꿈속에서는 여전히 옛날 우리 집에 살고 있다. 오래전에 나의 시중을 들던 시동은 이제는 백발이 성성한 노인이지만, 나의 꿈속에서 그의 머리는 여전히 소년의 총각(總角)*이다."

그런 꿈은 장다이에게는 수수께끼 같았다. "나는 오래된 꿈에 아직까지 매달리고 있는데, 내가 꿈에서 본 시후는 마치 시간이 정지된 곳

---

* 머리를 양쪽으로 갈라 빗어 올려 귀 뒤에서 두 개의 뿔같이 동여맨 머리모양.

인 양 옛날의 풍경과 정취를 고스란히 간직하고 있다. 아이들이 시후의 경치에 대해 물어오면 나는 가끔씩 이야기를 해준다. 그러나 실제로 그것은 내가 꿈속에서 본 것을 들려주는 꿈 이야기에 지나지 않는다. 내가 가위 눌려 있거나 잠꼬대하는 것이다."[3]

그 꿈이 얼마나 정확하든, 장다이는 꿈을 말로 옮기면 항상 무엇인가가 상실된다는 것을 느끼고 있었다. 그는 (배우들의 연기를 논할 때 사용했던 이미지를 되풀이하며) 자신이 산에 살다가 바다를 항해한 뒤에 마을로 돌아와 자신이 보거나 맛본 기이한 것들을 고향사람들에게 전달해주려고 애쓰는 사람처럼 느껴진다고 적고 있다. 그 사람이 말했듯이 "마을사람들이 주변으로 몰려들어 귀동냥을 했다." 그러나 진정한 맛은 그런 식으로는 알 수가 없었다. "귀동냥으로 어찌 그들이 원하는 바를 충족시킬 수 있겠는가?"[4]

자식들에게, 그리고 한때 낙원 같았던 항저우의 변한 모습에 실망을 금치 못하고 있던 장다이는 1657년에 다시 항저우로 돌아갔다. 이번에는 항저우의 신임 학정(學政)으로 부임한 구잉타이(谷應泰)가 직접 초청해서 갔다. 구잉타이는 만주족의 정복 이후 베이징에서 시행된 전시에서 제2갑(甲) 제50명(名)으로 합격한 다음 청조의 관료조직에서 빠르게 승진했다. 1656년 여름 항저우에 오면서 그는 여든 장(章)에 달하는 『명사기사본말』(明史紀事本末)이라는 책의 원고를 갖고 왔는데, 주제별로 구성된 이 책은 거의 마무리 단계에 있었다. 구잉타이는 시후 주변에 자신의 작업을 도와줄 역사편찬소를 개설했고, 장다이가 명조의 역사에 조예가 깊다는 사실을 알고 그를 초빙했다. 장다이는 1657년 내내 구잉타이와 함께 작업하면서 절실하게 필요했던 돈을 벌 수 있었을 것이다. 장다이의 해박함에 감탄한 구잉타이는 『석궤서』의 여러 부분을 빌려 『명사기사본말』의 관련 부분에 삽입했다.

이 역사편찬 작업으로 장다이는 망외의 소득을 얻었다. 숭정연간 (1628~1644)의 역사에 대한 초고뿐 아니라 구잉타이가 빠짐없이 소장하고 있던 숭정연간의『저보』를 전부 접할 수 있었기 때문이다. 장다이는 멸망 직전 왕조의 통치에 관한 주간 정보를 담고 있는 이 자료의 가치를 즉각 간파했다. 장다이가 전기에서 언급하고 있듯이, 종조부 루팡은『저보』를 발행하는 기관에서 20년 동안 일했다.『석궤서』의 탈고를 제법 남겨둔 시점에서, 장다이는 귀중한『저보』를 활용하여『석궤서』의 구석구석을 한층 심도 있게 다듬었고, 1628년부터 1640년대 후반까지의 시기를 다루는『석궤서후집』집필에 착수했다. 『석궤서후집』집필은 순조롭게 진행되어, 장다이가 구잉타이의 일을 마무리하고 1658년 초에 예순한 살의 나이로 사오싱의 쾌원과 가족에게 돌아왔을 때 이미 여러 장(章)이 완성된 상태였다. 그 후 6년 동안 장다이는 방대한 작업에 몰두했고, 1664년에는『석궤서』의 보완을 끝내고『석궤서후집』의 마무리에 박차를 가했다.

장다이 자신의 증언에 따르면 그는 마지막 황제인 숭정제가 즉위한 1628년부터 명조 역사를 쓰기 시작했다. 그러므로 과거에 대한 장다이의 결론들 가운데 일부는 분명히 명조가 망하기 전에 이미 내려져 있었다. 그리고 왕조가 지속되고 있는 동안 집필된 부분에는 논의될 수 있는 것과 없는 것에 대한 솔직함과 조심성이 뒤섞여 있었다. 그러나 초점의 변화로 인한 이런 문제점에도 불구하고,『석궤서』는 1368년부터 1627년까지에 중국을 다스린 개성 강한 군주 열다섯 명의 권력과 찬탈, 변경정책과 외교술, 놀랄 만한 군사기술과 경직되고 무능한 군사작전, 징세와 군비, 진정한 예술적 능력과 웅장한 궁전건설계획을 흥미진진하게 보여준다.[5]

장다이가 자신이 기록하고 있던 왕조의 모든 치세에 대해 얼마나 신중한 태도를 취했는지는 그가 남긴 몇몇 구절을 통해 잘 알 수 있다. 여실히 보여주는 사례 하나는 1402년 영락제가 명 태조에 의해 후계자로 지목된 어린 조카의 제위를 찬탈한 사건에 대한 장다이의 기록이다. 장다이의 미묘한 표현은 이 사건을 거리낌 없이 비판한 역사가에 대해 국가가 보복을 가한 사실이 사람들의 뇌리에 여전히 각인되어 있었음을 말해준다. 장다이는 찬탈자의 행동에 "바람직한 면이 없지 않았다"는 것은 사실이라 할지라도 "후대의 소심한 사고방식으로 [영락제의] 지혜와 업적을 어떻게 평가할 수 있을까?"라고 재치 있게 묘사하고 있다. 제위를 빼앗긴 그 나이어린 통치자로 말할 것 같으면, 장다이는 그를 중국의 고대 역사에서 찾아볼 수 있는 몇몇 인물들, 즉 자신의 통치권을 강탈당한 사람들과 같은 맥락에서 이해하고 이렇게 논평했다. "나라를 위한 그들의 희생은 역사상 유례를 찾기 힘들다. 그러나 나는 기껏해야 마음속으로 탄식을 내뱉고, 내 붓의 무게를 느낄 따름이다. 충신이 그들의 역사를 기록하도록 내버려두는 일은 결코 없었다."[6] 1572년과 1627년 사이에 중국을 다스린 세 황제 가운데 두 황제(만력제와 천계제)의 심각한 무능과 명말의 혼란상을 거론하는 부분에 이르러서야, 장다이는 1644년 이후에 깨달은 명조 멸망의 원인에 관한 지식을 유감없이 발휘하여 두 통치자의 약점(그리고 때로는 강점)을 구체적으로 서술할 수 있었다.

어떤 종류의 역사에도 문제가 있다는 사실을 장다이는 잘 알고 있었다. 그는 "'정치사'(國史, 왕조의 역사)는 사실에 대한 오류에서 자유롭지 못하고, '집안의 역사'(家史)는 아부성 과찬에 의해 왜곡된다"고 적고 있다. 역사의 세 번째 장르인 '절제되지 않은 역사'(野史)는 "순전히 꾸며낸 내용"으로 가득 차 있는 경우가 많다.[7] 장다이는 다른 구성원칙, 즉 자신의 집안사람들을 나라 전체의 역사 속에 자리매김

하는 동시에 그들의 기이한 면모와 내적인 특성은 온전히 보존하는
방식을 모색했다. 그는 간결하지만 정곡을 찌르는 논평을 덧붙이는
쓰마첸의 선례를 따르면 아부의 문제를 피할 수 있으리라고 생각했
다. 동시에 그는 1651년에 쓴 일련의 비공식 가족전기에 깃들어 있는
열정과 과잉을 자제했다.

역사가로서 장다이는 집안사람들에게 얼마나 많은 지면을 할애해
야 할지를 결정해야 했다. 그들 가운데 몇몇은 주목할 만한 인물이었
으므로, 『석궤서』의 열전에 가족에 대한 정서적 유대의 흔적이 드러
나는 것은 그리 놀랍지 않다. 예컨대 장다이는 증조부 원궁의 열전을
명대의 가장 뛰어난 유학자들의 삶을 집필한 「유림열전」(儒林列傳)에
배치했다.[8] 장문의 열전에서 장다이는 증조부가 정치적으로 어수선
한 명대 후반의 사회를 철학적으로 고찰한 점에 대해 주요하게 다루
고, 그를 도덕적으로 훌륭한 인물이라고 소개했다. 증조부는 젊었을
적부터 "장부답고 엄격했으며" · 도덕적 쟁점에 관심이 많았고 일찍부
터 명대의 위대한 학자 왕양밍(王陽明)의 양지설(良知說)을 충실하게
신봉했다는 것이다. 열전에서 장다이는 증조부가 서남지역의 실패한
군사작전에서 연유된 지루한 재판기간에 고조부를 두둔하면서 모범
적인 용기를 선보였다고 간단하게 언급하고 자세한 내막은 설명하지
않았다.

장다이는 증조부의 인품에 대한 견해를 밝히는 데 많은 공을 들였
다. "1570년 그는 국자감에서 공부했고 이듬해에 회시에 급제했다.
최종 성적을 결정하는 전시에서 제1갑 제1명, 즉 장원급제하여 한림
원 수찬(修撰)을 제수받았다. 이리하여 그는 황제의 성은을 처음으로
맛보았다. 이 일로 그는 자부심을 갖고 학자들과 관료들 사이에서 명
성을 얻길 바라며 학문에 더욱 열중했다." 증조부가 택한 방법은 간단

했다고 장다이는 덧붙이고 있다. "매일 공무가 끝난 뒤에 황실의 문서 수장고에 가서 행정과 법률에 관한 문서들을 통독했다. 이런 식으로 그는 학문을 체계화하고 세련되게 다듬었다. 훌륭한 저택에 거주했고, 자신의 문장에 자부심을 가졌다. 조정에서 짧은 시간을 보낸 뒤에는 공무를 초월하여 문도를 모아 세무(世務)를 가르치는 새로운 계획에 착수했다. 그는 잠깐 만난 사람들까지 일일이 기억했고, 대문간에는 늘 제자들의 신발이 가득했다. 때로는 친한 벗들과 천하의 일을 논하기도 했다. 그는 극단주의를 배척했고, 언제나 강경론자들의 틈바구니에서 중용을 추구했다."

조심스럽고 능란한 이런 묘사는 독자들에게 장원궁이 위대한 유교 사상의 전통에 충실한 행동주의자라는 느낌을 갖게 한다. 말보다는 행동을 높이 평가했으나, 서남지역의 시기심 많고 부패한 관료들이 부친에게 덮어씌운 모든 혐의를 벗기지 못해 결국 날개가 꺾이고 만 인물이었다는 것이다. 그런 부정을 바로잡는 데 실패함으로써 원궁은 자긍심과 의무감에 상처를 입었고 결국 이 일로 한이 맺혀 세상을 떠났다. 장다이는 원궁의 임종모습을 전해준다. 그의 제자들이 지켜보는 가운데 원궁은 갑자기 "폐하"라는 말을 몇 번 외치더니 "그래도 조정에는 유능한 사람이 없지 않다"고 중얼거렸다고 한다. 장다이는 마지막 논평에서 장씨 집안과 무관한 사가라면 당연히 이름을 썼을 법한 대목에서 죽은 원궁을 두 번이나 '나의 선조'라고 부르는 실수를 범했다. 예컨대 그는 열전의 맺음말에서 "왕양밍의 가르침이 종종 불교의 공허함에 빠진 반면, 나의 선조는 도덕적 기준을 확고하게 지키기 위해 노력했다"고 적고 있다.

장다이는 원궁의 열전 첫머리에는 고조부 톈푸의 이야기를, 마지막 부분에는 할아버지 루린의 이야기를 짤막하게 끼워 넣었다. 할아버지가 증조부와 동문수학했던 절친한 친구 덩이짠(鄧以讚)의 열전에 다시 한 번 제법 길게 등장하는 것은 역사서 편찬자가 간혹 자신의 가족에 편향되게 내용을 서술할 수 있다는 것을 입증하는 좋은 실례이다. 장다이가 『석궤서』의 덩이짠 열전에 포함시킨 일화에서, 할아버지는 증조부가 돌아가신 뒤에 사오싱을 방문한 덩이짠에게서 학문적 열의와 자질을 시험받았다. 덩이짠은 할아버지가 무책임하게 인생을 허비한다고 매섭게 꾸짖었으나, 할아버지는 유교경전에 나오는 한 가지 주제에 관한 완벽한 문장을 써서 그 비판에 반박했고, 이에 덩이짠은 이 젊은이가 장차 성공해서 장씨 집안에 더 큰 명예를 안겨줄 것이라고 말했다. 결국에는 할아버지가 이겼다는 이 이야기의 행복한 결말에서, 장다이는 얼마 뒤에 할아버지가 잉톈부 향시에 응시하여 6등으로 합격했고, 이듬해에는 베이징에 가서 회시와 전시에 급제했다고 적고 있다.[9]

『석궤서』의 다른 부분에는 집안의 다른 사람들과 친구들이 실려 있다. 짤막한 「묘예열전」(妙藝列傳)에서 장다이는 첫째 숙부를 소개하면서, 그가 미술품 수집가이자 화가로서 조예가 깊고 재능이 뛰어났다고 칭찬하고 있다. 장다이는 첫째 숙부가 "어렸을 때 그림의 원리를 깨쳤다. 외삼촌 주스먼이 옛날 대가들의 그림을 많이 갖고 있었으므로, 그는 새벽부터 땅거미가 질 때까지 그림을 공부하고 작품들을 비교할 수 있었고, 약관이 되자 다른 유명한 소장자들을 방문할 수 있었다"고 기술하고 있다. 장다이는 특히 첫째 숙부의 미묘한 필법과 "기운차고 세련된" 두루마리 산수화를 칭찬하면서, 이 방면에서는 원대의 위대한 산수화가들에 필적한다고 말한다. 장다이는 특히 명말의 가장 뛰어난 화가 둥치창이 첫째 숙부를 긍정적으로 평가하여 "수천 권의 책을 읽고 천리길을 여행하면서 얻은 지혜와 경험이 있어, 가슴에 품은 생각이 넓고 자연스럽다"라고 한 말을 인용했다. 마지막 문장에서 장다이는 천훙서우가 첫째 숙부의 사위라는 사적인 관계를 언급하면서, 그런 이유로 천훙서우가 첫째 숙부로부터 화풍과 화법에 대해 많은 것을 배웠다고 덧붙이고 있다.[10]

장다이가 천훙서우를 『석궤서』의 「묘예열전」에 실은 것은 어쩌면 당연한 일이었을 것이다. 천훙서우는 노왕 정권에서 잠시 벼슬을 하다가 짧은 기간 머리를 깎고 중이 되었으며 마지막에는 화가로서의 에너지를 남김없이 발산하여 열하루 동안 마흔두 점의 그림을 쏟아내고 1652년에 죽었다. 그 중 한 점은 끝없는 주벽(酒癖)을 노래한 타오첸의 시에 헌정되었다. 짧은 이 열전도 장다이가 천훙서우를 인간적으로 잘 알고 있었다는 사실을 독자들에게 보여준다. 천훙서우가 사오싱에서 노왕을 잠시 섬긴 것(만취해서 토한 일은 생략했다)과 산수화·화조도·신선도에 특히 능했다는 점을 언급한 다음, 장다이는 친구의 예술가적 삶에 대해 솔직하게 요약하고 있다. "비록 동시대인들이 거액을 주고 그의 그림을 샀으나, 그는 무분별하고 낭비벽이 심하여 경제적 기반을 마련하지 못했다. 심지어 사망했을 때는 묘지조차 준비해두지 않은 상태였다. 〔천훙서우가〕 자화상 한 점에 적어놓았듯이 '나는 아무 생각 없이 허명을 추구했고 마침내 굶주림에 시달리는 귀신이 되었다. 나라가 망할 때 죽지 못했으니 불충하고 불효했다.'" 오랜 지기에게 이런 식으로 마지막 말을 한 것은 아마도 1650년에 천훙서우가 명조의 충신인 척하는 가식을 재빨리 버리고, 힘 있는 청조 협력자들과 화해하더니 이제는 그들의 후원까지 받아들였기 때문일 것이다.[11]

장다이 자신의 과거나 주요 관심사와 관련된 다른 내용——때로는 그 연관성이 분명치 않지만——도 이 두툼한 책에 포함되었다. 천문과 역법에 대한 지(志)에서, 장다이는 할아버지를 통해 처음 알게 된 마테오 리치에 대해 지속적인 관심을 기울였음을 보여주었다. 그는 리치가 명조의 천문가 여러 명과 긴밀하게 작업하긴 했지만, "흠천감(欽天監)의 관료들이 이방의 야만인 리치를 하찮게 여겨 그가 죽은 뒤에는 그의 기술과 서학의 실용적인 가치가 흔적도 없이 사라졌기" 때문에 중국의 과학에 대한 이 서양인의 영향력은 미미했다고 지적하고 있다.[12]

1664년에 장다이가 마침내 완성한 『석궤서』는 거의 250만 자에 달하는 방대한 역사서로, 명 태조가 실력자로 부상한 1360년대에서 천계제가 사망한 1627년까지 일어난 일들을 상세하게 다루었다. 『석궤서후집』은 당연히 훨씬 짧았다. 왜냐하면 『석궤서』에 망라된, 역법에서 식화(食貨)에 이르는 통치의 전 분야에 관한 지(志)가 완전히 빠지고, 본기에 수록된 명조 황제와 남명(南明) 제왕(諸王)의 치세라고 해봐야 고작 20여 년에 불과했기 때문이다. 그러나 지나치게 복잡하고 상세한 56권(卷)의 열전으로 인해 『석궤서후집』의 최종원고 분량은 대략 50만 자에 달했고, 두 책을 합하면 300만 자가 넘었다.[13]

1669년에 (어쩌면 이보다 조금 늦게) 가까운 친구에게 보낸 역사서 집필에 관한 편지에서, 장다이는 자신이 마침내 평정심을 갖고 과거를 대하게 되어, 과거의 사건들로부터 일정한 거리를 유지하며 차분히 그것들을 바라볼 수 있다고 주장했다. "나는 독자적인 판단을 내세우기보다는, 내 마음을 잔잔한 물이나 진(秦)나라의 청동거울에 비친 사물의 모습처럼 투명하게 유지하려고 애써왔네. 그래서 붓을 잡아 종이에다 사물을 묘사하면, 그 아름다움과 추함이 있는 그대로 드러난다네. 내가 [과거를] 끌로 새기듯이 생생하게 묘사한다고 감히 말하지는 못하겠네. 사물을 왜곡하지 않고 정확하게 이해하려고 애쓸 뿐

이지." 하지만 실제로 장다이는 자신을 거의 파멸의 구렁텅이로 몰아
넣은 과거를 열정적인 시선으로 조망하던 역사가였다. 그리고 특히
『석궤서후집』의 본기나 열전의 말미에 (그리고 때로는 특정 주제에 관
한 논의를 시작하는 도입부의 서문에) 삽입한 지극히 개인적인 논평에,
쓰마첸의 전매특허라 할 수 있는 함축성과 간결함, 도덕적 예리함을
담아내려고 애썼다.[14)

  장다이는 『석궤서후집』의 많은 분량을 명조 멸망의 원인을 규명하
고, 위기를 맞은 사람들의 상이한 대응방식을 열거하는 데 할애했다.
장다이가 설명하고 있듯이, 명조의 마지막 황제 숭정제는 형편없는
인물은 아니었다. 숭정제의 치세가 무기력하게 실패하고 만 것은 선
제로부터 무능한 정권을 물려받았고 자신도 본인에게 주어진 자원을
창조적으로 활용하지 못했기 때문이다. 숭정제는 비난을 받는 만큼
동정도 받아야 할 사람이었다. 하지만 1644년 말부터 1645년 초까지
난징에 잠시 자신의 조정을 세웠던 복왕에 대해서는 심한 경멸감을
느꼈다. 장다이는 복왕을 본기에 신기를 거부하는 필주(筆誅)를 가함
으로써 그 경멸감을 적나라하게 표현했다. "나는 복왕을 [숭정제의 열
제(烈帝) 본기 뒤에] 추가할 수도 있었지만, 그가 어리석을 뿐더러 분
별없이 문란하고" 짧은 치세에 최악의 인물들을 대신으로 기용했다는
"사실에 의거하여 그렇게 하지 않기로 결심했다." 복왕은 "호랑이를
독살하려고 스스로 비소를 먹는 사람이나 다름없었다. 그는 호랑이를
죽이는 데만 정신이 팔려, 자신이 비소를 먹으면 먼저 쓰러질 거라는
사실을 잊어버렸다."[15)

  그렇다면 음악가로서 "고금 연주에 재능"을 보인 것을 제외하면 사
오싱에서 짧은 기간 감국으로 있다가 오랫동안 도망을 다닌 것이 전
부인 노왕에 대해서는 무엇이라 평할 수 있을까? 처음에 잠시 남을

즐겁게 만들어주는 그의 능력을 빼고 나면 노왕에게도 달리 두드러진 장점은 없었다. 장다이도 잠시나마 그의 곁에서 겪어보고 알았겠지만, 노왕은 한 사람을 만나면 처음에 그를 의지했다가 새로운 누군가가 나타나자마자 이전 사람을 "가치가 없다"거나 "용납할 수 없다"며 버렸다. "결국 노왕은 많은 사람을 거느렸건만 정작 쓸 만한 사람은 한 명도 없었다. 그는 수많은 조언을 들었으나 쓸 만한 조언은 한마디도 듣지 못했다. 조정에는 신하들이 득실거렸으나 노왕은 전혀 보필을 받지 못했다. 사람들은 실망해서 떠났고 부평초처럼 흩어졌다. 키 없는 배는 바람에 이리저리 떠밀려 다닐 뿐 목적지에 다다르지 못한다. 노왕의 지혜는 뱃사공만도 못했으니, 어찌 더불어 나라의 운명을 논할 수 있었겠는가?"[16]

그런 분위기 속에서 뇌물을 밝히고 탐욕스러우며 무능한 팡궈안 같은 '장군들'이 실세로 급부상했다. 팡궈안이 사적으로 그와 그의 가족들에게 안겨준 재난에도 불구하고, 장다이의 팡궈안 열전은 비록 모진 말로 시작되긴 했지만 놀라울 정도로 공정했다. "팡궈안은 저장 성 주지(諸暨) 사람이었다. 젊어서는 도박과 술에 빠지고 싸움질을 일삼던 무뢰로, 마을사람들의 기피대상이었다. 그가 친척의 농우(農牛)를 팔아치우려고 몰래 끌고 가다가 주인에게 들키자, 그의 집안에서는 만장일치로 그를 내쫓고 사당에 들어오지 못하게 했다. 그래서 팡궈안은 집을 떠나 영남후(寧南侯) 쥐량위(左良玉) 휘하에서 종군했다. ……키가 작고 용감한 팡궈안은 언제나 대오의 선두에서 행진했다. 그는 일개 병졸에서 승진을 거듭하여 전군을 통솔하는 장군(總兵)이 되었다."

1640년대의 격변기에 팡궈안이 치른 수많은 전투를 요약한 다음 장다이는 그를 다음과 같이 평가했다. "팡궈안은 문맹이었다. 발송할

공문이 있으면 곁에 있는 사람에게 큰소리로 읽게 한 뒤에 고칠 부분을 불러주었는데 대부분 문장 쓰는 법도에 맞았다. 절체절명의 위기에 직면하더라도 두려워하지 않고 태연자약하게 담소했다. 그는 상벌을 엄격하게 시행했다. 종종 큰 상금을 내걸었고 생일잔치가 열리면 아낌없이 술을 내놓았다. 하지만 부장(副將) 이하의 부하들이 군율을 위반하면 가차 없이 처벌했다. 그는 상식을 뛰어넘는 기묘한 계책을 세워 적을 공격했다. 그의 병졸들은 백병전에 능했고, 위험한 작전과 위장 전술에도 익숙했다. 작전에 임하지 않을 때는 방자한 행동도 묵인되었다. 따라서 그의 부대는 거만했고 누구에게도 지지 않으려 했다."[17]

『석궤서』에서 그랬듯이 『석궤서후집』에서도 장다이는 집안사람들과 친구들의 이야기를 얼마나 집어넣을지 결정해야 했다. 그는 이 일을 억지로 밀어붙이지 않고, 『석궤서』 「묘예열전」(妙藝列傳)에 실린 첫째 숙부와 천홍서우의 열전을 『석궤서후집』 「묘예열전」에 재수록하는 방식을 택했다.(장다이가 처음에는 『석궤서후집』에 포함시키기 위해 두 사람의 전기를 썼다가, 나중에 그것을 『석궤서』에 삽입했을 가능성도 있다.) 그리고 장다이는 불충한 관료 마스잉의 열전에 자신이 '포의'로서 노왕에게 올렸던 상소문 전문을 집어넣었다. 나아가 장다이는 장시 성의 순난자들을 다룬 열전의 마무리 논평에서, 전쟁으로 폐허가 된 장시 성에 직접 찾아가서 만주족에 저항하다가 살아남은 사람들의 이야기를 들은 사실도 언급했다.

『석궤서후집』에서 장다이의 논평이 빛을 발하는 것은 자신의 경험에서 우러난 감정을 담고 있기 때문이다. 1640년대와 1650년대의 전쟁기간에 자결하거나 항청운동에 가담한 사람들의 행적을 담은 열전뿐 아니라 「문원열전」(文苑列傳)에 삽입된 논평도 그의 경험을 반영한 것이다. 「문원열전」(文苑列傳)에서 장다이는 『야항선』에서 이미 언급한 자신의 생각 몇 가지를 되풀이하면서, 당시에 많은 책을 출판한 대부분의 작가는 "자연스러움과 독창성을 결여한 지식창고"에 지나지 않고 저자라기보다는 "걸어 다니는 서가"라고 불러야 마땅하다고 지적했다. "그들은 읽은 책을 전혀 소화하지 못했고, 그들이 쓴 것들은 어떤 영감도 주지 못했기" 때문이다. 장다이는 명대의 훌륭한 문장가는 모두 진사(進士)라는 주장을 비웃었다. 고금을 막론하고 "문학적 훌륭함은 사회적 신분이나 과거 급제를 기준으로 판단될 수 없다"는 점을 보여주기 위해, 그는 「문원열전」의 절반을 진사들의 맞상대가 될 만한 '한사'(寒士)들에게 할애했다.[19]

전투가 벌어지고 왕조가 몰락해가는 장면을 생생하게 묘사하는 과정에서 충성심의 의미와 중요성을 검토하는 것은 언제나 무척 중요한 주제였다. 장다이는 그 장면 속에 강토의 수호자와 반란군, 반역자와 용사, 남자와 여자, 고귀한 자와 비천한 자, 환관과 화가 등 각계각층의 사람들을 포함시키려고 애썼다. 「1644년 동란기에 사망한 영웅들의 열전」(甲申死難列傳) 총론에서, 장다이는 1620년대에 쓴 『고금의 열전』 서문에서 처음으로 탐색했던 주제인 충성과 희생의 결과를 숙고했다. 그는 다음과 같이 말을 바꾸어 표현했다. "우리는 종종 이 사람은 영광스럽게 죽었고 저 사람은 치욕스럽게 죽었다고 말한다. 비유하자면 그 차이는 남편을 따라 '목숨을 버린' 열부(烈婦)와 성적인 방탕으로 '목숨을 잃은' 음부(淫婦)의 차이이다. 죽었다는 사실은 같지만 죽은 연유는 다른 것이다." 장다이는 또 다른 비유를 든다. "불을 끄던 사람이 불에 타죽었다. 그리고 화재를 틈타 약탈하던 자도 불에 타죽었다. 둘 다 불 때문에 죽었지만 우리는 두 경우가 다르지 않다고 말할 수 없다." 냉혹한 명청 교체기의 관료들은 대부분 두 번째 유형인 약탈자와 같다고 장다이는 느꼈다. "전국이 전쟁의 소용돌이에 휘말렸지만, 불길이 자신들의 집과 옥과 돌을 몽땅 태우고 등잔불에 부딪히는 나방과 집안 대청에 둥지를 튼 제비가 모두 재로 변할 때까지 관료들은 그것이 자신들과는 무관한 일이라고 생각했다. 1644년 숭정제를 따라 죽은 대신들이 단지 하찮은 목숨을 버렸다고 해서 어찌 지난날의 직무유기를 용서받을 수 있겠는가?"[20]

그리고 무능하고 음란한 복왕이나 무기력한 노왕에게 목숨을 바친 순난자들은 어떻게 평가해야 하는가? 그들의 죽음은 왕조의 요구와, 충성과 의무에 대한 본인의 주관에 따른 의미 있는 대답이었는가? 아니, 반대로 그런 사람들은 "폭력적인 술주정뱅이에게 시집간" 여인과 다를 바가 없다. 술주정뱅이 남편이 처첩에게 폭력을 휘둘러도 그 처첩은 남편을 미워하지 않는다. 남편이 죽는 날 처첩은 절개를 지켰다는 명예를 얻으려고 남편의 뒤를 따라 기꺼이 죽으려 한다. 이런 경우는 진정으로 깊이 사랑하는 부부가 자신들의 관계를 영원히 이어가기 위해 한날한시에 죽으려는 것과는 정말 다르지 않은가?"[21]

장다이가 이런 구절들을 쓰면서 친구인 치뱌오자를 떠올리지 않았을 리 만무하다. 그런데 그가 『석궤서후집』에 포함시킨 치뱌오자의 열전은 분량도 많고 찬미하는 어조였지만, 마지막 논평은 나름대로 준엄했다. 오래전 강물에 투신하던 날 밤에 치뱌오자는 시를 써서 가족들에게 남겼다. 치뱌오자는 명조가 멸망했기 때문에 자신에게는 양자택일의 길밖에 없다고 썼다. 하나는 항청세력을 규합하여 강력한 저항을 주도함으로써 강토를 한족에게 되찾아주는 것이었다. 또 하나는 옛 왕조에 충성을 표하고 자결함으로써 조상이나 후손에게 치욕을 안겨주지 않는 것이었다. 정복자들로부터 강토를 회복하는 일은 아마도 여러 세대 후에나 가능할 것이며, 행동에 나서는 순간 직관적으로 알게 될 것이었다. 치뱌오자는 이렇게 썼다.

순난(殉難)은 좀 더 쉬운 것
그래서 나는 쉬운 길 택한다네.
내가 염원하는 바는 자신을 더럽히지 않는 것
험난한 길은 후대의 훌륭한 인물에게 넘긴다네.

자신이 죽는 시점 자체는 중요하지 않다고 치뱌오자는 썼다. 자신이 명조를 15년 전에 섬겼든 15년 후에 섬기든 기본적으로 달라질 것은 없을 것이라는 게 그의 생각이었다. 그래서 치뱌오자는 단호하게 자살을 결심했던 것 같다.[22]

하여 나는 미소를 머금고 황천으로 가지만
나의 생기는 땅과 하늘에 남아 있으리.

몇 년 동안 도망자 신세로 지내던 어느 날 장다이는 죽은 친구에게 화답하는 시를 썼는데, 치뱌오자가 직면했다는 양자택일에 관한 논리를 반박하기 위한 것이었다.[23]

열녀와 충신이
두 사람 아닌 한 사람 섬기는 것은 만고의 진리.
하나 물러나 숨는 변통도
상황에 따라서는 득책이라네.
지난 세월 정말로 숙고했지만
죽는 것 정말 쉽지 않은 일일세.

치뱌오자는 15년 전에 죽으나 후에 죽으나 자신이 취한 도덕적 행동의 의미는 거의 달라질 것이 없다고 주장했다. 그러나 장다이는 죽음을 늦춤으로써 무엇이 최선의 행동인지 생각할 시간을 좀 더 많이 가질 수만 있다면, 언제 죽는가 하는 문제는 대단히 중요하다고 보았다.

이제 장다이는 『석궤서후집』에서 결정적인 판단을 내릴 필요를 느꼈다. 확실히 단언하기는 어려웠지만, 장다이는 치뱌오자가 복왕이나 그 후에 등장한 남명(南明)의 군주들 같은 지질한 통치자를 위해 자신의 삶을 포기한 것은 잘못이라고 느꼈다. 그렇지만 그의 잘못은 용감하고 심지어 칭찬받을 만한 것이었다. "오호라! 죽음을 택한 치뱌오자를 충성스럽다고 말할 수는 있으되 약삭빠르다고 말할 수는 없다. 그와 같은 지위에 있던 사람이라면 굳이 죽을 이유가 없었다. 하지만 당시의 상황이 악화일로로 치닫자, 그는 다른 탈출구가 전혀 없다고 느꼈다. 날카로운 통찰력을 갖춘 그가 죽음이 유일한 길이라고 판단했던 것이다! 〔치〕뱌오자는 자신이 적당한 때라고 느낀 순간에 목숨을 버렸다. 그는 신속하게 결심하고 두려움 없이 실행했다. 그가 도덕적 행위를 실천할 수 있었던 것은 위기상황에서 그의 지혜가 발휘되었기 때문이다."[24] 치뱌오자가 존경받으며 진정으로 고결한 인물의 반열에 들 수 있었던 것은 그의 명철한 판단과 과단성 때문이었다.

이제 명조 충신들의 대의가 실현될 희망은 몇몇 완강한 신봉자들의 마음속에만 있을 뿐 사실상 사라져 버렸고, 그 대신 지나간 역사로서의 명조에 대한 관심은 확산되고 있었다. 1659년 신사에서 농민에 이르는 수많은 지방민들의 지지를 받았음에도 불구하고, 명조 동조세력의 난징 공격은 실패로 끝났다. 명의 황제를 자칭한 마지막 인물은 영력(永曆)이라는 연호까지 만들었지만, 결국 1662년에 버마 국경지대에서 친(親) 만주족 부대에게 살해되었다. 1645년에 장다이의 집에서 술을 엄청나게 마셨던 노왕은 사오싱에서 도망친 후 안전한 곳을 찾아 남동부 해안을 떠돌다가 역시 1662년에 진먼도(金門島)에서 사망했다. 1년 뒤인 1663년에는 장다이보다 열 살 어린 육촌동생(다섯째 숙부의 아들)으로 맹인의원이자 상상력이 풍부한 전략가였던 페이가 잠시 병을 앓다가 쉰여섯의 나이로 세상을 떠났다. 장다이의 설명에 따르면 페이의 죽음은 불시에 찾아왔다. "그는 자리에 누워 다시는 일어나지 못했다." 장다이는 그의 장례를 주관했고 집안의 최고 연장자로서 조문을 지어 그의 영전에 바쳤다. 그는 페이를 자신이 잘 알고 있던, 재능은 있지만 세상을 등지고 쓸쓸하게 살았던 다른 맹인학자와 비교했다. 장다이의 기억에 가장 또렷이 남은 것은 페이의 놀랄 만한 민첩함과 활달함이었다.[25]

자신의 역사서술 능력을 구잉타이와 다른 학자들한테서 새롭게 공인받았지만,[26] 장다이는 『석궤서』를 마무리하고 있던 1663~1664년에 자신과 가족이 먹고 살기 위해 분투해야 하는 신세를 시에서 암울하게 묘사했다. 구잉타이의 역사서 편찬작업에 참여하면서 아마도 어떤 형태로든 봉급을 받았겠지만, 해가 지나도 가족들의 형편이 나아졌다는 징후는 전혀 없다. 페이가 사망할 무렵에 쓴 몇 수의 시에서, 장다이는 시들어가는 가지와 호박을 살리기 위해 바가지로 분뇨를 뿌리면서, 또는 뽕나무에서 뽕잎을 따 누에를 치는 이웃을 부러워하면서, 심사가 뒤틀려 자신의 무능함을 자책하고 있다. 그는 거의 열매를 맺지 못한 나무들을 난감한 표정으로 바라보며 마당을 맴돌다가 자문했다. "나의 모든 학문과 경세제민의 지식이 지금 무슨 소용이란 말인가?"[27]

장다이의 시 가운데 일부는 전통적인 전원시에 속하며, 그의 글에 자주 등장하는 상실과 인과응보라는 주제를 노래했다. 그러나 그는 가끔씩 장르의 굴레에서 벗어나 훨씬 솔직한 세계로 파고들었다. 그런 시들 중 하나에서 장다이는 자기 나이가 정확하게 예순일곱이라고

271

밝히고 있는데, 이로 미루어 이 시는 1664년에 쓴 것임을 알 수 있다. 장다이는 셋째 행에서 량훙(梁鴻)을 언급함으로써 이 시에 특별히 우울한 분위기를 부여하고 있다. 량훙은 타오첸보다 한 세기 먼저 살았던 유명한 시인으로, 원래부터 가난하여 생계를 잇기 위해 방아를 찧어야 했다. 그는 그때마다 아내의 도움을 받았다. 그의 아내는 부잣집에서 태어나 고생이라고는 모르고 자랐지만 묵묵히 남편 옆에서 일을 했고, 힘든 세월 동안 변함없이 그를 받들었다. 장다이는 자신의 시에 「절구질」(舂米)이라는 제목을 붙였다.

> 절구와 공이로 일하는데
> 백 번 절구질에 두 번 쉬네.
> 량훙의 재주를 기리는 시 읊으며
> 내 미약한 힘이나마 내보려 하네.
> 학문과 의례를 숭상하는 부잣집에 태어나
> 농사일 알지 못했네.
> 쌀은 창고에 가득했고
> 백 사람이 내 먹을 것 마련했네.
> 수십 명의 시종이
> 지극정성으로 내 시중들었네.
> 아침저녁 밥상 들이며
> 요리사들은 초조하게 내 안색 살폈네.
> 내가 즐거워하면 모두 기뻐했고
> 내가 성내면 모두 무서워했네.
> 이제 모두 나를 떠나
> 백에 하나도 안 남았네.

272

자식들 사방으로 흩어지고
손자들 내 무릎에서 웃고 우네.
시장에서 벼 몇 되 사오니
아이들 배고프다며 밥해 달라 보채네.
늙은이 절구 가져와
촌각도 지체 않고 벼를 빻네.
연달아 수십 번 절구질
숨이 차올라 헐떡거리네.
한스럽도다, 젊은 시절에
절구질 못 배운 것이.
내 나이 헤아려보니
이제 예순일곱이네.
세상에선 퇴물이 되었고
절구질은 내가 못할 일이네.
어찌하면 근력이 세질까?
계속해서 절구질하는 것뿐이라네.
어린 아들들 돌아보니
공부하느라 애쓰네.[28]

장다이가 몇 해 전에 쓴 시에서 밝혔듯이, 그의 곁에 남아 있던 첩들의 태도는, 공손하고 예의바르게 남편을 대하던 량훙의 아내와는 전혀 딴판이었다.

두 첩 늙으니 원숭이처럼 쭈글쭈글
우물에서 물 긷는 게 고작.

쌀 내놔라 땔감 내놔라 외치는 소리는

날마다 사자후.

아침밥도 못 얻어먹고

해뜨기 전에 먹을 것 구하러 나가야 하네.

이러기를 십일 년

부끄러워 신세 한탄도 못하겠네.[29)]

    장다이가 1665년에 「자위묘지명」(自爲墓誌銘)을 써야겠다고 마음 먹게 된 계기는 아마도 육촌동생 페이의 갑작스런 죽음이었을 것이다. 장다이도 알고 있었듯이 그런 '묘지명'은 유서 깊은 문학양식으로, 그가 대단히 존경하던 타오첸뿐 아니라 증조부의 절친한 벗이었던 쉬웨이도 비슷한 형식의 글을 남겼다. 장다이는 「자위묘지명」에 자신이 이 글을 쓰기로 결심하게 된 배경을 시사하고 있다. "1644년 명조가 멸망한 후 나는 완전히 넋이 빠져 있었다. 고결하게 죽는 길도, 살아갈 방도도 찾아내지 못했다. 어느 날 아침이슬을 맞으며 죽어 풀이나 나뭇가지처럼 썩어 없어지지나 않을까 두려워하면서, 나는 백발을 마구 휘날리며 인간세상의 끝자락에 서 있었다. 문득 그 옛날의 왕지(王績)*·타오첸·쉬웨이 같은 사람들이 자신의 묘지명을 썼다는 생각이 떠올랐다. 나도 그들을 본받아 스스로 묘지명을 쓴다고 해서 무슨 문제가 되겠는가? 그래서 떠오르는 생각을 적어두었지만, 이내 나의 사람됨이나 문장력이 빼어나지 않다는 사실을 깨닫고 붓을 내려놓았다. 그러나 무언가에 몰두하는 나의 성향과 허물을 하나씩 정리하여 다른 사람들에게 전해주는 것도 의미가 있을 것이라는 생각이 들어 금방

* 초당(初唐)의 대표적인 시인.

다시 붓을 집어 들었다."[30]

자신의 개인적인 일을 기록한 대부분의 다른 글에서 그랬듯이, 장다이는 자신을 3인칭으로 표현함으로써 처음에는 다소 자제한다는 느낌을 주기도 하지만 전체적으로는 서정적이고 상상력을 자극하는 방식으로 자신의 허물을 드러냈다. 그는 자신의 묘지명을 다음과 같이 시작했다. "장다이는 촉(蜀)에서 이주한 집안 출신으로, 호는 도암(陶庵)이었다. 젊어서는 명문가의 도련님으로 번잡하고 화려한 것을 몹시 사랑했다. 그는 정사(精舍), 아름다운 여종(美婢), 미소년(孌童), 산뜻하고 고운 옷(鮮衣), 맛있는 음식(美食), 준마(駿馬), 화려한 등, 불꽃놀이, 극단(梨園), 북과 피리, 골동품, 화조도(花鳥圖)를 사랑했다. 그 밖에도 차를 즐기고, 귤을 좋아하고, 책에 빠지고, 시에 미쳤다. 이런 것을 좋아하며 반평생을 허비했는데, 이제는 모두 꿈과 환상이 되고 말았다." 여전히 3인칭의 시각을 유지한 채, 장다이는 젊은 시절과 그 후의 세월을 대조하며 글을 이어갔다. "그의 나이 쉰이 되었을 때 나라가 없어지고 집안이 망했다. 그는 종적을 감추고 산속에서 살았다. ……그는 베옷을 입었고 채소를 먹었으며 자주 끼니를 걸렀다. 20년 전을 되돌아보며 정말로 격세지감을 느꼈다."[31]

이따금 유심히 자신을 살펴보면, 장다이는 일곱 가지 역설(七不可解) 속에 살고 있는 듯한 느낌이 들었다.

첫째는 이렇다. 예전에는 베옷을 입고 있어도 자신을 지체 높은 제후에 비할 수 있다고 생각했으나, 지금은 자신이 세가(世家) 출신이지만 비천한 거지들과 다를 바가 없다고 생각한다. 그러므로 귀한 자와 천한 자의 구분이 애매해졌다.

둘째는 이렇다. 중간 정도의 부자에도 못 미치는 재산을 갖고서,

그는 역사상 가장 부유했던 사람과 어깨를 나란히 할 수 있다고 생각했다. 그런데 부자가 되는 길이 많은 세상에서, 그는 나무 그루터기 옆에 앉아 [저녁거리로 삼을 토끼가 잡히기를 기다리는 순진한 농부처럼] 기다렸을 뿐이다. 그러므로 빈부에 대한 생각이 앞뒤가 맞지 않았다.

셋째는 이렇다. 책에 파묻혀 자랐지만 말을 타고 전장에 나섰다. 장군이 되고 싶었지만, 아는 것이라곤 관아에서 글자를 쓰는 것뿐이었다. 그러니 문과 무가 뒤바뀌었다.

넷째는 이렇다. 그는 하늘에서 아부하지 않고도 옥황대제를 잘 모실 수 있다고 느꼈지만, 땅에서는 우쭐대는 일 없이 고아 출신의 거지아이들과도 잘 어울렸다. 그러니 존귀한 자와 미천한 자의 경계가 흐릿했다.

다섯째는 이렇다. 몸이 약할 때 사람들은 그의 얼굴에 침을 뱉었고 그는 그들의 침이 마를 때까지 내버려두었다. 건강할 때 그는 말을 채찍질하여 적을 향해 달려 나갔다. 그런즉 유연함과 완강함이 상충했다.

여섯째는 이렇다. 이익과 명성을 다툴 때 그는 기꺼이 뒷자리로 물러났다. 그러나 놀이를 하거나 연극을 관람할 때는 다른 사람들에게 앞자리를 양보하려 하지 않았다. 그런즉 경망함과 진중함이 터무니없이 뒤섞였다.

일곱째는 이렇다. 바둑을 두거나 주사위노름을 할 때 그는 이기는 것과 지는 것의 차이를 몰랐다. 그러나 차 끓일 물을 맛볼 때는 어느 샘의 물인지 능히 구분할 수 있었다. 따라서 그에게는 지혜로움과 어리석음이 공존했다.[32]

276

　장다이는 이런 역설을 어떻게 해결해야 할지에 대해서는 다른 사람들이 찾아내도록 미뤄둔다고 적고 있다. 특히 그는 학문에서 검술, 절의(節義)에서 신선술, 문장에서 농사에 이르기까지 자신이 시도했던 거의 모든 것에 실패했기 때문에, 스스로는 온갖 모순을 제자리에 그냥 놔두는 것에 만족하기로 했다.

　하지만 장다이는 일종의 내적 자부심에서 자신이 그때까지 저술한 모든 책의 목록을 열거했다. 그 목록의 첫머리는 『석궤서』와 『장씨가보』(張氏家譜)가 차지했다. 과거의 훌륭한 인물들에 대한 전기와, 중국의 학문적 전통에서 중요한 위치를 차지하는 사서(四書)나 『주역』 같은 경전에 대한 몇몇 연구도 목록에 들어갔다. 장다이는 1646년에 완성한 『도암몽억』과 집필 중이던 『서호몽심』(西湖夢尋)도 포함시켰다. 총 15종의 책이 거명되었는데, 대부분이 원고상태였고, 『고금의 열전』만이 간행되어 배포되었다.

　묘지명의 결론부분에서 장다이는 갑자기 1인칭으로 시점을 바꾸었다. 어린 시절의 건강문제나 대구(對句)를 지은 조숙함 따위의 여담을 늘어놓은 뒤에 장다이는 임박한 죽음에 관해 언급했다. "나는 항왕(項王)의 마을에 있는 지터우산(鷄頭山)에 장지를 마련했고, 벗 리옌자이(李硏齋)가 '오호라! 명조의 저술가이자 박학한 유학자(鴻儒)였던 도암 장장공(張長公) 여기 묻히다'라는 비문을 써주었다. 의지할 데 없었던 어떤 사람은 덕망 높은 학자가 될 수 있었고, 그 무덤은 절개 있는 충신 옆에 마련되었다. 그래서 나도 항왕의 마을에 묻히기로 작정했다. 내년이면 나는 일흔한 살이 된다. 죽어서 묻힐 달과 날은 알지 못하므로 기록하지 않는다."[33]

　그러나 장다이에게는 아버지와 같은 예지력이 없었으므로, 죽음이 즉각 찾아오지는 않았다. 그는 계속해서 책을 쓰면서 과거를 어떻게 다루어야 할지 방법을 탐색해 나갔다. 이제는 명조의 감찰관이 아니라 청조 감찰관의 눈치를 살펴야 했지만, 새로운 자료들을 접하게 됨에 따라 『석궤서후집』의 분량은 갈수록 늘어났다. 명말 관료들의 배신행위와 군주들의 미련함과 어리석음을 비판하는 것은 역사가에게 허용된 영역이었지만, 청의 군대에 승리를 안기는 데 일조했거나 전국을 폐허로 만든 인물들을 언급할 때는 여전히 세심한 주의가 필요했다. 장다이는 그들을 열전의 목차에 포함시켰지만, 논쟁의 불씨를 안고 있는 일부 인물은 아예 다루지 않았다.[34] 위험천만한 일이었기 때문이다. 장다이는 다듬고 윤내기를 좋아하여 『서호몽심』·『사서우』(四書遇)·『야항선』의 초고들을 계속해서 손질했다. 또한 명대의 자료를 포함시켜 『사궐』을 증보했고, 원대까지 다룬 『고금의열전』에 명대 부분을 새로 추가했다.

장다이는 또 명조가 멸망할 무렵에 편집해둔 『도암몽억』 초고에 생각이 미쳐, 일흔일곱 살이 되던 1674년에 서문을 새로 썼다. 그것은 이 책의 의의를 부인하는 것으로 시작된다. "나의 다양한 저작 중에서 가장 자랑하고 싶은 책은 『석궤서』이다. [대조적으로] 『도암몽억』에는 일상적인 대화와 민요, 우스갯소리와 번쇄한 이야기가 가득하다. 이런 것들에 붓을 대어 보태거나 다듬은 것이 여기에 수록된 글들이다. 이 책을 읽으면 강산을 주유하고 각 고장의 풍속을 눈으로 보고 '궁궐과 종묘의 아름다움'을 일별한 것처럼 느껴질 것이다.[35] 그러나 그 형식이 쾌활하거나 가볍게 보일지라도, 이 책을 관류하는 정신은 과거에 속세를 떠나 은거하던 사람들, 예컨대 서우양산(首陽山)에서 고사리를 캐먹으며 채미가(采薇歌)를 부르던 보이(伯夷)와 수치(叔齊)의 그것에 가깝지 않겠는가? 나는 그동안 기록해둔 짧막한 글들을 모아서 다듬었을 뿐이고, 이것으로 명성을 얻고자 하는 의도는 추호도 없다. 나는 양쯔 강 남쪽의 도사(道士)·검객·승려·배우·장인을 빠짐없이 이 책에 수록했다.

"마침 시절이 태평하고 천하가 평안했다. 우리 집은 더없이 아름다운 정원·정자·연못과 멋진 과수원, 논이 있는 룽산 기슭에 있었다. 내 연간수입은 동전 천 꿰미(緡)였다. 시간이 흐르면서 나는 온갖 방면의 방종한 생활에 빠졌다. 투계와 매사냥, 도박과 축국, 고금 연주와 각종 공연 등 해보지 않은 것이 없었다. 그러나 약 30년 전부터 나는 문을 걸어 잠그고 손님들을 사절했으며 손님들도 점차 나를 멀리하게 되었다. 요즘 지팡이를 짚고 성안으로 들어가면, 나의 성씨를 모르는 사람이 많다. 이 일은 나를 문득 기쁘게 한다. 나는 두 가지 새 이름을 얻었는데, 하나는 '나비를 꿈꾸는 사람'(蝶庵)이고 다른 하나는 '돌 같은 늙은이'(石公)이다."

"내가 쓴 『석궤서』는 나의 낭현복지(瑯嬛福地)에 묻어놓았다. 그리고 지금 여러분 앞에 있는 이 얇은 책 『도암몽억』도 이 서문을 붙여 보관할 것이다."

다른 한편으로 장다이는 오랜 시간에 걸쳐 이따금 써놓은 글들을 한데 모아 『낭현문집』(瑯嬛文集)이라는 책으로 엮었다. 그는 짤막한 글에서, 낭현복지란 수세기 전에 살았던 진대(晉代)의 문인 장화(張華)가 처음으로 방문했던 '이상향'이라고 밝히고 있다. 은밀하게 감춰져 있던 세상을 우연히 발견한다는 그런 환상은 5세기에 타오첸이 유명한 「도화원기」(桃花源記)를 쓴 이래 중국인의 감성 한가운데에 뿌리내리고 있다는 사실을 장다이는 익히 알고 있었다. 「도화원기」에서 타오첸은 복숭아 꽃잎이 떠내려 오는 꼬불꼬불한 개울을 따라가다 복숭아꽃이 만발한 숲을 발견한 어부의 이야기를 전해주었다. 개울 폭이 좁아지더니 작은 산이 나타났고, 어부는 그 산의 비좁은 입구를 발견하고 몸을 비비며 들어갔다. 그러자 밝은 표정의 사람들이 비옥한 농지에서 일하고 있는 평화롭고 완벽한 땅이 눈앞에 펼쳐졌다. 그곳 주민들은 그를 환영하면서, 자신들은 진(秦)이 중국을 통일할 때 전란과 공포를 피하여 이곳으로 와서 수백 년 동안 오순도순 살아왔고 바깥세상에서 어떤 왕조가 흥하고 망했는지 알지 못한다고 말했다. 그들은 어부를 환대했고, 그가 들려주는 세상이야기를 듣고는 깜짝 놀랐다. 마침내 어부가 떠나는 날, 아무도 그를 따라 나서지 않았다. 다만 어부에게 자신들이 여기 살고 있다는 사실을 누구에게도 발설하지 말아달라고 신신당부했다. 그들의 간청에도 불구하고, 어부는 그곳으로 통하는 길의 곳곳에 조심스레 표시를 남겼고, 고을 수령에게 자신이 본 것을 지체하지 않고 아뢰었다. 수령은 즉시 수색조를 파견했고, 이들은 길에 남겨진 표시는 찾았으나 골짜기로 들어가는 입구는 끝내 찾지 못했다.[36]

타오첸이 꿈꾸었던 도화원에 대해 논하면서, 장다이는 모든 양식의 정형화된 시간을 초월하는 그런 공간을 묘사한 글은 찾아보기 어렵다고 지적했다. 하나같이 역(曆), 절기와 계절의 순환, 왕조의 연호, 연중행사에 지배당하는 세상에서, 도화원 주민들은 "더위와 추위는 알아도 여름과 겨울은 모르고, 파종과 수확은 알아도 봄과 가을은 몰랐다. 군주와 관료가 없으니 세금과 과거시험의 고통도 없었다." 도화원 사람들에게 바깥세상의 역(曆)을 강요하려고 애쓰지 말고, 바깥세상이 생사의 자연적 리듬에 따라 펼쳐지는 잊혀진 골짜기의 날짜 없는 역을 받아들이면 얼마나 좋겠냐고 장다이는 적고 있다.[37]

도화원을 조직과 규율에 얽매이지 않은 세상이라고 찬양했음에도 불구하고, 장다이는 좀 색다른 입장에서 낭현복지를 꿈꾸었다. 물론 장다이의 이야기에도 길 잃은 나그네가 등장하지만, 그는 어부가 아니라 문인이다. 그리고 그가 발견한 것은 복숭아 꽃잎으로 뒤덮인 시 냇물과 근심 없는 행복한 농부들로 가득한 마을이 아니라, 바위 위에 서 졸며 세상을 조롱하는 현자였다. 현자에게 지극히 공손하게 인사 를 올린 다음, 문인은 지난 20여 년 동안 저술된 책들을 제외하고 그 이전에 나온 것들은 모두 읽었노라고 자랑스레 말했다. 그 말을 들은 현자는 빙그레 웃으며 바위 속에 숨겨져 있던 문을 열고 문인을 밀실 로 인도했다. 그곳에는 문자로 작성된 동서고금의 모든 지식이 보관 되어 있었다. 한 밀실에는 당시까지 알려진 중국의 모든 책이 보관되 어 있었고, 다른 방에는 중국과 세계 각국의 역사서와 지리서가 빠짐 없이 갖춰져 있었다. 더 육중한 문 앞에 이르자 '瑯嬛福地'라는 글씨가 새겨져 있었다. 큰 개 두 마리가 지키고 있던 그 방에서 문인은 "진한 (秦漢) 이전 시대의, 그리고 듣도 보도 못한 해외 여러 나라의 모든 역 사서"를 발견했다. 현자에게 '천상의 신선함을 지닌' 술과 과일을 대접 받은 다음 책으로 가득한 이상향의 바위 울타리를 빠져나오면서, 문 인은 "원래는 하룻밤 묵어갈 오두막을 찾던 참이었으나, 이곳에 책들 이 워낙 많으므로 그것들을 모조리 읽기 위해 훗날 다시 방문하겠노 라"고 말했다. 현자는 미소를 지었을 따름이다. 문인이 밖으로 나오자 마자, 바위문은 그의 뒤에서 홀연히 닫혀버렸다. 문인은 조심스레 입구 를 찾아보았지만 흔적을 발견하지 못했다. "그의 눈에 보이는 것이라 곤 잡초가 무성하고 담쟁이넝쿨이 뒤덮인, 이끼 낀 바위뿐이었다."[38]

　장다이의 할아버지는 이 이야기의 오래된 판본을 알고 있었고, 어 린 장다이를 쾌원에 처음 데려갔을 때 그곳을 낭현복지라고 묘사했 다. 장다이는 훗날 산속에 숨어 살면서 자기 마음속에 꾸민 공간에 같 은 이름을 붙였고, 기억의 소용돌이를 정리하여 『도암몽억』을 쓰면서 다음과 같이 말했다. "『도암몽억』은 나와 한 가닥 인연이 있음에 틀림

없다. 종종 꿈속에서 나는 깊은 동굴이 있는 산 근처의 암자로 갔다. 그 동굴 앞에는 계곡물이 세차게 흐르면서 눈송이처럼 피어오르는 물보라를 만들어냈다. 기이하게 생긴 노송과 바위 사이에는 갖가지 꽃이 만발했다. 꿈속에서 나는 그 가운데에 앉아 있었다. 시중드는 동자가 좋은 차와 과일을 내왔다. 책이 빼곡히 꽂힌 서가가 내 주위를 빙둘러싸고 있었다. 책을 펴서 훑어보니 군데군데에 마치 올챙이가 지나간 자취나 새발자국, 뒤틀린 나뭇가지 같은 미지의 문자가 가득 적혀 있었다. 나는 꿈속에서 그 어려운 문자를 모두 읽고 의미를 파악할 수 있었다. 낮에는 한가로운 시간을 보내다가 밤에는 늘 이 꿈을 꾸는데, 잠에서 깬 뒤에는 꿈을 곰곰이 더듬어본다."

그곳은 자신이 하루 만에 만든 은신처였다고 장다이는 말했다. 깨끗하고 모든 것이 질서정연하게 배치되어 있으며 아름드리나무들이 자라고 있었다. 물과 언덕과 꽃들이 있었고 강으로 통하는 오솔길도 있었다. 산을 바라볼 수 있는 정자가 있었고, '낭현복지'라고 새겨진 돌기둥이 있었다. 장공의 무덤임을 나타내는 비석이 서 있는 사당에서는 인근 암자의 승려들이 모여 그의 이름으로 향을 피우고 있었다. 장다이가 편안하게 책을 읽을 수 있는 공부방도 있었고, 그곳에서 내려다보이는 호수는 버드나무로 둘러싸여 있었다. 꾸불꾸불한 작은 시내에 배를 띄우면 호수를 구경할 수 있었고, 큰 강에 배를 띄우면 북쪽으로 갈 수 있었다.[40]

그러나 그는 본격적인 여행을 떠나기 전에, 강에 걸려 있는 다리에 와보곤 했다. 그것은 교목과 관목의 그늘이 드리워진 오래된 돌다리였다. 그는 다리 위에 앉아 휴식을 취하면서 바람소리를 들을 수 있었다. 그리고 바람에 살랑거리는 나무 아래서 세상 근심을 모두 잊고 "달과 하나가 되곤 했다."

장다이의 말년에 대해 우리는 주마간산 격으로 살펴볼 수 있을 뿐
이다. 자신이 태어날 때 「백의관음경」을 독송하던 어머니의 목소리를
시문으로 애틋하게 회상했을 때, 장다이의 나이는 여든한 살이었다.
이듬해에 장다이는 「기미년(1679) 새해 아침」이라는 단순한 제목의
짤막한 시를 썼다. 이때 남방에서는 우싼구이(吳三桂)를 비롯한 명의
항장(降將)들이 청조의 지배에 반대하며 삼번(三藩)의 난을 일으켰는
데, 중국에서 장수를 상징하는 소나무와 학을 언급하고 있는 이 시는
장다이가 새로 발발한 난을 생각하며 피가 끓었음을 암시하는 듯하다.

노인은 언제나 걱정이 많다 보니
자꾸 야위어 옷도 맞지 않네.
미늘창 들어올리니 말투가 거칠어지고
살이 갈라지니 미세한 결이 두드러지네.
소나무는 때가 되면 비틀어지는 법
학이 빼빼 마른 것이, 어찌 굶주림 때문이랴?
지금의 나는 변화한 세상에 있으나
살이 찌기 위해서는 아직도 승전이 필요하다.[41]

장다이가 우리에게 남긴 마지막 글은 그의 여든세 번째 생일 무렵인
1680년 음력 8월에 그때까지 미처 마무리하지 못한 『유명우월삼불후
도찬』(有明于越三不朽圖贊)이라는 책에 붙인 서문이다.[42] 이 글을 보
면 그가 생애 말년에 접어들어서도 여전히 과거를 정리하는 일로 무척
이나 분주했음을 알 수 있다. 여기서 장다이는 몇 해 동안 훌륭한 인물
들의 초상을 수집하느라 얼마나 바빴는지 이야기하고 있다. 특히 그는
"입덕(立德, 덕을 세움) 입공(立功, 공을 세움) 입언(立言, 후세에 모범

이 될 만한 훌륭한 말을 남김) 이 세 가지 불후의 업적을 남긴 사람들의 초상을 모으고 그들에 대한 논평을 썼다." 장다이는 이 책의 공동저자이자 친구인 쉬웨이의 손자와 함께 사오싱 주민들의 집을 가가호호 방문하여 옛날부터 전해져오는 초상이 있는지 알아보았다고 한다.

장다이가 초상을 찾고 있다는 소식이 전해지자, "어떤 사람들은 천리 밖에서도 유명한 선조들의 초상을 보내왔지만" 어떤 집안의 경우에는 "여러 해를 기다렸건만 하나도 보내주지 않았다."[43]

수집한 초상이 늘어나면서, 옛 위인들의 존재감은 곧 장다이에게 깊은 영향을 미쳤다. "도덕적 교훈을 남긴 훌륭한 분들의 면전에서 혼자 있을 때의 처신을 부끄러워했다. 충효를 바친 분들 앞에서 나의 불충과 불효를 수치스러워했다. 청렴하게 정도를 걸은 분들을 마주하면서 세상의 명예와 이익에 얽매였던 나를 질책했다. 경전에 밝은 학자들을 보면서 내가 경박하게 시서(詩書)를 읽은 것을 후회했다. 공을 세운 분들을 보면서 곡식을 갉아먹는 메뚜기를 방치한 것을 부끄러워했다. 문장과 그림에 뛰어난 분들 앞에서 나의 재주가 얼마나 하찮은지 깨달았다." 위인들의 영향력이 워낙 강해서 "나는 깊은 수치심을 느꼈고 정신은 두려움에 떨었으며 몸도 내 몸이 아니었다. 잠을 자든 깨어 있든 늘 그들의 기운을 느꼈다. 그렇지만 이런 힘은 나를 격려하고 흥분시켰으며, 나도 모르게 나의 손과 발은 춤추기 시작했다."

장다이와 쉬웨이의 손자 쉬친(徐沁)은 모두 108장의 초상화를 모았다. 물론 그 가운데 다수는 장다이가 개인적으로 알지 못했던 낯선 사람이었다. 어떤 인물, 예컨대 고조부 톈푸나 증조부 원궁 같은 이들은 장다이가 태어나기도 전에 죽었지만, 그들의 자취는 장다이의 성장에 많은 영향을 미쳤다. 다른 사람들도 그의 삶과 의식을 형성하는 데 상당한 영향을 끼쳤다. 할아버지와 주 할머니의 아버지, 첫째 숙부가 바로 그런 인물이었다. 노련한 행정가이자 탐식가였던 주헝웨(朱恒岳) 장군(장다이는 그의 장례에 갔다가 해소(海嘯)를 보았다)도 거기에 포함되었다. 해소가 밀려와 해안가의 방파제에 부딪히는 장관을 함께 구경했던 장다이의 절친한 두 친구 천훙서우와 치뱌오자도 마찬가지였다. 자수가 놓인 관복을 입은 치뱌오자와 간소한 서민복장을 한 천훙서우는 가볍게 미소 짓고 있었다. 1680년에 장다이는 다음과 같이 적었다. "나는 이 초상들을 우리 집안의 서당인 숙당(塾堂)에 모셔놓고 대추와 배를 제물로 올렸다. 조석으로 나는 그들에게 참배했다. 책을 펼칠 때마다 그들과 얼굴을 마주하고 앉아 있는 듯했다." 장다이의 바람은 이 초상들과 자신의 논평이 "과거를 기록한 불후의 작품"이 되는 것과, "앞으로 태어날 무수한 세대가 이 책을 읽는" 것이었다.[44] 그는 서문의 말미에 최근에 새로 지은 '고검노인'(古劍老人)이라는 호를 써넣었다.

장다이는 오랜 기간에 걸쳐 수많은 사람을 알고 지냈고 적지 않은 자식을 거느렸으며 오랫동안 고인들의 발자취를 추적하려고 애썼지만, 그가 정확하게 언제 어떤 상황에서 최후를 맞았는지 기록하기 위해 수고한 사람은 아무도 없었던 것 같다.[45] 그래서 원한다면 우리는 그의 마지막 모습을 자유롭게 상상해 볼 수 있다. 문둥이 여인이 아이를 낳고 황급히 등불을 찾은 것처럼, 그도 등불을 가져오게 하여 소중한 자신의 저작에 흠이 없는지 살펴보았을 것이라고. 아니면 자기 집안의 많은 선조가 예전에 사용했던 서탁 앞에 구부리고 앉아 자신이 말년에 수집한 옛 위인들의 초상을 뚫어지게 바라보았을 것이라고. 계획적으로 의도하지는 않았지만, 자신의 손과 발이 춤추고 있다는 사실을 문득 깨달은 한 노인을.

지은이 주

프롤로그

1) 명대사회: 영어로 쓰인 기본적인 읽을거리는 *The Cambridge History of China*, vol. 7, part 1 및 vol. 8, part 2(1988 및 1998); *The Dictionary of Ming Biography*, 2 vols.(1976). 1975년 이래 지금까지 발간되고 있는 정기간행물인 *Ming Studies* (Mingshi yanjiu)는 명대사 전 분야에 걸쳐 최신 연구와 새로운 출판물을 잘 소개해주고 있다. 명대 사회에 대한 훌륭하고 쉽게 읽을 수 있는 세 권의 개설서는 Timothy Brook, *The Confusions of Pleasure*; Ray Huang, *1587, A Year of No Significance*; Craig Clunas, *Superfluous Things*.

2) 장다이의 일생: 영어로 쓰인 최초의 전기 형태의 연구는 Fang Chao-ying房兆楹, "Chang Tai"[Zhang Dai], in Arthur Hummel, ed., *Eminent Chinese of the Ch'ing Period* (1943)이다. 이것은 팡자오잉의 학식을 드러내는 훌륭한 사례이다. 장다이가 저술한 유명한 『陶庵夢憶』에 대해 구미어로 쓴 최초의 본격적인 연구성과는 Philip Kafalas, "Nostalgia and the Reading of the Late Ming Essay: Zhang Dai's Tao'an Mengyi"(1995). 나는 2002년에 출간된 장다이에 관한 Hu Yimin(胡益民)의 두 저서와 2004년에 간행된 장다이의 집안에 관한 She Deyu(余德余)의 저서에서 많은 도움을 얻었다. 장다이와 거의 비슷한 시기를 살았고 장다이처럼 학자이자 감각주의자이며 전업 작가이자 연극 연출가였던 李漁(1610~1680)의 생애와 저술에 관해서는 Patrick Hanan의 흥미로운 연구인 *The Invention of Li*

yu 를 참고하라. 『陶庵夢憶』에 대한 귀중한 주석을 달고 있는 불어번역본은 참고문헌에서 Brigitte Teboul-Wang을 보라.

3) 명대의 인구: 인구 수치는 *The Cambridge History of China*, vol. 8, part 2, p. 438.

4) 명대의 토지소유: 풍부한 근거자료를 제시하는 최근의 분석으로는 Xue Yong, "Agrarian Urbanization," Yale University, Ph D, 2006이 있다.

5) 명대의 정치: 명 태조에 관한 최근의 연구로는 Sarah Schneewind, ed, "The Image of the First Ming Emperor"를 참고하라. 환관과 학자에 대해서는 John Dardess, *Blood and History* 를 참고하라. 도덕성과 통치에 대해서는 Charles Hucker, *Censorial System, Cynthia Brokaw, Ledgers of Merit and Demerit*, 그리고 Joanna Handlin, *Action in Late Ming Thought* 를 참고하라. 명대 불교의 부흥에 대한 분석으로는 Yü Chün-fang, *Renewal of Buddhism* 이 있다.

6) 명대의 장성: 포괄적인 연구로는 Arthur Waldron, *The Great Wall of China* 와 Julia Lovell, *The Great Wall* 이 있다. 몽골에 대한 명조의 실패한 군사행동은 *The Cambridge History of China*, vol. 7, part 1, pp. 416~21.

7) 만주족의 정복: 이에 관한 두 가지 주요 저작으로는 Frederic Wakeman, *The Great Enterprise* 와 Lynn Struve, *The Southern Ming* 이 있다.

8) 장다이의 『도암몽억』: 가장 포괄적인 연구로는 Philip Kafalas, *In Limpid Dream: Nostalgia and Zhang dai's Reminiscence of the Ming*, EastBridge, 2007. 나는 또 『陶庵夢憶』에 대한 Brigitte Teboul-Wang의 프랑스어판 완역(Paris, 1995)에서도 무척 많은 도움을 받았다. 장다이가 즐겨 구사했던 짤막한 사건묘사나 문장에 대한 훌륭한 분석과 번역으로는 Ye Yang, *Vignettes from the Late Ming: A Hsiao-p'in Anthology* 가 있다.

1장 쾌락동호회

1) 난징에서의 오락: 張岱, 『陶庵夢憶』卷 4, 秦淮河房. Brigitte Teboul-Wang이 프랑스어로 번역한 『陶庵夢憶』(이하 *T-W*로 약칭) #48, p. 72. 장다이는 음력 5월 5일 난징 친화이허에서 본 단오절 풍경에 대해 묘사하고 있다.

2) 최초의 등 구경: 張岱, 『陶庵夢憶』卷 4, 世美堂燈; T-W #56, pp. 81〜82 및 주석; 夏咸淳 校注, 『陶庵夢憶』, p. 59, 주 3.

3) 싸구려 등: 『陶庵夢憶』卷 6, 紹興燈景; T-W #81, pp. 112〜13.

4) 사오싱 거리: 『陶庵夢憶』卷 6, 紹興燈景; T-W #81, pp. 112〜13. Kafalas (2007), pp. 86〜87에서도 이 부분을 모두 번역해 놓았다.

5) 사찰의 등: 『陶庵夢憶』卷 6, 紹興燈景; T-W #81, pp. 112〜13.

6) 거대한 물고기: 『陶庵夢憶』卷 6, 曹山; T-W #92, pp. 123〜24. 施主인 타오 원자에 대해서는 夏咸淳 校注, 『陶庵夢憶』, p. 108, 주 5〜7 및 pp. 63〜64, 주 1. 또 Kafalas (1995), pp. 86〜87, 및 (2007), p. 37.

7) 해소(海嘯): 『陶庵夢憶』卷 3, 白洋潮. 이 유명한 문장에 대한 깔끔한 번역으로는 Kafalas(2007), p. 104 및 T-W #35, pp. 58〜59가 있다. 나의 서술은 이들의 번역에 많이 의존했다. 하이닝은 항저우 서쪽 항저우만 건너편에 위치하고 있다. 장다이가 浙江潮의 발원지라고 언급한 龕山과 赭山에 대해서는 『紹興府志』, 영인본 pp. 108〜09을 참조. 파도가 최종적으로 부딪히는 곳에 대해서는 『紹興府志』, 영인본, p. 165, 潮止를 참조.(Shiyee Liu에게 특별히 감사를 표한다.) 이 장례는 병부상서를 역임한 朱燮元의 장례였다. 『明史』, pp. 2825〜28에서는 그의 이력과 엄청나게 긴 치수의 허리띠에 관해 언급하고 있다. 또 祁彪佳, 『祁忠敏公日記』(1992년판, p. 1129), 崇禎 11年 8月 4日條에도 파도를 구경한 기록이 담겨 있다. 이 자료에 따르면 해소를 구경한 때는 1638년이었다. 그러나 몇몇 판본의 『陶庵夢憶』에서는 해소를 구경한 때가 1640년(庚辰)이라 기록하고 있다. 또 『祁忠敏公日記』(1937), 第五冊, 卷 1, 23뒤〜24앞 참조.

8) 암자의 샘물: 『陶庵夢憶』卷 3, 禊泉 그리고 T-W #33, pp. 56〜57.

9) 난설차: 『陶庵夢憶』卷 3, 蘭雪茶 그리고 T-W #34, pp. 57〜58. 만드는 법은 陶庵夢憶』卷 4, 乳酪; 이 부분에 대한 세련된 번역은 특히 T-W #54, p. 79 참조. Kafalas(2007), p. 47에서는 유제품에 관해 언급했다.

10) 오염된 샘물: 『陶庵夢憶』卷 3, 陽和泉; T-W #36, pp. 59〜60. 장다이가 친구들과 차 끓이는 물의 출처를 두고 문자유희를 한 것에 대해서는 『陶庵夢憶』卷 3, 閔老子茶 참조; T-W #37, pp. 61〜62; Ye, Vignettes, pp. 88〜90; Kafalas(2007), pp. 82〜83.

11) 물의 순환: 『陶庵夢憶』 卷 7, 愚公谷; *T-W* #106, pp. 137~38; Kafalas (2007), pp. 93~94.

12) 등 만드는 장인: 『陶庵夢憶』 卷 4, 世美堂燈; *T-W* #56, pp. 81~82.

13) 등을 보관하는 어린 노복: 『陶庵夢憶』 卷 4, 世美堂燈; *T-W* #56, pp. 81~82.

14) 고금 동호회: 『陶庵夢憶』 卷 3, 絲社; *T-W* #31, pp. 53~54에는 이 모임의 창립 선언서가 번역되어 있다. 거문고 모임의 결성 날짜에 대해서는 『陶庵夢憶』 卷 2, 紹興琴派(*T-W* #21, p. 43에서는 〔夏咸淳 校注, 『陶庵夢憶』, p. 27 주 1에서처럼 1676년이 아니라〕 1616년이라는 정확한 연도를 제시했다.) 장다이가 거문고라고 언급한 것은 동시대 유럽에서 사용된 유사한 악기보다 더 길쭉하고 더 울림이 좋았다.

15) 판위란의 연주: 『陶庵夢憶』 卷 8, 范與蘭.

16) 사중주: 『陶庵夢憶』 卷 2, 紹興琴派; *T-W* #21, p. 44.

17) 투계: 『陶庵夢憶』 卷 3, 鬪鷄社; *T-W* #43, p. 67. 장다이의 이 문장은 Robert Joe Cutter, *The Brush and the Spur*, p. 128에 번역되어 있다. 투계 조련에 관해서는 Cutter, pp. 16, 99; 주요 특징에 대해서는 Cutter, p. 118; 며느리발톱에 끼우는 쇠발톱과 겨자에 대해서는 Cutter, p. 119; 황금을 걸고 닭싸움 한 것은 Cutter, p. 118; 3회전 대결과 죽을 때까지 싸우는 것은 Cutter, p. 119; 王勃의 鬪鷄檄은 Cutter, p. 58 그리고 p. 174 주 3; 당 현종이 나라를 망친 것은 Cutter, p. 99, 또 Kafalas(2007), p. 48.

18) 축국: 『陶庵夢憶』 卷 4, 嚴朝廟; *T-W* #53, p. 78; 『陶庵夢憶』 卷 5, 揚州淸明에는 투계, 축국, 쟁(箏) 연주가 동일한 축제장소에서 행해졌다고 기술되어 있다. 비슷한 결합은 Cutter, *The Brush and the Spur*, pp. 17, 20, 99, 113 참조.

19) 시(詩)모임: 많은 사례가 『陶庵夢憶』 곳곳에 언급되어 있다. 1637년의 사례로는 『陶庵夢憶』 卷 1, 木猶龍; *T-W* #12, pp. 31~32.

20) 패놀이와 옌커: 『陶庵夢憶』 卷 8, 合采牌; *T-W* #121, p. 154.

21) 다른 모임: 『張岱詩文集』, pp. 253~56의 할아버지와 아버지의 전기 참조. 해학 모임은 『陶庵夢憶』 卷 6, 噱社; *T-W* #88, p. 120.

22) 게 시식 모임: 『陶庵夢憶』 卷 8, 蟹會; *T-W* #118, p. 151에는 절묘하게 번역되어 있다. Ye, *Vignettes*, pp. 96~97 그리고 Kafalas(2007), p. 31에도

번역되어 있다.

23) 1627년에 내린 눈:『陶庵夢憶』卷7, 龍山雪 그리고 夏咸淳 校注,『陶庵夢憶』, p.116 주3; *T-W* #101, pp.131~34. Kafalas(1995), pp.145~46 그리고 Kafalas(2007), pp.102~03에 번역되어 있다.

24) 시후에 내린 눈: Owen, *Anthology,* p.818에는 훌륭하게 번역되어 있으며 Kafalas(1995), p.143에도 번역되어 있다; Campbell(1998), pp.36~37; Ye, *Vignettes*, p.90.『陶庵夢憶』卷3, 湖心亭看雪; *T-W* #45, pp.68~69; Kafalas(2007), p.100.

25) 배에서 부른 노래:『陶庵夢憶』卷7, 龐公池; *T-W* #102, p.134. 그리고 夏咸淳 校注,『陶庵夢憶』, p.117 주1.

26) 달구경꾼:『陶庵夢憶』卷7, 西湖七月半; *T-W* #96, pp.128~29. 이 부분은 장다이의 가장 유명한 문장 가운데 하나이다. 이 문장을 모두 번역한 것으로는 Strassberg, *Inscribed Landscapes*, pp.342~45; Ye, *Vignettes*, pp.93~95; Owen, *Anthology*, pp.816~17; Pollard, *Chinese Essay*, pp.86~88; Kafalas(1995), pp.133~34 및 Kafalas(2007), pp.88~90.

27) 늙은 바오:『陶庵夢憶』卷3, 包涵所; *T-W* #42. pp.65~66. 바오는 장다이의 할아버지의 절친한 벗이었다. 夏咸淳 校注,『陶庵夢憶』, p.53 주1.

28) 사냥:『陶庵夢憶』卷4, 牛首山打獵; *T-W* #50, pp.74~75.

29) 양저우 홍등가:『陶庵夢憶』卷4, 二十四橋風月; *T-W* #55, pp.79~80; 夏咸淳 校注,『陶庵夢憶』, p.67 주1~8. 이 문장에 대한 전체 번역은 Strassberg, *Landscapes*, pp.347~48. 이 시기의 양저우에 대해서는 Finnane, *Speaking of Yangzhou* 를 참조하고 다른 도시들의 전후 복구에 관해서는 Meyer-Fong, *Building Culture* 를 참조하라.

30) '양저우의 빼빼 마른 작은 말':『陶庵夢憶』卷5, 揚州瘦馬; *T-W* #77, pp.105~07. 이것 역시 가장 널리 알려진 장다이의 문장 가운데 하나이다. 이 문장은 Pollard, *Chinese Essay*, pp.90~92; Mair, *Anthology*, pp.597~98; Kafalas(1995), pp.137~38 및 (2007), p.95에 번역되어 있다.

31) 혼인:『陶庵夢憶』卷5, 揚州瘦馬. 이 부분은 Pollard, *Chinese Essay*, pp.91~92의 번역을 따랐다.

32) 매달린 신발:『陶庵夢憶』卷8, 龍山放燈; *T-W* #111, p.144. 여기서 인용한

짧은 문장은 Brook, *Confusion*, p. 236에 언급되어 있다.

33) 여인과 술: 『陶庵夢憶』卷8, 龍山放燈; *T-W* #111, p. 144. 같은 단락에서 남색매춘굴에서 접대하는 남장여인을 언급하고 있다.

34) 호숫가의 여인: 『陶庵夢憶』卷3, 陳章侯; *T-W* #46, p. 69. 또 Kafalas (1995), pp. 125~26 및 (2007), pp. 75~76.

35) 학식 있는 기생: Chang, *The late Ming Poet* 의 여러 군데 관련 부분; Brook, *Confusion*, pp. 229~33.

36) 왕웨성: 『陶庵夢憶』卷2, 燕子磯; *T-W* #18, p. 40에서는 왕웨성과 함께 제비바위로 유람 간 것을 언급했다.

37) 왕웨성의 이력: 『陶庵夢憶』卷8, 王月生; *T-W* #112, pp. 145~46. Pollard, *Chinese Essay*, pp. 88~89 및 Ye, *Vignettes*, pp. 95~96.

38) 왕웨성의 침묵: 『陶庵夢憶』卷8, 王月生; *T-W* #112, p. 146; Pollard, *Chinese Essay*, p. 89. 중국어 원문에 따르면 그녀가 입 밖에 낸 두 마디 말은 '家去'였다.

39) 왕웨성을 위한 시: 『張岱詩文集』, pp. 45~46, 曲中妓王月生. 시를 쓴 날짜는 밝혀놓지 않았으나 『張岱詩文集』에 수록된 그 다음 시는 친구 치뱌오자를 추모하는 것으로 1636년(병자년)에 썼다. 차 감정가인 閔老子와의 우정을 다소 으스대며 써놓은 『陶庵夢憶』卷3, 閔老子茶의 영역은 Ye, *Vignettes*, pp. 88~90 및 Kafalas(2007), pp. 82~83을 참조.

40) 곤곡: 훌륭한 입문서로는 Nienhauser, *The Indiana Companion to Traditional Chinese Literature*, pp. 514~16의 K'un-ch'u 부분 및 같은 책, pp. 13~30에 Stephen West가 집필한 "Drama" 참조.

41) 곰보딱지 류: 『陶庵夢憶』卷5, 柳敬亭說書; *T-W* #68. pp. 95~96. Ye, *Vignettes*, pp. 92~93. Pollard, *Chinese Essay*, pp. 89~90.

42) 초기의 극단: 『陶庵夢憶』卷4, 祁止祥癖; *T-W* #58, pp. 83~84; Kafalas (2007), p. 50.

43) 여성 단원: 『陶庵夢憶』卷4, 張氏聲伎에 열거된 이름과 『陶庵夢憶』卷7, 龍山雪에 언급된 이름을 비교해 보라.

44) 장다이와 남자배우들: 『陶庵夢憶』卷4, 張氏聲伎; *T-W* #58, pp. 83~84. 장다이가 동일한 뱃사람의 이미지를 다른 용도로 활용한 것은 Owen,

Anthology, p. 820의 시후에 관한 부분을 참조. 상대방 덕분에 서로 명성
이 높아진 것은『陶庵夢憶』卷 7, 過劍門; *T-W* #109, p. 141.

45) 주 선생:『陶庵夢憶』卷 2, 朱雲崍女戲; *T-W* #20, pp. 42~43.

46) 주 선생의 무절제:『陶庵夢憶』卷 2, 朱雲崍女戲; *T-W* #20, pp. 42~43.

47) 칼의 문:『陶庵夢憶』卷 7, 過劍門; *T-W* #109, p. 141.

48) 떠다니는 무대:『陶庵夢憶』卷 8, 樓船; *T-W* #20, pp. 42~43.

49) 어린 여배우:『陶庵夢憶』卷 7, 閏中秋; *T-W* #105, pp. 136~37. 그들의 이
    름과 핑쯔의 극단은『陶庵夢憶』卷 4, 祁止祥癖을 참조.

50) 여배우 류후이지:『陶庵夢憶』卷 5, 劉暉吉女戲; *T-W* #75, pp. 103~04.

51) 펑 교사:『陶庵夢憶』卷 6, 彭天錫串戲; *T-W* #78, pp. 109~10. 펑의 고향
    에 대해서는 夏咸淳 校注,『陶庵夢憶』, p. 93 주 1. 이 문장은 Owen,
    Anthology, pp. 818~19에 번역되어 있다.

52) 펑의 공연:『陶庵夢憶』卷 6, 彭天錫串戲; *T-W* #78, p. 109. 이 부분은
    Owen, *Anthology*, pp. 818~19에 번역되어 있다.

53) 여배우 주추성:『陶庵夢憶』卷 5, 朱楚生; *T-W* #76, pp. 104~05. 夏咸淳 校
    注,『陶庵夢憶』, p. 91.

54) 주추성의 슬픔:『陶庵夢憶』卷 5, 朱楚生; *T-W* #76, p. 105.

55) 금산사:『陶庵夢憶』卷 1, 金山夜戲; *T-W* #6, p. 26. 이 문장은 Ye,
    Vignettes, pp. 87~88; Owen, *Anthology*, pp. 815~816;
    Kafalas(1995), pp. 153~154 및 (2007), p. 110에 번역되어 있다. 그리고
    Timothy Brook, *Praying for Power*, pp. 37~38에서 이 문장을 언급하
    고 있다.

2장 길을 준비하다

1) 과거제도: 과거제도와 그 세부사항에 대한 가장 포괄적인 안내서는
   Benjamin Elman, *A Cultural History of Civil Examinations in Late
   Imperial China* 이다. 사오싱부 출신이 과거에서 믿기지 않을 정도로 많은
   급제자를 낸 것에 대해서는 James Cole, *Shaoxing* 에 언급되어 있다. 당시
   의 부정행위와 책을 암기하는 것의 문제점을 한꺼번에 지적한 문장들에 대
   해서는 Chow Kai-wing, "Writing for Success," 특히 pp. 126~27을 참

조하라.

2) 텐푸의 열망: 텐푸의 과거『張岱詩文集』, p. 244; *Dictionary of Ming Biography* (이하 이 책의 중국어 제목인『明代名人傳』으로 칭함), pp. 110 Chang Yuan-pien;『紹興府志』卷 48, 52앞뒤 (영인본 p. 137).

3) 텐푸의 성적: 이 에피소드는 장다이가 쓴 텐푸의 전기에 나온다.『張岱詩文集』, p. 244. 이때의 제학관은 松江府 華亭 출신의 徐文貞이었다.『紹興府志』卷 32, 37앞뒤에 따르면 텐푸의 형은 1516년에 擧人 학위를 취득했는데 텐푸와 함께 天衣寺에서 공부했다.

4) 텐푸의 공부:『陶庵夢憶』卷 1, 筠芝亭; *T-W* #7, pp. 26〜27. 장소에 관해서는 夏咸淳 校注,『陶庵夢憶』, p. 13, 주 1, 주 2 참조. Kafalas (2007), pp. 62〜63에서도 논의하고 있다.

5) 아이난잉과 과거: 장다이가 艾南英의 글을 인용하여 과거에 대해 쓴 글은 장다이의『石匱書』卷 17, 1앞〜6뒤(上海古籍出版社 영인본 卷 318, pp. 419〜22). 이 문장은 Chow Kai-wing, *Publishing, Culture, and Power*, pp. 94〜95와 Kafalas (2007), p. 128에 요약되어 있다. 艾南英의 전기는『明史』卷 288. 과거시험장 입장 시의 몸수색은『石匱書』卷 27, 3뒤(上海古籍出版社 영인본, p. 422)

6) 팔고문:『石匱書』卷 27, 1뒤〜2앞(上海古籍出版社 영인본, pp. 419〜20). 艾南英의 평가『石匱書』卷 27, 6뒤 (上海古籍出版社 영인본, p. 422).

7) 원궁의 건강:『明史』卷 283. 鄧以讚 열전에 元忭(文恭)의 열전이 合傳되어 있다.

8) 백발의 늙은 장원:『張岱詩文集』, pp. 248〜49. 徐渭 이야기와 윈난성 원정에 대한 개요는『明代名人傳』의 Hsu Wei와 Chang Yuan-pien 참조.

9) 원궁의 모델:『張岱詩文集』, pp. 250〜51. 원궁의 재바르지 못함:『張岱詩文集』, p. 247. 원궁의 친구들: 그와 동문수학했던 친구는 朱賡과 羅萬化였다. 이들이 진사학위를 취득하고 원궁이 장원급제한 사실은『紹興府志』卷 30, 46뒤〜47앞(영인본, pp. 728〜29 참조).

10) 할아버지의 공부:『張岱詩文集』, pp. 251〜55. 그는 분명히 1556년이나 1557년에 태어났다. 그는 1594년에 거인 학위를, 1595년에 진사 학위를 취득했다. 徐渭(1521〜1593)에 대해서는『明代名人傳』, pp. 609〜12 참

조.(徐渭는 살인혐의로 1566년부터 1573년까지 투옥되었다.) 徐渭의 기질에 대해서는 『明代名人傳』, p. 611.

11) 할아버지의 눈: 『張岱詩文集』, p. 252.

12) 할아버지의 향시: 『張岱詩文集』, p. 252. 답안지 채점 방식은 장다이가 설명한 것과 어느 정도 부합한다. 채점 방식에 대해서는 Etienne Zi, *Pratique*, pp. 107, 130, 142~43, 152, 159 참조. 할아버지는 향시에서 6등을 했는데 이는 영예로운 등수로 받아들여졌다. Etienne Zi, *Pratique*, p. 153 참조. (Taisu Zhang에게 감사드린다.) 과거제도 전반에 대해서는 Elman, *Examinations* 참조.

13) 할아버지의 파직: 『張岱詩文集』, p. 253.

14) 아버지의 과거 응시와 눈: 『張岱詩文集』, p. 255.

15) 여섯째 숙부: 『張岱詩文集』, p. 265.

16) 아홉째 숙부의 분노: 『張岱詩文集』, p. 273. 『張岱詩文集』, p. 272에서는 陳氏 부인이 두 사람의 친어머니라는 사실을 언급했다. 『紹興府志』 卷 31, 53뒤 (영인본, p. 732)에서는 여덟째 숙부가 1628년에 진사학위를 취득했음을 확인해 주고 있다.

17) 아홉째 숙부의 특별 과거 응시: 『張岱詩文集』, pp. 274~75, 貴州司. 아홉째 숙부가 荊軻를 흉내냈다고 장다이가 느낀 것에 대해서는 『張岱詩文集』, p. 276.

18) 안경 가격: 1570년대에서 1640년대에 걸쳐 은 네다섯 냥이 평균이었다. Chow Kai-wing, *Publishing, Culture, and Power*, p. 262의 부록 4 참조.

19) 페이의 눈: 페이의 자(字)는 伯凝. 『張岱詩文集』, p. 280 참조. 할아버지 芝亭 은 1612년 南直隸 休甯縣 知縣으로 부임하면서 페이를 데려갔는데 페이는 거기서 단 것을 너무 많이 먹어 시력이 더욱 나빠졌다. 그러나 『休甯縣志』 (1693년 간행)에는 이곳이 특별히 설탕이나 그 밖의 단 것으로 유명하다는 언급이 없다.

20) 페이의 기억력과 약: 『張岱詩文集』, p. 280. 아홉 종류의 학파(九流)는 劉歆 이 분류한 것이다. 『紹興府志』 卷 70, 23앞(영인본 p. 692)에는 그의 전기가 짤막하게 수록되어 있다. 이 전기에 실린 페이의 사망 연도와 『張岱詩文

集』, p. 356의 祭文에서 장다이가 언급한 페이의 사망 연도에는 11년의 차
이가 있다.

21) 할아버지와 쾌원:『張岱詩文集』, pp. 181~82의 快園記.(Xin Dong에게 특별
한 감사를 표한다.)

22) 장씨 집안의 정자:『陶庵夢憶』卷 7, 懸杪亭; T-W #99, p. 132. 장다이는 이
때 자신이 여섯 살이었다고 했으나 서구식으로 계산하면 다섯 살이었다.

23) 정자의 철거:『陶庵夢憶』卷 7, 懸杪亭; T-W #99, p. 132.

24) 황을 방문하다:『陶庵夢憶』卷 1, 奔雲石; T-W #11, pp. 30~31.

25) 황의 일생: 할아버지와 황의 이력이 복잡하게 교차하는 것은『張岱詩文集』,
pp. 252~53에서 분명히 드러난다. 黃汝亨의 여러 가지 이름에 대해서는
夏咸淳 校注,『陶庵夢憶』, p. 16 주 2~3; T-W p. 165 주 54~57;『明代名人
傳』, p. 79. 장다이가 1626년에 다시 방문한 것에 관해서는『陶庵夢憶』卷 1,
奔雲石; T-W #11, p. 31.

26) 장다이가 물려받은 책:『陶庵夢憶』卷 2, 三世藏書; T-W #30, pp. 51~52;
Kafalas(1995), p. 103 및 (2007), pp. 59~60.

27) 장다이와 주석: 핵심자료는 장다이가 쓴 四書遇序이다. 이 문장은『張岱詩文
集』, pp. 107~08에도 수록되어 있다. 여기서는 주로 Duncan Campbell,
"The Body of the Way," pp. 38~39를 참조했다.

28) 장다이의 의기소침:『祁忠敏公日記』(1992년 영인본) 卷 10, 28앞뒤 및 卷 11,
1앞뒤(이 부분은 1635의 일기임). 장다이가 어린 시절에 앓았던 병에 대
해서는『張岱詩文集』, p. 296.

29) 과거에 대한 장다이의 희망:『張岱詩文集』, p. 108, 四書遇序. 이 부분은
Campbell, "The Body of the Way," p. 39에 번역되어 있다.

30) 애주가 루쎈: '털보 장'(1565?~1632).『張岱詩文集』, pp. 270~72 참조.

31) 할아버지의 문장:『張岱詩文集』, pp. 270~72의 전기 속에 포함되어 있다.
나는 일관성을 유지하기 위해 衆之라는 자(字) 대신 '汝森'이라는 이름(名)
을 사용한다.

32) 술에 대한 장다이의 입장:『陶庵夢憶』卷 8, 張東谷好酒; T-W #113, pp. 146
~47. 또 Kafalas(2007), p. 30. 장다이는 음주에 반대한다고 말은 했지만
분명히 자신이 술을 전적으로 거부하지는 않았다. 결론부분에서 그는 汝森

의 음주와 屈原의 유명한 시 「이소」(離騷)의 양식 사이에 존재하는 유사성을 언급했다.

33) 장서의 산일(散佚): 『陶庵夢憶』 卷 2, 三世藏書; *T-W* #30, pp. 51∼52.

34) 할아버지와 운산(韻山): 『陶庵夢憶』 卷 6, 韻山; *T-W* #82, pp. 113∼14. Kafalas (2007), pp. 31∼32에 완역되어 있다.

35) 원고의 보관: 『陶庵夢憶』 卷 6, 韻山; *T-W* #82, pp. 114 및 주 122, 391. 夏咸淳 校注, 『陶庵夢憶』, p. 98 주 9에서는 운산이 사오싱에서 남쪽으로 9리 가량 떨어진 곳에 위치한다고 언급했으며 여러 가지 별칭도 제시했다.

3장 고향에서

1) 아버지와 단약(丹藥): 『陶庵夢憶』 卷 3, 逍遙樓; *T-W* #40, p. 64. Kafalas(1995), pp. 84∼85; Kafalas(2007), pp. 42∼43에도 번역되어 있다.

2) 어머니의 기도: 장다이는 白衣觀音贊의 서문과 시에서 이 장면을 상세히 언급했다. 『張岱詩文集』, p. 328. 백의관음에 관한 묘사는 Yü Chün-fang, *Kuan-yin*, pp. 126∼30 참조.

3) 불경이 보관된 서가: 夏咸淳 校注, 『西湖夢尋』, p. 255 高麗寺. 이 일화는 Timothy Brook, *Praying for Power*, p. 43에서 장다이와 불교에 관한 분석의 한 부분으로 언급되었다.

4) 사오싱 공동체: 『張岱詩文集』에 실린 傳과 『紹興府志』를 참조. 사오싱 출신이 과거에 많이 합격한 사실에 관해서는 James Cole, *Shaohsing* 참조. 陶氏 집안에 대해서는 『紹興府志』 卷 34, 7뒤(영인본, p. 813) 및 夏咸淳 校注, 『陶庵夢憶』, p. 63 주 1.

5) 류씨 부인: 『張岱詩文集』, pp. 245∼46. 그녀의 아들 張元忭의 전기가 『明代名人傳』, pp. 110∼11에 실려 있다.

6) 왕씨 부인과 남편: 『張岱詩文集』, p. 250. 그녀는 六湖 지역 출신이었다.

7) 불법적 처형: 楊繼盛이 嚴崇의 명령으로 죽임을 당한 사실은 『明代名人傳』, pp. 110; 『張岱詩文集』, p. 247; 『石匱書』 卷 201, 42뒤 참조.

8) 도덕성을 고양하는 시: 증조부의 열전은 『明史』 卷 283, p. 3191. 鄧以讚 列傳에 合傳되어 있다. 시들의 출전은 『詩經』의 周南과 召南이었다. 원궁의 죽음

은『明史』卷283, p.3191. 이에 대해 장다이는『石匱書』卷201, 43뒤(上海古籍出版社 영인본 卷320, p.82)에서 비슷하지만 좀 더 상세하게 언급했다.

9) 맹세:『張岱詩文集』, p.254. 주경의 열전은『明史』, p.2538. 맹세한 날짜는 음력으로 嘉靖 35년 7월 7일이었다.

10) 장씨와 주씨: 두 사람이 擧人학위를 취득한 시기는『紹興府志』卷32, 47뒤 및 卷32, 48앞(영인본, pp.763~64).

11) 주경:『陶庵夢憶』卷3, 朱文懿家佳; T-W #40, pp.63~64. 張九成에 대해서는 夏咸淳 校注,『陶庵夢憶』, p.52 주3.

12) 첫째 숙부의 머리: 첫째 숙부와 그 밖의 숙부들의 전기는『張岱詩文集』, p.259, 附傳에 기록되어 있다.

13) 둘째 숙부의 기와조각:『張岱詩文集』, p.262.

14) 첫째 숙부의 눈물: 증조부의 여행 및 두 아이의 이별과 반응은『張岱詩文集』, pp.249, 259, 262.

15) 할아버지의 징벌:『張岱詩文集』, pp.254~55.

16) 주씨 집안의 영향:『張岱詩文集』, p.255.

17) 첫째 숙부의 수집품:『陶庵夢憶』卷6, 仲叔古董; T-W #87, p.119.

18) 첫째 숙부:『張岱詩文集』, p.260.

19) 철려나무 차탁:『張岱詩文集』, p.260;『陶庵夢憶』卷6, 仲叔古董; T-W #87, p.119.

20) 소장품:『陶庵夢憶』卷6, 仲叔古董; T-W #86, p.118. 명말의 서화와 골동의 세계에 관해서는 특히 Craig Clunas, *Superfluous Things* 참조. 이 책에서도 장다이를 몇 번 언급했다. James Cahill, *The Painter's Practice*; Hongnam Kim, *Life of Patron*.

21) 첫째 숙부의 우아한 집:『張岱詩文集』, p.260. 나머지 네 사람의 수집가는 王新建, 외삼촌 朱石門, 項墨林, 周銘仲이었다.

22) 거처로 사용하는 배:『陶庵夢憶』卷5, 范長白; T-W #62, p.90.

23) 훌륭한 골동품:『陶庵夢憶』卷6, 甘文臺爐; T-W #80, p.111 및 p.179, 주379~83; 夏咸淳 校注,『陶庵夢憶』, p.95 주1~3에는 자기에 대한 장다이의 일반적인 논의가 적혀 있다. 세 가지 진귀한 물건은『陶庵夢憶』卷6, 仲叔古董; T-W #87, p.119, 첫째 숙부의 소장품을 언급한 대목에서 나온다.

24) 청동기:『陶庵夢憶』卷6, 仲叔古董; *T-W* #87, p.119.

25) 엄청난 이익:『陶庵夢憶』卷6, 仲叔古董; *T-W* #87, p.119.

26) 도굴된 물건:『陶庵夢憶』卷6, 齊景公墓花罇; *T-W* #93, p.124.

27) 어머니의 검약:『張岱詩文集』, p.258.

28) 장씨 집안의 등:『陶庵夢憶』卷8, 龍山放燈; *T-W* #111, pp.143~44. 이 문장 전체에 대한 번역은 Kafalas(1995), pp.151~52; 그리고 심층분석은 Kafalas(1998), pp.71~74 및 (2007), pp.112~13.

29) 장다이의 동생:『張岱詩文集』, p.292에 실린 동생 山民에 대한 묘지명 참조. 陶氏에게서 태어난 장다이의 동생들에 관해서는 胡益民,『張岱研究』, p.170; 余德余,『張岱家史』, pp.68~75.

30) 산민의 재능:『張岱詩文集』, pp.292~94. 장다이는 동생을 돌보아주던 사람들로 國子監 祭酒 姜曰廣, 趙維寰(『明代名人傳』, p.774)을 들고 있다. 동생과 함께 시를 짓던 시인으로는 曾鶴江, 趙我法, 婁孺子 등이 있었다.

31) 산민의 수집품:『張岱詩文集』, pp.293~94.

32) 어머니의 현명함:『張岱詩文集』, p.258. 덜 알려진 閔子騫에 관해서는『論語』先進篇 참조. 曾子는 가장 널리 알려진 제자 중 하나이다.

33) 꿈의 신: 장다이의 많은 암시들은『陶庵夢憶』卷3, 南鎭祈夢; *T-W* #32, pp.54~55, 170~71, nn.167~79. 장다이는 1612년에 탄원했다고 밝혔다.

34) 펑탕 닮아가기: Watson, *Sima Qian: Record of the Grand Historian, Han Dynasty*, vol.1, pp.472~75.

35) 아버지의 욕망 만족:『張岱詩文集』, pp.255~56. 아버지의 장 질환에 대해서는『張岱詩文集』, pp.112~14 참조. 여기서 庚辰(1580)은 庚戌(1610)의 오자임이 분명하다.

36) 어머니의 공적:『張岱詩文集』, pp.258~59.

37) 아버지의 식탐:『張岱詩文集』, p.258.

38) 아버지의 병:『張岱詩文集』, pp.112~14.

39) 아버지의 곤경:『張岱詩文集』, p.258.

40) 할아버지의 첩:『張岱詩文集』, p.253.

41) 주경의 아내:『陶庵夢憶』卷3, 逍遙樓; *T-W* #40, pp.64~65.

42) 첫째 숙부의 첩:『張岱詩文集』, p.261.

43) 아버지의 첩: 『張岱詩文集』, p. 257. 보피(伯嚭)의 이야기는 Nienhauser, *Grand Scribe's Record*, vol.7, pp. 55~59 참조.

44) 장다이의 장모: 장다이의 애절한 제문은 『張岱詩文集』, pp. 348~51에 수록되어 있다. 장다이는 "장모가 세상을 떠난 지 19년이 되었다"고 썼다. 서양식으로 계산하면 18년에 해당된다.

45) 의원 루: 의원 魯雲谷에 대한 장다이의 찬사는 『張岱詩文集』, pp. 285~86. 그에게 헌정하는 감사의 시는 『張岱詩文集』, p. 34.(Zhang Taisu에게 특별히 감사를 표한다.)

46) 마지막 찬사: 『張岱詩文集』, p. 350.

4장 바깥세상을 향하여

1) 노왕부의 아버지: 『張岱詩文集』, pp. 256~58. 지위와 책임에 대해서는 『兗州府志』(1596), 卷 10, 8뒤. 長史司. 왕의 소나무 가지는 『陶庵夢憶』 卷 6, 魯府松棚; *T-W* #89, p. 121.

2) 노왕부의 화려함: 『陶庵夢憶』 卷 2, 魯藩烟火; *T-W* #19, pp. 41~42. Kafalas (1995), pp. 155~56에 a moment that "shares with memory the ambiguousness of artifice"라고 번역되고 훌륭하게 분석되었다. 나는 Teboul-Wang의 견해를 따라 그의 번역을 약간 수정했다. 또 Kafalas(2007), pp. 115~16을 참조하라.

3) 타이산: 장다이 자신의 이야기는 『張岱詩文集』, pp. 150~59 '岱志'에 나온다. 이 여행에 관한 훌륭한 분석과 몇몇 긴 단락에 대한 번역은 Wu Pei-yi, "Ambivalent Pilgrim," pp. 72~85에 실려 있다. 장다이가 여행한 날짜는 Wu Pei-yi, p. 73 참조. 牙家란 용어는 안내인(guide)보다는 관리인(manager)을 뜻하는 것 같다.

4) 세금: 타이산에 관한 장다이의 두 번째 이야기는 『陶庵夢憶』 卷 4, 泰安州客店; *T-W* #61, pp. 87~88. Wu Pei-yi, "Ambivalent Pilgrim," p. 75와 Strassberg, *Inscribed Landscapes*, p. 341에도 번역되어 있다.

5) 숙식: 『陶庵夢憶』 卷 4, 泰安州客店; 『張岱詩文集』, pp. 151~52. Wu Pei-yi, "Ambivalent Pilgrim," pp. 74~75와 Strassberg, *Inscribed Landscapes*, p. 341.

6) 오락과 여흥: 『張岱詩文集』, pp. 151~52; Wu Pei-yi, "Ambivalent Pilgrim," p.77. 장다이에 관해서는 Dott, *Identity*, pp.96~99를 참조.

7) 거지와 동전: 『張岱詩文集』, p.152; Wu Pei-yi, "Ambivalent Pilgrim," pp. 77.

8) 날씨 변화: 『張岱詩文集』, p.150.

9) 벽하궁: 『張岱詩文集』, p. 155. 유래에 대한 짤막한 소개는 Wu Pei-yi, "Ambivalent Pilgrim," pp.79~80; Dott, *Identity*, pp.265~67.

10) 공물과 순라꾼: 『張岱詩文集』, pp. 155~56; Wu Pei-yi, "Ambivalent Pilgrim," pp.78~79.

11) 하산: 『張岱詩文集』, p.156.(Zhang Taisu에게 특별한 감사를 표한다.)

12) 귀환: 『張岱詩文集』, pp.156~57; Wu Pei-yi, "Ambivalent Pilgrim," pp. 81~82.

13) 최종 평가: 『張岱詩文集』, p.153; Wu Pei-yi, "Ambivalent Pilgrim," pp. 77~78.

14) 공자의 고향: 『陶庵夢憶』卷 2, 孔廟檜; *T-W* #16, pp. 37~38. Strassberg, *Inscribed Landscapes*, pp. 338~39; Kafalas(2007), p. 29에 번역되어 있다.

15) 미친 승려: 『陶庵夢憶』卷 3, 栖霞; *T-W* #44, pp.67~68.

16) 푸퉈 산 참배여행: 『張岱詩文集』, pp. 159~72, 海志. 장다이의 참배 여행은 Thimothy Brook, *Praying for Power*, pp. 46~49 및 Wu Pei-yi, "Ambivalent Pilgrim," p. 83에서 언급되었다. 참배 지역에 관해서는 Yü Chün-fang, "p'u-t'o Shan: Pilgrimage and the Creation of Chinese Potalaka"에 상세히 언급되어 있다.(장다이 자신이 푸퉈 섬에 참배여행을 간 이야기는 Yü Chün-fang, pp. 227~29에 있다.) 현존하는 장다이 책의 개정 판은 1658년에 간행된 것으로 蕭의 서문이 없다. 경제적 배경과 상세한 푸 퉈 섬 지도는 Yü Chün-fang, "p'u-t'o Shan: Pilgrimage and the Creation of Chinese Potalaka," pp.202~03을 참조.

17) 번화한 항저우: 『陶庵夢憶』卷 7, 西湖香市; *T-W* #94, pp. 125~27. Wu Pei-yi, "Ambivalent Pilgrim," pp.83~84의 주석.

18) 목적지 푸퉈: 『張岱詩文集』, pp. 159~60. 秦一生은 『張岱詩文集』, p. 170.

크고 작은 사찰과 암자의 수는『張岱詩文集』, p. 169. 외조부 陶蘭風은『張
岱詩文集』, p. 163.

19) 하항선:『張岱詩文集』, p. 169. Wu Pei-yi, "Ambivalent Pilgrim," p. 83 및
Yü Chün-fang, "p'u-t'o Shan: Pilgrimage and the Creation of Chinese
Potalaka," p. 241 주 25에도 언급되어 있다. 호선(唬船)에 관해서는『張岱詩
文集』, pp. 169~70. 뱃사람들의 미신은『張岱詩文集』, p. 161.

20) 갑판 위의 장다이:『張岱詩文集』, p. 161.

21) 밤샘 공양:『張岱詩文集』, p. 164 및 Yü Chün-fang, "p'u-t'o Shan:
Pilgrimage and the Creation of Chinese Potalaka," pp. 227~28.

22) 해변:『張岱詩文集』, p. 165. 먼 곳의 섬은『張岱詩文集』, p. 166.

23) 딩하이에서의 식사:『張岱詩文集』, p. 168. Yü Chün-fang, "p'u-t'o Shan:
Pilgrimage and the Creation of Chinese Potalaka," p. 241 주 25.

24) 타이산과 푸퉈:『張岱詩文集』, p. 272(Zhang Taisu에게 감사한다.)

25) 야항선: 외국에 관해서는 張岱,『夜航船』, p. 1(서문) 및 p. 334.(사오싱 도서
관에는 완전히 주석이 달린 초기 판본이 소장되어 있다. Liu Yaolin ed.,
Hangzhou, 1987.) 양쯔강 삼각주 지역의 농촌경제에서 차지하는 야항선
의 역할에 관해서는 Xue Yong, "Agrarian Urbanization," pp. 356, 360
~62.

26)『야항선』에 열거된 범주:『夜航船』의 목차와 작성연대 불명의 장다이의 서문
을 참조하라. Xue Yong, "Agrarian Urbanization," p. 360에 부분적으로
번역되어 있다. Kafalas(2007), pp. 190~91도 그러하다.

27) 열거되어 있는 외국:『夜航船』卷 15 外國部, 2004, pp. 331~37.

28) 리치에 대한 할아버지의 견해: 張汝霖,「西士超言小引」(쪽수 불명), 楊廷筠,
『絶徼同文紀』(1615)에 수록. 이 견해는 리치가 1608년에 펴낸『畸人十篇』
에 관한 것이다. 또『明代名人傳』, p. 1141 참조; D'Elia, Fonti Ricciane,
vol. 2, pp. 301~06; Spence, Memory Palace. 편찬자인 楊廷筠에 대해
서는 Eminent Chinese of the Ch'ing Period(1644~1912)〔이하 이 책의
중국어 제목인『淸代名人傳略』으로 표시〕, p. 894.

29) 할아버지의 문장: 張汝霖,「西士超言小引」(쪽수가 매겨져 있지 않음), 첫 번째
쪽 5~7째줄.

30) 리치의 유산: 張岱, 『石匱書』(上海古籍出版社 영인본) 卷 320, pp. 205~07; 원래의 쪽수는 卷 204, 「利瑪竇列傳」, 45뒤~49앞. 이방민족이나 이방부족은 虜라 불렸다. 당시 예수회 선교사들이 남긴 중국 관련 자료에 관해 대단히 해박하고 포괄적인 분석은 Hui-hung Chen, "Encounters in Peoples, Religions, and Sciences: Jesuit Visual Culture in Seventeenth Century China," Brown University, Ph.D thesis, 2003 참조.

31) 리치에 대한 장다이의 견해: 張岱, 『石匱書』(上海古籍出版社 영인본) 卷 320, p. 207. (卷 204, 49앞) 장다이와 동시대인이자 친구였던 『袁小修小品』의 저자 袁中道가 쓴 장다이의 삶에 대한 다양한 스케치는 Ye, *Vignettes*, p. 60을 참조.

32) 아육왕사: 『陶庵夢憶』 卷 7, 阿育王寺舍利; *T-W* #108, pp. 139~40. 이 문장은 Victor Mair, *Columbia Anthology*, pp. 594~95(이 책에 수록된 영어번역은 Strassberg, *Inscribed Landscapes*, pp. 350~51의 재인용)에 수록되어 있다. Thimothy Brook, *Praying for Power*, p. 43에도 언급되어 있다. 아소카왕은 기원전 268년부터 기원전 232년까지 다스렸다. 친이성과 장다이의 우정에 관해서는 『陶庵夢憶』 卷 1, 天硯; *T-W* #13, p. 33.

33) 풍광: 『陶庵夢憶』 卷 7, 阿育王寺舍利. 이 부분에 대한 영어 번역은 Strassberg, *Inscribed Landscapes*, p. 351에 따랐다.

34) 장다이의 간결한 필치: 장다이의 첫 번째 역사저작인 『古今義烈傳』 自序 속의 치뱌오자 논평은 胡益民, 『張岱評傳』, pp. 85~87에 언급되어 있다. 치뱌오자 자신의 논평은 胡益民, 『張岱研究』, pp. 102~03에 인용되어 있다.

35) 친이성의 운명: 이 마지막 논평은 내가 한 것이지 치뱌오자가 한 게 아니다.

5장 관직의 등급

1) 천계제와 웨이중셴: *Cambridge History of China*, vol. 7, part 1. *The Ming Dynasty*, Chapter 10; John Dardess, *Blood and History in China*에서 명조 후기의 정치상황을 상세히 분석했다.

2) 『고금의열전』: 장다이의 『古今義烈傳』 序文은 胡益民, 『張岱評傳』, pp. 85~87에 그 전문(全文)이 인용되어 있으며, 여기서 胡益民은 널리 통용되는 두

판본을 검토하고 있다. 하나는 1628년 판본이고 다른 하나는 그보다 조금 뒤의 판본이다. 두 판본에 모두 치뱌오자의 서문이 붙어 있다.

3) 역사에서 느끼는 흥분: 胡益民, 『張岱評傳』, pp. 86에 인용된 장다이의 서문에 근거했다.

4) 역사와 자발성: 胡益民, 『張岱研究』, p. 62에 인용된 장다이의 凡例 참조.

5) 말과 개: 胡益民, 『張岱研究』, p. 62에 요약된 장다이의 凡例 참조. 불행하게 도 미국 의회도서관 소장본은 이 페이지들이 심하게 훼손되어 있어 거의 읽을 수가 없다.

6) 빙산: 웨이중셴에 관한 기본적인 전기는 『淸代名人傳略』, pp. 846~47. 연극 공연은 『陶庵夢憶』 卷 7, 氷山記; T-W #110, p. 142.

7) 양롄(楊漣): John Dardess, Blood and History in China, Chapter 3, "Political Murders." 그에 관한 초보적인 전기는 『淸代名人傳略』, pp. 892 ~93 참조. 다른 참고문헌은 『明代名人傳』, pp. 237, 707, 1569 참조.

8) 노동자 옌페이웨이(顏佩韋): 『陶庵夢憶』 卷 7, 氷山記; T-W #110, p. 142. 도시 民變에 관해서는 Spence and Wills, From Ming to Ch'ing, pp. 293~95, 316.

9) 산둥에서 공연: 『陶庵夢憶』 卷 7, 氷山記; T-W #110, p. 142. 연극대본은 아직 발견되지 않았다. 치뱌오자는 명 말의 연극에 관해 조사하고 목록을 작성했 으나 氷山記의 작가가 장다이라고 언급하지는 않았다. 祁彪佳, 『明曲品劇品』, p. 87 참조.

10) 무(沐)씨와 윈난성: 『張岱詩文集』, p. 245; 『明史』 卷 283, p. 3194. 증조부의 백발에 관해서는 『張岱詩文集』, p. 248; 『石匱書』 卷 201, 41뒤~45앞뒤(上海古籍出版社 영인본, pp. 81~83) 참조.

11) 뤄완화(羅萬化): 1568년 殿試 壯元. 『明代名人傳』, p. 739 및 『張岱詩文集』, p. 248 참조. 張居正과 원궁의 관계에 대해서는 『張岱詩文集』, p. 249 참조. 이 단락은 『石匱書』 卷 201, 44앞뒤 (上海古籍出版社 영인본, p. 82)에 거의 그대로 옮겨 써 놓았다. 장다이가 원궁을 미화한 것은 『石匱書』 卷 201, 44 뒤~45앞(上海古籍出版社 영인본, pp. 82~83).

12) 조부의 세상과의 절연: 『張岱詩文集』, p. 251. 知縣 毛壽南의 임기는 1587년 에서 1592년까지였다. 『紹興府志』 卷 28, 28뒤. 그의 전기는 『紹興府志』 卷

43, 17앞뒤.(Huang Hongyu에게 감사한다.)

13) 지현 루린: 『淸江縣志』(1870) 卷 5, 49뒤(영인본, p. 668). 할아버지는 거기서 1598년부터 1604년까지 근무했다. 毛 知縣의 통치에 관해서는 『紹興府志』卷 43, 17앞뒤 참조.

14) 아버지의 출사: 『張岱詩文集』, p. 256. 당시 이 지역의 혼란상은 Wakeman, *Great Enterprise*, pp. 429~31 참조.

15) 노왕부에서의 아버지: 아버지가 嘉祥현의 옥사를 처리한 일은 『張岱詩文集』, p. 257. 嘉祥知縣 趙二儀와 가족들의 딱한 처지에 관해서는 『張岱詩文集』, pp. 256~57.

16) 종조부 루팡: 『張岱詩文集』, p. 268. 나는 瑞陽이라는 그의 호 대신 이름인 汝方을 사용한다.

17) 루팡이 배를 타고 여행하다: 『張岱詩文集』, p. 268.

18) 『저보』(邸報): 이 신문은 청 초에 그랬던 것처럼 명 말에도 널리 배포되었다. 장다이 역시 정기적으로 읽었다. 18세기 초의 京報에 관해서는 Spence, *Treason by the Book*의 관련 페이지를 참조하라. Barbara Mittler, *A Newspaper for China*, pp. 173~207에는 유용한 신문의 역사가 실려 있다.

19) 명대의 토지매매계약 문서: 田濤, Hugh T. Scogin Jr., 鄭秦, 『田藏契約文書粹編』(3冊, 中華書局, 2001), 특히 3冊, 항목번호 587~809(1585년에서 1681년까지).이 책에는 계약문서 내용의 일부와 사진이 제시되어 있다.

20) 초왕부의 정치상황: 『明代名人傳』, pp. 768~70(郭正域 항목); 『明史』 卷 116, 영인본 p. 1499; 베이징의 루팡은 『張岱詩文集』, p. 269.

21) 초왕부 사건: 朱華奎에 얽힌 이야기는 『明史』 卷 116, (영인본), pp. 1498~99 및 『明實錄』(萬曆年間) 卷 383, 385, 387 참조. 이 사건에 연루된 핵심 고관은 郭正域과 沈一貫이다. 그들의 전기는 『明代名人傳』, pp. 768~70, 1179~82를 참조.

22) 루팡의 책략: 『張岱詩文集』, pp. 268~70에 수록된 그의 전기에 이 책략이 상세하게 포함되어 있다.

23) 루팡의 금의환향: 『張岱詩文集』, p. 270.

24) 소봉(素封): 司馬遷, 『史記』, Watson 번역, *Records of the Grand*

Historian: Qin Dynasty and Han Dynasty (New York: Columbia University Press), Han vol. 2, p. 437 ; 장다이의 논평은 『張岱詩文集』, p. 270.

25) 루팡의 성공 : 『張岱詩文集』, p. 270. 司馬遷, 『史記』, Watson 번역, *Records of the Grand Historian: Qin Dynasty and Han Dynasty* (New York: Columbia University Press), Han vol. 2, p. 433. 陶公은 范蠡의 호이다. 장다이는 가난에 시달리거나 삶을 지탱할 수 없을 만큼 고결함을 지켰던 다른 인물들에 관해서도 언급했다.

26) 타오첸의 전원시 : Hightower, *T'ao Ch'ien*, pp. 268~69의 번역. 원문은 『陶淵明集』, 臺北, 2002, pp. 328~37.

27) 타오첸의 귀거래 : Hightower, *T'ao Ch'ien*, p. 269에 따랐으나 조금 손질했다.

28) 둘째 숙부 : 『張岱詩文集』, p. 262에도 1626~1627년 사이에 紹興知府를 역임한 何士抑와 許芳谷를 언급했다.

29) 둘째 숙부의 특징 : 『張岱詩文集』, p. 264.

30) 쉬팡구(許芳谷) 사건 : 『張岱詩文集』, p. 263.

31) 둘째 숙부의 몰락 : 상세한 내막은 『張岱詩文集』, pp. 263~64 참조. 『明史』 卷253, 영인본, p. 2869, 「薛國觀傳」에서 스판(史葦)의 운명을 언급하고 있다.(「薛國觀傳」한 곳에는 여덟째 숙부의 이름 張焜芳이 劉焜芳으로 오기되어 있다.) 여덟째 숙부의 간략한 전기는 『明史』卷291, 영인본, p. 3272 및 『紹興府志』卷53앞, 영인본, p. 732.

32) 차이쩌(蔡澤)와 다름없는 둘째 숙부 : 『張岱詩文集』, p. 264. 蔡澤에 관해서는 司馬遷, 『史記』卷79, Watson 번역, *Records of the Grand Historian: Qin Dynasty and Han Dynasty*, Qin volume, p. 157, Fan Ju(范雎) Cai Ze(蔡澤) joint biography.

33) 『수호전』 : 『張岱詩文集』, pp. 333~45에 실린 「水滸牌四十八人贊」(武松은 p. 333) 참조 ; 천홍서우에 대한 장다이의 찬사는 『陶庵夢憶』卷6, 水滸牌 ; T-W #84, pp. 116~17. 천홍서우가 그린 마흔 장의 초상화는 Weng Wan-ge, *Chen Hongshou*, vol.3, pp. 62~71 참조. 施耐庵이 쓴 『水滸傳』의 영역은 Sidney Shapiro, *Outlaws of the Marsh* 참조.

Kafalas(2007), pp. 66~68, 207~12에도 언급되어 있다.

34) 우다오쯔의 그림:『陶庵夢憶』卷 6, 水滸牌; *T-W* #84, pp. 116~17.

35) 1632년의 가뭄:『陶庵夢憶』卷 7, 及時雨; *T-W* #97, pp. 130~31. 파도와 바다는『紹興府志』卷 80, 27뒤, (영인본), p. 964. 1598~1599년의 가뭄과 기근에 대해서는『紹興府志』, 卷 80, 26, (영인본), p. 963.

36) 닮은 사람:『陶庵夢憶』卷 7, 及時雨; *T-W* #97, pp. 130~31; 夏咸淳 校注, 『陶庵夢憶』, p. 113. Kafalas(1995), pp. 121~22에도 번역되었다.

37) 깃발에 적힌 구절:『陶庵夢憶』卷 7, 及時雨; *T-W* #97, p. 131.

38) 장다이의 분석:『陶庵夢憶』卷 7, 及時雨; 夏咸淳 校注,『陶庵夢憶』, p. 113, 주 11~12의 해설. 더 많은 가뭄(1625년), 홍수(1629년과 1630년), 지진 (1635년 및 1636년) 사례가『紹興府志』, 영인본 pp. 963~65에 기록되어 있다.

6장 기이한 사람들

1) 장다이의 실패:『張岱詩文集』, pp. 295~69의「自爲墓誌銘」; Kafalas, "Weighty Matters," p. 65.

2) 역설:『張岱詩文集』, p. 295; Kafalas, "Weighty Matters," p. 64.

3)『사궐』: 장다이가 쓴『史闕』서문.『張岱詩文集』, pp. 103~04에도 수록되어 있다. 장다이는『張岱詩文集』「家傳」의 월식 비유로 되돌아왔다.

4) 현무문의 변:『史闕』서문.『張岱詩文集』, p. 103. 당대의 이 유명한 사건에 대한 간결한 소개는 Hansen, *Open Empire*, pp. 196~97.

5) 간단한 네 글자: 張岱,『史闕』, pp. 88~89.

6) 몰두하는 버릇과 흠:『陶庵夢憶』卷 4, 祁止祥癖; *T-W* #60, p. 86. 나는 여기서 癖을 갈망이나 몰두하는 버릇으로 疵는 흠으로 번역했다. 장다이가『논어』를 공부한 것에 관해서는 그의『四書遇』참조.

7) 옥의 흠(瑕):『張岱詩文集』, p. 259,「附傳」서문에 해당하는 부분. 解縉에 관해서는『明代名人傳』, pp. 554~58의 Hsieh Chin 참조.

8) 몰두하는 버릇:『張岱詩文集』, p. 268의「五異人傳」서론 부분.

9) 적합:『張岱詩文集』, p. 259.

10) 여섯째 숙부: (1585년? 출생, 1615년 사망). 여기에서 활용한 모든 자료의 출

처는 『張岱詩文集』, pp. 264~67.

11) 여섯째 숙부의 대련: 『陶庵夢憶』 卷 6, 目連戲; *T-W* #79, pp. 110~11. (Shiyee Liu에게 특별한 감사를 표한다.)

12) 옌커(燕客)의 전기: 『張岱詩文集』, pp. 277~80. 옌커는 1646년에 사망했다. 다른 설명들에 대해서는 『張岱詩文集』, p. 261 참조. 정원 이야기 요약은 『陶庵夢憶』 卷 8, 瑞草谿亭 및 *T-W* #122, pp. 155~57. 옌커의 패노름은 『陶庵夢憶』 卷 8, 合采牌. 옌커(燕客)는 자(字)이고 이름(名)은 萼咢이지만 나는 그의 호칭을 옌커로 통일했다. 장다이의 『快園道古』에는 옌커에 대한 언급이 많다.

13) 상(商)부인: 옌커의 처는 상덩쉬안(商等軒)의 딸이다.

14) 정원을 돌보는 진루성(金乳生): 진루성과 벌레 및 꽃의 이름에 관해서는 『陶庵夢憶』 卷 1, 金乳生草花; *T-W* #4, pp. 23~24. Kafalas(2007), pp. 76~77에 인용구절에 대한 번역이 있으나 여기서는 약간 수정했다.

15) 광적인 정원 꾸미기: 『張岱詩文集』, pp. 277~80의 전기를 참조. 그리고 관련된 다른 문장은 『陶庵夢憶』 卷 8, 瑞草谿亭 및 *T-W* #122, p. 156.

16) 옌커의 나무: 『陶庵夢憶』 卷 8, 瑞草谿亭 및 *T-W* #122, p. 156에서 인용.

17) 금붕어: 이것과 뒤이은 예들은 『張岱詩文集』, pp. 277~80.

18) 옌커의 자기 이름 붙이기: 『陶庵夢憶』 卷 8, 瑞草谿亭 및 *T-W* #122, pp. 157. 夏咸淳 校注, 『陶庵夢憶』 卷 8, 瑞草谿亭에 대한 주석들 참조.

19) 옌커가 잃은 것: 위훙(魚宏)에 관해서는 『張岱詩文集』, p. 279; 『陶庵夢憶』 卷 8, 瑞草谿亭 및 *T-W* #122, pp. 157. 夏咸淳 校注, 『陶庵夢憶』, p. 138 주 9. "모든 것을 잃어버린 황제"의 원문은 '窮極秦始皇'이다.

20) 치바오자를 위한 시: 『張岱詩文集』, pp. 46~47에서는 1636년 전염병이 창궐했을 때 치뱌오자가 약재를 구입해 선행을 베푼 것이 '작년' 일이라고 했다.

21) 기근의 희생자: 장다이가 본 항저우의 참상은 『陶庵夢憶』 卷 7, 西湖香市; *T-W* #94, p. 126. Kafalas(2007), p. 55.

22) 퇴락한 능: 『陶庵夢憶』 卷 1, 鍾山; *T-W* #1, pp. 19~21. 夏咸淳 校注, 『陶庵夢憶』, p. 6의 꼼꼼한 주석을 참조. Kafalas(1995), pp. 96~97 및 (2007), pp. 23~26에도 번역되어 있다.

7장 안절부절 못하는 조정

1) 해적과 어부:『張岱詩文集』, pp. 167~168. 장다이는 당시 凡山에 있었고, 이 런 경험의 생소함을 기록해 놓았다.

2) 목련희(目蓮戱):『陶庵夢憶』卷6, 目蓮戱; *T-W* #79, pp. 110~111. 문장 속 의 근거들로 추론하면 目蓮戱를 공연한 때는 1613년 혹은 1614년이다.

3) 여섯째 숙부와 지부: 지부는 1613년부터 1622년까지 근무한 熊鳴岐이다. 夏 咸淳 校注,『陶庵夢憶』, p. 95, 주 4.『紹興府志』卷 26, 22앞(영인본 p. 596). 여섯째 숙부는 1615년에 사망했다.

4) 용선(龍船):『陶庵夢憶』卷 5, 金山競渡; *T-W* #74, pp. 102~03.

5) 딩하이의 기동훈련:『陶庵夢憶』卷 7, 定海水操; *T-W* #107, p. 139. 夏咸淳 校 注,『陶庵夢憶』, p. 121, 주 1. Kafalas(1995), p. 149 및 (2007), pp. 107~8 에 번역되어 있다.

6) 잠수와 등(燈):『陶庵夢憶』卷 7, 定海水操; *T-W* #107, p. 139.

7) 노왕부의 군사훈련:『陶庵夢憶』卷 4, 兗州閱武; *T-W* #49, p. 73.

8) 곡예사:『陶庵夢憶』卷 4, 兗州閱武; *T-W* #49, pp. 73-74; Kafalas(2007), pp. 108~09.

9) 유적(流賊)집단: Des Forges, *Cultural Centrality*, pp. 182~84 참조.

10) 통치의 실패: 張岱,『石匱書後集』, p. 493에 열거되어 있다.

11) 첫째 숙부의 솜씨:『張岱詩文集』, p. 261. 관련지방의 자료를 확인하려면『孟 津縣志』卷 5, 32앞(영인본 pp. 183, 291~293); 卷 11, 12뒤~15앞의 王鐸 에 대한 기록 참조. 또『明代名人傳』, pp. 1432~34 참조. 당시의 허난 성 에 관해서는 Des Forges, *Cultural Centrality*, pp. 182~85의 훌륭한 분 석을 참조.

12) 노왕부: 노왕부의 왕족 중 재직자와 자살자 또는 전쟁 때 죽은 자에 관한 표 는『淸史』, 國防硏究院, 1961, pp. 1133 참조. 그리고 p. 1500의 1639년 항 목의 주석 참조.『張岱詩文集』, p. 256에서는 노왕을 노헌왕(魯憲王)으로 표기했다. 노왕과 소나무 가지는『陶庵夢憶』卷 6, 魯府松棚; *T-W* #89, p. 121.

13) 첫째 숙부의 죽음:『張岱詩文集』, p. 261. '떠돌이 도적떼'는 流賊. 史可法에

대해서는 『淸代名人傳略』, pp. 651~52 참조. 허난성 전투에 대한 상세한 서술은 Des Forges, *Cultural Centrality*, Chapter 5 참조. 나는 司馬를 military coordinator로 번역했다. 다른 번역어 선택을 검토하려면 Hucker, *A Dictionary of Official Titles in Imperial China*, #5713 참조하라.

14) 둘째 숙부의 분노: 『張岱詩文集』, p. 264.

15) 둘째 숙부의 혼령: 『張岱詩文集』, p. 264. 원문에서 壬午 九月은 壬午 八月의 오식이다.

16) 여섯째 숙부와 첫째 숙부: 『張岱詩文集』, p. 266.

17) 아홉째 숙부: 『張岱詩文集』, pp. 272~76에 그의 전기가 실려 있다.

18) 아홉째 숙부의 죽음: 『張岱詩文集』, pp. 275~76.

19) 명조의 멸망: 명조의 멸망을 다룬 주요 역사서로는 Frederic Wakeman, *The Great Enterprise*; Roger Des Forges, *Cultural Centrality and Political Change*; *Cambridge History of China*, vol. 7, *The Ming Dynasty; Lynn Struve, The Southern Ming*을 참조.

20) 산민의 은거: 『張岱詩文集』, p. 293, 「山民弟墓誌銘」. 장다이는 史可法을 가르키기 위해 道隣이라는 말을 사용했다.

21) 치뱌오자(祁彪佳): 『淸代名人傳略』, p. 126의 Ch'i Shih-p'ei 항; Wakeman, *The Great Enterprise*, p. 320, 주4; Struve, *The Southern Ming*, p. 208, 주71; Smith, "Gardens" 관련부분; 祁彪佳, 「越中園亭記」.

22) 변발: Struve, *Cambridge History of China*, vol. 7, part 1, p. 662.

23) 치뱌오자의 죽음에 관한 장다이의 기록: 張岱, 『石匱書後集』, pp. 307~11. 인용부분은 『石匱書後集』, pp. 310~11. 치뱌오자는 그의 일기에 죽는 날까지 거의 매일 자신의 감정이 어떤지를 기록해 놓았다. 유언장과 절명시 전문(全文)은 祁彪佳, 『祁彪佳集』, pp. 221~22와 『張岱詩文集』, p. 392를 참조.

24) 마스잉(馬士英): 査繼佐, 『魯春秋』, p. 14(1645년 음력 7월); 『石匱書後集』, pp. 389~91; 『明史』 卷308, 列傳 卷 196; 마스잉의 전기는 錢海岳, 『南明史』, 2006, pp. 5388~94.

25) 노왕에게 올린 상소문: 전문은 『石匱書後集』, pp. 391~94. 맹자에 따르면

순임금은 사실상 사흉 가운데 세 사람을 내쫓고 한 사람을 처형했다. 錢海岳, 『南明史』, p. 288에서는 장다이의 상소문을 짤막하게 언급했다.

26) 허를 찔린 장다이: 『石匱書後集』, pp. 398~400의 「方國安列傳」.

27) 노왕의 도주: 査繼佐, 『魯春秋』, p. 15에서는 이 사건이 음력8월(즉 양력 1645년 9월 20일)에 일어났다고 기록했다.

28) 노왕의 방문: 『陶庵夢憶』, 金楓出版社, 1986, p. 120, 補 1, 「魯王」. 1775년 간행된 『陶庵夢憶』에는 4개의 補가 달려 있는데 이것은 그 가운데 첫 번째 것이다. 최근 출판된 한문본 『陶庵夢憶』에는 이것이 포함되어 있지만 Teboul-Wang은 자신의 번역에 이 補를 포함시키지 않았다.

29) 기름장수(賣油郞): 명 말에 널리 알려진 이야기는 Lévy, *Inventaire*, pp. 580~86. 기름장수 이야기의 한 대본을 번역한 것은 Geremie Barmé, ed., *Lazy Dragon: Chinese Stories from the Ming Dynasty*, pp. 69~116.(여기에는 康王의 이야기는 포함되어 있지 않다.) 金의 침략 속에서 살아남은 강왕이 남송을 건국하고 지배한 사실에 대한 상세하고 인상적인 설명은 F. W. Mote, *Imperial China*, pp. 289~99에 있다.

30) 노왕의 음주: 『陶庵夢憶』, 金楓出版社, 1986, p. 120, 補 1, 「魯王」. 노왕의 시종은 書堂官이다. 不二齋에 관해서는 『祁彪佳集』, 卷 8, p. 189 및 Smith, "Gardens," p. 68 참조.

31) 장다이의 벼슬: 胡益民, 『張岱評傳』, p. 357. 정확한 명칭은 方部主事이다. Hucker, *Dictionary*, #1420 참조. 노왕이 사오싱으로 도주해 온 초기에 주민들이 열광한 것은 Struve, *Cambridge History of China*, vol. 7, part 1, p. 666 참조. 천홍서우의 직책 翰林待詔에 관해서는 Hucker, *Dictionary*, #2150 및 胡益民, 『張岱評傳』, p. 357 참조.

32) 옌커의 출사: 『張岱詩文集』, p. 279. 그가 제수 받은 總戎이란 직책은 지역사령관에 대한 비공식적인 칭호이다. Hucker, *Dictionary*, #7107을 참조.

33) 페이와 옌커: 『張岱詩文集』, pp. 281~82. '두 눈으로 볼 수 없었지만': 장다이는 司馬遷이 징커(荊軻)와 악사(樂師)를 서술한 부분을 자세히 언급하면서 '눈을 뽑았다'고 글자 그대로 써 놓았다.

34) 장다이의 은거: 『陶庵夢憶』, 金楓出版社, 1986, p. 123, 補 4, 「祁世培」. 이것은 음력 9월—1645년 양력 10월 19일에서 11월 17일까지—의 일이다.

천홍서우와 族弟 張有譽는 胡益民,『張岱評傳』, p. 357. 천홍서우가 머리를 깎고 출가하기로 결정한 것에 대한 상세한 설명은 Liu Shi-yee, "An Actor," pp. 22～27.

35) 팡궈안(方國安) 장군:『石匱書後集』, pp. 398～400;『陶庵夢憶』卷 1, 越俗掃墓; T-W #10, pp. 29～30;『淸代名人傳略』, p. 181; 錢海岳,『南明史』, pp. 5510～15에 팡궈안 전기가 실려 있다.

36) 장다이가 꿈에서 본 치뱌오자:『陶庵夢憶』, 金楓出版社, 1986, p. 123, 補 4, 「祁世培」.(이 문장은 Teboul-Wang 의 번역에서 빠져 있다.) 2월 26일은 1646년 음력 정월 11일이다. 통일성을 기하기 위해 祁世培를 祁彪佳로 표기했다.

37) 장서 분실:『陶庵夢憶』卷 2, 三世藏書; T-W #30, pp. 51～52. 당시 저장성 북동부에서 자행된 약탈과 몸값을 노린 납치, 무차별 살상에 대해서는 Liu Shi-yee, "An Actor," pp. 193～99.

38) 옌커의 죽음:『張岱詩文集』, p. 279. 옌커의 죽음에 대한 장다이의 묘사는 司馬遷『史記』卷 129(영인본 vol.10, p. 3257)에 나오는 范蠡, 伍子胥, 吳와 越의 전쟁에 관한 이야기에서 암시를 얻은 일련의 복잡한 비유와 문자유희이다. 전쟁이 끝난 후 제나라로 간 范蠡는 鴟夷子皮로 이름을 바꾸었다. 영어 번역은 Nienhauser, *Grand scribe*, vol. 7, pp. 58～60. 伍子胥에 관해서는『史記』卷 66; Watson, *Sima Qian: Record of the Grand Historian, Han Dynasty*, vol. 2, pp. 437～38. 전쟁터에서 용감하게 싸우다 전사한 사람의 시신을 말가죽에 싸는 것은『石匱書後集』, p. 438 참조.

8장 영락하는 삶

1) 사찰에 은둔: 胡益民,『張岱評傳』, pp. 357～58. 胡益民이 증거로 인용한 시는『張岱詩文集』, pp. 36, 356, 393에 수록되어 있다. 명말 많은 사람들이 시골에 도망친 것에 대한 분석은 Wang Fansen, "Wanming qingchu," pp. 217～30, 243～47.

2) 굶주림:『張岱詩文集』, p. 110에 수록된 夢憶序. 장다이는 심지어 감을 먹으려면 어떻게 손질해야 하는지도 몰랐다고 토로한다.『陶庵夢憶』卷 7, 鹿苑寺方柿; T-W #95, p. 127.

3) 기괴한 몰골: Owen, *Remembrances*, p. 134의 번역 참조.

4) '꿈같은 회상': 장다이가 자신의 『陶庵夢憶』에 붙인 이 유명한 서문은 『陶庵夢憶』과는 별개로 출간되었으며 『張岱詩文集』, pp. 110~11에 수록되었다. 영어 완역은 Owen, *Remembrances*, pp. 134~35와 Owen이 첨부한 논문 참조. Kafalas(1995), pp. 71~72 및 (2007) pp. 10~14에는 주석이 제시되고 거의 완역되었다.(원문과는 약간 다른 점도 있다.) 또 Martin Huang, *Literati*, pp. 106~7 및 157 주 17 참조. Teboul-Wang은 자신의 도론(導論)(*T-W*, p. 10)에서 이 작품은 1657년까지 출현하지 않았으며 장다이의 많은 비망록 중에서 발췌된 것이라는 색다른 가설을 제시했다. 장다이 자신의 말에 따르면 이 작품은 좀 더 이른 시기에 쓰였으며 비공식적인 글이었음을 암시하는 듯하다. Kafalas의 1995년 연구성과와 2007년 연구성과는 내가 본 『몽억』에 관한 연구 가운데 가장 상세하고 풍부한 통찰력을 제공해주고 있다.

5) 응보: 나는 여기서 두 가지의 뛰어난 번역인 Owen, *Remembrances*, p. 134 및 Kafalas(2007), p. 11을 참고했다.(비록 다소 다른 이 두 번역을 조화시키려 애쓰긴 했지만.)

6) 사리: Owen, *Remembrances*, p. 135 참조. Owen은 사리를 '부처의 재 속에서 발견된 보석'이라고 정의한다.

7) 타오첸: 타오첸에 관한 분석과 번역은 James Hightower, *The Poetry of T'ao Ch'ien*에서 인용했다. '유회이작'(有會而作)에 대한 번역은 그의 poem 46, pp. 165~66 참조. 장다이의 화답시는 『張岱詩文集』, pp. 24~25. '영빈사'(詠貧士) 일곱 수는 Hightower, *poem 50*, pp. 203~15 참조. 장다이의 화답시 일곱 수는 『張岱詩文集』, pp. 21~23. 천홍서우가 타오첸에 관해 그린 일련의 그림에 관해서는 Liu Shi-yee, "An Actor," 관련부분 특히 제3장 참조. 또 Weng Wan-ge, *Chen Hongshou*, vol.2, pp. 222~30 참조.

8) 타오첸의 시에 대한 논평가들: Hightower, *The Poetry of T'ao Ch'ien*, p. 204에서는 poem 50:1을 언급하고 있다. 『張岱詩文集』, p. 21의 「詠貧士」序에서는 장다이 가족의 거주지를 언급했다. 장다이는 동음이의어를 사용하여 「詠貧士」 첫째 수 셋째 구절에서 명의 '멸망'을 아홉째 구절에서 청의 '회오

리바람'을 언급했다.

9) 타오첸의 시: Hightower, *The Poetry of T'ao Ch'ien*, pp. 203~4.

10) 장다이의 화답시: 『張岱詩文集』, p. 21.(Zhang Taisu에게 감사한다.)

11) 망가진 소유물: 『張岱詩文集』, pp. 294~95.

12) 쾌원: 快園으로 옮겨오게 된 것은 『張岱詩文集』, p. 1, 「快園十章」序의 간기 1649년 음력 9월을 참조. 그해 음력 9월은 양력 10월에 해당한다. 胡益民, 『張岱評傳』, p. 359에 따르면 장다이가 「快園十章」여덟 번째 시에서 心史라고 언급한 것은 『石匱書』를 가리킨다. 넓은 쾌원에서 장다이가 거둬들인 이익에 대해서는 Craig Clunas, *Fruitful Site*를 참조. 다른 자세한 사항과 장다이가 어린 시절 할아버지와 함께 이곳을 방문했던 사실은 『張岱詩文集』, pp. 181~83 참조. 쾌원에 사는 비참한 처지의 사람을 두고 장다이가 친구 陸德先에게 농담한 것은 『張岱詩文集』, pp. 182~83 참조.

13) 가족을 읊은 시: 『張岱詩文集』, pp. 31~32, 1654년 지음.

14) 가족의 난파: 『張岱詩文集』, p. 33. 「仲兒分爨」. 다른 가족들에 관한 상세한 사항은 佘德余, 『張岱家史』 참조. 『張岱家史』, pp. 76~77에서는 장다이의 자식들에 관해 우리가 알 수 있는 게 거의 없다는 사실을 강조했다.

15) 천씨 부인: 장다이가 그녀의 쉰 번째 생일을 축하하여 쓴 시(序도 있음)는 『張岱詩文集』, p. 52.

16) 치즈샹(祁止祥): 치뱌오쟈의 형인 그의 팔순 생일잔치를 축하하며 장다이가 쓴 시는 『張岱詩文集』, p. 59 참조. 그의 신상에 관해서는 夏咸淳 校注, 『陶庵夢憶』, p. 73, 주 1~2 참조. 장다이가 그를 열정적이고 활달한 사람으로 묘사한 것은 『陶庵夢憶』 卷 4, 祁止祥癖; T-W #60, p. 86.

17) 대화: 張岱, 『快園道古』(紹興圖書館 筆寫本, 두 번째 序文本). 서문이 약간 다른 판본은 佘德余, 『張岱家史』, p. 125에 제시되어 있다.

18) 여섯 가지 만족(六休): 張岱, 『快園道古』 卷 13, p. 39.(Dong Xin에게 감사한다.)

19) 가족 전기: 『張岱詩文集』, pp. 243~82에 수록되어 있다.

20) 가족 전기의 구성: 『張岱詩文集』, p. 259에서는 附傳을 '덧붙인' 이유를 설명하고 있다. 『永樂大典』의 편찬자인 셰진(解縉)에 관해서는 『明代名人傳』, pp. 554~57 Hsieh Chin 항 참조. Kafalas(2007), p. 52도 참조.

21) 벽(癖):『張岱詩文集』, p. 267. 장다이는 앞에서도 같은 문장을 인용한 적이 있다.『陶庵夢憶』卷 4, 祁止祥癖; *T-W* #60, p. 86.

22) 부계:『張岱詩文集』, p. 243. 리멍양(李夢陽, 1529년 사망)에 관해서는 Nienhauser, *Companoin*, pp. 543~45 및『明代名人傳』, pp. 841~45 참조; 중싱(鐘惺, 1624년 사망)에 관해서는 Nienhauser, *Companoin*, pp. 369~70 및『明代名人傳』, pp. 408~09 참조. 어떤 자료들도 장다이가 두 사람의 저술을 강조했다는 점을 언급하지 않는다.

23) 전기의 순서:『張岱詩文集』, p. 244. 물론 어떤 경우에는『石匱書』와 가족 전기의 집필이 시간적으로 너무나 뒤엉켜 장다이가 어느 한쪽에서 사용한 자료를 다른 쪽에서도 이용했을 수 있다. 그러므로 독자들은 어느 쪽이 다른 쪽에 도움을 주었는지 판단하기 어렵다.

24) 장다이와 문둥이 여인:『張岱詩文集』, pp. 243~44. 이 구절은 원래 莊子에 나온다.(『莊子』第12, 天地) Chuang-tzu, *Complete Works*, Ch. 12, Burton Watson 역, p. 140 참조.

25) 타오첸과 문둥이 여인: Hightower, T'ao Ch'ien, p. 35, poem 9, "On naming my son." Watson과는 달리 Hightower는 어린아이의 아버지가 문둥이라고 말한다. 溫洪隆은『陶淵明集』, pp. 33, 37~38에서 성 구별을 하지 않는 해석을 제시했다.

26) 자식들에게 주는 메시지:『張岱詩文集』, p. 267. 나는 渾樸 즉 '다듬지 않은 통나무'라는 뜻의 한자어를 'fundamental nature'(타고난 성정)으로 표현했다. 장다이는 장톈취(張天衢)를 漢陽公으로 불렀다.

27) 만가: 타오첸의 挽歌 세 수는 Higrtower, pp. 248~54("Beraers' Songs"라는 제목 하에).

28) 석궤: 이 말의 의미는 Brook, *Praying for Power*, p. 41에 분석되어 있다.

29) 『석궤서』:『張岱詩文集』, pp. 99~100.『夢憶』의 서문처럼『石匱書』서문도 별도로 간행되었다.(Zhang Taisu에게 감사한다.)

30) 역사서의 저자들:『張岱詩文集』, p. 99에 실린「石匱書自序」. 이 문장은 Kafalas, "Weighty Matters," pp. 59~60 및 Kafalas(2007), p. 187에 번역되어 있다. 왕스전(王世貞, 1526~1590)에 대한 분석은 Hammond, "Chalice" 참조. 장다이에 따르면 蘇東坡에게 강권한 사람은 歐陽修와 王安

石이었다.

31) 쓰마첸: 쓰마첸의 작품에 관한 훌륭한 개설은 Burton Watson, *Ssu-ma Ch'ien: Grand Historians of China.*

32) 장시성의 전장:『石匱書後集』卷 46, p. 379의 장시성 殉難者들에 대한 장다이의 '논평' 참조. 1653년 음력 8월은 양력 9월 22일에서 10월 20일에 해당한다. 사촌 덩쯔(登子)의 신원은 胡益民,『張岱評傳』, p. 360 참조. 장시성 방문에 관해서는 또 Brook, *Praying for Power*, p. 50 참조.

33) 만력제:『石匱書』(영인본 卷 318), p. 192. 만력제의 성격과 무기력을 그림을 그리듯 생생하게 묘사한 것으로 Ray Huang, *1587, A Year of No Significance*, ch. 1.

34) 명조의 병폐:『石匱書』(영인본 卷 318), p. 208의 熹宗(天啓帝, 재위 1621~1627)에 대한 논평. 장다이는 이 부분에서 正統(1438~65)연간과 正德(1506~22)연간에 관해서도 언급했다. '악창'은 癰이며 '명치'는 命門이다. (Huang Hongyu에게 특별한 감사를 표한다.) 名醫: 장다이는『石匱書』(영인본 卷 318), p. 208에서 과거의 명의들을 언급하면서 '비록 烈宗(즉 崇禎帝)이 扁鵲이라 해도'라고 했다.

35) 망국:『石匱書後集』, p. 58.

36) 초점을 잃은 정책:『石匱書後集』, p. 58.

37) 숭정제의 문제점: 장다이의 긴 분석은『石匱書後集』, p. 59에 있다.『石匱書後集』, p. 71「福王世家」에 실린 평가에서 崇禎帝의 문제점을 추가로 언급하고 있다. (Huang Hongyu에게 감사한다.)

38) 부패의 유산:『石匱書後集』, p. 493「中原群盜傳」序 참조.

9장 명조역사의 재생

1) 장다이의 자식들:『張岱詩文集』, p. 32. 1654년의 '家務'를 언급했다. 이 부분은 훨씬 더 긴 시에서 발췌한 것이다.(Zhang Taisu에게 감사한다.)

2) 타오첸의 아들들: Hightower, *T'ao Ch'ien*, pp. 163~64, poem 45, "Finding Fault with My Sons."

3) 황폐화된 시후:『張岱詩文集』, pp. 144~45에 실린 장다이의『西湖夢尋』序. Owen, *Anthology*, pp. 819~20 및 Ye, *Vignettes*, pp. 102~03에 전문이

번역되어 있다. 이것은 장다이가 쓴 또 하나의 명문(名文)이다.(서로 다른 판본의 원문은 序가 집필된 시간과 날짜를 약간씩 다르게 기록했다.)

4) 바다를 항해한 사람: Owen, *Anthology*, p. 820;『張岱詩文集』, p. 145. 장다이는 중국 극단의 미묘함을 언급하는 방식의 하나로 바다를 항해한 사람에 관한 비유를 서로 다른 각도에서 해석해 놓았다.『陶庵夢憶』卷 4, 張氏聲伎; *T-W* #58, p. 84.

5) 구잉타이의 역사 저술소(谷霖蒼著書處): 胡益民,『張岱評傳』, pp. 361~62;『淸代名人傳略』, p. 426, 'Ku Ying-t'ai'; 구잉타이의 책은『明史紀事本末』이다. 구잉타이는『淸進士題名錄』에 따르면 순치 4년(1647) 第2甲 第50名의 성적으로 殿試에 급제했다. 루팡(루이양)과『邸報』에 관해서는『張岱詩文集』, pp. 268~70 참조.『邸報』를 자료로 활용하는 데 대한 장다이의 언급은『石匱書後集』, p. 121「毛文龍傳」참조. She-yee Liu(2003), pp. 220~21에서는 천홍서우가『邸報』를 읽었음을 언급하고 있다. 구잉타이가『石匱書』의 많은 부분을 차용한 사실에 관해서는 胡益民,『張岱評傳』, p. 91 참조. 장다이의『石匱書』와 다른 명대 역사서를 아주 상세하게 비교분석한 것에 관해서는 Ming, "A Study of Zhang Dai's *Shigui shu*," vol. 2 참조.

6) 영락제의 찬탈:『石匱書』영인본 卷 318, p. 53. 장다이는 각 本紀의 말미에 '논평'을 써 놓았다. 제위를 빼앗긴 建文帝에 관해서는『石匱書』, p. 30 참조.

7) 세 가지 유형의 역사:『張岱詩文集』, pp. 99~100에 실린『石匱書』序 참조. 나는 '國史'를 '정치사', '家史'를 '집안의 역사', '野史'를 '절제되지 않은 역사'로 번역했다. 또 Kafalas(2007), p. 187 참조.

8) 원궁의 전기:『石匱書』卷 201, 41뒤~45앞(영인본 卷 320, pp. 81~83).

9) 할아버지와 덩이짠(鄧以讚):『石匱書』영인본 卷 320, pp. 84~85(卷 201, 46뒤~49뒤). 여기에 실린 많은 부분이『張岱詩文集』「家傳」의 할아버지 전기에도 기록되어 있다.

10) 첫째 숙부와 천홍서우:『石匱書』영인본 卷 318, p. 725(원본의 권수가 수정되었으므로 아마도 卷 56, 1앞~2앞일 것이다). 단지 다섯 명의 화가 열전을 수록한 이 부분은『石匱書』卷 320, 175앞~83앞에 실린 다수 화가들의 열전과는 별개이다. 이 부분은 분명히 추가로 삽입한 것이며 동일한 다섯 화가의 전기를 수록한『石匱書後集』, pp. 485~86에서『石匱書』로 그대로 옮겨

놓은 것으로 추정된다.

11) 천홍서우의 전기: 『石匱書』영인본 卷318, p.725. 周亮工을 그릴 때 천홍서우의 활기가 거침없이 분출된 것에 관한 생생한 묘사는 Liu Shi-yee, "An Actor," pp.188~90 참조. 또 Kim, *Life of Patron*, pp.75~79 참조.

12) 리치와 과학: 『石匱書』영인본 卷318, p.589.

13) 『석궤서』의 분량: 나의 자수(字數) 계산방식은 한 페이지의 자수를 일일이 센 후 여기에 전체 페이지수를 곱한 것이다. 胡益民은 『石匱書』의 분량을 300만 자로 계산했는데, 아마도 이는 『石匱書後集』의 자수도 포함한 것으로 보인다. 胡益民, 『張岱評傳』, p.62 참조.

14) 장다이의 초연함: 李硯翁에게 보내는 장다이의 편지는 『張岱詩文集』, pp.232~34.(특히 p.232, Huang Hongyu에게 특별히 감사를 표한다.) 장다이는 李硯翁에게 자신이 '40여 년 동안 『石匱書』를 집필했다'고 말했는데 이는 아마 『石匱書後集』집필에 소요된 시간까지 합한 시간일 것이다.

15) 복왕(福王): 『石匱書後集』, pp.67~68.(대신들 가운데 장다이는 阮大鋮과 馬士英을 강조했다.) 호랑이 독살 비유는 「乙酉殉難列傳總論」에 있다. 『石匱書後集』, p.263.

16) 노왕(魯王): 『石匱書後集』, p.85의 「魯王世家」. 거문고를 언급한 것은 『石匱書後集』, p.67의 「明末五王世家」總論.

17) 팡궈안(方國安) 장군: 『石匱書後集』, pp.398, 400, 「方國安列傳」.(Liu Shi-yee에게 감사한다.)

18) 「묘예열전」: 『石匱書後集』卷60, pp.485~86의 張爾葆(즉 장다이의 첫째 숙부)와 천홍서우. 우연히 한 글자를 빼놓은 것을 제외하면 이 부분은 『石匱書』영인본 卷318, p.725에 실린 두 사람의 열전을 빠짐없이 그대로 옮겨놓은 것이다. 「妙藝列傳」은 Liu Shi-yee(2003), pp.68~69에 언급되어 있다.

19) 장다이가 쓴 역사서: 노왕에게 올린 상소문은 『石匱書後集』卷48, pp.391~94. 전쟁의 참상으로 가득한 江西省은 『石匱書後集』卷46, p.379의 두 번째 논평. 치뱌오자의 열전은 『石匱書後集』卷36, pp.307~11이며 특히 장다이의 여러 방면에 걸친 논평은 p.311. 「文苑列傳」은 『石匱書後集』卷58, pp.473~74. 장다이는 李白이나 杜甫 누구도 진사학위를 취득하지 못했

지만 두 사람이 없었다면 唐代 文學은 唐代 文學답지 못했을 것이라고 지적했다.

20) 죽음의 의미: 『石匱書後集』 卷 20, p. 183, 「甲申死難列傳」 總論.

21) 술주정뱅이 남편: 『石匱書後集』 卷 32, p. 264. 「乙酉殉難列傳總論」 마지막 부분.

22) 치뱌오자의 자결 선택: 『祁彪佳集』, pp. 221～22.

23) 장다이의 반박: 『張岱詩文集』, p. 392.

24) 치뱌오자의 결심: 『石匱書後集』 卷 36, p. 311 「祁彪佳列傳」. 여기서 敏을 '약 삭빠르다'로 번역했다.(Zhang Taisu와 Huang Hongyu에게 감사한다.)

25) 페이의 죽음: 『張岱詩文集』, p. 282에는 사망날짜는 언급했으나 사망원인은 함구했다. 페이는 1607년에 태어났다. 1663년은 「五異人傳」에 실린 다른 사건들의 발생시기보다 한참 후이므로 이 부분의 기록은 훗날 추가되었을 것이다. 페이를 추모하는 다른 시들은 『張岱詩文集』, pp. 356～57.

26) 역사가들이 장다이를 찾음: 그런 역사가 중에 査繼佐(1676년 사망), 談遷, 毛奇齡이 포함되어 있다.(査繼佐와 毛奇齡의 전기는 『淸代名人傳略』 참조). 이 시대에 관한 자료들은 胡益民, 『張岱評傳』, p. 368. 徐渭의 손자 徐沁에 관해서는 胡益民, 『張岱評傳』, pp. 72, 89～90.

27) 전원시: 『張岱詩文集』. 분뇨에 관해서는 p. 36, 양잠과 경제형편에 관해서는 p. 30을 참조.

28) 절구질: 『張岱詩文集』, p. 35. 梁鴻과 그 아내 孟光의 고사는 『後漢書』 「逸民列傳」에 나온다.(Zhang Taisu에게 특별히 감사를 표한다.)

29) 늙은 첩: 『張岱詩文集』, p. 31, 32에 실린 다른 시에서 장다이는 두 여인을 가리켜 '老妾은 키가 작고 등이 굽었다'고 했다. 그는 젊은 여자를 첩으로 두었다고는 말하지 않았다.

30) 「자위묘지명」: 『張岱詩文集』, pp. 294～96에 수록되어 있으며 장다이의 짧은 글들 중에 가장 유명하다. Ye, *Vignettes*, pp. 98～101에 전문이 번역되어 있으며 Kafalas(1995), pp. 21～23에도 거의 전문이 번역되어 있다. Kafalas(1998), pp. 61～68에는 상세한 분석과 함께 제법 많은 분량이 영역되어 있다. 그런 묘지명이 중국 문학의 한 장르인 것은 Wu Pei-yi, Confucian's Progress, pp. 24～32, "self-written necrologies" 참조. 또

한 부분 번역이 Brook, *Praying for Power*, pp. 40, 43과 Martin Huang, *Literati*, pp. 4~5에 실려 있다. 이 모든 번역본에 빚을 지긴 했지만 나는 내 자신의 번역문과 화합시키려 애썼다.

31) 장다이의 열정: 『張岱詩文集』, p. 295; Kafalas(1995), p. 21; Kafalas(1998), p. 63; Kafalas(2007), p. 53; Brook, *Praying for Power*, p. 40.

32) 일곱 가지 역설(七不可解): 『張岱詩文集』, p. 295. Martin Huang, *Literati*, p. 4; Campbell, "The Body of the Way," pp. 45~46; Ye, *Vignettes*, p. 99; Kafalas (1998), p. 64 등에 전문이 훌륭하게 번역되어 있다. 카팔라스는Kafalas(1998), p. 80 주 29에서 자신의 번역이 Huang의 번역과는 일부 다른 점을 언급했다. 나는 여기서 내 자신의 번역을 혼합하려고 했다.

33) 묘지명: 『張岱詩文集』, p. 297; Kafalas(1995), p. 23; '덕망 높은 학자'는 後漢의 梁鴻이고 '절개 있는 충신'은 春秋時代 후반기의 要離이다. 묘지명은 장다이 자신의 흠을 언급하는 세 글자씩의 암시적인 긴 대구로 끝난다. 이 부분의 번역은 Ye, *Vignettes*, p. 101 참조.

34) 열전에 기록하지 않은 인물들: 장다이의 『石匱書後集』 열전에 이름만 올라 있고 내용이 없는 것으로 吳三桂, 錢謙益, 洪承疇, 鄭芝龍 열전이 있다.

35) 『도암몽억』의 새로운 서문: 粤雅堂叢書를 저본으로 삼아 영인한 陳萬益 編, 『陶庵夢憶』, p. 5. '궁궐과 종묘의 아름다움'은 『論語』 「子張第十九」에 나오는 이야기이다.

36) 『도화원기』: 번역과 논의는 Hightower, *T'ao Ch'ien*, pp. 254~58을 참조. Owen, *Anthology*, pp. 309~10(타오첸의 산문만).

37) 자연의 역(曆): 『張岱詩文集』, p. 115. 「桃源曆序」.

38) 낭현복지: 『張岱詩文集』, pp. 148~49에 실린 장다이의 瑯嬛福地에 관한 이야기는 元代 伊世珍 輯, 『瑯嬛記』 서문에 써놓은 내용을 거의 그대로 옮겨놓은 것이다. 이 점에 관한 논의와 부분 번역은 Kafalas(1995), pp. 77~79. 원대 판본에 대한 유용한 설명은 *T-W*, pp. 183~84 주 490 참조.

39) 할아버지의 쾌원: 『張岱詩文集』, p. 182.

40) 장다이의 낭현복지: 『陶庵夢憶』 卷 8, 瑯嬛福地. *T-W* #123, pp. 157~59 및 Ye, *Vignettes*, pp. 97~98에 전문이 번역되어 있다. "달과 하나가 되곤 했

다"는 번역은 '可月'이라는 장다이가 말한 마지막 문구의 의미를 파악하려
는 나의 시도이다. Kafalas(2007), pp. 18~19에도 번역되어 있다.

41) 「기미년(1679) 새해 아침」: 『張岱詩文集』, p. 96. 이 시는 원래 세 수였지만
두 수는 전해지지 않는다.

42) 장다이의 마지막 책: 서문은 胡益民, 『張岱評傳』, pp. 89~90에 수록되어 있
다. 그리고 군데군데 글자를 알아볼 수 없는 상태로 1973년 타이완에서 영
인된 판본, 권77, pp. 3~4에도 서문이 실려 있다. 1680년 음력 8월은 양력
8월 하순에서 9월 초순에 해당한다. 『張岱詩文集』, p. 297, 「自爲墓誌銘」에
따르면 장다이는 1597년 음력 8월 25일에 태어났다.

43) 수집을 완결짓다: 관련 사항은 胡益民, 『張岱評傳』, p. 90 참조.

44) 초상: 張岱와 徐沁, 『有明于越三不朽圖贊』, 1918(타이베이 1973년 영인본).
본문에서 말한 내용은 1973년 영인본의 pp. 41, 67, 213, 219, 223, 237,
259, 261 참조. 장다이가 초상을 모으기는 했지만 1689년 내지 그 이후까
지 인쇄용 판목 중 많은 수가 판각되지 못했다. 胡益民, 『張岱評傳』, p. 89
및 영인본 卷77, pp. 5~6 참조.

45) 사망연도: 수세기 동안 장다이가 몇 살에 죽었는지에 대한 추정은 예순아홉
살부터 아흔두 살까지 다양했다.(胡益民, 『張岱評傳』, p. 370 주2 참조) 胡益
民의 계산에 따르면 장다이는 1680년 음력 8월 혹은 연말 즈음 여든세 살
로 사망했다. 나는 그의 견해를 받아들인다. 보다 더 많은 논의를 원하면 胡
益民, 『張岱評傳』, pp. 71~78을 보라.

참고문헌

Barmé, Geremie, ed. *Lazy Dragon: Chinese Stories from the Ming Dynasty*. Hong Kong: Joint Publishing Co, 1981.

Brokaw, Cynthia J. *The Ledgers of Merit and Demerit: Social Changes and the Moral Order in Late Imperial China*. Princeton, N.J.: Princeton University Press, 1991.

Brook, Timothy. *The Confusions of Pleasure: Commerce and Culture in Ming China*. Berkeley: University of California Press, 1998.〔이정·강인황 옮김, 『쾌락의 혼돈』, 이산, 2005〕

───. *Praying for Power: Buddhism and the Formation of Gentry Society in Late-Ming China*. Cambridge, Mass.: Council on East Asian Studies, Harvard University, 1993.

Cahill, James. *The Painter's Practice: How Artists Lived and Worked in Traditional China*. New York: Columbia University Press, 1994.

The Cambridge History of China, The Ming Dynasty, 1368-1644, vol. 7, pt. 1, and vol. 8, pt. 2, eds. Denis Twitchett and Frederick W. Mote. Cambridge: Cambridge University Press, 1988-98.

Campbell, Duncan. "The Body of the Way Is without Edges: Zhang Dai(1597?-1684) and His Four Book Epiphanies." *New Zealand Journal of East Asian Studies*, 6:1 (June 1998), pp. 36-54.

Chang, Kang-I Sun. *The Late Ming Poet Ch'en Tzu-lung: Crises of Love and*

Loyalism. New Haven: Yale University Press, 1991.

Chen Hui-hung. "Encounters in Peoples, Religions, and Sciences: jesuit Visual Culture in Seventeenth Century China." PhD thesis, Brown University, Dept. of History of Art and Architecture, Sept. 2003.

Chow Kai-wing. *Publishing, Culture, and Power in Early Modern China.* Stanford, Calif.: Stanford University Press, 2004.

――. "Writing for Success: Printing, Examinations and Intellectual Change in Late Ming China." *Late Imperial China*, 17:1 (June 1996), pp. 120-57.

Chuang-tzu〔Zhuangzi〕莊子. tr. Burton Watson. *The Complete Works of Chuang-tzu*. New York: Columbia University Press, 1968.

Clunas, Craig. *Fruitful Sites: Garden Culture in Ming Dynasty China.* London: Reaktion Books, 1996.

――. *Superfluous Things: Material Culture and Social Status in Early Modern China.* Urbana and Chicago: University of Illinois Press, 1991.

Cole, James H. *Shaohsing: Competition and Cooperation in Nineteenth Century China.* Monograph no. 44. Tucson, Ariz.: Association for Asian Studies, 1986.

Confucius 孔子. *The Analects* (*Lun yü*) 論語, tr. D. C. Lau. New York: Penguin Books, 1979.

Cutter, Robert Joe. *The Brush and the Spur: Chinese Culture and the Cockfight.* Hong Kong: Chinese University Press, 1989.

DMB. *Dictionary of Ming Biography* 를 보라.

Dardess, John W. *Blood and History in China: The Donglin Faction and Its Repression, 1620-1627.* Honolulu, Hawaii: University of Hawaii Press, 2002.

D'Elia, Pasquale. *Fonti Riccianc* 〔Sources on Matteo Ricci〕, 3 vols. Rome: Libreria dello Stato, 1942-49.

Des Forges, Roger V. *Cultural Centrality and Political Change in Chinese History: Northeast Henan in the Fall of the Ming.* Stanford, Calif.: Stanford

University Press, 2003.

Dictionary of Ming Biography 明代名人傳, 1368-1644, eds. L. Carrington Goodrich and Chaoying Fang 房兆楹, 2 vols. New York: Columbia University Press, 1976.

Dott, Brian R. *Identity Reflections: Pilgrimages to Mount Tai in Late Imperial China*. Cambridge, Mass.: Harvard University Asia Center, 2004.

ECCP. *Eminent Chinese of the Ch'ing Period* 를 보라.

Elman, Benjamin A. *A Cultural History of Civil Examinations in Late Imperial China*. Berkeley: University of California Press, 2000.

Eminent Chinese of the Ch'ing Period (1644-1912) 清代名人傳略, ed. Arthur W. Hummel, 2 vols. Washington, D.C.: The Library of Congress, 1943.

Fang Chao-ying 房兆楹. "Chang Tai" [Zhang Dai] 張岱. Biographical essay in *Eminent Chinese of the Ch'ing Period*, ed. Arthur Hummel, vol. 1, Washington, D.C.: The Library of Congress, 1943, pp. 53-54.

Finnane, Antonia. *Speaking of Yangzhou: A Chinese City, 1550-1850*. Cambridge, Mass.: Harvard University Asia Center, 2004.

Hammond, Kenneth J. "The Decadent Chalice: A Critique of Late Ming Political Culture." *Ming Studies*, 39 (Spring 1998), pp. 32-49.

Hanan, Patrick. *The Invention of Li Yu*. Cambridge, Mass.: Harvard University Press, 1988.

Handlin, Joanna F. *Action in Late Ming Thought: The Reorientation of Lü K'un and Other Scholar-Officials*. Berkeley: University of California Press, 1983.

Hansen, Valerie. *The Open Empire: A History of China to 1600*. New York: W. W. Norton, 2000.

Hightower, James R. *The Poetry of T'ao Ch'ien*. Oxford: Clarendon Press, 1970.

Hu Yimin 胡益民. *Zang Dai pingzhuan* [A critical biography of Zhang Dai] 張岱評傳. Nanjing: Nanjing University Publishers 南京大學出版社, 2002.

———. *Zhang Dai yanjiu* [A study of Zhang Dai] 張岱研究. Hefei 合肥, Anhui 安徽: Haitang Wencong 海棠文叢, 2002.

325

Huang Guilan 黃桂蘭. *Zhang Dai shengping ji qi wenxue* [Zhang Dai's life and literature] 張岱生平及其文學. Taipei 臺北: Wenshizhe chubanshe 文史哲出版社, 1977.

Huang, Martin W. *Literati and Self-Re/Presentation: Autobiographical Sensibility in the Eighteenth Century Chinese Novel.* Stanford, Calif.: Stanford University Press, 1995.

Huang, Ray 黃仁宇. 1587, *A Year of No Significance: The Ming Dynasty in Decline.* New Haven: Yale University Press, 1981. [김한식 역, 『1587 만력 15년 아무 일도 없었던 해』, 새물결, 2004]

Hucker, Charles O. *The Censorial System of Ming China.* Stanford, Calif.: Stanford University Press, 1966.

―――. *A Dictionary of Official Titles in Imperial China.* Stanford, Calif.: Stanford University Press, 1985.

Kafalas, Philip A. *In Limpid Dream: Nostalgia and Zhang Dai's Reminiscences of the Ming.* Norwalk, Conn.: East Bridge, 2007.

―――. "Nostalgia and the Reading of the Late Ming Essay: Zhang Dai's Tao'an Mengyi." PhD thesis, Stanford University, Dept. of Asian Languages, 1995.

―――. "Weighty Matters, Weightless Form: Politics and the Late Ming Xiaopin Writer." *Ming Studies*, 39 (Spring 1998), pp. 50-85.

Kim, Hongnam. *The Life of a Patron: Zhou Lianggong(1612-1672) and the Painters of Seventeenth-Century China.* New York: China Institute, 1996.

Legge, James, tr. *The She king* 詩經, or *The Book of Poetry*, in his *The Chinese Classics*, vol. 4, Preface. Hong Kong, 1871.

Lévy, André. *Inventaire analytique et critique du conte chinois en langue vulgaire* [Analytical and critical inventory of vernacular Chinese tales]. Mémoires, vol. 8-2. Paris: College de France, Institut des hautes études chinoises, 1979.

Liu Shi-yee. "An Actor in Real Life: Chen Hongshou's Scenes from the Life of Tao Yuanming." PhD dissertation, Yale University, Dept. of the

History of Art, 2003.

Lovell, Julia. *The Great Wall: China against the World, 1000 BC-AD 2000,* London: Atlantic Books, 2006.

Mair, Victor, ed. *The Columbia Anthology of Traditional Chinese Literature.* New York: Columbia University Press, 1994.

Mengjin xianzhi 孟津縣志〔The Gazetteer of Mengjin County, Henan 河南〕, ed. Xu Yuancan 徐元燦, 1709. Taiwan: Cheng-wen chubanshe 成文出版社 reprint, 1976.

Meyer-Fong, Tobie. *Building Culture in Early Qing Yangzhou.* Stanford, Calif.: Stanford University Press, 2003.

Mingshi 明史〔History of the Ming〕, ed. Zhang Tingyu 張廷玉, 1739, 336 juan 卷. Taipei: Guofang yanjiuyuan 國防研究院 reprint, 6 vols., 1963.

Ming Shilu 明實錄 (Shenzong 神宗)〔Veritable records of the Wanli reign〕, ed. Yao Guangxiao 姚廣孝 et al., in 3375 juan 卷. Nanjing 南京, 1940.

Ming Yau Yau. "A Study of Zhang Dai's *Shigui shu*," 2 vols. MPhil thesis, University of Hong Kong, December 2005.

Mittler, Barbara. *A Newspaper for China? Power, Identity, and Change in Shanghai's News Media, 1872-1912.* Cambridge, Mass.: Harvard University Press, 1999.

Mote, F.W. *Imperial China, 900-1800.* Cambridge, Mass.: Harvard University Asia Center, 2004.

Nienhauser, William H., Jr., ed. *The Grand Scribe's records*, vol. 7, "The Memoirs of Pre-Han China by Ssu-ma Ch'ien." Bloomington: Indiana University Press, 1994.

——. *The Indiana Companion to Traditional Chinese Literature.* Bloomington: Indiana University Press, 1986.

Owen, Stephen. *An Anthology of Chinese Literature: Beginnings to 1911.* New York: W. W. Norton, 1996.

——. *Remembrances: The Experience of the Past in Classical Chinese Literature.*

Cambridge, Mass.: Harvard University Press, 1986.

Pollard, David. *The Chinese Essay*. London: Hurst, 2000.

Qi Biaojia 祁彪佳. *Ming qupin jupin* 明曲品劇品〔Ming dramas and plays〕, ed. Zhu Shangwen 朱尚文. Tainan 臺南: Yen wen, 1960.

────. *Qi Biaojia ji* 祁彪佳集〔Collected writings of Qi Biaojia〕. Shanghai 上海: Guohua shuju 國華書局, 1960.

────. *Qi Zhongmin Gong riji* 祁忠敏公日記〔The diary of Qi Biaojia〕, 10 vols. Shaoxing County Gazetteer Revision Committee 紹興縣修志委員會, 1937.

────. *Qi Zhongmin Gong riji* 祁忠敏公日〔The diary of Qi Biaojia〕, 15 juan 卷, in *Qi Biaojia wengao* 祁彪佳文稿, 3 vols., pp. 921-1447. Beijing 北京: Shumu wenxian 書目文獻, 1992.

────. "Yuezhong yuanting ji" 越中園亭記〔Record of the gardens and pavilions of Shaoxing〕 in Qi Biaojia ji 祁彪佳集〔Collected writings of Qi Biaojia〕, juan 8, pp. 171-219. Shanghai 上海: Zhonghua shuju 中華書局, 1960.

Qian Haiyue 錢海岳. *Nanming shi* 南明史〔History of the southern Ming〕, 14 vols. Beijing 北京: Zhonghua Shuju 中華書局, 2006.

Qingjiang xianzhi 清江縣志〔Gazetteer of Qingjiang County〕, 5 vols., comp. Pan Yi 潘懿〔1870〕. Taipei 臺北: Chengwen chubanshe reprint 成文出版社 影印本, 1975.

Qingshi 清史〔History of the Qing dynasty〕, comp. Guofang yanjiu yuan 國防研究院, 8 vols. Taipei 臺北: Lianhe chubanshe 聯合出版社, 1961.

Ricci, Matteo. *Qiren shipian* 畸人十篇〔Ten chapters on the subtle men〕, in *Tianxue chuhan* 天學初函〔Collected writings on Catholicism〕, vol. 1, comp. Li Zhizao 李之藻. Taiwan 臺灣: Taiwan Students Press reprint 臺灣學生書局 影印本, 1965.〔박완석 옮김, 『畸人十篇 : 동양인을 위한 기독교의 소개』, 전주대학교출판부, 1997〕

Schneewind, Sarah, ed. "The Image of the First Ming Emperor, Zhu Yuanzhang." *Ming Studies*, 50 (Fall 2004), special issue.

SGS. Zhang Dai, *Shigui shu* 를 보라.

SGSHJ. Zhang Dai, *Shigui shu houji* 를 보라.

Shaoxing fuzhi 紹興府志[Gazetteer of Shaoxing prefecture], revised ed. Gioro Ulana覺羅 伍拉衲, 1792, 80 juan 卷; Shanghai shudian reprint上海書店影印本, in 2 vols., 1993.

She Deyu余德余,. *Zhang Dai jiashi* 張岱家史[The family history of Zhang Dai]. Beijing北京: Beijing chubanshe北京出版社, 2004.

Shi Nai'an施耐庵 and Luo Guanzhong羅貫中. *Shuihu zhuan* 水滸傳 [Outlaws of the marsh], tr. Sidney Shapiro, 2 vols. Beijing Foreign Languages Press 北京外文出版社 and Indiana University Press, 1981.

Sima Qian司馬遷, *Shiji* 史記, tr. Burton Watson. *Records of the Grand Historian: Qin Dynasty and Han Dynasty*. New York: Columbia University Press, (1961)1993.

Smith, Joanna F. Handlin. "Gardens in Ch'i Piao-chia's Social World: Wealth and Values in Late Ming Kiangnan." *Journal of Asian Studies*, 51:1 (Feb. 1992), pp. 55-81.(또 Handlin, Joanna를 보라.)

Spence, Jonathan. "Cliffhanger Days: A Chinese Family in the Seventeenth Century." *American Historical Review*, 110:1 (Feb. 2005, pp. 1-10).

────. *The Memory Palace of Matteo Ricci*. New York: Viking, 1986. [주원준 옮김, 『마테오 리치, 기억의 궁전』, 이산, 1999]

────. *Treason by the Book*. New York: Viking, 2001. [이준갑 옮김, 『반역의 책—옹정제와 사상통제』, 이산, 2004]

Spence, Jonathan, and John E. Wills, Jr., eds. *From Ming to Ch'ing: Conquest, Region and Continuity in Seventeenth-Century China*. New Haven: Yale University Press, 1979.

Strassberg, Richard. *Inscribed Landscapes: Travel Writing from Imperial China*. Berkeley: University of California Press, 1994.

Struve, Lynn A. *The Ming-Qing Conflict, 1619-1683: A Historiography and Source Guide*. Ann Arbor, Mich.: Association for Asian Studies, 1998.

────. *The Southern Ming, 1644-1662*. New Haven: Yale University Press, 1984.

Tao Yuanming 陶淵明 (Tao Qian 陶潛). *Tao Yuanming ji* 陶淵明集 〔Collected works of Tao Qian〕, ed. Wen Honglong 溫洪隆. Taipei 臺北: Sanmin shuju 三民書局, 2002.

Teboul-Wang, Brigitte. Zhang Dai, *Taoan mengyi* 를 보라.

Tian Collection, Contracts. Tiancang qiyue wenshu cuibian 田藏契約文書粹編 〔Traditional Chinese contracts and related documents from the Tian collection (1408-1969)〕, ed. Tian Tao 田濤, Hugh T. Scogin, Jr., and Zheng Qin 鄭秦, 3 vols. Beijing 北京: Zhonghua Shuju 中華書局, 2001을 보라.

TM. Zhang Dai, *Taoan mengyi* 를 보라.

T-W. Zhang Dai (tr. Brigitte Teboul-Wang), *Taoan mengyi* 를 보라.

Wakeman, Frederic, Jr. *The Great Enterprise: The Manchu Reconstruction of Imperial Order in Seventeenth-Century China*, 2 vols. Berkeley: University of California Press, 1985.

Waldron, Arthur. *The Great Wall of China: From History to Myth*. Cambridge: Cambridge University Press, 1992.

Wang Fan-sen 王凡森. *Wanming qingchu sixiang* 晚明清初思想 〔Thought in the late Ming and early Qing〕. Shanghai 上海: Fudan University Press 復旦大學出版社, 2004.

Watson, Burton. *Ssu-ma Ch'ien: Grand Historian of China*. New York: Columbia University Press, 1958. 〔司馬遷의 歷史認識, 박혜숙 편역, 한길사, 1988〕

Weng Wan-go 翁万戈. *Chen Hongshou: His Life and Art*, 3 vols. Shanghai 上海: People's Fine Arts Publishing House 人民美術出版社, n.d.

Wu Pei-yi. "An Ambivalent Pilgrim to T'ai shan in the Seventeenth Century," in *Pilgrims and Sacred Sites in China*, eds. Susan Naquin and Chün-fang Yü, pp. 65-88. Berkeley: University of California Press, 1992.

──── . *The Confucian's Progress: Autobiographical Writings in Traditional China.* Princeton, N.J.: Princeton University Press, 1990.

Xia ed. *TM.* Zhang Dai, *Taoan mengyi*, ed. Xia Xianchun 을 보라.

Xia Xianchun 夏咸淳. *Mingmo qicai* 明末奇才—*Zhang Dai lun* 張岱論〔Talents of the late Ming—The case of Zhang Dai〕. Shanghai 上海: Shehui Kexue yuan 社會科學院, 1989.

Xiuning xianzhi 休寧縣志〔Gazetteer of Xiuning County Anhui〕, 8 juan〔1693〕, ed.

Xue Yong. "Agrarian Urbanization: Social and Economic Changes in Jiangnan from the Eighth to the Nineteenth Century." PhD thesis, Yale University, Dept. of History, 2006.

Yang Tingyun 楊廷筠. *Juejiao tongwen ji* 絶徼同文紀〔Collected essays and translation on Western writings and Christianity〕, preface dated 1615, 2 juan.

Yanzhou fuzhi 兗州府志〔Gazetteer of Yanzhou prefecture〕, comp. Yu Shenxing 于愼行〔1596〕, 6 vols. Jinan 濟南, 1985.

Ye Yang, tr. and ed. *Vignettes from the Late Ming: A Hsiao-p'in Anthology*. Seattle: University of Washington Press, 1999.

Yi Shizhen 伊世珍. *Langhuan ji* 瑯嬛記〔Records from Langhuan〕, Yuan dynasty, Baibu congshu jicheng 百部叢書集成 ed., n.d., pp. 1, 2. Taiwan 臺灣, 1967.

Yü Chün-fang. *Kuan-yin: The Chinese Transformation of Avalokiteśvara*. New York: Columbia University Press, 2001.

———. "P'u-t'o Shan: Pilgrimage and the Creation of the Chinese Potalaka." in *Pilgrims and Sacred Sites in China*, eds. Susan Naquin and Chün-fang Yü, pp. 190-245. Berkeley: University of California Press, 1992.

———. *The Renewal of Buddhism in China: Chu-hung and the Late Ming Synthesis*. New York: Columbia University Press, 1981.

ZDSWJ. Zhang Dai, *Zhang Dai shiwenji* 를 보라.

Zha Jizuo 査繼佐〔Cha Chi-tso〕. *Lu Chunqiu* 魯春秋〔Chronicle of the Lu regime〕, Wen xian congkan 文獻叢刊, vol. 118. Taipei 臺北, 1961.

Zhang Dai 張岱. *Gujin yilie zhuan* 古今義烈傳〔Profiles of righteous and honorable people through the ages〕. Zhejiang?: 1628. (Preserved in the

Library of Congress.)

——. *Kuaiyuan daogu* 快園道古〔Times past in the Happiness Garden〕, vol.1, juan 1-5, and vol.2, juan 12-15. Preface, signed by Zhang Dai at Dragon Mountain, 1655. (Ms in Shaoxing Municipal Library.)

——. *Kuaiyuan daogu* 快園道古〔Times past in the Happiness Garden〕, dated 1655, transcribed by Gao Xuean 高學安 and She Deyu 佘德余. Hangzhou 杭州, Zhejiang 浙江: Zhejiang guji chubanshe 浙江古籍出版社, 1986.

——. *Langhuan Wenji* 瑯嬛文集〔Collected writings from the land of Langhuan〕. Shanghai 上海: Zhongguo wenxue 中國文獻, 1935 (reprint of 1877 edition).

——. *Mingji shique* 明紀史闕〔Ming supplement to the *Shique*〕, n.d. Taipei 臺北: Xuesheng shuju 學生書局, 1969.

——. 〔*SGS*〕, *Shigui shu* 石匱書〔Book of the stone casket〕. Combined mss. from Nanjing and Shanghai Libraries, 208 juan 卷, in *Xuxiu siku quanshu* 續修四庫全書〔Continuation of the Four Treasuries〕, vols. 318-320. Shanghai 上海: Shanghai guji chubanshe 上海古籍出版社, ?1995.

——. 〔*SGSHJ*〕 *Shigui shu houji* 石匱書后集〔The sequel to the book of the stone casket〕, 63 juan 卷. Taipei 臺北: Zhonghua shuju 中華書局, 1970.

——. *Shique* 史闕〔Historical gaps〕, n.d., 14 juan 卷, (1824). Reissued Taipei 臺北: Huashi chubanshe 華世出版社, 1977.

——. *Sishu yu* 四書遇〔The four books, transforming encounters〕. Hangzhou 杭州, Zhejiang 浙江: Zhejiang Guji chubanshe 浙江古籍出版社, 1985.

——. 〔*TM*〕, *Taoan mengyi* 陶庵夢憶〔The dream recollections of Taoan〕, ed. Chen Wanyi 陳萬益. Taipei 臺北: Jinfeng chubanshe 金楓出版社, n.d.

——. *Taoan mengyi* 陶庵夢憶〔The dream recollections of Taoan〕, ed. Xia Xianchun 夏咸淳. Shanghai 上海: Shanghai guji chubanshe 上海古籍出版社, 2001.

——. 〔*T-W*〕, *Taoan mengyi* 陶庵夢憶: souvenirs rêvés de Tao'an 〔Taoan's dream recollections], tr. Brigitte Teboul-Wang. Paris: Gallimard, 1995.

———. *Xihu Mengxun* 西湖夢尋[Tracing West Lake in a dream], ed. Xia Xianchun 夏咸淳 Shanghai 上海: Shanghai guji chubanshe 上海古籍出版社, 2001.

———. *Yehang chuan* 夜航船[The night ferry], ed. Tang Chao 唐潮. Chengdu 成都: Sichuan wenyi chubanshe 四川文藝出版社, 1998, rev. ed. 2004.

———. [*ZDSWJ*], *Zhang Dai shiwenji* 張岱詩文集[The collected poetry and short prose of Zhang Dai], ed. Xia Xianchun 夏咸淳. Shanghai 上海: Guji chubanshe 古籍出版社, 1991.

Zhang Dai 張岱 and Xu Qin 徐沁, *Youming yüyue sanbuxiu tuzan* 有明于越三不朽圖贊[Portraits with commentary of the imperishable worthies of the Shaoxing region in the Ming], 1918 ed. with preface by Cai Yuanpei 蔡元培, reprinted in the Mingqing shiliao huibian 明清史料彙編, series 8, vol. 77, pp. 1-272, Taipei 臺北: Wenhai chubanshe 文海出版社, n.d.(1973?); boxed ed. in four vols., Shaoxing Library. Beijing: Chinese Archive Publishers, 2005.

Zhang Rulin 張汝霖. "Xishi chaoyan xiaoyin"西士超言小引[A short introduction to the Western scholar's moral teachings], included in Yang Tingyun, ed., *Juejiao tongwenji* 絶徼同文紀[1615].

Zi, Etienne. *Pratique des examens littéraires en Chine*[The Chinese system of civil examinations]. Shanghai, Variétés Sinologiques, no. 5, 1894.

옮긴이의 말

2006년 7월 초순의 어느 날 오후, 나는 항저우 시후 (西湖) 베이산루(北山路) 길가의 벤치에 앉아 하늘과 호수와 산과 건물들이 어우러져 빚어내는 아름다움을 온몸으로 만끽하고 있었다. 엷은 구름이 깔려 있었지만 한 여름인지라 후끈한 열기가 호수 주변에 가득했다. 그 무더위조차 나의 들뜬 마음을 가라앉히지는 못했다. "하늘에는 천당이 있고 땅에는 쑤저우와 항저우가 있다"고 자랑하는 바로 그 항저우가 아닌가! 더구나 항저우에서도 풍광이 가장 아름다운 시후를 난생 처음으로 즐기고 있음에랴.

갑자기 먹구름이 몰려오고 사나운 바람이 몰아치자 호수 주변에 늘어선 플라타너스의 굵은 가지가 툭툭 부러졌다. 바람이 더욱 거칠어지면서 시후의 물결도 크게 요동쳤다. 아스라이 보이는 바이디(白堤)에서는 소나기가 쏟아지려는 찰나 비를 피하려는 사람들이 머리를 숙이고 버스정류장을 향해 뛰기 시작했다. 이윽고 하늘에서는 벼락이 쳤고 성난 용이 금방이라도 시후의 물결을 헤치고 튀어나와 날아오를 것만 같았다. 시후의 변화무쌍함에 압도되어 나도 사람들을 따라 허

겁지겁 정신없이 자리를 떴다. 훗날 이곳에서 이 책의 주인공 장다이
(張岱)의 자취를 더듬어볼 거라고는 전혀 상상하지도 못한 채.

2009년 10월 중순 다시 시후를 찾았다. 한여름이 지난 때였지만
햇살은 여전히 따가웠고 무더웠다. 중화인민공화국 건국 60주년을 기
념하는 10월 첫째 주 연휴의 번잡함을 피하려 일부러 방문일정을 늦
추었는데도 시후는 여전히 많은 관광객들로 북적댔다. 이틀로 끝난
짧은 첫 만남이 못내 아쉬웠던 나는 이번에는 시후가 내려다보이는
방에서 아예 엿새를 묵기로 작정했다. 그 무렵 이 책의 번역도 반 이
상 진행된 상태였기에 장다이와 시후의 특별한 관계도 알고 있었다.
장다이의 집안은 사오싱(紹興)의 명문가였던 만큼 시후 호숫가에 별
장을 갖고 있었다. 비록 별장은 청병(淸兵)이 남하하고 남명 정권이
저항하는 전란의 와중에 파괴되어 흔적도 찾아볼 수 없게 되었지만,
꿈속에서도 시후를 잊지 못하던 장다이는 시후 주변에 산재하는 고적
들의 연혁이나 그에 얽힌 고사들을 정리하여 『서호몽심』(西湖夢尋)이
라는 책을 썼다. 나는 시후 주변을 찬찬히 거닐면서 지금도 거의 그대
로 남아 있는 유적들을 만날 수 있었다.

이 당시까지만 해도 나는 장다이라는 인물의 실체를 좀처럼 파악하
지 못해서 애를 먹고 있었다. 그는 젊은 시절 말로 다하기 어려울 정
도로 호사스럽고 세련된 갖가지 취미생활을 즐겼다. 물론 흥청망청
생각 없는 호사가와 달리 방대한 분량의 역사서와 주옥같은 수필집을
남겼다. 그렇다고 그를 사명감에 불타는 역사가나 비판적 지식인으로
규정하기도 애매하다. 자기가 직접 배우들을 거느리고 극단을 만들
만큼 열렬한 연극 애호가이기도 했다. 이처럼 자유분방한 그 내면의

실체는 과연 무엇일까라는 의문을 안고 장다이의 발길이 닿았을 바이디와 쑤디(蘇堤), 악왕묘, 영은사, 뇌봉탑 등 여기저기를 둘러보았다. 시후 여행 일정도 중반을 넘어가던 어느 날 저녁, 쑤디를 서서히 덮어오는 옅은 어둠 속에서 잔잔하고 고즈넉한 시후를 묵묵히 바라보았다. 고요함과 부드러움이 온몸을 감싸왔다. 남은 일정도 더할 나위 없이 순조로웠다. 시후와의 두 번째 만남은 이렇게 평온하게 끝났다. 그러나 여전히 장다이의 내면은 포착할 수 없었다.

2010년 4월 초의 어느 날 아침, 책상 앞에서 눈을 감고 다시 한 번 장다이의 삶을 제법 긴 시간 동안 하나하나 되짚어보았다. 문득 장다이의 삶을 들여다볼 수 있는 실마리를 찾았다. 그의 내면 깊숙이 똬리를 틀고 앉아서 평생 그를 떠나지 않았던 그 무엇을 마침내 감지했던 것이다. 그것은 필시 상흔(傷痕)이었을 것이다.

장다이의 삶에는 지울 수 없는 두 가지 상흔이 있었다. 하나는 개인적인 상흔이었다. 장다이는 지배층인 신사(紳士)로서 행세하는 데 필요한 최소한의 자격인 생원 학위도 취득하지 못했다. 특히 명 말에는 경쟁률이 엄청 셌기 때문에 생원(生員) 학위를 따는 것도 하늘의 별따기만큼이나 어려워서 장다이와 동병상련의 처지에 있던 사람들이 부지기수였다. 그러나 장다이의 고조부—증조부—조부는 3대에 걸쳐 과거(科擧)의 최고단계까지 올라가 진사(進士) 학위를 취득했다. 증조부는 전시(殿試)에서 장원급제까지 했다. 이처럼 진사를 내리 3대나 배출한 명문가는 명대 270여 년 역사에서도 흔치 않다. 아버지는 할아버지들만은 못했지만 그래도 향시(鄕試)에서 부방(副榜)으로 선발되어, 늦게나마 미관말직을 얻기도 했다. 따라서 집안어른들이 장손인 장다이에게 거는 기대는 이루 말할 수 없이 컸을 것이다. 그러나

337

장다이는 집안의 기대에 부응하지 못했다. 집안의 기대가 너무 크다
보니 장다이가 그 부담감을 이기지 못해서 연신 낙방했을 수도 있겠
지만, 부잣집 도련님들이 으레 그렇듯이 그 역시 온갖 재미난 취미생
활에 정신이 팔려 사실상 과거공부에 몰두하기가 어려웠다. 어른들의
기대 따위는 무시하고 즐겁게 놀면 그만일 수도 있겠으나 장다이는
또 그 정도로 철이 없지는 않았다. 그러다보니 그는 남모르게 심한 속
앓이를 해야 했다. 결국 장다이는 과거공부를 그만두었다. 심지어 과
거 준비를 했다는 사실조차 자신의 행적에서 깨끗이 지워버리고 일절
입에 올리지 않았다. 장다이의 다양한 취미생활은 그런 상흔을 감추
고 망각하는 수단이었을 테지만 마음에 박혀 있는 가시를 빼내지는
못했다.

또 하나는 명청교체기를 살면서 산하를 잃고 이민족의 지배를 받으
며 생겨난 상흔이었다. 명조의 멸망이라는 절망적인 현실 속에서 한
족(漢族)은 이해관계에 따라 다양한 반응을 보였는데, 자기의 선택이
어떤 것이든 깊은 내상을 피할 수는 없었다. 한족으로서 청조에 투항
한 이른바 이신(貳臣)들도 예외는 아니었다. 그들은 살기 위해 투항했
지만 그로 인해 중원의 한족보다 훨씬 먼저 만주족처럼 앞머리를 깎
고 뒷머리를 땋는 변발의 치욕을 감수해야 했다. 청은 중국 정복에 나
서면서 이들을 한족으로 한족을 제압하는 이한제한(以漢制漢) 정책
의 집행자로 활용했다. 이신 가운데 유명한 인물로 훙청처우(洪承疇)
가 있다. 푸젠(福建) 성 출신의 진사인 그는 문관임에도 병법에 능했
다. 1640년에 그는 명조에서 제랴오(薊遼) 총독에 임명되어 13만 대
군을 이끌고 쏭산(松山), 진저우(錦州) 일대에서 훙타이지 휘하의 청
병과 싸웠으나 패했다. 처음에는 자결을 하려 했으나 훙타이지의 끈
질긴 설득에 그는 청에 투항했다. 훙청처우는 기대한 대로 청조가 남

중국 정복에 나섰을 때 작전을 총지휘하여 정복사업을 마무리했다. 겉으로야 임무에 충실했지만 속으로는 편치 않았던 것 같다. 눈병이 나서 실명을 할 뻔하기도 하고 남명의 마지막 왕을 붙잡아 명조의 숨통을 끊기 직전에는 부담감을 견디지 못해 병을 핑계로 사직했다. 청조도 그의 속마음을 간파했는지 그가 세운 공에 비해 보잘 것 없는 상을 내렸다.

반면에 장다이는 대부분의 한족이 경험한 것과 비슷한 아픔을 겪었다. 오랜 벗들이 명조의 멸망을 애통해하며 자결하거나 출가하여 중이 되었고, 전란의 와중에 친지들이 숱하게 죽었으며, 집과 별장이 파괴되고 재물을 다 잃었다. 그뿐만이 아니었다. 애지중지하던 수만 권의 장서도 불타거나 도둑맞았다. 노구를 이끌고 하루하루 살아가기가 무척이나 힘겨웠다. 화려했던 지난날이 일장춘몽이나 다름없었다. 이처럼 자신에게는 모든 것이 변했는데 마치 아무 일도 없었다는 듯이 덤덤하게 살아가는 사람들을 보면서 장다이는 절망했다. 그리고 삶의 의미를 철저하게 자문하는 가운데 한 줄기 빛을 발견했다. 명나라가 멸망할 수밖에 없었던 원인을 역사를 통해 살펴보는 일이야말로 자신이 세상을 살아가야 할 충분한 이유가 될 수 있다고 확신했다. 그리하여 장다이는 명 말에 집필에 착수했던 『석궤서』(石匱書)를 각고의 노력을 기울인 끝에 예순여덟이 되던 1664년 무렵 완성할 수 있었다. 어쩌면 장다이는 『석궤서』 곳곳에 덧붙인 논평에서 명 말의 총체적 부패, 황제와 신료들의 탐욕과 무능을 날카롭게 질책하면서 망국의 아픔을 달랬을지도 모른다.

조너선 스펜스는 인물을 중심으로 중국역사를 풀어내는 데 발군의 솜씨를 발휘해 왔다. 그의 『강희제』나 『반역의 책』 『천안문』은 물론이고 그 밖의 저작들도 이야기의 중심은 언제나 인물이다. 그런데 더 흥미로운 것은 그가 역사상 큰 획을 그은 인물뿐만 아니라 역사의 이면을 들여다볼 수 있는 인물에게도 똑같이 관심을 기울인다는 점이다. 그것은 그가 역사란 어느 특정 인물이나 계층의 전유물이 아니라 온갖 인간군상의 파노라마 같은 것으로 보고 있음을 말해준다. 이번 책은 우리에게 생소한 장다이라는 인물이 주인공이다. 그러나 스펜스의 손을 거치면서 장다이는 결코 낯설지 않은 역사 속의 인물로 되살아났다. 장다이처럼 인간과 시대가 빚어내는 조화와 부조화를 동시에 체험한 인물의 내면을 추적하는 작업은 쉬운 일이 아님에도 스펜스는 특유의 역사적 상상력을 발휘하여 장다이라는 인물의 '꿈같은 회상'(夢憶)을 역사로 재현해낸 것이다. 옮긴이가 위에서 상흔을 모티프로 삼아 장다이의 삶을 압축적으로 이야기해본 것은 독자들이 다양한 시각으로 이런 관조와 몽환의 세계에 접근해보길 바라기 때문이다.

약속한 것보다 시간이 많이 지체되었으나 넓은 아량으로 헤아려 준 이산출판사에 깊이 감사드린다. 좋은 책을 만들기 위해 최선의 노력을 기울이는 이산에 변함없는 성원을 보낸다. 장다이의 자취를 찾아 떠난 시후 여행에 동행해준 아내에게도 늦게나마 감사의 말을 전한다. 이 책을 번역하면서 인하대학교의 교내연구비를 지원받았다. 이에 감사를 드린다.

2010년 5월
이준갑

찾아보기

341